『海東諸國紀』의 세계

손승철 엮음

景仁文化社

발 간 사

　조선시대 중국에 대한 호기심의 진수가 박지원의 『열하일기』라면, 일본에 대한 지식정보의 바이블은 신숙주의 『해동제국기』이다.

　『海東諸國紀』는 1471년, 조선왕조의 최고의 외교관이었던 申叔舟(1417~1475)가 편찬한 책으로, 조선시대 5백 년간 일본관계의 외교지침서였다. 이 책에는 조선의 남쪽 창구인 삼포와 대마도, 이키, 구주, 류큐(오키나와) 등 여러 지역과의 교류를 소상히 적고 있어, 이 지역에 대한 각종 역사 문화정보가 듬뿍 담겨있다.

　강원대학교 사학과 『해동제국기』 연구팀은 2006년 7월에 <『해동제국기』의 역사 · 지리 · 민속에 대한 종합적 연구>라는 주제로 한국학술진흥재단 기초학문연구지원 인문사회분야지원사업에 선정되었다. 연구팀은 곧바로 문헌사료 중심의 연구를 진행하면서, 국내조사로 삼포지역을 2차에 걸쳐(2006년 9월 22일~25일, 2007년 1월 23일~25일) 답사했고, 2007년 1월 13일부터 22일까지는 국외조사로 일본 지역을 답사하여, 500년 전의 '해동제국의 세계'를 시공간으로 여행하면서 역사의 메시지를 찾고자 했다.

　연구팀은 <해동제국의 세계>를 5개 지역으로 나누어, 답사를 진행했다. 이동시간을 이용해 늘 선상대학과 버스대학을 열었다. 지역별로 주제를 정하고, 각 주제를 키워드 중심으로 접근하고자 했다.

　그 첫 번째 지역이 대마도와 이키였고, 주제는 <왜구와 의병전쟁>이었다. 부산에서 대마도로 향하는 배위에서 발대식을 하면서, 나는 이렇게 말했다.

　　답사는 역사와 나와의 만남이다. 답사는 내가 역사의 무대속으로 들어가는
것이다. 오늘 우리는 先史이래로 우리 한국(한반도)과 일본을 연결해 준 현해
탄의 가교, 對馬島로 떠난다. 대마도는 韓日關係史의 무대였고, 아직도 많은 무
대장치와 캐스터들의 잔영이 그대로 남아있다. 한일관계사 속의 대마도. 오
늘, 대마도의 역사무대에 우뚝서서 역사의 주인공들을 만날 것이다. 신라인
박제상의 영혼과 대화하고, 이종무장군의 대마도정벌을 회고하며, 조선시대
受職倭人 소오다(早田)의 집을 찾아간다. 그리고 1703년 조선의 국제인이었던
問慰行 譯官使 108명이 돌풍에 휘말려 침몰한 와니우라(鰐浦)를 찾아간다. 한
일외교의 흔적이 고스란이 소장된 대마역사민속자료관에서, 우리 국사편찬위
원회에 소장되어 있는 '對馬島宗家文書'의 짝 잃은 형제들을 만나고, 나라 잃은
서러움을 가슴에 안고, 왜놈의 물은 마시지도 않겠다고, 생으로 굶어 순국한
면암 최익현의 위령을 우리의 가슴으로 끌어 안아주련다.

　대마도의 히다가츠에서 출발한 버스속에서 엄찬호 박사와 심보경 교
수는 한말 의병장 최익현과 중세 일본어와 한국어를 넘나들며 특강을 했
고, 박미현 기자는 열심히 기록했다.
　두 번째 지역은 후쿠오카와 쿠마모토였다. 주제는 <임진왜란과 명치
유신>이었다. 1592년 조선침략 전진기지였던 <나고야성>에 올라 유
재춘 교수는 두견새의 울음을 비교하면서 (織田信長 : 울지 않는 두견새
는 죽여버려라, 豊臣秀吉 : 울게하라, 德川家康 : 울때까지 기다려라) 일
본 平城과 조선 邑城의 차이점을 설명했다. 쿠마모토에서는 임진왜란 때
조선에서 가장 잔인했던 加藤淸正의 성을 보았고, 西南전쟁과 明治維新
의 주역들에 대해 신동규 박사가 버스대학을 열었다.
　세 번째 지역은 아리타(有田)였다. 주제는 <일본 도자기와 조선도
공>들이다. 도자기의 神이 된 조선도공 이삼평을 기리고, 그들이 만든
너구리가마를 둘러보고, 심당길과 그의 후예들을 만났다. 도자기박사 이
미숙 선생이 도기와 자기, 조선도공이 넋이 담긴 에도시대의 구주 도자

기에 대해 설명했다. 내친김에 조선에 유황을 수출했던 벳부(別府)의 오오토모(大友)의 영지를 밟았고, 유후인(由布院)에 있는 노노카(野々花) 팬션에서는 日本國王使가 조선에서 받았을 법 한 접대를 미타아라이(御手洗)상 부부로부터 받았다.

네 번째 지역은 일본이 서양문화와 만나는 나가사키(長崎)였다. 주제는 <일본의 근대화와 원자폭탄>이었다. 영국 상관이 있었던 히라도(平戶)와 네덜란드 상관이 있던 데지마(出島)를 답사했고, 원자폭탄이 투하된 평화공원에서 슬픈 일본인의 넋을 위로하면서, 나가사키 짬뽕과 카스테라를 먹었다.

다섯 번째 지역은 오키나와였다. 주제는 <교류와 공존>이었다. 조선 전기 엄연한 독립왕국으로 조선과 공식적인 외교관계를 맺고, 통교관계를 유지했던 류큐(琉球)는 우리에게는 왠지 친근감이 있었다. 오키나와 현립박물관 쿠부라박사는 "박물관은 과거며, 도서관은 현재이고, 공문서관은 미래"라는 명언을 남겼다. '오 멘소레'의 환영인사를 들으며 오키나와 월드에서 50도의 아와모리(泡盛)로 남국의 낭만을 맛보았다. 오키나와 본도의 맨 남쪽에 G7회담을 위해 만들었다는 <오키나와 평화기념탑>에서는 제2차대전에 죄없이 이곳까지 끌려와 값없이 죽어간 불쌍한 <한국인 위령탑>에 헌화했다.

9박 10일간 짧지 않은 여정이었다. 500년 전의 『해동제국기』의 세계를 넘나들면서 많은 것을 보았고 느끼고 생각했다. 이래서 역사학자에게 답사는 필수과목이다. 보고 느낀 것의 10분의 1도 표현을 못했지만, 『해동제국기』의 세계에 관심있는 분들에게 조금이라도 알리고 싶다는 생각에서 이 책을 엮어 보았다.

이 책을 내면서 많은 분들께 감사를 드린다. 우선 保閑齋 申叔舟 선생, 그리고 『해동제국기』의 세계에 혼을 담은 많은 조선인들과 그 영혼께 삼가 머리를 숙인다. 그리고 답사에 협조해주신 여러분들, 특히 김혜

vi

란 가이드, 대마도의 나카도메(永留久惠), 다치바나(橘厚志), 이키의 이치
야마(市山等), 후쿠오카의 시마무라(嶋村), 마쓰바라(松原), 李泰勳, 사에
키(佐伯弘次), 미타아라이(御手洗), 쿠부라(久部良和子) 선생님, 우리
<東史>(동아시아사연구회>모임에 영원한 고문인 李允熙 교수님, 이번
답사에 동참했던 손민규와 조희정이 부부, 물심양면 지원을 해준 아성건
설 김진호 대표님 등 많은 분들께 이 자리를 빌어 감사를 드린다. 향후
에도 많은 조언과 관심을 부탁드린다.

2008. 8.
『해동제국기』의 역사·지리·민속에 대한 종합적 연구
책임연구원 손 승 철

제1부 논문편

제2부 답사보고서

제1부 논문편

동아시아 세계와 『海東諸國紀』

사에키 코오지(佐伯弘次)

1. 머리말

申叔舟의 『海東諸國紀』는 많은 종류가 간행된 서적이다. 필자의 수중
에 있는 것만으로도 조선사편수회편, 『朝鮮史料叢刊第二, 海東諸國紀』
(1933년, 宗家舊藏書의 영인), 『海東諸國紀』(國書刊行會, 1975년, 朝鮮
史料叢刊行本의 영인), 『日本庶民生活史料集成 第二十七卷 三國交流史』
三一書房, 1981년, 훈독), 田中健夫譯注, 『海東諸國紀』(岩波文庫, 岩波書
店, 1991년, 東京大學史料編纂所本의 영인, 훈독/주석)의 4권이 있다. 더
욱이 케네스 로빈슨씨의 英譯本도 있다.[1] 『해동제국기』는 일본과 한국
만의 사료가 아니고, 세계적인 사료가 되고 있다.

───────────────

1) Kenneth R. Robinson "The Haedong Chegukki (1471) and Korean-Ryukyuan
   Relations, 1389-1471: Part 1, Part2." Acta Koreana 3-4(2000~2001).

이 한일관계사에 지극히 중요한 사료인 본서는 일찍부터 소개되어 사
료로서 이용되어 왔다. 우선 본 사료의 개요를 확인한 다음, 본서의 동아
시아에서의 역사적 위상에 대해서 명대의 사료와 비교해보는 것부터 생
각해 보도록 하겠다. 다음에, 본서와 중세 조일관계사에 관한 장기간에
걸친 연구사 중에서, 일본 근세에서의 본서의 이용과 사본 작성의 확대
에 대해 선행연구를 참고로 하면서 살펴보겠다. 그 다음에는 조일관계사
연구에서 본서에 대한 위상 변화를 중심으로 한 일본에서의 연구흐름을
보겠다. 더욱이 본서에 수록되고 있는 지도에 대해서, 최근에 새로운 관
계 자료의 발견이 있었다. 그것을 전제로서 수록 지도와 博多 상인과의
관계에 대해서 생각해보고 싶다.

2. 성립과 내용

우선, 선행연구2)에 의해 『海東諸國紀』의 성립이나 내용에 대해 확인
해 두고 싶다. 저자 신숙주(1417~1475)는 조선국 경상도 고령현의 사람
으로 자는 泛翁, 호는 希賢堂・保閑齋이다. 학자・외교관 및 정치가로
서 활약하였고, 일본과 명에 사자로 파견되었으며, 북방의 야인을 토벌
해 세조대에는 영의정이 되었다. 일본에는 1443년(世宗25/嘉吉3)에 通信
使 卜孝文・副使 尹仁甫와 함께 서장관으로서 일본을 방문해 교토(京都)
까지 다녀왔다. 시문집 『保閑齋集』는 일본 관계의 시와 글도 수록되고
있다. 신숙주 임종의 장소에서 성종이 말하고 싶은 것을 물었을 때, 신숙
주가 "바라는 것은 일본과 和를 잃지 않는 것"이라고 대답한 것은 잘
알려져 있다.

---

2) 이하는 中村榮孝, 「『海東諸國紀』の撰修と印刷について」『海東諸國紀』, 國書刊
   行會, 1975 ; 田中健夫, 「解說」(田中健夫譯注, 『海東諸國紀』, 岩波文庫, 岩波書店,
   1991)에 의함.

본서의 성립의 계기에 대해서는 서문에 명확하게 기록되어 있다. 成化 7년(1471) 신묘년 겨울(12월) 年紀의 서문에는 "주상 전하(성종)가 海東諸國의 朝聘·往來·館穀·禮接에 대한 구례를 撰述해 오라고 명하였다."라고 있다. 즉, 국왕 성종이 신숙주에 대해서 海東諸國의 朝聘·往來·館穀·禮接 사례를 편집하게 했던 것이 그 발단이다. "海東諸國의 朝聘·往來의 例"라는 것은 해동제국(일본·琉球)이 '朝聘'(제후가 천자의 근황을 물으러 가는 것)이나 '往來'(교류/교제)의 옛 사례이며, 구체적으로는, 해동제국으로부터의 사신파견이나 해동제국과의 외교 관계를 의미한다. "館穀·禮接에 대한 例"라는 것은 館穀(외교 사절에 대한 숙소와 식량)과 禮接(예를 대접하는 것, 예우)의 선례이다. 즉, 성종은 해동제국과의 외교와 역사 및 사절응접의 선례에 관한 서적의 편찬을 명했던 것이다. 다시 말하면, 본서는 대일본·琉球 외교의 指南書적인 성격이 있다. 조선과 일본의 통교제도는 세종 시대에 확립하지만, 성종기는 대일본 외교의 재검토 시기에 해당되고 있어, 본서의 편찬은 이러한 정치 상황과 무관하지 않을 것이다.

본서의 목록을 보면 다음과 같다.

① 海東諸國總圖
② 日本本國圖
③ 日本國西海道九州圖
④ 日本國一岐島圖
⑤ 日本國対馬島圖
⑥ 琉球國圖
⑦ 日本國紀
⑧ 琉球國紀
⑨ 朝聘應接紀

①~⑥은 지도이며, 이후 성화 10년(1474) 3월에 三浦의 지도(熊川薺

浦之圖 · 東萊富山浦之圖 · 蔚山塩浦之圖)가 추가되고 있다. ⑦~⑨가
본문에 해당하는 부분이다. ⑦의 「日本國紀」는 天皇代序 · 國王代序 ·
國俗 · 道路里數 · 八道六十六州(對馬島 · 一岐島를 포함)로 나누어진다.
분량적으로는 「八道六十六州」가 가장 많아, 여기가 본서의 핵심 부분인
것을 알 수 있다. 뒤를 이어 많은 것이 「天皇代序」로 나머지 「國王代序」
·「國俗」·「道路里數」는 간략하게 되어 있다.

　「八道六十六州」는 山城州(國)에서부터 薩摩州(國)까지의 66개國과 對
馬島 · 一岐(壹岐)섬의 두 섬에 관한 郡數 · 水田 면적을 기초로 하면서,
國의 개요와 통교자의 개요를 기록하고 있다. 통교자가 없는 國도 다수
있지만, 이러한 國은 郡數와 수전 면적만의 간략한 기술이 많다. 일 · 조
관계 사료로서 가장 주목받고 있는 것은 「八道六十六州」에 기록된 170
명 남짓의 일본인통교자이다. 이 평가의 문제에 대해서는 후술한다.

　⑧의 「琉球國紀」는 「國王代序」·「國都」·「國俗」·「道路里數」로
구성되어 있다. "琉球는 우리로부터 가장 멀리 떨어져 있고, 그 상세함
을 알 수 없다."라고 했고, 양적으로는 적지만, 15세기 중반의 琉球에 관
한 기술로서 매우 귀중하다.

　⑨의 「朝聘應接紀」는 일본으로부터 사자의 응접에 대한 규정을 집계
한 것이다. 「使船定數」로부터 「釣魚禁約」까지 29개의 항목이 있다. 당
시의 외국 사절에 대한 접대 상황을 알 수 있는 귀중한 기사이다. 이들
에 의하면, 일본으로부터의 사절은 日本國王使 · 諸巨酋使(畠山 · 細川
· 斯波 · 京極 · 山名 · 大內 · 少貳各氏의 使者) · 九州節度使 · 對馬島主
特送 · 諸酋使 · 對馬島人受職人 등으로 나누어져 있으며, 조선측이 정
한 규정에 따라서 응접이 이루어졌다. 대개 ① 日本國王使, ② 諸巨酋
使, ③ 九州節度使 · 對馬島特送, ④ 諸酋使 · 對馬島人 · 受職人의 접대
규정이 설정되어 있었다. 「朝聘應接紀」의 마지막에 해당되는 「三浦禁約」,
「釣魚禁約」의 부분은 대마도인의 무역항인 三浦와 어장인 孤草島에서

의 권익이나 금지령에 대해서 기록하고 있다.

그 이외에 본서의 권말에는 成化 9년(1473) 9월 2일의 「畠山殿副官人 良心曹饋餉日呈書契」와 弘治 14년(1501) 4월 22일의 年紀가 있는 「琉球 國」이 존재한다. 후자는 앞의 「琉球國紀」의 추가 보충이라고 해야 할 기 사이며, 「語音飜譯」의 부분에는 옛 琉球語와 한글에 의한 훈독음이 기 록되고 있다.

⑦「日本國紀」의 「國俗」에 대해 약간 언급해 두도록 하겠다. 외국인 이 어느 나라의 문화나 습속에 접했을 경우, 그 나라 사람이 무의식중에 행하고 있던 것을 명료하게 인식할 수 있다. 「國俗」에서는 飮酒·贈答 ·食器·髮型·黛·齒黑·禮法·建物 등등, 의식주에 관해서 일본의 특색이 간결하게 기록되고 있다. 예를 들면, "음식에는 칠기를 이용하고, 尊處에는 토기를 이용한다."고 되어 있으며, 「土器」의 주에 "한 번 사용 하면, 즉시 버린다."고 기록되어 있다. 일본에서 식기를 곧바로 폐기하고 있다는 것을 조선사절이 가끔 보고하고 있다. 이러한 토기는 酒宴에 사 용되었다고 생각되는데, 일본 내의 중세 도시 유적으로부터 대량의 토기 가 폐기된 遺構가 발견되고 있는 것과도 부합하는 것이다.

또, 「國俗」에는 "사람은 기뻐하며 차를 마신다. 길가에 찻집을 두고 차를 판다. 행인은 동전 1문을 주고 차 한 잔을 마신다."라고 있다. 이것 은 교토 시중에서 유행하고 있던 "一服一錢茶"를 언급한 것이다. 따라서 이러한 기술에는 신숙주 자신의 방일 경험, 특히 교토에서의 체험이 직 접 반영되어 있다고 생각할 수 있다.

3. 명대의 일본 연구서와의 비교

중국에서는 16세기 후반부터 17세기 초두의 명나라 말에 일본에 대 한 관심이 높아져, 많은 일본 연구서가 편찬되었다.[3] 그 배경에는 1523

년의 '寧波의 亂'이나 그 후 후기왜구의 활발화가 있었다고 여겨지고 있다. 명대 일본 연구서의 초기 것으로 『日本國考略』(1523年刊)이 있다. 이 서적은 1530년에는 重刊本이 간행되었는데, 조선에도 전해져 1565년에는 조선에서도 重刊本이 간행되었다고 한다.

1555년에 일본에 파견된 명의 鄭舜功은 귀국 후, 일본에서의 견문을 기초로 『日本一鑑』(1565년 성립)을 편찬했다. 마찬가지로 명의 鄭若曾은 일본 연구서로서 『日本圖纂』(1561년 성립)과 『籌海圖編』(1562년 성립)을 편찬했다. 이러한 것들은 일본을 알고 있던 倭寇・使節・被虜人・通事・商人 등으로부터 취하여 기록된 것으로 여겨지고 있으며, 내용적으로 충실하다. 특히, 후자는 후세에 준 영향이 크며, 『日本風土記』, 『武備志』, 『圖書編』 등의 일본 연구서는 본서를 근거로 해서 쓰인 것이다.

여기에서는 1세기 후의 일이지만, 신숙주와 마찬가지로 일본에 사행했던 鄭舜功(생몰연대 미상)이 편찬한 『日本一鑑』을 소개해, 『海東諸國紀』와 비교해 보고 싶다. 『日本一鑑』은 『窮河話海』(全9卷), 『桴海圖經』(全3卷), 『絶島新編』(全4卷)으로 구성되어 있는데,[4) 그 목차를 보도록 하겠다.

> 『窮河話海』
> 卷1 本傳, 天原, 地脈, 水源, 時令, 種族, 氏姓, 國君, 職員
> 卷2 彊土, 城池, 關津, 橋梁, 道路, 室宇, 人物, 珍寶, 草木, 鳥獸, 器用
> 卷3 集議, 國法, 禮樂, 巡行, 綵色, 服飾, 男女, 身体, 冠笄, 婚姻, 農桑, 紡績, 樵牧, 漁獵, 飲食, 藥餌, 喪祭, 鬼神, 佛法
> 卷4 文教, 書籍, 文字, 稱呼, 事説, 詞章, 風土
> 卷5 寄語
> 卷6 流航, 海市, 流逋, 被虜, 征伐
> 卷7 奉貢, 表章, 咨文, 勘合, 貢期, 貢人, 貢物, 貢船, 風汎, 水火, 使館, 市舶, 賞

---

3) 田中健夫, 『倭寇－海の歴史』第6章, 教育社, 1982.
4) 三ヶ尻浩校訂, 『日本一鑑』, 私家版, 1937.

　　　賜, 印章, 授節
　卷8　評議
　卷9　接使, 海神

『桴海圖經』
　卷1　万里長歌
　卷2　滄海津鏡
　卷3　天使紀程

『絶島新編』
　卷1　地圖
　卷2　山川海島等名
　卷3　都京師等名
　卷4　地名

　『窮河話海』卷1「國君」은『海東諸國紀』의「天皇代序」,「國王代序」
와 유사하고, 권 7~9는『海東諸國紀』의 통교자의 來歷이나「朝聘應接紀」
와 공통되는 성격을 가지고 있다. 지도를 수록하고 있다는 것, 습속을
기록하고 있는 점, 현지의 언어를 기술하고 있는 점(『日本一鑑』은 일본
어,『海東諸國紀』는 유구어), 국명과 수전 면적을 열기하고 있다는 점
등, 기술에 공통되는 요소도 많다.

　　그러나 분명한 차이점도 있다.『해동제국기』가 외교 관계 부분에 많
은 서술이 할애되고 있는 것에 비해,『日本一鑑』은 외교·제도·사회
·습속·언어·문화·지리 등등, 기술의 범위가 지극히 다방면에 걸쳐
있다.『해동제국기』가 외교 수행상의 指南書적인 성격이 강한데 비해,
『日本一鑑』은 일본에 관한 백과사전적인 성격이 농후하다. 이것은 주로
두 서적의 편찬 목적의 상이점에 기인한다고 생각할 수 있다. 또,『日本
一鑑』에는「夷王」,「夷憲法」,「倭夷」,「夷俗」등의 표현이 잘 사용되고
있다. 이것은 鄭舜功이 중국 중심의 화이질서 안에서 조공국으로서 일본

을 평가하고 있기 때문에 있다.

또, 두 서적 모두 일본의 지도를 수록하고 있지만,『해동제국기』에서
는 壹岐・對馬가 실제보다 거대하게 그려져 있는데 대해,『日本一鑑』에
서는 五島가 거대하게 그려져 있다. 이것은 다른 명대 일본 연구서에서
도 공통되는 점이다. 15세기의 조선에서는 일본과의 관계에 대해 壹岐
・대마도가 차지하는 위치가 컸었던 것에 비해 16세기의 명에서는 五島
가 차지하는 위치가 컸었다는 것을 의미하고 있다. 五島는 중국에 가장
가까운 섬에서 감합무역시대에는 견명선의 최종 출발지였었고, 16세기
후반에는 후기왜구의 대표적 인물인 王直이 정착해 唐人町(중국인 마을)
이 형성되고 있었다.

4. 일본에서 『海東諸國紀』 위상의 변화

1) 일본 근세시기 본서의 이용

근세의 일본에서는 학자들이『해동제국기』를 중시해 많은 사본이 작
성되었다. 케네스 로빈슨씨는 일본・미국・영국에 소재해 있는 본서의
판본과 사본을 조사・검토해 많은 사본이 현존하고 있다는 것을 밝혔
다.5) 그것에 따르면,『해동제국기』의 근세 사본은 ① 伊藤東涯寫本系와
② 太宰府天滿宮所藏寫本系로 크게 두 계통으로 나눌 수 있다고 한다.
전자의 판본은 국사편찬위원회 판본(宗家舊藏書)에 가깝고, 후자는 문자
의 異同이라는 점에서 東京大學 사료편찬소 소장본과 內閣文庫 소장본
에 가깝지만, 판본 전체를 찍은 것은 아니라는 점에서 큰 특색이 있다.
九州大學에는 두 종류의 사본이 있지만, 모두 伊藤東涯寫本系로서 儒學

---

5) ケネス・ロビンソン,「『海東諸國紀』寫本の一考察」『九州史學』132號, 2002.

者 伊藤東涯가 만든 사본이 넓게 유포되고 있는 것 같다.

일본 근세에서의 『해동제국기』 이용의 구체적인 예를 보도록 하겠다. 대마도 종씨의 공적인 역사서인 『宗氏家譜』(1686년 성립)6)에는 조선의 三浦 기사를 비롯해 應仁의 亂(1467년~)을 즈음한 宗盛直·宗貞國 관련 기사에는 명확히 『해동제국기』로부터의 인용을 볼 수 있다. 對馬藩士 唐坊長秋가 편찬한 『十九公實錄』(1864년 성립)7)에는 「據海東記」, 「海東記作」, 「申叔舟書」 등의 표현이 있어 『海東諸國紀』를 전거로 삼고 있음이 명확하다. 두 서적 모두 對馬藩이 소장하고 있던 『해동제국기』 내지는 그 사본을 이용했다고 추정된다.

이러한 상황은 對馬藩만이 아니었다. 福岡藩의 유학자 貝原益軒은 藩命에 의해, 『筑前國續風土記』(1709년 성립)8)라고 하는 地誌를 편찬했다. 그 중에 예를 들면, "『해동제국기』에도 博多 혹은 冷泉津이라고 칭하였고, 石城府라고도 불렸다고 보이고 있다."라고 하는 기사가 있어, 분명하게 『해동제국기』가 인용되고 있다. 남겨진 사본의 상태로 보아 이러한 사례는 타지역에서도 많았다고 추정된다.

2) 조일관계 사료로서의 『海東諸國紀』와 그 위상의 변화

『해동제국기』 기사의 검토에 의해서 15세기 중후기의 조일관계의 실태가 일찍부터 분석되어 왔다. 예를 들면, 中村榮孝씨는 세견선 정약의 성립 과정에 대해 본서를 기초 사료로서 분석해,9) 『해동제국기』의 편찬

---

6) 鈴木棠三編, 『對馬叢書第三集 十九公實錄·宗氏家譜』, 村田書店, 1977.
7) 상동.
8) 貝原益軒編, 『筑前國續風土記』, 名著出版, 1973.
9) 中村榮孝, 『日鮮關係史の硏究 下卷』 第1章, 吉川弘文館, 1969. 初出은 1932.

시기를 조선 통교통제의 완성기로 포착해 그 응접의 내용이 정비된 것으로 위상을 부여하고 있다.[10] 田中健夫씨는 중세 대마도의 상황이나 조선통교를 검토하는데 본서를 이용해,[11] 『해동제국기』를 일본인 응접의 중요 사료라고 평가하여 본서의 일본인 통교자의 검토로부터, '應仁의 亂'을 계기로 중소 영주층의 조선통교 참가가 급증하고 있다는 것을 지적했다.[12]

有光友學씨는 『해동제국기』의 일본인 통교자를 전면적으로 검토해, 조일 무역상인의 유형화와 각각의 특징을 고찰했다.[13] 高橋公明씨는 본서의 일본인 통교자의 분석으로부터 1460년대 후반부터 70년대 전반의 '조선견사 붐'의 배경으로 세조 왕권에 특이한 성격이 있다는 것을 지적해, '조선 대국관'의 광범위한 존재를 주장했다.[14] 중세 조일관계사를 연구하는 사람으로, 본서를 이용하지 않는 사람이 없다고 말해도 좋은 상황이다.

이러한 연구 동향에 경종을 울린 것이 長節子씨이다. 長씨는 『해동제국기』로 보이는 세조기의 길조 축하사를 검토하여 일본국왕사와 諸氏 82使의 대부분은 대마도 宗氏가 내세운 僞使라고 지적했다.[15] 이 지적이 올바르다고 한다면, 종래 그다지 비판 없이 사용되어 온 『해동제국기』로부터 판명되는 조일관계의 실상은 상당히 변화된 형태가 되는 것이다. 이러한 長씨의 연구[16]와 王城大臣使나 琉球國王使에 관한 橋本雄씨의

10) 中村榮孝, 『日鮮關係史の硏究 上卷』 第5章, 吉川弘文館, 1965. 初出은 1934.
11) 田中健夫, 『中世海外交涉史の硏究』 第4章, 東京大學出版會, 1959. 初出은 1951.
12) 田中健夫, 『中世對外關係史』 第4章, 東京大學出版會, 1975.
13) 有光友學, 『中世後期における貿易商人の動向』(靜岡大學人文學部, 『人文論集』 21 集, 1971).
14) 高橋公明, 「朝鮮遺使ブームと世祖の王權」(田中健夫編, 『日本前近代の國家と對外 關係』, 吉川弘文館, 1987).
15) 長節子, 「朝鮮前期朝日關係の虛像と實像-世祖代瑞祥祝賀使を中心として-」 『年 報朝鮮學』 8號, 2002.
16) 長節子, 『中世國境海域の倭と朝鮮』, 吉川弘文館, 2002.

연구[17], 15세기 무렵의 위사에 관한 伊藤幸司씨의 연구[18] 등이 서로 진행되어, 위사연구가 일본에서의 중세 조일관계사 연구에서 중요한 연구 테마의 하나가 되었다. 향후는 위사를 만들어 내는 세력의 실태 규명이 필요하다고 생각된다.

이러한 연구 동향에서 영향을 받아 필자도 『해동제국기』의 일본인 통교자를 동시대의 일본측 사료로부터 검증하는 작업을 대학원생과 공동으로 실시하여, 瑞祥祝賀使나 宗貞國請 이외에도 위사가 많이 존재하고 있지는 않을까라는 느낌을 얻었다.[19]

3) 地圖를 둘러싼 문제

『海東諸國紀』수록의 지도도 일찍부터 주목받아 왔다.[20] 琉球의 지도로서는 最古의 것이고, 한반도 남단에서 일본·琉球를 그리는 「海東諸國總圖」는 종래의 지도에 비해 영역이 넓어졌다. 특히, 琉球의 등장은 환중국해 세계의 교류에서 琉球의 중요성을 의미하고 있다.

본서에 수록된 지도는 1453년에 博多 상인 道安이 조선에 헌상한 지도를 기초로 작성되었다고 여겨지고 있다. 근대에, 오키나와에서 본서에 수록된 지도와 아주 닮은 근세의 지도가 재발견되어 주목받고 있다.[21]

---

17) 橋本雄, 『中世日本の國際關係-東アジア通交權と僞使問題-』, 吉川弘文館, 2005.
18) 伊藤幸司, 「日朝關係における僞使の時代」『日韓歷史共同硏究報告書第2文科篇』, 日韓歷史共同硏究委員會, 2005.
19) 佐伯弘次·水野哲雄·三村講介·荒木和憲·岡松仁·岩成俊策·大塚俊司·松尾弘毅·八木直樹, 「『海東諸國紀』日本人通交者の個別的檢討」『東アジアと日本-交流と変容』3號, 九州大學21世紀COEプログラム, 2006.
20) 東恩納寬惇, 『黎明期の海外交通史』, 帝國敎育出版部, 1941 ; 藤田元春, 『日本地理學史』, 刀江書院, 1942 등.
21) 上里隆史·深瀬公一郞·渡辺美季, 「沖繩縣立博物館所藏『琉球國圖』」『古文書硏究』60號, 2005.

양자의 지도는 구도가 매우 비슷하지만, 『海東諸國紀』 수록의 것이 上松浦를 기점으로 하고 있는 것에 비해 신출 지도는 博多를 기점으로 하는 등, 분명한 차이점도 보이고 있다. 따라서 양자의 관계가 문제가 되지만, 신출 지도가 道安 헌상의 지도에 가깝고, 『海東諸國紀』 수록 지도는 琉球까지 「道路里數」의 기사에 좌우되고 있어, 도안 헌상 지도가 일부 개작되었다고 결론지었다.[22] 이것은 근세까지 道安이 작성한 지도가 博多 주변에 남아 있던 것을 암시하고 있어 지도의 발견이 기대된다.

5. 맺음말

『海東諸國紀』의 일본인 통교자의 대부분이 위사라고 하더라도 본서의 조일관계 사료로서의 중요성은 변하지 않는다. 오히려 조일관계의 실태를 알 수 있는 사료로서 더욱 더 그 중요성은 높아지고 있다. 동시대의 일본 내 사료와의 비교·대조가 한층 더 중요할 것이라고 생각된다.

또한, 작성한 조선 측에서의 본서 이용의 실태나, 한국 국내의 사본 조사와 검토, 또 다른 동아시아 제국에서의 소재 조사도 필요하다고 생각된다. 통교자나 통교제도에 관해서는 당연히 『朝鮮王朝實錄』 기사와의 조합도 필요할 것이다. 몇 개의 기사를 본 것이기는 하지만, 『해동제국기』에 통교기사가 있는데, 『조선왕조실록』에 관련 기사가 없는 것도 있다. 신숙주가 어떠한 사료에 근거해 일본인통교자의 기사를 썼을지도 규명하고 싶은 문제이다.

---

22) 佐伯弘次, 「『海東諸國紀』の日本·琉球図と『琉球國図』」 『九州史學』 144號, 2006.

『海東諸國紀』의 사료적 가치

손 승 철

1. 머리말

『海東諸國紀』는 일본의 지세·국정·풍속·내조기사 및 조빙응접기 등을 기록한 것으로, 1443년에 서장관으로 일본에 다녀온 申叔舟가 1471년(성종 2)에 편찬한 사료이다.

주지하는 바와 같이 조선왕조가 취한 대일정책의 기본목표는 왜구금압과 통교체제의 구축이었다. 그래서 건국 후부터 막부장군을 교섭상대로 하였으나 별 효과가 없자, 왜구에게 영향력이 있는 유력한 제후나 왜구세력들과 직접 교섭을 하게 된다. 그리하여 구주탐제와 대마도주 등에게 왜구금압을 의뢰하는 동시에 그들에게 여러 종류의 특권을 부여하여 통교체제를 완성해 갔다. 그 결과 왜구의 세력은 현저히 감퇴했으며, 1443년 癸亥約條에 의해 왜구문제는 일단락된다.[1]

---

1) 손승철, 『조선시대 한일관계사연구』(개정판), 경인문화사, 2006, 74~76쪽.

계해약조의 성립 후, 조·일 관계는 삼포를 통해 통교체제를 안정화시켜갔는데, 1460년대가 되면, 일본으로부터의 내왕자나 삼포 항거왜인의 수가 급증하면서, 통교체제와 제규정을 정비할 필요성을 느끼게 되고, 그 결과 세조의 명에 의해 『해동제국기』가 편찬된다. 『해동제국기』에는 이러한 과정을 일목할 수 있는 통교자의 명단과 통교과정, 그리고 접대규정을 상세히 수록하고 있으며, 일본에 대한 각종 역사지리적인 정보가 담겨져 있다.

이후 『해동제국기』는 조선시대 전 기간에 걸쳐 일본관계에 항상 전례가 되었으며, 『通文館志』, 『春官志』, 『增訂交隣志』 등 모든 사료에 기본전거가 되었다. 이러한 점에서 『해동제국기』는 대일관계는 물론이고, 동아시아의 국제관계를 이해하는 데에 가장 기본적인 사료임을 알 수 있다.

그러나 『해동제국기』에 대한 기존연구는 한국의 경우, 신숙주의 사상이나 서지학적인 소개, 언어, 지리에 관한 연구가 대부분이며, 아직 단편적인 연구수준에 머물러 있다. 또한 일본연구도 국제관계사의 시각에서 출발하고는 있지만, 일본 역시 지도나 어음연구에 집중되어, 아직은 종합적이고 체계적인 분석이 이루어지고 있지 않다.[2]

---

2) 『海東諸國紀』에 관한 학문적 관심은 일찍부터 일본학자 중심으로 이루어졌다. 일본의 대표적 연구로는 中村榮孝, 「海東諸國紀の編修と印刷」 『史學雜誌』 39-8·9, 1928(『日鮮關係史の研究』 下 수록) ; 田中健夫, 「申叔舟 '海東諸國記' — 日本と琉球の歷史·地理·風俗·言語」 『國文學解釋と鑑賞』 60-3, 1995가 있다. 『海東諸國紀』의 지도와 관련된 연구로는 東恩納寬惇, 「申叔舟の海東諸國紀に現れたる 琉球國圖について」 『史學』 16-3, 1937 ; 浜田敦, 「海東諸國紀に記錄された日本の地名等について」 『人文研究』 5, 大阪市立大學大學院文學研究科, 1954 ; 秋岡武次郎, 『日本地圖史』, 1955 ; 田中健夫, 『海東諸國紀』の日本·琉球圖 — その東アジア史的意義と南波本の紹介」 『海事史研究』 通号 45, 1988 ; Kenneth R. Robinson, 「海東諸國紀 寫本の一考察」(特集 前近代の日朝關係史料と地域交流), 『九州史學』 132, 九州史學研究會, 2002 ; 「海東諸國記の地図の一考察」 『前近代日本の史料遺産プロジェクト研究集會報告集 2001·2002』, 2003 ; 佐伯弘次, 「『海東諸國紀』の日本·琉球圖と『琉球國圖』」 『九州史學』 제144호, 2006 ;

이글은 이러한 점에 주목하면서, 『해동제국기』에 대한 사료적 가치를
재조명하여, 향후 『해동제국기』의 체계적인 분석을 위한 기초연구로 삼
고자 한다.

佐伯弘次, 『海東諸國紀』 日本人通交者の個別的檢討, 『東アジアと日本』, 2006
등이 있다. 또 「語音飜譯」에 관한 연구로는 伊波普猷, 「語音飜譯釋義－海東諸
國紀附載の古琉球語の硏究－」『金澤博士還曆記念東洋語乃硏究』, 三省堂, 1933
; 服部四郎, 「語音飜譯を通して見た十五世紀末の朝鮮語の音韻」『言語の科學』
7, 1979 ; 多和田眞一郎, 「十五・十六世紀首里語の音韻－語音飜譯'にみる－
上・下」『沖繩文化』 第51・52号, 1979 ;「沖繩語史的硏究序說－語音飜譯'再論－」
『現代方言學の課題』 第3卷, 明治書院, 1984 ; 大塚秀明, 「'海東諸國紀'의 '語音
飜譯について」『言語文化論集』 第32号, 筑波大學, 1990 등이 있다.
한국에서는 李炫熙의 「海東諸國紀」(국회도서관보 8-2, 1971)가 소개된 이래
『海東諸國紀』의 판본에 관한 연구로 申重浩의 「'海東諸國紀' 古刊本 小考」『古
書硏究』 第14號, 韓國古書硏究會, 1997이 있고, 신숙주의 대일인식과 관련한
연구로 조영빈・정두희 「朝鮮初期 支配層의 日本觀－申叔舟의 '海東諸國紀'
를 중심으로－」『인문논총』 9, 전북대학교 인문과학연구소, 1981 ; 박경희
「'海東諸國紀'에 나타난 申叔舟의 對日認識」, 이화여자대학교 대학원 석사학
위논문, 1984 ; 하우봉 「申叔舟와 '海東諸國紀'－朝鮮王朝前期のある '國際人'
の營爲－」『中世後期における東アジアの國際關係』, 山川出版社, 1997 ; 김주
창, 「申叔舟의 對日認識 硏究」, 강원대학교 대학원 석사학위논문, 1999 ; 최
기호, 「신숙주의 '해동제국기'에 대한 고찰」『한힌샘주시경연구』 14-15,
2002 등이 있다. Kenneth R. Robinson, 「해동제국기지도와 조선전기 조선일
본관계」『문화역사지리』 17권 3호, 2005. 다음 『海東諸國紀』의 지도에 관한
연구로는 이찬, 「'海東諸國紀'의 日本 및 琉球國地圖」『문화역사지리』 4호,
한국문화역사지리학회, 1992 ; 오상학, 「조선시대의 일본지도와 일본인식」
『대한지리학회지』 38-1, 2003 등이 있다. 또 『海東諸國紀』의 「語音飜譯」에
관한 연구로 김사엽 「琉球國語(『海東諸國紀』소재)의 語音飜譯과 釋義에 대하
여」『일본학』 2, 동국대학교 일본학연구소, 1982, 李成根, 「''老松堂日本行錄'
및 '海東諸國紀'의 地名表記에 反映된 中世日本語音體系」『日本文化學報』 6,
1999 등이 있다. 그 외 이종항 「'海東諸國紀'에 보이는 日本의 古代年號에 대
하여」『韓國學論叢』 제6집, 국민대학교 한국학연구소, 1984 등이 있다.

2. 신숙주의 대일본관[3]

1) 편찬동기

『해동제국기』의 편찬동기에 관하여 신숙주는 서문에서 다음과 같이 밝히고 있다.

> 대저 교린빙문하고, 풍속이 다른 나라 사람을 편안하게 접대하기 위해서는 반드시 그 실정을 알아야만 그 예절을 다할 수 있고, 그 예절을 다해야만 그 마음을 다할 수 있습니다. 그리하여 우리 주상 전하께서 신 숙주에게 명하여 해동제국의 조빙・왕래・관곡・예접에 대한 구례를 찬술해 오라 하시니, 신은 그 명령을 받고서 공경하고 두려워하였습니다.
> 삼가 옛 전적을 상고하고, 보고 들은 것을 참작하여, 그 나라의 지세를 그리고, 世系의 원류와 풍토의 숭상한 바와, 또한 우리나라가 응접한 절목에 이르기까지, 대략 서술하여, 그것을 편집하여 한 책을 만들어서 올립니다.

일본과의 교린을 위해서는 우선 일본의 실정을 알아야 한다고 했다. 일본의 실정이란 일본의 역사와 지리적 환경・국정・풍속 등을 말하며, 그 내용은 「일본국기」와 「유구국기」 중 천황의 세계, 국왕의 세계, 국속, 도로이수 등으로 구성되어 있다. 이어 8도 66주, 대마도, 일기도에서 내조자의 인적사항을 구체적으로 제시하고 있으며, 「조빙응접기」를 통해 이들에 대한 접대규정을 상세히 기술했다. 그리고 『해동제국기』의 편찬이 세조의 명에 의해 이루어졌음을 밝혔다.

---

3) 신숙주의 대외관은 『해동제국기』의 서문 내용을 중심으로 서술했다.

2) 일본인의 습성과 통교

일본인의 습성과 통교의 필요성에 관해 다음과 같이 서술했다.

> 그들의 습성은 강하고 사나우며, 무술에 정련하고 배를 다루는 것이 익숙
> 합니다. 우리나라와는 바다를 사이에 두고 서로 바라보고 있는데, 그들을 도
> 리로 대하면 예절을 차려 조빙하고, 그렇지 않으면 함부로 표략을 했던 것입
> 니다. 前朝 高麗 말기에 국정이 문란하여 그들을 잘 어루만져 주지 않았더니
> 그들이 연해 지역 수천 리 땅을 침범하여 쑥밭으로 만들곤 하였습니다. 그러
> 나 우리 太祖大王께서 분기하시어, 智異山·東亭·引月驛·兔洞 등지에서 수십
> 차례 역전하시고 난 다음부터는 적이 함부로 덤비지 못하였습니다. 개국한 이
> 후로 역대의 군주들께서 계승하시어 정치를 잘하시니, 나라 안의 정치가 이미
> 융성하게 되고, 外地도 곧 복종하였으므로, 변방의 백성들이 편안히 살 수 있
> 게 되었던 것입니다.

즉 일본인의 습성이 강하고 사나우며, 무술을 좋아하고, 배를 잘 다루
는데, 우리나라에서 도리대로 잘 어루만져주면 예의를 차려 조빙하며,
그렇지 않으면 노략질을 한다. 고려 말의 왜구가 극성한 것이 그러한 이
유였다고 했다. 그 후 태조의 왜구 토벌이 성공한 이후, 정치가 안정되
고, 변방도 편안히 되었으며, 세조대에 이르러 기강을 바로 잡으면서 주
변에서 모두 내조하게 되었다고 했다.

> 世祖께서 중흥하시어, 數世 동안의 태평을 누리다보니 안일함이 심한 해독
> 이 됨을 염려하셨습니다. 그리하여 하늘의 명령을 공경하고 백성의 다스림을
> 부지런히 하시어, 인재를 가려 뽑아서 모든 정사를 함께 다스렸습니다. 廢墜
> 된 것을 진작시키고 기강을 바로잡느라고, 宵衣旰食을 하시면서 정치에 정력
> 을 쓰시니, 治化가 이미 흡족하고 聲敎가 먼 곳까지 창달되어, 만리의 遠方에서
> 산길·바닷길을 통하여 來朝하지 않는 자가 없었습니다.

그리고 결론적으로

> "夷狄을 대하는 방법은, 外征에 있지 않고 內治에 있으며, 邊禦에 있지 않고
> 朝廷에 있으며, 전쟁하는데 있지 않고 기강을 바로잡는 데 있다." 하였는데,
> 그 말을 이제야 체험할 수 있겠습니다.

고 하여 주변국을 대하는 방법은 무력에 의한 정벌이나 제압에 있지 않고, 내치와 기강을 바로잡는데 있다고 했다. 그리고 중국의 고사를 인용하여 한무제나 수양제의 무력위주 정책보다는 광무제의 국내를 먼저 다스리고 국외를 뒤에 제어하려는 정책을 높이 평가하면서, 이것이 참으로, 하늘을 짝할 만한 극치의 功烈이며, 제왕의 거룩한 예절이라고 했다.

그리고 기강을 바로 잡는다는 것은 그들을 구체적인 접대규정을 만들어 예를 다하여 접대하는 것이라 했다.

3) 접대규정의 정비

내조자에 대한 기강을 바로잡는데 있어 가장 중요한 것은 도리를 지키며, 예로서 그들을 접대하는 것을 강조했다. 접대에 관하여

> 지금까지 우리나라에서는, 그들이 오면 보살펴 주고 그 급료를 넉넉히 주
> 었으며 예의를 후하게 해 주었지만 저들은 그것을 예사롭게 여기고 진위를 속
> 이는가 하면 곳곳에 오래 머물면서 걸핏하면 시일을 넘기기도 하며 갖은 방법
> 으로 사기를 치는데, 그 욕심이 한정이 없어서 조금이라도 그 의사에 거슬리
> 면 문득 성낸 말을 하곤 합니다. 땅이 떨어져 있고 바다가 사이에 막혀 있어
> 서, 그 처음과 끝을 구명할 수 없고 그 실정과 허위를 살필 수 없으니, 그들을
> 대할 때에는 마땅히 先王의 舊例에 의거하여 진압해야 할 것이며, 그 情勢가
> 각각 중할 때도 있고 경할 때도 있으므로 그 상황에 따라 후하게 하거나 박하
> 게 해야 할 것입니다.

고 하여, 내조자에 대해서 지금까지 예의로 후하게 대했지만, 그들의 욕
심이 한정이 없어 항상 불화가 빚어지고 있다고 했다. 그래서 선왕의 구
례를 정비하여 접대규정을 다시 정비하고 기강을 바로 잡아야 하며, 그
기강을 바로잡는 일은 절목을 맡은 관리가 철저히 해야 한다는 것이다.

결론적으로 『해동제국기』는 세조대에 급증하는 내조자에 대한 접대
규정을 재정비하여 일본과의 교린을 유지한다는 목적에서 편찬되었음을
재확인 할 수 있다.

3. 내조기사의 특징

1) 「일본국기」 〈천황대서〉의 내조기사

〈천황대서〉는 일본천황의 계보를 쓴 「皇代記」이다. 天神 7代, 地神
5代부터 시작하고 있으나, 구체적으로 서술하지 않았다. 이어 神武天皇
(즉위년 기원전 660년)부터 신숙주 당시의 천황(1471)까지 약 2천 년간,
103명의 천황의 즉위, 연호, 정치의 동향이나 외교, 섭정과 관백의 교체
등에 관해 기술했다. 남북조시대에 관해서는 北朝의 천황을 기록했고,
혜성·지진·대설·벼락·태풍 등 자연재해에 관해서도 서술했다. 내
용 중 孝靈天皇을 기술한 부분에, 진시황제가 파견한 徐福이 紀伊에 이
르렀다는 기사가 있는데, 이 내용은 『일본서기』에도 기술되어 있지 않
은 내용이라서, 〈천황대서〉가 『일본서기』 외에도 다른 자료를 인용하
였을 터인데, 구체적으로 어떤 자료를 인용하여 편찬했는지는 알 수 없
다.[4]

그런데 이 〈천황대서〉에 모두 8건의 한국관련 기사가 수록되어 있

---

4) 田中健夫, 『海東諸國紀』, 岩波文庫, 1991, 412쪽.

어, 일본과의 교류의 시원을 밝히는 좋은 단서를 제공하고 있다. 그 내용
을 보면 다음 표와 같다.

〈표 1〉〈천황대서〉에 수록된 한국관련기사

사료	연도	천황	기사	비고
1	200년	중애천황 9년 경진	백제국에서 처음으로 사신을 보내왔다.	320년(?)
2	205년	神功천황 5년 을유	신라국에서 처음으로 사신을 보내왔다.	325년(?)
3	276년	응신천황 7년 병신	고구려가 처음으로 사신을 보내왔다.	396년(?)
4	284년	응신천황 15년 갑진	백제에서 서적을 보내왔다.	404년(?)
5	285년	응신천황 16년 을사	백제왕의 태자가 왔다.	405년(?)
6	542년	흠명천황 3년 갑술	백제에서 五經博士와 醫博士를 보내왔다.	
7	594년	추고천황 2년 갑인	백제의 중 觀勒이 와서 曆本·천문지리서 등을 바쳤다.	
8	720년	원정천황 4년 경신	신라가 서쪽 변방을 침입했다.	

사료 1 : "중애천황 9년 경진, 백제국에서 처음으로 사신을 보내왔
다"는 기록이 있다. 경진년은 200년이다. 그런데,『일본서
기』233년조에는 신라를 공격하는 기사나 고구려·백제
가 스스로 항복하여 조공할 것을 약속했다는 기사가 있다.
반면『삼국사기』에는 208년에 "왜인이 변경을 침범하므
로, 이벌찬 이음으로 하여금 군사를 거느리고 가서 방어했
다"는 기록이 있다. 따라서 이들 기록을 통해 볼 때,『일본
서기』의 초기연대는 신빙성이 없고,『삼국사기』에는 백
제에서 사신을 보냈다는 기사를 찾을 수가 없으며, 자연
히 아직은 이 내용을 별도로 검증할 사료는 발견할 수가
없다.

사료 2 : 「신공천황 5년 을유, 신라국에서 처음으로 사신을 보내왔
다」는 기록이 있다. 을유년은 205년이다. 이 내용은『일본
서기』에도 기록되어 있다. 내용을 보면, "신라왕이 汗禮斯

伐·毛麻利叱智 등을 보내어 조공을 바쳤다. 毛麻利叱智 등이 인질이 되어 있던 微叱己知를 귀국시키기 위해 微叱己知와 음모하여, 본국에서 처자가 노비가 되었다고 거짓으로 속이고 귀국을 청했다. 신공황태후가 이것을 허락하여 葛城襲津彦에게 송환시키도록 했다. 이들이 대마도에 이르자, 毛麻利叱智이 葛城襲津彦을 속이고 微叱己知를 도망시켰다. 葛城襲津彦이 신라 사자 3인을 불태워 죽이고, 신라로 향해, 草羅城을 공격하고 포로를 잡아왔다."[5]고 기록하고 있다.

그러나 『삼국사기』에는, "…왕의 아우 卜好가 고구려에서 提上 奈麻와 함께 돌아왔다. 가을에 왕의 아우 未斯欣이 왜국에서 도망해 왔다."[6]는 기록과 함께, 권45, 열전 5, <박제상>에서 박제상에 의해 미사흔이 구출되는 과정과 함께, 왜인이 박제상을 목도에 유배시켰다가 장작불로 온 몸을 불태우고 목을 벤다는 내용이 상세히 기록되어 있다. 그런데 『삼국사기』에는 418년에 기록되어 있어, 213년의 편차가 있다.

또한 "신라국에서 사신을 처음 보내왔다"는 표현으로 '新羅國始遣使來'라고 했다. 이 표현을 그대로 해석한다면 일본 쪽이 주체가 된 표현이므로, 일본 쪽의 어느 자료인지는 알 수 없지만, 일본의 기술을 그대로 인용했다고 보아야 할 것이다.

사료 3 : "응신천황 7년 병신, 고구려가 처음으로 사신을 보내왔

---

5) 『日本書紀』 권9, 5년 춘3월 을유.
6) 『삼국사기』 권3, 신라본기, 눌지마립간 2년.

다."는 기록이 있는데, 『일본서기』에는, "고려인·백제인·임나인·신라인이 함께 내조하다. 武內宿禰에게 한인들과 함께 연못을 만들게 했는데, 이것을 韓人池라 이름을 붙였다."[7]고 기록되어 있다.

그러나 『삼국사기』에는 고구려와 일본관계에 관해서는 단한 줄의 기사도 없다.[8] 따라서 신숙주가 이용했던 일본사료에 어떻게 기술되었는지는 알 수 없지만, 『일본서기』의 기사대로라면, 고구려, 백제, 임나, 신라 중, 고구려만을 기술한 것으로 볼 수밖에 없다. 그렇다면 문맥으로 보아, 결국 한반도와의 교류를 설명하기 위해, 사료 1에서는 신라와의 관계를 서술하고, 사료 2에서는 고구려와의 관계를 기술했다고 볼 수밖에 없다.

사료 4 : "응신천황 15년 갑진, 백제에서 서적을 보내왔다."는 기록이 있다. 『일본서기』에는 "백제왕이 阿直岐를 보내어 좋은 말 2필을 바치다. 아직기가 경서를 잘 읽어 태자 菟道稚郎子의 스승으로 삼다."[9]라고 되어 있다.

사료 5 : "백제왕의 태자가 왔다."는 기록이 있는데, 『일본서기』에는, "王仁이 오다. 태자 菟道稚郎子는 스승으로 모시고 왕인에게서 여러 전적을 배웠는데, 통달하지 않음이 없다."고 기록했다. 여기서 백제왕의 태자는 왕인을 가리키는 것

---

7) 『일본서기』 권10.
8) 『삼국사기』 권15, 「고구려본기」 권3, 태조대왕 80년 가을 7월. 94년 가을 7월에 '遂成獵於倭山(之下)'의 두기사가 있으나, 이 사료를 일본과 직접 관련짓기에는 현재로선 어려움이 많다.
9) 『일본서기』 권10, 15년 추 8월 임술삭 정묘.

이 틀림없다.[10] 『일본서기』에는 같은 해에 백제의 阿花王
이 죽고, 直支王이 왕위를 계승한 것으로 기록하고 있다.
이 기록은 『삼국사기』(권25, 백제본기 3)의 기사와 일치한
다. 그렇다면 사료4는 405년의 일이 되고, 사료3은 404년
이 된다.

사 료 6 : "흠명천황 3년 갑술, 백제에서 五經博士와 醫博士를 보내
왔다."는 기록이 있는데, 흠명천황 3년은 542년에 해당되
는데 임술년이고, 실제로 갑술년은 554년이다. 『일본서기』
(흠명천황 15)에 오경박사·승려·역박사·의박사·채약
사 등을 교대시켰다는 기록이 있다. 안타깝게도 『삼국사
기』에는 이에 해당되는 기록은 없다.

사 료 7 : "추고천황 2년 갑인, 백제의 중 觀勒이 와서 曆本·천문
지리서 등을 바쳤다."는 기록이 있는데, 594년이다. 그러
나 같은 해의 『일본서기』기록에는 없고, 추고천황 10년
(602)기록에, "백제 승려 관륵이 내조하다. 曆本 및 천문지
리서·遁甲方術書를 바치다. 이때 서생 3~4명을 선발하
여 관륵에게서 배우게 했다."[11]는 기록이 있다. 『삼국사기』
에는 이 사실이 없어 확인할 수는 없지만, 602년의 기록을
가리키는 것은 아닐까.

사 료 8 : "원정천황 4년, 경신에 신라가 서쪽 변방을 침입했다."는

---

10) 田中健夫, 앞의 책, 60쪽에는 백제왕의 태자란 백제와의 자손이던 왕인이라
고 했다.
11) 『일본서기』 권22, 동 10월.

기록이 있는데, 720년이다. 『일본서기』 원정천황 4년에는
신라관련 기록은 없고, 그 한 해 전인 719년에 遣新羅使
白猪廣成 등이 출발을 아뢰었다는 기록이 있을 뿐이다. 반
면 『삼국사기』에는 "722년에 毛伐郡城을 쌓아 日本賊의
길을 막았다."는 기록이 있고, 『삼국유사』에는 "개원 10년
(722) 임술 10월에 처음으로 관문을 모화군에 쌓았다. 지
금의 毛火村으로 경주 동남경에 속하니 일본을 막는 요새
였다."고 기록되어 있다. 2년의 차이가 있지만, 정반대의
기록이다.

이상의 <천황대서>에 수록된 8건의 통교기사를 분석해 볼 때, 다음
과 같은 특징을 발견할 수 있다.

첫째, 『해동제국기』에 의하면, 일본과 한반도의 교류는 일본 연표에
의하면, 200년부터 시작되며, 백제, 신라, 고구려순으로 이어진다. 그러
나 초기 『일본서기』의 연대는 오류가 많아 그대로 인정하기 어려우며,
『삼국사기』의 기록을 참고할 때, 비고란에 제시한 것처럼, 한반도와의
교류는 320년부터로 볼 수 있다. 따라서 종래 일본과의 본격적인 교류를
404년과 405년 백제의 아직기와 왕인박사에 의해서 시작되었다는 설을
재고할 여지가 있다고 생각한다.

둘째, 교류방식은 사신파견에 의해 시작되며, 서적을 휴대한 오경박
사나 의학사 등의 왕래를 통해서 시작됨을 볼 수 있다.

셋째, 교류의 단절은 신라가 변방을 침입하는 것으로 시작되지만, 『삼
국사기』의 일본관련 기사와는 다르게 일본(왜)로 부터의 침략기사는 단
한건도 기록된 것이 없다.

넷째, 신라국, 고구려, 백제 등에서 사신을 보내왔다. 내조했다, 신라
가 서쪽변방을 침입했다는 등, 표현의 주체가 일본이라는 점이다. 이점

은 <천황대서>의 기록은 전적으로 일본측 사료를 중심으로 그대로 옮겨 적은 것이고, 조선 측의 사료나 입장은 고려치 않은 것으로 판단된다.

그렇다면 그 이유는 어디에 있을까? 또한『일본서기』를 일본 고대사료 가운데 수록된 수많은 한반도 관련 기사중[12] 위의 8건만을 수록한 이유는 어디에 있을까? 그 이유는 알 수 없다. 아마도 신숙주가 <천황대서>에서 강조하고 싶었던 것은 일본과의 교류의 시원 및 한반도로부터의 유교문화를 비롯한 선진문화의 전수를 강조하려 했던 것은 아닐까.

2) 八道六十六州・對馬島・壹岐島・琉球國紀

(1) 지역별 내조자수

<8도 66주>와 <대마도, 일기> <유구국>의 내조관련 기사를 분석할 결과 내조자는 총 198인에 이른다. 이 가운데 기내 산성주의 경우 15곳에서 25인이 기록되어 있고, 유구국왕 8인이 기록되어 있으므로, 실제로 내조한 자는 181곳에서 내조했다. 지역별 내조자수는 다음 표와 같다.

---

12) 김기섭・김동철・백승충・채상식・연민수・이종봉・차철욱,『일본 고중세 문헌속의 한일관계사료집성』, 혜안, 2004 ; 장동익,『일본고중세고려자료연구』, 서울대출판부, 2005 참조.

〈표 2〉 지역별 내조자수

8도	66주	통교자수	비고	지역	군,포	통교자수	비고
	〈八道六十六州〉				〈對馬島, 壹岐, 琉球〉		
畿內	山城州	25	15처	대마도 (8군)	豊崎郡	1	
	攝津州	3			伊乃郡	1	
東山道	信農州	1			卦老郡	1	
山陽道	幡摩州	2			尼老郡	2	
	備前州	2		대마도 (82포)	安而老浦	1	
	備後州	5			沙加浦	6	
	安藝州	4			訓羅串	3	
	周防州	7			古于浦	4	
	長門州	8			豆豆浦	1	
南海道	阿波州	1			沙愁浦	3	
	伊予州	2			沙愁那浦	1	
北陸道	若狄州	2			吾溫浦	3	
山陰道	丹後州	1			頭知洞浦	2	
	但馬州	1			可時浦	1	
	伯耆州	1			仇老世浦	1	
	出雲州	3			介伊候那浦	1	
	石見州	5		소계	16곳	32	
	隱岐州	1		일기도 (7鄉)	唯多只鄉	1	
西海道	筑前州	18			古仇音夫鄉	3	
	豊前州	2			小于鄉	1	
	豊後州	4		일기도 (14浦)	毛都伊浦	3	
	肥前州	31		소계	4곳	8	
	肥後州	5		유구국	國王	8	1처
	薩摩州	10			國都	3	
소계	24주	144	장군제외	소계	2곳	11	

총 156곳	195인	막부장군 제외

(2) 지역별 내조기사

① 機內 5州

기내 5주는 일본의 국도로 지금의 교토일대를 말한다. 기내 5주의 내용은 일본의 국도인 京都 주변의 5개주 중, 산성주와 섭진주의 내조자 28명의 현황을 기록했다. 이들 중 산성주에는 도산전을 비롯한 막부장군을 제외하고 최고 지위에 있던 관제인 도산전, 세천전, 좌무위전을 비롯해, 산명전, 경극전, 우무위전과 갑비전, 이세수 등 8명의 최고직에 있는 영주들을 소개했다. 이들은 부자간에 또는 친족 간에 통교권을 세습하면서 조선에 사신을 보내오고 있으며, 畿內 5주에 등장하는 내조자 총 28명의 인명이 기록되어 있다.

조선에의 내조자는 모두 사신의 형식을 취하고 있으며, 이들 가운데 영주들은 국왕(장군) 다음의 대우인 巨酋使로 접대를 받았다. 최초의 내조는 1408년부터 기록되어 있고, 대부분 1460년대 후반부터 1470년의 기록이다. 그리고 1470년 細川殿은 해적 때문에 구주 상송포 거주 등원뢰영에 의뢰하여 수린이란 인물이 대신하여 사신을 파견했고, 이어 수린의 호송을 받고 내조한 사신 4명(지종, 신충, 승충, 건주)과 경도 동복사와 청수사의 주지와 오사카의 사천왕사의 주지 4명(건주, 창요, 용서기, 창수)의 내조기사도 있다. 교토까지의 왕래가 쉽지 않았음을 보여주는 기사이다. 또한 이 시기에는 내조자가 급증하여 조선 측에 접대를 허락지 않자, 억지를 부렸으며, 대마도주 종정국이 알선하여 접대를 받는 경우도 있다. 수린과 종정국의 역할이 주목된다. 그리고 이들 가운데 섭진주의 忠吉의 경우, 圖書를 받고, 세견선(1척) 약정을 한 기록이 있다. 1470년 이세수의 사신에게 면포·정포·쌀을 주었다는 기록이 있다. 당시 통교품을 가늠할 수 있다.

② 東山道 8州

8개주 가운데 유일하게 신농주의 기사가 1개있는데, 선광사 주지였고, 종정국의 청으로 접대가 이루어졌다.

③ 山陽道 8州

산양도 8주는 지금의 일본내해인 세토나이해에 있는 지역으로 지금의 兵庫, 岡山, 廣島, 山口縣이다. 현재 兵庫縣인 幡摩州에서 2인, 강산현인 비전주에서 2인, 강산현인 비후주에서 5인, 광도현인 안예주에서 4인, 산구현인 주방주에서 7인, 장문주에서 8인 등 총 28인의 통교자명단과 통교현황을 기술했다.

특이한 통교내용은 이들 기사는 주로 1467년과 68년에 집중되어 있고, 관음보살이 현상한 것을 치하하기 위한 사신들이었다. 안예주 기사에서는 지평과 국중의 세견선 1척을 약정했다는 기사와 국중이 도서를 받았다는 기사가 있다. 또한 주방주에서는 대내전이 자칭 백제 온조왕의 23대 후손이라는 기록과 우리나라와 가장 친하게 지냈다는 기록이 있고, 이 지역에서의 산명, 세천, 소이씨와의 알력이 상세히 기록되어 있다. 또한 이 지역의 특산물로 하엽록이란 염료와 구리, 인철 등을 기록하고 있는데, 모두 조선의 주요한 수입품이었다. 장문주에는 수린이 호송하는 사신(光久)과 종정국의 청에 의한 접대(正滿, 貞成)의 기록이 주목된다.

④ 南海道 六州

현재의 시코쿠[四國]지방으로 모두 1468년에 사신을 보냈다. 이 지역 역시 관음보살상이 현신한 것을 치하하는 사신이었는데, 貞義의 경우 서장에 해적대장이라고 칭했으며, 이들 역시 종정국의 청으로 접대를 하고 있는 것을 볼 수 있다.

⑤ 北陸道 7州

동해쪽의 노도[能登]반도 지역으로 지금의 후쿠이[福井]현에 해당된
다. 수린의 호송을 받아 사신을 보내고 있으며, 종정국의 청으로 접대를
해 주었다.

⑥ 山陰道 8州

우리나라의 동해에 접한 지역으로 일본에서는 우라니혼이라고 하는
지역인데, 현재의 시마네[島根], 도토리[鳥取]현에 해당된다. 1467년,
68년, 69년에 주로 통교하고 있는데, 모두 12인이다. 이 가운데 관음보
살의 분신을 축하하기 위한 사절이 3인, 수린의 호송이 3인, 종정국의
청이 4인이 기록되어 있다. 또 石見州의 和兼의 경우, 도서와 세견선 약
정을 했다.

⑦ 西海道 9州

현재의 구주지방으로 9개주 중 6개주(축전주 18인, 풍전주 2인, 풍후
주 4인, 비전주 31인, 비후주 5인, 살마주 10인) 총 70인의 통교자가 기
록되어 있다. 지역별 특성을 정리해 보면, 축전주에서는 지금의 후쿠오
카[福岡]현의 중심지인 박다지방을 자세히 소개하고, 이 지역이 유구국
과 남만 등의 장삿배가 모이는 지역이며, 우리나라에 내왕하는 자가 가
장 많은 지역으로 기술했다. 이 지역의 세력가인 소이씨에 관해 자세히
서술했고, 세견선을 약정한 자로 거추사의 접대를 받고 있다고 했다.
이 지역의 통교자중 수직인이 4인이 있는데, 이들 수직인은 이름 앞
에 모두 수직한 관직명을 붙였다. 호군 종가무의 경우는 도서도 받았으
며, 3인이 세견선 약정을 했다. 이 지역에서도 역시 관음보살의 현신을
치하하는 사신이 3인이고, 수린의 호송인이 1인, 종정국의 청이 3인이

있으며, 특히 표류인 송환을 목적으로 사신을 파견한 예도 3인이 있다.

풍전주 통교자 2인인데, 邦吉은 해적대장을 칭했고, 종정국의 청으로 접대를 받았다.

풍후주는 지금의 오이타[大分]현으로 4인이 기록되었다. 세력가인 大右殿과 그의 동생 친상의 내조기록과 함께 이 지역이 구주의 먼 동쪽에 있어, 내왕자의 진위가 의심된다고 했다. 표류민 송환과 관음보살의 분신을 치하하는 사신을 기록했고, 종정국의 청으로 접대했다.

비전주에는 구주절도사 원교직을 비롯하여 총 31명의 내조자를 기록했다. 비전주는 지금의 나가사키[長崎]와 사가[佐賀]현인데, 上松浦와 下松浦를 해적이 사는 곳으로 기술했다. 세견선 정약자가 15인이나 되며, 이중 9인이 圖書를 받았다. 이중 수직은 사랑좌위문 1인뿐이다. 그러나 이 사절은 1468년에는 접대치 않았다. 수직까지 했는데, 접대치 않은 것은 특이한 사례이다. 또한 앞의 축전주와 비교하면 수직인과 세견선수가 대조적이다. 앞의 기록에서 많이 나오는 壽藺은 축전주 상송포의 藤原賴永이 보낸 사자이다.

관음보살의 현신을 치하한 사신이 6인이고, 종정국의 청으로 접대한 사신이 5인이다. 통교자중 源祐位는 승려이다. 또 五島의 거주자도 4인이 있다.

肥後州는 지금의 구마모토[熊本]현으로, 5인의 내조자를 기록했다. 이중 3인이 세견선정약자이고, 菊池殿은 도서를 받았다. 政重은 관음보살의 현신을 치하했고, 표류민을 송환했다. 그러나 武敎는 1457년에는 먼 곳에 있는 긴요한 사람이 아니라는 이유로 접대치 않다가, 1467년에는 관음보살의 현신을 치하하는 댓가로 접대했다.

薩摩州는 현재의 가고시마현에 해당되는데, 유황산지로 기록했다. 10인의 내조자를 기록했는데, 세견선정약이 4인이고, 4인은 종정국의 청으로 접대했다. 관음보살 현신치하로 2인이 내조했다.

⑧ 對馬島

대마도에 관해서는 먼저 대마도의 지형과 척박한 환경 때문에 생산품은 감귤과 木楮뿐이라고 했다. 종씨의 가계를 宗慶부터 宗貞國에까지 소개했다. 이어 대마도가 한국과 일본의 중간에 위치하여 모든 내조자가 대마도를 거쳐야 하고, 반드시 도주의 문인을 받아야 하며, 도주 이하가 각기 세견선 약정이 있고, 우리나라에 가장 가까운 섬인데다가 매우 가난하기 때문에 해마다 쌀을 차등 있게 주는 歲賜米에 대해 기록했다. 경제적으로 조선에 완전히 종속되어 있는 대마도의 모습을 상세히 기술했다.

4개의 군에 5인의 내조자를 기록했는데, 1인(護軍 多羅而羅)은 관직과 도서를 주었다. 宗盛弘과 宗盛家는 세견선 4척과 7척의 정약자이고, 각기 15석과 20석의 세사미도 주었다.

82포 가운데는 12포에 27인의 내조자 명단이 있다. 이중 16인이 수직왜인이다. 또 9인이 도서를 받았는데, 수직을 겸한 자가 6인이다. 세견선 정약을 한 내조자는 5인인데, 도주 종정국에게는 50척을 약속했다. 또 세사미두는 7인인데 이 가운데 도주 宗貞國은 200석을 주었다. 특이한 기록으로는 司正 都羅而老가 鐵工匠의 아들이라 했고, 奉盛幸은 본래 중국 사람인데, 書契·文引·圖書를 받았다. 護軍 阿馬豆와 國久·호군 井可文愁戒는 해적으로 기술했고, 倭訓으로 수직한 자도 2인이 있었다.

⑨ 壹岐島

일기도는 모두 7鄕으로, 구주의 세력가인 志佐, 佐志, 呼子, 鴨打가 나누어 다스린다. 모두 5인의 내조자가 있는데, 이들은 모두 세견선 정약을 했으며, 이중 2인은 도서도 받았다.

14포 중 유일하게 毛都伊浦에만 내조자 3인이 있는데, 모두 수직왜인이며, 護軍 三甫郎大郎은 세사미두 10석을 받는다. 豆流保時는 수직왜인 藤九郎의 아들로 수직왜인이며, 그의 아들 也三甫羅도 수직하여 三代가

연이어 수직왜인이 되었다.

⑩ 琉球國

<국왕대서>에서는 「일본국기」의 <천황대서>와는 다르게 조선에 내조한 기사를 중심으로 서술했다. 유구국은 일본국과는 별도의 독립왕국으로 조선과 통교를 했는데, 1390년 고려말부터 시작하여 1471년까지 10차례 이상의 내조사실을 기록했다. 내조자는 유구국인 외에도 유구국에 있는 일본인을 이용했다는 기사가 주목된다. 실제로 유구국 사신으로 박다의 일본인들이 여러 차례에 걸쳐 내조했고, 그 중 상당수는 僞使로서 조선에 왔다.

이어 <국왕대서>에는 국도에는 石城이 있으며, 유구국이 별처럼 벌려 있고, 무려 36개의 섬으로 되어 있음을 소개했다. 또 유구국에서 硫黃이 산출되며, 해마다 중국에 사신을 보내고 유황 6만 근과 말 40필을 바친다는 사실을 기록하여 유구가 중국과도 통교하고 있음을 서술했다. 그러나 유구국은 우리나라와 거리가 가장 멀어서, 그 상세한 것을 규명할 수 없으므로, 우선 그 조빙 및 내조자의 차례만을 기록하여 후일의 고증을 기다린다는 단서를 붙이기도 했다. 그리고 유구의 풍속과 도로의 이수를 열거하여 부산포에서 유구국까지 우리나라 이수로 5,430리라고 했다.

그리고 <국도>에는 내조자 3인을 국왕사신과는 별도로 기록했다.

(3) 세견선, 수직인, 도서발급자 현황

일본으로부터의 내조자 가운데, 세견선 약정자 수와 수직인, 도서발급자 현황은 다음표와 같다.

〈표 3〉 세견선 약정자

	1척	1~2척	3척	4척	7척	50척	계
기내 5주	1인						1척
동산도							
산양도	3인						3척
남해도							
북륙도	1인						1척
산음도							
서해도	16인	12인					28~40척
대마도	3인		1인	1인	2인	1인	74척
일기도	3인	2인					5~7척
유구국							
세견선계	27척	14-28척	3척	4척	14척	50척	112~126척

〈표 4〉 수직인·도서발급자

	수직인	도서발급자	종정국의 청	관음불현신
기내 5주		1	5	
동산도			1	
산양도		1	6	15
남해도			3	1
북륙도			2	
산음도		1	4	1
서해도	5	13	16	13
대마도	16	11		
일기도	2	2		
유구국				
계	23	29	32	30

　　세견선은 주로 현재의 구주지역인 서해도, 대마도, 이키에 집중되어 있으며, 46인에게 총 112척 내지 126척을 약정했다. 46인중 1~2척 약정자가 41인으로, 그 나머지는 3~4척이 2인, 7척이 2인이고, 대마도주가 50척으로 절반의 양을 약정했다.

　　또한 수직인과 수도서인도 서해도, 대마도, 이키에 집중되어 있고, 서해, 대마, 이키를 제외한 지역의 상당수가 대마도주의 알선에 의해 내조하고 있다. 또한 이 시기 내조자중 30인이나 관음불이 현상하는 것을 치하하는 명목으로 조선에 내조하고 있다. 세조대에는 특히 奇瑞현상이 많이 나타나는데 왕권 강화책의 일종이었다고 하는데, 이를 축하하는 명분으로 일본 각지에서 내조했던 것이다.[13)

(4) 대마도 내조자 분포지역도

대마도의 8군 82포 중, 내조자 분포지역을 보면, 豊崎, 伊乃, 掛老, 尼老郡 지역에서 郡守 4인과 伊老郡의 수직왜인 1인 등, 총 5인의 내조자가 있다. 豊崎郡은 현재의 대마도 동북부지역으로 가미쓰시마쵸[上對馬町]이며, 尼老郡은 현재의 동북부지역이다. 尼老郡은 현재의 仁位郡 토요타마[豊玉町]이며, 掛老郡은 현재의 嚴原町 佐須瀬지역으로 알려져 있다.

82포 가운데는 12포에 27명의 내조자가 분포하고 있다. 『해동제국기』에는 각 포소의 거주왜인의 호수가 기록되어 있는데, 도표화하면 다음과 같다.

아래 도표에서 알 수 있듯이, 12포의 내조자 27인중, 수직왜인의 수는 16인, 수도서인은 11인인데, 이중 수직과 도서를 다 받은 자는 9인이었다. 그리고 대마도의 세견선은 대마도주 50척을 비롯하여, 이내군과 이노군의 군수가 7척, 그 외에 3개포에 1~3척으로 분포되어 있다. 또한 세사미두는 대마도주 200석을 비롯하여 3개 군수에게 45석, 그 외에 9인의 내조자에게 10~15석을 주어, 총 350석에 달했다.[14)

---

13) 高橋公明,「朝鮮遣使ブームと世祖の王權」『日本近代の國家と對外關係』, 吉川弘文館, 1987참조.
14) 대마도의 내조자에 대한 연구는 한문종, 『조선전기 대일외교정책연구 - 대마도와의 관계를 중심으로-』전북대 박사논문 및 「조선전기 향화수직인 연구」에 자세하다.

〈표 5〉 군·포소의 현지지명 및 내조자 현황

포이름	현재지명	거주호수	내조자수	수직인수	수도서인수	세견선(척)	세사미(석)
4군			5	1	1	11	45석
安而老浦	아지로[綱代]	20	1	1			
沙加浦	사가[佐賀]	500	6	4	3	1	20
訓羅串	고후나바시[小船越]	100	3	3	1		25
古于浦	고후[國府]이즈하라[嚴原]	100	4			57	215
豆豆浦	쯔쯔[豆酘]	300	1			3	10
沙愁浦	사수[佐須]	300	3		3	2	15
沙愁那浦	사스나[佐須奈]	400	1				
吾溫浦	오오무라[大浦]	100	3	2			
頭知洞浦	쯔치요리[土奇]	200	2	2			
可時浦	가시[加志]	150	1	1	1		10
仇老世浦	쿠로세[黑瀨]	140	1	1	1		10
介伊候那浦	가이후나[貝鮒]	200	1	1			
계			27인	16인	11인	74척	350석

다음 일기도와 유구를 보자.

우선 일기도에는 7鄕중 3개 향에 5인이 내조자가 있고, 14포중 1개포에만 있다.

유다지향은 현재 아시베마치[芦辺町]나 이사다마치[石田町]에 해당된다. 古仇音夫鄕은 고쿠부[國分]지역이며, 小于鄕은 鄕ノ村町로 추정된다. 그리고 유일하게 내조인이 있던 毛都伊浦는 鄕ノ村町의 중심지역인 교노우라[鄕ノ浦]로 추정한다.15)

한편 유구국의 國都는 현재 오키나와의 나하[那覇]와 수리[首里城]를 말한다.

---

15) 田中健夫, 『海東諸國紀』, 岩波文庫, 1991, 229쪽.

4. 조빙응접기의 규정

일본으로부터의 모든 내조자는 삼포로 입항했고, 이들은 원칙적으로 使人의 형태를 갖추어야 했다. 따라서 이들의 우두머리들은 상관인(정사), 부관인(부사), 정관 등의 명칭으로 불리웠고, 사자의 등급에 따라 일정한 인원이 상경을 하여 조선 국왕을 알현하는 외교적 행위를 취해야 했다. 그 구체적인 내용을 29개 항목으로 세분하여 기술했다.

그 내용을 성격별로 분류해 보면, 도항하는 사절의 구분과 규모, 입항과 삼포에서의 접대, 삼포를 떠나 상경하는 과정과 절차, 한양에서의 체류와 접대, 국왕에의 숙배, 송별과 배의 수리, 금약조항 등, 내조자가 삼포에 입항하여 상경 후, 국왕숙배와 교역을 마치고 일본으로 돌아갈 때까지의 모든 과정과 그 사이의 접대규정이 상세히 기술되어 있다.

① 사절의 구분과 규모

諸使定例 : 내조자를 접대하는 데는 4가지 예가 있는데, 국왕사, 제거추사, 구주절도사 및 대마도주특송사, 제추사 및 대마도수직인으로 구분했다.

使船定數 : 국왕사, 제거추사, 대마도주, 제추사의 세견선수를 정했는데, 대마도주는 50척, 국왕사는 부선을 합쳐 3척, 그 외는 1~2척으로 했고, 이들은 모두 대마도주의 문인을 소지하도록 했다. 그러나 세견선수는 앞의 내조자 통계와 사뭇 차이를 보인다.

使船大小船夫定額 : 배의 크기와 船夫를 규정했는데, 대선(28~30척), 중선(26~27척), 소선(25척 이하)이며, 선부는 대선 40명, 중선 30명, 소선 20명으로 정

하여 料를 지급했다.

② 입항 및 삼포에서의 접대

三浦分泊 : 대마도주 세견선 50척 중 25척은 제포, 25척은 부산포에
　　　　　 정박하며, 나머지는 임의로 한다.

給圖書 : 도서의 견본을 예조와 典校署, 또한 三浦에 나누어 두었다
　　　　 가, 내조자가 가져온 서장과 비교하여 진위를 식별했다.

三浦宴 : 여러 사신들에게는 상경을 기다려 삼포에 체류하는 동안과
　　　　 돌아갈 때, 각기 1~3회의 연회를 베풀어 주며, 연회를 베풀
　　　　 때마다 선부에게도 음식을 준다.

三浦熟供 : 모든 내조자(상관인, 부관인, 정관, 수행원 등)에게는 정해
　　　　　 진 규정에 따라 음식을 제공했고, 선부에게는 料를 지급
　　　　　 했다.

③ 상경과 접대

上京人數 : 국왕사 25인, 제거추사 15인, 대마도주 특송사 및 구주절
　　　　　 도사는 3인, 제추사는 1인, 수직인은 2~3인, 대마도세견
　　　　　 선은 1척당 1인을 상경시키는데, 짐의 양에 따라 2~5인
　　　　　 을 추가할 수 있다.

諸使迎送 : 국왕사와 제거추사는 京通事, 구주절도사 및 대마도주특
　　　　　 송사는 鄕通事가 인솔하여 상경토록 했다.

上京道路 : 내조자의 상경로는 육로와 수로를 이용했는데, 육로는 삼
　　　　　 포에서 각기 13일에서 15일 걸리며, 수로를 이용할 경우,
　　　　　 낙동강과 한강을 이용했는데, 15~19일이 걸렸다. 그리고
　　　　　 국왕사는 기한이 없지만, 나머지는 기한이 지나면 料를

감하여 전해진 기일을 초과하지 못하도록 했다.

路宴 : 여러 사신들에게는 상경도중 국왕사 5번, 제거추사 4번, 특송
　　　사·절도사·제추사에게는 2번, 대마도수직인은 1번의 연회
　　　를 베풀어준다.

諸道宴儀 : 삼포와 상경도중에 베풀어지는 연회의식에 관한 규정이
　　　다. 국왕사의 삼포연향의 경우 선위사는 동벽에 위치하
　　　고, 상관, 부관인은 서벽에 위치하여 예를 행하며, 선위사
　　　가 객관에서 향의할 때는 사신들은 북쪽을 향해 4배한다.
　　　그 외에 관찰사와 수령의 연회의식에 대해서도 규정했다.

④ 한양체류 중 접대

京中迎餞宴 : 국왕사는 한강에서 영접하여 연회하며, 그 외의 사신은
　　　사관(동평관)에서 영접연회를 베푼다.

晝奉杯 : 서울에 온 사신들에게는 3일에 한번 씩 주간에 술 대접을
　　　한다.

京中日供 : 국왕사, 제거추사, 대마도특송, 절도사에게는 하루 3끼,
　　　제추사 이하에는 하루 2끼에 걸쳐 정해진 양의 식품을
　　　제공하는데, 5일에 한번 씩 합해서 준다.

禮曹宴 : 여러 사신을 위로하기 위해, 예조에서 특별연을 열어준다.

名日宴 : 명절이나 특별한 날에 여러사신에게 특별히 연회를 열어준다.

禮曹宴儀 : 예조에서의 연회의식 때에 위치와 재배규정에 관한 규정
　　　이다.

⑤ 국왕숙배

闕內宴 : 국왕에게 進上肅拜한 뒤에 정해진 음식과 술을 주며, 하직

　　　숙배도 마찬가지다.

例賜 : 국왕사 및 제거추사에게 장삼과 말가죽, 신말 등을 선물로 하
　　　사하며, 구주 절도사의 사자에게는 의복과 관과 신만 국왕 사
　　　신의 예와 같이하되, 나머지 물품은 지급하지 않는다

別賜 : 특별한 일이 있어 국왕을 인견할 경우 別賜를 한다.

　　⑥ 송별연 및 귀국

下程 : 국왕사 및 제거추사에게 3회, 구주 절도사의 사자와 특송사에
　　　게는 2회의 송별연을 열어주었다.

留浦日限 : 동평관과 삼포에 머무는 기일을 정했는데, 국왕사는 기일
　　　이 없고, 제거추사는 관찰사의 마문이 도착한 뒤 15일이
　　　기한이며, 三浦로 돌아간 뒤 20일이 기한이다.

修船給粧 : 선척 수리 장비의 지급을 요청할 경우, 임금의 敎令을 받
　　　아 수군절도사로 하여금 제급하도록 했다. 그리고 판자와
　　　쇠못을 지급한 모든 사유는 돌아가는 날 啓聞할 때에 보
　　　고하도록 했다.

日本船鐵釘體制 : 일본배에 쓰는 못의 길이를 배의 크기별로 정해서
　　　지급했다.

過海料 : 대마도는 5일, 일기도는 15일, 九州는 20일의 料를 주었고,
　　　일본 본국과 유구국 사신은 20일의 요를 주었다.

給料 : 국왕사 이하에게 모두 1일 두 끼로 각 1되씩의 별도의 급료를
　　　주었다.

　　⑦ 禁約

三浦禁約 : 삼포의 항거왜인에 대한 거류에 대한 내용으로, 1466년

60인을 허가한 사항과 1466년 乃而浦(300호, 남녀 1200
여 명), 富山浦(110호, 남녀 330여 명), 鹽浦(36호, 남녀
120여 명)의 통계를 기술했다.

釣魚禁約 : 대마도인으로서 고기잡이 하는 자가 지켜야 할 규정으로
島主의 圖書와 文引 3통을 받아서 知世浦에 도착하여 문
인을 바치면, 만호(萬戶)가 문인을 다시 만들어 주며, 孤
草島에서만 고기를 잡고, 고기잡이를 마치면 지세포에 돌
아와서, 만호에게 문인을 돌리고 稅魚를 바치도록 규정했다.

이상의 내용을 요약해 보면,『海東諸國紀』에는 사절로서 상경이 허락
된 왜인들을 네 가지로 구분하고 있다. 즉「諸使定例」의 장에서 국왕사,
중소영주의 사절, 대마도주의 사절, 그리고 수직왜인 등 4종류로 구분하
였다. 이들은 당시 왜인들이 입항할 수 있는 항구인 三浦(釜山浦, 乃而浦
후에 薺浦, 鹽浦)로 입국한 후, 각기 정해진 인원만이 서울로 상경할 수
있었다. 상경이 허락되면 이들은 정해진 상경도로를 통하여 서울로 가야
했다. 즉 삼포에서 정해진 입국절차를 밟은 후, 상경인수가 정해지면 각
기 등급에 따라 국왕사와 諸酋使(여러 추장의 사자)는 京通事, 그 나머지
는 鄕通事의 인솔 하에 상경하였다. 상경로는 크게 육로와 수로가 있었
다. 또한 상경왜인에게는 상경도중에도 각기 등급에 따라 연회가 베풀어
지는데, 이를 路宴이라고 한다. 노연 역시 사신의 등급에 따라서 각기
차이가 있다.

한편 상경왜인들은 모두가 경기도 광주를 거쳐서 한강에 이르게 되는
데, 이들이 한강을 건너면 곧바로 영접을 하며 환영연회를 베풀어주었
다. 서울에 입경한 왜사들은 일단 왜인들의 전용숙소인 동평관에 여장을
푼다. 당시 서울에는 입경하는 외국사신을 위한 여러 客舍가 있었는데,
입국왜인을 위한 숙소가 동평관이었다.

상경한 모든 왜인들은 그들의 상경목적이 끝날 때까지는 동평관에 머물면서 지냈으며, 조선 측에서 정한 규율에 따라 행동이 제한되었음은 물론이다. 예를 들면 동평관에 머무는 동안 왜인들은 5일에 한 번씩 식량과 연료 등을 조선으로부터 무상으로 지급받았다. 그리고 이들에게는 예조에서 정해진 규정에 의하여 공식적인 연회를 베풀어주었으며, 사신과 사자들에게는 3일에 한 번씩은 주간에 술대접을 하였다. 숙배일이 정해지면 궐내에 입시하여 국왕에게 배알하는데, 국왕의 숙배 때에도 궐내에서 공식적인 연회를 베풀어주었으며, 특별히 선물도 주었다. 배알이 끝나면 가져온 물건들을 進上하였고, 조선에서는 진상품에 대하여 回賜의 형식으로 하사품을 주었으며 이 방법을 통하여 공무역이 이루어졌다. 그리고 정해진 기일이 지나면 상경하였던 길을 되돌아가는데, 역시 정해진 규정에 따라서 환송연으로 下程과 別下程이라는 연회를 열어주었다.

그렇다면 조선정부에서는 왜, 무슨 이유에서 이렇게 많은 왜인들을 상경시켜서 복잡한 절차와 비용을 들여가면서 이들을 접대하였을까.

왜인들이 상경을 하여 행하는 가장 큰 의식은 역시 국왕을 알현하고 숙배하는 일이었다. 이것은 중국에서 漢代이후 일반화된 朝貢과 같은 성격을 가진 것으로서, 조선주변의 이민족들이 조선에 臣禮行爲를 취하는 일종의 외교적인 행위로 조선에 복속하는 의미를 지닌다. 즉 조선에서는 명 이외의 주변국에 대하여는 교린정책을 취하여 왔는데, 그 교린관계의 구조와 성격을 구체적으로 살펴보면, 일본의 중앙정권인 막부장군에 대하여는 조선국왕과 對等關係를 맺지만, 그 외의 일본의 제세력과 유구, 여진에 대하여는 羈縻關係라고 하는 조선이 우위에 있는 특수한 관계를 설정하였던 것이다.16) 따라서 조선과 통교무역을 원하는 모든 자들에게는 조선이 정한 규정에 따라서 입국하여 조선국왕을 알현하는 외교적인

---

16) 孫承喆,『朝鮮時代 韓日關係史硏究』 제2장 1. 조・일 교린 체제의 구조와 성격, 참조.

절차를 밟게 함으로서 조선을 大國으로 섬기는 자세를 취하게 했다. 특히 수직왜인의 경우는 반드시 연 1회 삼포를 통해 조선에 입국하여 상경을 한 후, 조선국왕을 알현하는 것을 의무화했다. 그리고 이 절차에 따라야만 무역을 허가하였으며, 그것을 公貿易이라고 했다. 따라서 이들은 무역을 위해서라도 상경을 해야 했고, 또 국왕을 알현해야만 했다. 이상의 내용으로 볼 때, 조선에서는 결국 의도적으로 이들 야인과 왜인을 상경시켰던 것이고, 국왕 알현의 절차를 통하여 조선에 외교적으로 복속을 시키고, 그 대가로 무역을 허가해 준 셈이 되는 것이다.

이 「朝聘應接紀」의 규정들은 이후 제정된 『통문관지』(1708, 36항목) 『증정교린지』(1802, 69항목) 등 조선후기 대일본 통교관계 규정의 근간이 되고 있다. 그러나 조선후기에는 임진왜란 때에 일본인 상경로가 침략군의 진격로로 이용되었기 때문에 모든 일본인의 상경이 금지되어, 한양에서의 조빙응접절차가 동래와 부산 왜관에서 이루어졌고, 또 모든 통교업무를 대마도주가 담당하여, 조선전기와는 다른 양상을 보인다. 그럼에도 불구하고 『해동제국기』의 「조빙응접기」의 규정들은 「接待日本人舊定事例」로 정리되어 수록되었으며, 항시 참조되어 전례가 되었다.

5. 맺음말

이상에서 언급한 바와 같이, 『해동제국기』는 세조대에 이르러 일본인의 왕래가 급증하면서, 통교체제와 규정을 총괄한 사료이다. 신숙주는 서문을 통해, 일본과의 교린관계를 위해, 일본의 실정을 이해해야 하고, 그를 위해 일본의 역사, 지리, 국정, 풍속 등을 기술했고, 왜구금압을 위해 통교의 필요성을 역설했으며, 통교자의 기강을 바로 잡기 위해 접대규정을 총 정리했다

통교의 연원을 밝히기 위해 「일본국기」<천황대서>에 8건의 기사를

소개했다. 일본과의 교류는 320년 백제에서 일본에 사신을 파견하는 것부터 시작되며, 고대 삼국과의 교류는 백제, 신라, 고구려 순으로 전개됨을 기술했다. 그리고 교류의 형태는 사신과 서적을 휴대한 오경박사와 의박사가 일본에 파견되는 것에 의해 이루어진다. 이 점은 종래 405년을 전후해 일본에 파견된 왕인박사에 의해 유교 및 백제문화가 전수되었다는 기존학설과는 사뭇 다른 견해를 보여준다.

또한 교류의 단절이 720년 신라가 일본의 변방을 침략한 것에 기인하지만, 그 이전에는 단 하나의 갈등기사도 없다. 『삼국사기』나 『일본서기』의 수많은 양국관련 기사를 생각할 때, 단지 8건의 기사만 기록했던 이유는 무엇일까. 그것은 아마도 한반도와 일본열도가 우호교린을 해야 한다는 기본입장과 교류의 시원이 한반도로부터의 사신파견과 문화전수에서 이루어졌다는 점을 강조하려 했던 것은 아닐까.

다음 <8도 66주>의 내조기사의 특징을 보면, 기내 5주에 거주하는 막부장군 이외의 8명의 영주들이 거추사의 대우를 받으며 조선에 내조해 왔다. 최초의 내조는 1408년부터지만, 대부분은 1460년대부터 1470년의 기록이다. 1470년 細川殿은 세토내해의 해적 때문에 구주의 藤原賴永에 의뢰하여 壽藺이 대신하여 내조했고, 때에 따라서는 동해 쪽의 산음도를 거쳐 사신왕래를 했다. 또한 京都와 大坂의 절에서도 사신을 파견했다. 아마 대장경청구 목적으로 내조했을 것이다.[17] 그리고 조선에서는 이들 내조자들은 자기지역의 특산물인 구리·염료 등을 가져왔고, 조선에서는 이들에게 면포·정포·쌀과 콩을 주었다.

8도 가운데 내조자는 지금의 규슈인 西海道가 70회, 세토내해인 山陽道가 23회, 동해 쪽의 山陰道가 12회로 전체 내조자중 규슈지역이 제일 많았다. 『해동제국기』에서도 지금의 후쿠오카현의 중심지인 하카다[博

---

17) 村井章介,「朝鮮に大藏經を求請した僞使について」『日本近代の國家と對外關係』, 吉川弘文館, 1987 참조.

多]를 자세히 소개하고, 이 지역이 유구국과 남만 등의 장삿배가 모이는 지역이며, 우리나라에 내왕하는 자가 가장 많다고 했다. 당시 번성했던 동아시아 해역의 국제무역상황을 짐작할 수 있다.

8도의 내조자 가운데 특이사항으로는 관음보살 현신을 치하하는 내조자가 30인이나 되는데, 모두 山陽道와 西海道에 몰려 있다. 그리고 이 지역 내조자 가운데 상당수가 대마도주 종정국의 알선에 의해 내조하고 있다. 세조의 왕권강화책과 그것을 역이용하는 내조자들, 그리고 양국관계에 있어 대마도주의 역할과 위상을 엿볼 수 있다.

<대마도>의 내조기사에서는 먼저 대마도의 척박한 환경과 일본으로부터의 모든 내조자가 대마도주의 문인을 받아야 하며, 도주이하 세견선 약정과 세사미에 대해 상세히 기술함으로써 경제적으로 완전히 종속되어 있는 대마도의 모습을 상세히 기술했다. 또한 대마도내의 모든 내조자의 거주포구 및 호수를 상세히 기록했고, 특히 왜구와 관련해서는 해적대장이나 괴수라는 표현을 썼다. 왜구에 대한 긴장감을 늦추지 않고 있다.

<대마도>, <일기>, <유구>의 내조자를 분석한 결과 내조자는 총 51인이었으며, 이중 수직인이 23인으로 절반에 가까웠고, 수직과 수도서를 한 내조자는 11인이었다. 또한 세견선은 전체 세견선의 2/3가 이 지역에 집중되어 있으며, 세사미두 총 360석인데, 대마도가 350석, 이키가 10석이다. 세견선과 세사미두의 지급을 통해, 이 지역의 왜인들을 회유하고 있는 조선의 대일정책을 확인할 수 있다.[18] 이러한 점에서 『해동제국기』의 내조기사는 당시 조선에 통교한 일본인들이 어느 지역에서 어떠한 사람들이 무슨 목적에서 어떻게 내왕했는가를 일목요연하게 기술한 것이다.

---

18) 한문종, 『조선전기 향화·수직왜인 연구』, 국학자료원, 2001 ; 關周一, 『中世日朝海域史の硏究』, 吉川弘文館, 2002 참조.

　이상의 내용으로 볼 때, <8도 66주> 및 <유구국기>를 통해서 볼 때, 15세기의 한일관계는 지리적으로 대마도권(쓰시마・이키)・구주권・혼슈권(동해권・세토내해 포함)・유구권 등의 권역으로 크게 구분할 수 있겠고, 조선에 인접한 지역과 막부장군에 이르는 지역루트로 양분할 수 있다. 이러한 지역구분은 조선의 입장에서 보면, 왜구금압을 위한 무역권지역과 막부장군과 연결하는 외교권지역으로 구분되는 양상도 보여주고 있다.

　한편 「조빙응접기」에는 使船定數와 諸使定例를 비롯하여 총 29개 항목으로 일본으로부터의 모든 내조자가 삼포에 입항한 후, 정해진 인원이 상경하여 조선국왕을 알현하고 다시 일본으로 돌아갈 때까지 모든 통교와 접대규정에 관해 소상히 정리했다. 입항이후 일본인 내조자의 행적에 관해 일목할 수 있다. 이 내용을 통해 조선에서는 모든 내조자를 사인으로 규정하여 외교적인 절차를 밟게 하여 조선에 복속시키고, 그 반대 급부로 무역을 허가했음을 알 수 있다. 결국 이 시기 조선조 대일정책의 기본방향이 약탈자 왜구였던 일본인을 평화의 내조자로 바꾸어 가는데 있었음을 확인할 수 있다.

　이러한 점에서 『해동제국기』는 조선전기 한일관계나 동아시아 해역사를 연구하는데 가장 기본적인 사료이다. 특히 『해동제국기』의 내조기사는 시기적으로 1460년대 후반부터 1471년에 집중되어 있으며, 이들 내조기사는 『조선왕조실록』에도 풍부하다. 향후 이러한 사료들이 일본측 사료들과 함께 정밀하고 구체적으로 분석되어 『해동제국기』의 사료적 가치가 재조명되어야 할 것이다.

『海東諸國紀』 속의 三浦를 중심으로 한 군사방어에 대하여*

유 재 춘

1. 머리말

삼포란 조선 전기 일본인들의 왕래와 거주를 허가하였던 동남 해안의 세 浦口, 즉 釜山鎭에 해당하는 동래의 釜山浦(또는 富山浦), 지금의 경상남도 진해시 웅천동에 해당하는 熊川의 薺浦(또는 乃而浦), 지금의 경상남도 방어진과 장생포 사이에 해당하는 蔚山의 鹽浦를 말한다. 이들 지역은 예로부터 왜구의 침입이 잦았던 곳이라 군사적으로 매우 중요시 하였던 곳이었다.

1392년 건국한 조선왕조는 무력을 대대적으로 강화하는 한편 대외정

* 이 논문은 2006년도 정부재원(교육인적자원부 학술연구조성사업비)으로 한국학술진흥재단의 지원을 받아 연구되었음(KRF-2006-A00004).

책에 있어 사대교린정책을 기본노선으로 추구하였고, 왜인들에 대한 이러한 정책은 일본으로부터 통교자가 급증하게 되었고, 조선정부에서는 이들에 대한 수용체제의 정비가 필요하게 되었다. 그리하여 1407년 7월에 興利倭船이 정박하는 浦所를 釜山浦(경상좌도 도만호)와 乃而浦(경상우도 도만호)에 한정시켰고, 1410년에는 使送船의 입항자도 경상도의 각 포구로 한정하였다가, 1418년에는 鹽浦와 加背梁을 추가하였다. 그리고 1426년부터 釜山浦·鹽浦·薺浦의 세 곳을 정하여 이후 三浦로 불리게끔 되었다.

三浦에는 각각 '倭館'이라고 불리는 '接待所 兼 商館'이 설치되었다. 1423년 乃而浦와 釜山浦의 두 곳에 관사와 창고를 수축하고, 취사도구를 갖추고 식량이나 잡구를 운반해 두고서, 그 출납과 공급은 金海府와 東萊縣이 관장하게 되었다. 이것이 포소에 있는 왜관의 시작이다. 1426년에는 鹽浦에도 세워졌다.

처음에 삼포는 홍리왜인이나 使送倭人의 단순한 입항장이었으나, 왜인상경이나 거래, 도항준비 등 때문에 체류기간이 길어지면서 점차 거류지로 모습이 변모해갔다. 이후 三浦는 1592년 임진왜란 때까지 여러 차례 개폐를 반복하다가 전쟁에 의해 폐쇄되었다. 임진왜란이 끝난 후, 鹽浦와 薺浦는 폐쇄되고, 단지 釜山浦에만 입항이 허용되었다. 그리하여 絶影島의 假倭館時代와 豆毛浦의 古館時代(1607)를 거쳐 1678년에는 현재의 용두산 공원 일대에 약 11만 평규모의 草梁倭館을 신축하여, 1872년 明治政府에 의해 점령당하기까지 한일 간의 外交와 貿易의 중심지가 되었다.

따라서 삼포의 到泊處 제한은 기본적으로 조선의 군사(치안)상의 문제에 기인한다고 할 수 있다. 물론 평화적인 통교자가 된 왜구들에게 교역장소를 제공해 주고, 양식을 보조함으로써 그들이 약탈행위보다는 통교자로 전환하도록 유도하기 위한 조처였다고 할 수 있다. 그러나 조선으로서는 무엇보다 왜인들의 주요 도박처로 운영된 삼포 지역에 대한 군사방어에 각별한 관심을 둘 수밖에 없었다.

그러므로 삼포의 군사방어체제에 관한 연구는 중요한 의미가 있다. 기존에 포괄적인 측면에서 對倭 關防을 연구한 논문은 있으나[1] 그러한 연구논문에서는 삼포를 중심으로 조선이 어떠한 방어체계를 구축하고 있었는지에 대해서는 전혀 알 수가 없다. 따라서 본 연구에서는 삼포를 중심으로 조선 측이 어떻게 군사적인 방어책을 정비해 나갔는가, 그리고 왜 군사적으로 삼포지역을 택했는가 하는 것을 살펴보고자 한다. 특히 『해동제국기』에 실려있는 삼포지도에는 군사적인 문제와 관계되는 여러 가지 정보를 담고 있는데, 이를 추출－해석해 보고자 한다.

2. 三浦의 倭船 到泊處 지정경위와 防禦策 정비

1) 三浦의 到泊處 지정 경위

조선 초기 대일관계에 있어서 가장 큰 외교적 현안은 왜구문제였다. 왜구문제는 이미 고려말부터 그러한 것이었지만 이는 조선의 안정을 저해하는 가장 큰 위협요인이었던 것이다. 따라서 이 시기 대일교섭의 일차적인 목적은 倭寇를 방지하는 것이었으며 기타 外交와 通商은 그것을

---

1) 車勇杰,「世宗朝 下三道 沿海邑城築造에 대하여」『史學研究』27, 韓國史學會, 1977 ; 車勇杰,「朝鮮 成宗代 海防築造論議와 그 樣相」『白山學報』23, 白山學會, 1977 ; 車勇杰,「朝鮮前期 關防施設 整備過程」『韓國史論』7, 國史編纂委員會, 1981 ; 車勇杰,「朝鮮後期 關防施設의 變化過程」『韓國史論』9, 國史編纂委員會, 1981 ; 車勇杰,「高麗末 倭寇對策으로서의 鎭戌와 築城」『史學研究』38, 1984 ; 車勇杰,『高麗末・朝鮮前期 對倭 關防史 研究』, 충남대 대학원 박사학위논문, 1988 ; 車勇杰, 沈正輔編,『壬辰倭亂 前後 關防史研究』, 文化財研究所, 1989.

이루기 위한 수단에 불과하였다고 할 수 있다.

당시 조선의 대왜인정책의 방향은 크게 볼 때 두 가지 측면에서 추진
되었다. 하나는 武備를 충실히 하면서 군사적으로 강력히 대응하는 것이
었고, 다른 한편으로는 주로 외교적인 노력에 의하여 약탈자인 倭寇를
평화적인 통교자로 전환시킴으로써 왜구를 자연 소멸케하는 것이었다.

武備强化는 이미 고려 말부터 적극 추진되어왔던 것으로, 조선시대에
와서는 太祖 元年(1392)에 各道의 節制使가 임의로 州府郡縣에 직접 통
보하여 騎船軍과 陸守軍, 雜役人을 징발하여 서울로 보내지 못하도록 하
였다. 이는 왜구 침입의 주요 대상지가 되는 지방이 병력자원을 보호함
으로써 일정한 수준의 군사력을 유지하기 위한 조치였다.[2] 동시에 전국
적으로 軍籍을 점검하여 군사체제의 재정비를 도모하였다.[3] 특히 주목
할만한 조치는 水軍의 정비이다. 水軍 官職을 설치하고 직제를 개편하였
으며, 아울러 兵船의 수리와 建造를 적극 추진하였는바, 이러한 水軍에
대한 보다 충실한 정비는 倭寇를 금압하는데 매우 큰 효과가 있었다. 또
한 세종대에 들어서 왜구에 대비한 보다 항구적인 방비시설 구축을 위하
여 沿海地域의 邑治에 대한 築城을 추진하면서[4] 세종 16년(1434)에는
各道 沿邊地域의 兵船이 정박하는 곳 외에는 30리를 넘지 않게 柵堡를
설치하여 대비하고 만일 적이 상륙하면 각 柵에 입보하여 서로 구원하
도록 하였다.[5] 특히 연해지역 고을의 읍에서 멀리 떨어진 지역 가운데서
도 倭寇의 침입이 있을 때 피란할 곳이 없는 지대에 柵堡를 만들도록
하였다.[6]

---

2) 『태조실록』 권2 태조 원년 9월 기해.
3) 『태조실록』 권3 태조 2년 5월 경오.
4) 柳在春, 『朝鮮前期 江原地域의 城郭 硏究』, 江原大學校 博士論文, 1998, 52~69·
   122~124쪽.
5) 『세종실록』 권64 세종 16년 6월 갑자.
6) 『세종실록』 권97 세종 24년 8월 신묘.

한편 이러한 武備의 강화와 함께 앞서 언급한 바와 같이 외교적인 노력과 회유책이 추진되었다. 태조는 그가 즉위한 해에 僧 覺鎚를 室町幕府의 將軍인 足利義滿에게 파견하여 왜구의 금지를 요청하였는데, 당시 義滿은 이에 대하여 조선에 글을 보내 왜구금지와 피로인 송환을 약속하였다.[7] 그 이후 定宗 원년(1399)에는 崔云嗣를 幕府將軍에게 보내 報聘하려고 하였으나 도중에 폭풍을 만나 되돌아왔으며,[8] 태종 2년(1402) 7월에 또다시 사신을 파견하여 修好와 倭寇의 禁制, 피로인 송환을 요청하였다. 또한 조선에서는 日本의 幕府將軍에게 뿐만 아니라 九州節度使, 大內殿, 對馬島主, 壹岐島主 등 조선과 관련이 깊은 일본 각지의 유력자에게도 사신을 파견하여 왜구의 금제, 피로인의 송환을 요청하였다.[9]

이러한 외교적인 노력이 계속되는 가운데 왜구에 대한 적극적인 회유

---

7) 孫承喆, 『朝鮮時代 韓日關係史硏究』, 지성의 샘, 1994. 55·65쪽. 당시 義滿이 보낸 서신 내용이 『善隣國寶記』(上, 續群書類從 第參拾輯)에 실려있는데 이를 보면 "日本國相復承天禪寺住持沙門某 端肅奉復高麗國門下府諸相國閣下 仲冬初 貴國僧覺鎚來 將諸相國命 達書于我征夷大將軍府 諭以海寇未息 兩國生釁 此事誠 如來言 海隅民敗壞敎化 實我君臣之所恥也 今將申命鎭西守臣 禁遏賊船 放還俘虜 必當備兩國之隣好 永結二天之歡心 實所願也 然而我國將臣自古無疆外通問之事 以是不克直答來敎 仍命釋氏某 代書致敬 非慢禮也 今遣臣僧壽允 細陳情實 乞僉 察焉 不宣 明德三年 壬申十二月二十七日"라고 하고 있다.

8) 『정종실록』권2 정종 원년 8월 계해.

9) 태조 3년(1394)에는 回禮使 金巨源과 崔龍蘇를 九州節度使 源了俊에게, 또 同 王 6年에는 回禮使 朴惇之를 大內殿 義弘에게 파견하였는데 박돈지는 大內殿 의 주선으로 幕府將軍인 足利義滿을 만나 왜구토벌을 요청하였다. 이에 足 利義滿은 大內殿에게 왜구의 토벌을 명하고 피로인 100명을 쇄환하여 주었 다. 또한 태종 8년에는 回禮官 崔在田과 報聘使 金淡을 大內殿에게 파견하였 으며, 정종 2년에는 回禮使 尹銘을, 태종 원년 겨울에는 李藝를 對馬島와 一 岐島에 파견하여 왜구금제와 피로인 송환을 요청하였다. 그리고 태종 6년 에는 對馬島守護 宗貞茂에게 米豆 2백 석을 하사한 것을 비롯하여 여러 차 례 식량을 하사하고 왜구금지에 대한 협조를 요청하였다(韓文鍾, 『朝鮮前期 對日 外交政策 硏究』-對馬島의 關係를 중심으로-, 全北大學校 博士學位論文, 1996. 13쪽).

책이 추구되었다. 태조는 일찍이 降倭나 向化倭에게 관직을 제수하기도 하였고, 왜구 진압과 朝鮮被虜人 송환에 적극 협력한 지방세력자에게는 통교상의 혜택을 주기도 하였다. 그 결과 投降, 向化하는 倭人이 급증하였고, 반대로 왜구의 침입은 현저히 줄어들게 되었다. 이와 같은 상황은 조선초기 왜구 침입과 通交者의 來朝 현황을 비교한 다음의 표에서 분명히 나타나고 있다.

다음의 표에서 확인되듯이 倭寇의 침입은 태조 원년부터 세종 25년(1443)까지 총 184건으로, 조선개국 이후 시간이 지날수록 침입빈도가 현저히 낮아지고 있으며, 세종 25년 이후에는 나타나고 있지 않다. 이런 점에서 볼 때, 조선개국이래 적극 추진되어 온 왜구종식을 위한 국방·외교 등 다방면에서의 노력은 소기의 성과를 거두었다고 평가할 수 있을 것이다.

이러한 조선정부의 왜구종식정책이 소기의 성과를 거두면서 조선의 대일관계는 점차 안정화되어 갔다. 물론, 이러한 평화정착이 이루어지게 된 것은 조선의 독자적인 노력 때문만은 아니었다. 14세기 중반~후반에 이르는 시기의 東北亞 3國(韓·中·日)은 모두 정치적 혼란기가 수습되어, 中國에서는 元·明이 교체되면서 새로운 안정을 찾았고, 韓國에서는 高麗·朝鮮의 왕조교체가 마무리되었고, 日本에서는 南北朝의 혼란기(1336~1392)를 北朝가 통일함으로써 대체로 정치적 안정을 되찾게 되었다. 이러한 동북아 지역의 정치적 안정은 이 지역의 평화를 위협하던 왜구를 종식시키는데 중요한 요인이 되었다.

〈표 1〉 조선초기 왜구의 침입과 통교자의 來朝

年代(王代)	침입건수	통교건수	年代(王代)	침입건수	통교건수
1392(태조 1)	1	1	1422(세종 4)	4	31
1393(태조 2)	11	2	1423(세종 5)	2	65
1394(태조 3)	14	2	1424(세종 6)	2	23
1395(태조 4)	6	7	1425(세종 7)	2	26

1396(태조 5)	13	2	1426(세종 8)	5	24
1397(태조 6)	13	6	1427(세종 9)	-	24
1398(태조 7)	-	7	1428(세종10)	1	49
1399(정종 1)	4	6	1429(세종11)	-	23
1400(정종 2)	-	8	1430(세종12)	1	35
1401(태종 1)	5	11	1431(세종13)	1	24
1402(태종 2)	5	14	1432(세종14)	-	17
1403(태종 3)	8	11	1433(세종15)	3	24
1404(태종 4)	6	5	1434(세종16)	2	38
1405(태종 5)	-	9	1435(세종17)	-	28
1406(태종 6)	12	16	1436(세종18)	1	34
1407(태종 7)	7	20	1437(세종19)	3	58
1408(태종 8)	19	16	1438(세종20)	1	61
1409(태종 9)	4	20	1439(세종21)	1	66
1410(태종10)	-	23	1440(세종22)	1	16
1411(태종11)	-	14	1441(세종23)	-	18
1412(태종12)	-	23	1442(세종24)	3	37
1413(태종13)	1	30	1443(세종25)	2	39
1414(태종14)	-	28	1444(세종26)	-	27
1415(태종15)	1	31	1445(세종27)	-	15
1416(태종16)	1	30	1446(세종28)	-	18
1417(태종17)	3	29	1447(세종29)	-	17
1418(태종18)	1	37	1448(세종30)	-	12
1419(세종 1)	9	24	1449(세종31)	-	14
1420(세종 2)	2	29	1450(세종32)	-	37
1421(세종 3)	4	27	합 계	184	1,423

* 상기 도표는 韓文鍾의『朝鮮前期 對日 外交政策 研究 -對馬島의 關係를 중심으로-』(全北大學校 博士學位論文, 1996)의 14쪽에서 전제함.

조선의 국방·외교상의 다각적인 노력으로 왜구가 거의 사라지면서 왜구들은 점차 평화적인 통교자로 전환되어 갔다. 태조 4년(1395) 倭人 表時羅 등 4인이 투항한 것[10]을 비롯하여 태조 5년에는 倭賊船 60여 척이 경상도 寧海 丑山島에 와서 항복을 요청하기도 하였다.[11] 그 이후 조선에 투항하거나 歸附하는 왜인들은 계속 증가하여 태종 10년(1410)에는 경상도에 分置한 向化倭人의 수만도 무려 2,000여 명에 달하였다.[12]

10)『태조실록』권7 태조 4년 정월 무술.
11)『태조실록』권10 태조 5년 12월 계사.

그런데 이러한 조선의 대왜인정책으로 말미암아 왜구는 급격히 감소
한 반면 교역을 위한 왕래왜인이 급격히 증가하여 조선은 새로운 문제에
직면하게 되었다. 첫째 문제는 이들에 대한 접대비용의 증가 문제였다.
渡航倭人은 대개 使行의 성격을 띠고 왔기 때문에 조선에서는 그들이
다시 돌아갈 때까지 소요되는 비용을 부담하였는데, 왜인들은 교역을 핑
계로 浦所에서 오랫동안 체류하는 일이 빈발하여 체류비용증가 뿐만 아
니라 조속히 귀환시키기 위해 가지고 온 물품을 조선에서 구매하게 됨으
로써 또한 재정부담이 가중되게 되었던 것이다. 이는 세종 원년(1419)
許稠가 한 다음과 같은 말에서 그러한 상황을 잘 알 수 있다.

> … 許稠가 아뢰기를, "처음에는 일본의 사신이 그래도 적더니, 근년에 와서
> 는 칼 한 자루를 바치는 자까지도 사신이라 칭하고서, 자기가 나서서 물건을
> 매매하려 하고, 그들이 가지고 온 재화가 길에 연달아 있어, 역리들이 폐해를
> 입는 일이 적지 않고, 왕왕 예조에까지 와서 공을 따지고 성내어 소리치는 자
> 까지 있으며, 국가에서 일 년 동안에 이들에게 내리는 (양곡이) 1만여 석이라
> 는 많은 양에 달합니다. 지금 만약에 그들의 내왕을 허락한다면, 마땅히 도성
> 밖에다 倭館을 지어 (머물게 하고) 도성 안으로는 들어오게 하지 말 것이고,
> 都都熊瓦 및 宗俊 등의 문서를 가지고 온 자들은 예로써 접대하여 주고, 그들
> 이 매매하는 재화는 자기가 운반해 다니게 하고, 그 밖에 藤次郎 등이 부리는
> 사람은 접대를 불허하여, 내왕의 개시를 엄격하게 하여야 할 것입니다."라고
> 하였다.

둘째는 방어상의 문제였다. 일정한 제도 정비가 이루어지지 않은 상
황에서 다수의 왜인이 조선을 왕래하게 됨으로써 왜인들은 조선의 해안
지방을 멋대로 다니며 교역을 하거나 항왜나 조선인과 접촉하여 군사상
기밀을 정탐하는 등 치안상의 문제가 발생하게 되었다.[13]
조선 측에서 渡航浦所를 제한하고, 書契, 文引, 圖書制度를 통해 왜인

---

12) 『태종실록』 권19 태종 10년 4월 갑진.
13) 『태종실록』 권14 태종 7년 7월 무인.

에 대한 통제를 강화해 나가게 되는 것은 바로 조선의 이러한 도항왜인 증가에 따른 문제를 해결하기 위한 방책이었다.

태종대에 이르러 각종 제도의 정비와 함께 이러한 문제들도 점차 정리되어 갔다. 1407년(태종 7) 경상도 병마절제사 강사덕이 건의하여 시행한 내용을 보면 그러한 상황이 잘 드러나고 있다.

> 一. 興利倭船이 각 포구에 흩어져 정박하여 兵船의 虛實을 엿보고 있으니, 실로 미편합니다. 전번에 都節制使가 議政府에 보고하여, 左右道 都萬戶 방어하는 곳에 와서 정박하도록 하였으나, 여러 섬의 왜선에게 두루 알리지 못한 까닭으로, 전과 같이 各浦에 흩어져 정박합니다. 빌건대, 각 섬의 渠首에게 두루 알리고, 行狀을 만들어 발급하여 都萬戶가 있는 곳에 와서 정박하게 하여, 속이고 위장하는 것을 막고 체통을 세우도록 하소서. …
> 一. 向化를 자원하여 해변 각 고을에 나누어 둔 왜인과 興利倭人이 서로 왕래하는 것을 금지하지 않으므로 言說이 난잡하니, 장래가 염려됩니다. 빌건대, 육지의 먼 곳에 옮겨 두도록 하소서.

조선에서는 치안상(군사상) 문제로 各浦에 散泊하던 것을 일단 도만호가 주재하는 포구로 한정하는 조치를 취하였다. 인용문에서 알 수 있는 것처럼 왕래왜인의 도박처 제한(浦所 제한)을 시행하게 된 주요 요인은 치안상의 문제였다. 특히 兵備의 허실을 탐지하여 취약지대에서의 약탈행위 가능성이 있었기 때문에 왜인들의 도박처를 제한함으로써 조선측 병비상황의 노출을 최소화하고, 나아가 도박처 제한은 왕래 海路의 통제를 강화하는 문제와 직결되기 때문에 海上에서 왜인 선박에 대한 감시가 보다 용이해지게 되었다. 또한 向化倭人들이 교역을 위해 왕래하는 왜인들과 내통하는 것을 차단하기 위해 이들을 보다 먼 내륙지역으로 옮기도록 조치하기도 하였다.

興利倭船의 도박처 제한은 都節制使의 건의에 의해 1407년 이전에 이미 시행되고 있었다. 그러나 일본 각처 왜인들에게 이러한 내용의 방

침을 두루 통보하지 못하여 제대로 시행이 되지 못하고 있었던 것을
1407년 7월 경상도 병마절제사 강사덕의 건의에 따라 일본 각처 왜인들
에게 이 내용을 통지하고 行狀을 발급하여 줌으로써 반드시 도만호가
주재하는 포소에 와서 정박하도록 조치하고 있는 것이다. 이러한 조선의
방침에 따라 흥리왜선 도박처는 경상도 좌우도 都萬戶 주재처인 부산포
(좌도), 제포(내이포, 우도)로 제한하는 조치가 한층 강화되었고 이것이
三浦 설정의 시작이 된다. 이후 왜인 도박처는 흥리왜인 뿐만 아니라 조
선에 오는 모든 통교자로 확대되었고, 1418년(태종 18)에는 항거왜인과
使送倭人, 흥리왜인들이 무질서하게 교통하는 것을 방지하기 위해 염포
와 가배량에 왜관을 설치하고 항거왜인을 나누어 안치하도록 조치하였
다.14) 이러한 항거왜인 分置는 조선의 포소에 恒居하므로써 조선에 대
한 비교적 많은 정보를 가지고 있는 왜인들이 사송왜인을 비롯한 다른
왜인과 쉽게 내통하는 것을 막기위한 조치라고 할 수 있다. 그런 면에서
염포와 가배량에 항거왜인을 분치한 것은 조선의 치안이나 군사상 보안
유지를 위한 측면이 가장 큰 사유라고 할 수 있을 것이다.

그러한 가운데 1419년(세종 원년) 실시된 대마도정벌로 대마도와의
외교관계가 일시 단절되었으며 포소도 폐쇄되었다가 대마도와의 통교가
다시 재개되면서 1423년(세종 5) 부산포와 내이포를 도항포소로 허락하
였고,15) 1426년(세종 8)에는 울산의 염포를 추가로 개항하였다. 이렇게
되어 '三浦'가 왜인 到泊處로 운영되었으며, 각 포구에는 왜관이 설치되
었다. 한편 일본 각처에서 오는 사송선과 흥리선이 빈번해짐에 따라 이
들 왕래선박이 한 포소에 집중되는 폐단을 막기 위하여 조선에서는 왜인
선박을 삼포에 分泊, 또는 輪泊하도록 하는 규정을 시행하였다.16)

---

14) 韓文鍾, 『朝鮮前期 對日 外交政策 研究－對馬島의 關係를 중심으로－』, 全北大
　　學校 博士學位論文, 1996, 63쪽.
15) 『세종실록』 권 20, 세종 5년 4월 병인.
16) 『세종실록』 권 80, 세종 20년 2월 기사. 권 89 22년 4월 신축. 권 96 24년

이러한 삼포는 대왜인교류처로서 기능을 담당하였으나 1510년(중종 5) 삼포왜란이 발생하면서 폐쇄되었다가 1512년 임신조약이 성립되어 외교관계가 재개되어 삼포중 내이포(제포)만 다시 개항되었으며, 이후 대마도주의 요청에 의해 1521년(중종 16) 부산포를 추가로 개항하여 두 개 포구가 교류지로 활용되었다. 그러나 1544년(중종 39) 사량왜변으로 통교가 단절되어 포소가 다시 폐쇄되었고 3년 후인 1547년 정미조약의 성립으로 부산포를 다시 열어주게 되었다. 그 후 대마도주에 의해 여러 차례 제포 개항이 요청되었지만 허가되지 않았고 임진왜란이 일어날 때까지 그대로 부산포만을 왜인 도박처로 지정하였다.

2) 三浦의 防禦策 정비

고려 말에서 조선 초기의 국가 주요 현안문제 가운데 하나는 말할 것도 없이 '왜구금압'이라고 하는 문제였다. 따라서 치안상의 문제로 인하여 점차 왜인들의 도박처를 제한하게 되고 궁극적으로 삼포를 운영하게 되는 과정에서 이 지역에 대한 적절한 군사방어체제의 확립은 매우 중요한 사안이었다.

고려~조선 초 연해지역에 대한 방어체계를 강화하면서 주요 요충이 되는 지점을 중심으로 營鎭이 설치되어 이곳을 중심으로 하는 방어체제가 점차 정비되어 갔다. 이는 말할 것도 없이 불시에 왜선이 출몰하거나 侵寇하였을 때 水陸 양측에서 신속히 대처할 수 있는 방향에서 정비되어 간 것이다. 그러나 왜구의 침입은 점차 줄고 대신에 평화적인 통교자가 급증하면서 이들의 도박처를 중심으로 하는 방어체제 정비가 점차 이루어져 갔다. 태종 7년(1407) 경상도 병마절제사 강사덕은 각 浦口의 방

5월 경신.

어대책을 건의하면서 울주의 개운포 병선을 염포강 어귀인 장생포로 이전하고 서생포 만호는 혁파하여 장생포에 통합할 것을 제의하고 있으며, 또 예전에 조정의 명으로 우도 도만호가 병선 10척을 거느리고 전라도 지경의 安釜島 등지를 방어하였는데 내이포는 방어의 요충지인데다가 왜인들이 항상 와서 정박하는 지역이므로 도만호가 잠시도 자리를 비울 수가 없는 곳이니 안부도의 助戰하는 병선은 군관 가운데 적합한 사람을 골라 監戰官으로 정하고 병마사 · 鎭撫의 지시를 받아 방어하도록 건의하여 시행하고 있다.17) 즉, 이는 내이포 방어의 중요성을 감안하여 안부도 일대에 대한 방어책임을 다른 군관에게 돌리도록 하는 조치인 것이다. 이어 태종 11년(1411)에는 경상도 신당포 만호를 혁파하여 내이포 만호가 함께 통솔하도록 하였고, 번계 천호도 혁파하여 가배량 만호가 함께 통솔하도록 조치하였다.18)

이후 세종 8년(1426)에는 부산포와 내이포 외에 울산의 염포에서도 무역을 허가하게 되자 곧바로 염포에 도만호를 두고 서생포에 있는 병선 3척을 염포로 옮기도록 조치하고 있다. 이는 말할 것도 없이 염포를 왜선 도박처와 교역소로 운영하면서 염포 일대에 대한 방어와 감시 기능의 강화가 절대적으로 필요하였기 때문인 것이다.

한편 1419년 대마도 정벌후에는 제포에 있던 右道水軍都安撫處置使를 巨濟의 吾兒浦로 옮겼다. 당시 이곳에는 병선 28척, 군사 2천 6백 1명이 배속되었다. 또 加背梁 · 見乃梁 등지의 만호를 玉浦로 옮겨서 방수하게 하였다. 이와 같이 수군 포치에 큰 변화를 준 것은 거제 일대의 방수를 강화하여 연안내지로의 진입을 초입에서 차단하기 위한 것이었다. 이에 대해 『세종실록』 지리지에서는 "그 목구멍을 틀어막은 것"이라고 표현하고 있다.

---

17) 『태종실록』 권 14, 태종 7년 7월 무인.
18) 『태종실록』 권 22, 태종 7년 7월 무자.

고려 말~조선 초기에는 여러 군사 활동이 많아서 군사의 이동배치가 매우 심한 시기였다. 그러다가 일차적으로 세종대를 지나면서 대외관계의 안정화와 함께 군사배치에 대한 문제가 일단락되었는바, 경상도 지역의 포치 내용을 보면 다음과 같다.

〈표 2〉 경상도 지역의 陸守軍(세종실록 지리지)

지휘관	주둔지(방어지)	병력	비고
兵馬都節制使	昌原	軍官 500명, 守城軍 438명	
兵馬僉節制使	蔚山鎭	군관 399명, 수성군 40명	
	迎日鎭	군관 301명, 수성군 80명	
	東萊鎭	군관 300명, 수성군 80명	
	寧海鎭	군관 300명, 수성군 80명	
	泗川鎭	군관 300명, 수성군 49명	
계	5鎭	군관 2,100명, 수성군 767명	

〈표 3〉 경상도 지역의 水軍(세종실록 지리지)

지휘관	주둔지(방어지)	병력	비고
左道水軍都安撫處置使	동래 釜山浦	병선 33척, 군사 1,779명	
水軍萬戶	울산 鹽浦	병선 7척, 군사 502명	都萬戶
	울산 西生浦	병선 20척, 군사 767명	
	영해 丑山浦	병선 12척, 군사 429명	
	영덕 烏浦	병선 8척, 군사 353명	
	흥해 通洋浦	병선 8척, 군사 218명	지금은 豆毛赤浦에 있음
	장기 包伊浦	병선 8척, 군사 589명	지금은 加嚴浦에 있음
	경주 甘浦	병선 6척, 군사 387명	
	울산 開雲浦	병선 12척, 군사 420명	
	기장 豆毛浦	병선 16척, 군사 843명	
	동래 海雲浦	병선 7척, 군사 589명	
	동래 多大浦	병선 9척, 군사 723명	
소 계	11 水軍萬戶鎭	병선 146척, 군사 7,599명	
右道水軍都安撫處置使	거제 吾兒浦	병선 28척, 군사 2,601명	예전에 薺浦에 있었는데 1419년 대마도정벌 후

水軍萬戶	고성 加背梁	병선 22척, 군사 1,122명	이곳으로 옮김 지금은 거제 玉浦에 있으며 都萬戶 주재
	김해 薺浦	병선 9척, 군사 882명	
	거제 永登浦	병선 8척, 군사 720명	
	고성 見乃梁	병선 20척, 군사 940명	지금은 거제 玉浦로 이전함
	고성 樊溪	병선 15척, 군사 722명	지금은 唐浦로 이전함
	진주 仇良梁	병선 16척, 군사 748명	지금은 고성 蛇浦로 이전함
	진주 赤梁	병선 13척, 군사 720명	지금은 加乙串으로 이전함
	진주 露梁	병선 8척, 군사 568명	지금은 平山浦로 이전함
소 계	8개 수군만호진	병선 139척, 군사 7,901명	
합 계	19개 수군만호진	병선 285척, 군사 15,500명	

표를 보면 경상도 지역의 군사력은 陸守軍(兵馬軍)의 경우, 창원에 주재하고 있는 병마도절제사영의 軍官 500명, 守城軍 438명을 비롯하여 울산, 영일, 동래, 영해, 사천진 등 5개 진속군사를 모두 합하여 군관 2,100명, 수성군 767명이 배속되어 있었고, 수군은 左道水軍이 都安撫處置使營 소속의 병선 33척, 군사 1,779명을 비롯하여 염포를 비롯한 11개 수군만호진의 진속군사를 모두 합하여 병선 146척, 군사 7,599명이었으며, 右道水軍은 都安撫處置使營 소속의 병선 28척, 군사 2,601명을 비롯하여 제포를 비롯한 8개 수군만호진의 진속군사를 모두 합하여 병선 139척, 군사 7,901명이 배속되어 있었다.

이후 세조대의 대대적인 진관체제 정비와 관제개정을 통하여 그 내용이 『경국대전』에 수록되었는데, 그 내용을 보면 경상도의 경우는 병마절도사(종 2품) 3명(1명은 관찰사가 겸직), 수군절도사(정 3품) 3명(1명은 관찰사 겸직), 병마절제사 1명(경주진), 병마우후(종 3품) 2명, 병마첨절제사(정 3품) 5명(안동진, 대구진, 상주진, 진주진, 김해진), 수군첨절제사 2명(부산포진, 제포진), 수군우후(정 4품) 2명, 兵馬同僉節制使(종 4품) 20명, 水軍萬戶(종 4품) 19명(부산포진관 :豆毛浦・甘浦・海雲浦・漆

浦・包伊浦・烏浦・西生浦・多大浦・鹽浦・丑山浦, 제포진관 : 玉浦・平山浦・知世浦・永登浦・蛇梁・唐浦・助羅浦・赤梁・安骨浦), 그리고 兵馬節制都尉(종 6품) 46명이 배치되어 있었다.

또한 전국의 군사조직이 진관체제로 체계화되었지만 鎭에는 항상 무장된 군사가 상주하는 것은 아니었다. 각 읍의 正軍은 當番이 되면 중앙에 番上하거나 혹은 특수지대에 赴防하고, 평시에는 각종 군사가 대부분 非番인 상태로 거주지에서 자기 생업에 종사하고 있었다. 그러나 邊方에 있어서 전략상 요충이 되는 특수지대가 설정되어 이곳에는 항상 일정한 군사가 체류하였는데 이것이 이른바 留防軍이다.[19] 『經國大典』에 의하여 전국의 留防軍 배치를 표로 정리하면 다음과 같은데, 경상도 지역에는 타도에 비해 압도적으로 많은 유방군이 배속되어 있었다는 것을 알 수 있고, 이는 당대 군사방어체계에 있어서 왜인의 출입이 잦은 경상도 지역, 그 가운데서도 三浦를 중심으로 하는 주변 지역의 방어에 매우 큰 비중을 두고 있었다는 것을 알 수 있다.

〈표 4〉 전국 留防軍 配置(經國大典)

구 분	留防 4旅	留防 3旅	留防 2旅	留防 1旅	計
忠淸道		主鎭	庇仁・藍浦・泰安		9 旅(1,125명)
慶尙道	主鎭	東萊・熊川	寧海・金海・泗山・迎日	南海・巨濟	24 旅(3,000명)
全羅道		主鎭	沃溝・茂長・扶安・順天	興陽・珍島	13 旅(1,625명)
黃海道			康翎・長淵	黃州・遂安・豊川・甕津	8 旅(1,000명)
江原道				江陵・三陟	2 旅(250명)
開城府	正兵留本府 巡綽				
平安道 永安道	兩界甲士・正兵 幷留防本邑				

19) 陸軍士官學校 韓國軍事硏究室, 『韓國軍制史』, 168쪽.

그리고 水軍은 『世宗實錄』 地理志에 의하면 전국적으로 兵船 829척, 船軍 50,169명이었고, 『經國大典』에 기록되어 있는 것을 보면 兵船이 총 737척, 水軍數는 48,800(2番)으로 전보다 다소 감소하였는데, 이 가운데 경상도는 大猛船 20척, 中猛船 66척, 小猛船 105척, 無軍小猛船 75척 등 兵船 266척을 보유하고 있었다. 『經國大典』에 의거하여 전국의 병선을 표로 정리하면 다음과 같다.

〈표 5〉 전국의 兵船 現況(經國大典)

道別 船區分	京畿道	忠淸道	慶尙道	全羅道	江原道	黃海道	永安道	平安道	備考	計
大猛船	16	11	20	22	—	7	—	4	1척에 水軍 80人	80척
中猛船	20	34	66	43	—	12	2	15	1척에 水軍 60人	192척
小猛船	14	24	105	33	14	10	12	4	1척에 水軍 30人	216척
無軍小猛船	7	40	75	86	2	10	9	16		245척
無軍中猛船								3		3척
無軍大猛船								1		1척
計	57	109	266	184	16	39	23	43		737척

한편 점차 경상도 일대에 대한 군사방어체제가 확립되어가면서 왜인 도박처 일대에 대한 감시, 통제, 보안유지 등을 위한 조치가 취해지게 되었다. 경상도 관찰사가 삼포의 치안유지를 위해 올린 조항을 보면 당시의 상황을 대체로 알 수 있다.

○ 三浦의 경우 배 한 두 척을 가지고 검찰하는데 포구가 넓어 허소하니 순찰선을 추가로 배치하여 때때로 포구에 병선을 정열하여 통로를 파수차단하고 船軍과 군관 중에 근면하고 근신하는 자 한 사람을 선택하여 관령하여 밤낮으로 考覈하게 할 것
○ 야음 틈타 출입하는 왜인들은 파수하는 배에서 억류하였다가 이튿날 배를 조사하고 섬에는 머무르지 못하게 하며 海洋에 들어갈 때까지 守護船을 시켜 압령하여 보내고, 인하여 점호 검열하여 만일 闕漏된 것이 있는

자는 끝까지 치죄하고, 항거왜인이 나무하기 위해 출입하는 자도 엄격히 금지할 것

○ 삼포의 왜인이 혹 마음대로 서로 왕래하는 자가 있는데, 이제부터는 각 포에 거류하는 왜인이 때없이 서로 왕래하는 자는 浦 안으로 들여보내지 말게 하고, 만일 符牒이 없이 바다에 내리는 자는 各浦로 하여금 금하여 막고 통과하여 보내는 것을 허락하지 말 것

○ 삼포의 倭通事·監考·鎭撫는 오래 근무하여 商倭나 使客과 상호 아는 자가 많아 점검이 소홀할 수 있으므로 규율을 어기는 자를 고발하도록 장려할 것.

○ 商倭나 使者의 병기 소지를 엄격히 검찰하게 하며, 이를 해이하게 하는 변장은 엄격히 다스릴 것.

○ 어리석고 무식한 자로 倭館 監考를 삼아서 한 달 만에 서로 교대하기 때문에, 무릇 왜객 접대에 차질이 있고, 감고·진무·통사와 공모하여 作弊하는 일이 많으니, 금후로는 선군으로 감고를 시키지 말고 □傳軍官 가운데 剛明한 자를 가리어 감고를 삼을 것.

○ 병선에 '追倭船'이라고 새기고, 선군도 또한 항상 '추왜선'이라고 부르는데, 왜객이 이를 보게 되면 혹 의심을 할 것이므로 이름을 고칠 것

○ 이미 식량을 지급받은 왜인은 포구에 머무르더라도 자급하게 되니 공사 간에 폐될 것이 없으므로 금후로는 浦에 머물고 있는 왜인은 독촉하여 돌려보내지 말게 하여 懷綏하는 뜻을 보일 것

○ 지금 沿邊 각진에 수자리 사는 군사 1백 명이 번갈아 방수하나, 대개가 빈궁하고 또 무재도 없어 방어가 소루하니 이제 하번 갑사를 추가로 배속하여 방비를 강화할 것.

○ 웅신·東平 두 鎭은 왜선이 와서 정박하는 곳에 너무 가까와서 군사의 위엄을 엄하게 하지 않을 수 없는데, 지금 방수하는 군사가 다만 1백 명뿐이어서 군사의 위엄이 엄하지 못하고 사변이 발생하면 군사의 형세가 허약하니 진군을 추가로 배치할 것[20]

경상도 관찰사에 건의에 대하여 병조로 하여금 예조와 함께 논의해 보고하도록 하고 시행하고 있다.[21] 이러하 조치는 기본적으로 대왜인관

---

20) 『세종실록』 권 89, 세종 22년 5월 정묘.
21) 병조와 예조가 논의하여 보고한 내용을 보면 「"제1조의 순찰선의 수를 증가하고 정박하여 세우는 병선의 수는 도절제사로 하여금 방문하고 조사하

계의 안정화와 함께 이들에 대한 접응의 규식화, 통제·감시의 강화, 내
국인의 단속, 浦所 주변의 군사력 강화를 목표로 하고 있다.

3. 『해동제국기』에 나타난 삼포 방어

『해동제국기』에는 당대의 다양한 정보를 담고 있는데, 이 가운데 삼
포 지도에는 삼포지역에 대한 방어체제와 관련된 여러 가지 정보를 담고
있다. 삼포지도에 표기돼 내용을 개별적으로 군사방어와 관련하여 살펴
보면 다음과 같다.

1) 제포 지역

제포는 경상남도 진해시 웅천동에 있었던 포구로, 서쪽으로는 마산의
구산면 일대가 바다 쪽으로 돌출하여 진해만을 감싸고 있고 남쪽으로는
거제도가 가로막고 있으며, 동남쪽으로는 가덕도가 자리 잡고 있어서 입
지상으로 마산-거제도-가덕도로 둘러싸인 안쪽에 자리 잡고 있다.

여 아뢰게 하고, 제2조는 도절제사와 처치사로 하여금 방문하여 牒報한 뒤
에 다시 의논하게 하고, 제3조는 牒文을 주지 말고 엄하게 고찰을 가하도
록 하고, 만일 檢劾을 해이하게 하여 왜인이 삼포에 왕래한 事跡이 탄로된
자는, 관찰사로 하여금 처치사와 만호를 推劾하여 치죄하고, 제4조는 아뢴
것에 의하여 시행하고, 또 감고와 진무를 오래 맡기지 말게 하고, 제5조·
제6조는 모두 아뢴 것에 의하여 시행하게 하고, 제7조 '追倭船'은 '別快船'
으로 이름을 고치고, 제8조 왜인들을 오래 머물지 말게 하는 것은 이미 일
찍이 受敎하였으니 아직 정지하고, 제9조 禁軍은 항상 방수하게 할 수 없으
니, 만일 대변을 만나 방수하게 되거든 사연을 갖추어 아뢸 것이며, 제10
조 東平鎭에 방수하는 군사는 다만 1백 인 뿐 아니라, 6백 인으로 세 차례
에 나누어 방어하라는 것은 이미 일찍이 受敎하였고, 熊神鎭도 역시 동평진
의 예에 의하여 鎭軍을 증가하여 두는 것이 편하겠습니다."하니, 그대로 따
랐다.」라고 하였다(『세종실록』 권 89, 세종 22년 5월 정묘).

제포는 웅천은 물론 창원의 방어와 마산포의 조운을 담당하여 군사적으로 매우 중요시되던 곳이다. 고려 공양왕 2년(1390)에 양광도와 전라도 및 경상도 등의 연해처에 모두 만호를 두었는데 이때 이미 별장이 주둔해 있던 내이포(제포)에도 수군진이 설치되었으리라 추정된다. 특히 조선초기 왜인들의 주요 도박처로 되면서 매우 중요시된 포소이다. 이에 조선초기에는 右道水軍僉節制使營이 설치되어 安骨浦·蛇梁·唐浦·永登浦·玉浦·平山浦·赤梁 등을 관할하던 곳이었다. 또한 근처에 莎火郎 봉수가 있었고 보평역을 통해 김해·창원·안골포 등과 이어지는 요충지였다.

『해동제국기』의 <熊川薺浦之圖>를 보면 당시 이 일대의 현황에 대한 정보가 들어 있다. 회화적으로 표현된 이 제포지도를 보면 제포 포구의 동편으로 포구해안을 따라 항거왜인의 거주시설로 보이는 집들이 줄지어 있고 안쪽으로 조금 떨어져서 왜관이 설치되어 있다.

현재 제포 일대는 신항만건설사업으로 인한 간척사업이 벌어져 옛지형이 크게 변모하였다. 제포의 왜관터는 웅천읍성쪽에서 도로를 따라 熊神峴을 통과하는 도로(熊神峴 정상 부근에 모텔이 2채 있음)를 따라 바다쪽으로 내려가면 삼거리를 사이에 두도 '괴정마켓'이 있는데, 이 삼거리의 동쪽 기슭에 왜관이 위치해 있었다. 그리고 삼거리의 바다 쪽 도로부터는 현재 제포사람들의 거주지역인데, 신숙주의 『海東諸國紀』에 보이는 왜인들의 거주지역이 바로 이곳으로 '괴정마을'이라고 부르며, 정확한 행정구역명은 '경상남도 진해시 제포동 괴정마을'이다. 현재 165세대 445명이 살고 있다. 다만, 이곳만을 당시 왜인들의 거주지로 보는 경향이 있었으나, 산 쪽을 중심으로 해안가 능선까지는 각 능선에 공터들이 보이고 있어 이곳들도 왜인들의 거주지였을 가능성이 상당히 크다.

한편, 현재의 왜관터 앞쪽 능선에는 소를 방목해 키우고 있으며(제1단), 그 윗단에 왜관의 본청이 있었을 것으로 추정되는 지역에는 밭으로

〈그림 1〉『海東諸國紀』의 「熊川薺浦之圖」

이용되고 있다(제2단). 바로 이 위쪽에 제3단에도 왜관의 건축물이 있었을 것으로 추정되며, 이보다 더 위쪽 능선에는 현재 묘지가 6기 있는데, 이곳은 아마 『海東諸國紀』에 보이는 절터로 추정된다. 왜관터에서는 많은 瓦片들과 자기편들이 수집되었는데, 이것은 왜관 건물의 瓦片과 당시 왜관에서 사용되었던 도자기 편들로 추정되는데, 상당한 양이 산포되어 있다. 다만, 와편 및 자기편은 제1단과 제2단을 중심으로 분포되어 있고 그 이외의 지역에는 간헐적으로 발견되고 있을 뿐이다.

그리고 그 서편으로 수군진영인 營廳이 그려져 있고 왜관과 營廳 사이의 북편에 웅천읍성이 크게 표시되어 있다. 그리고 그 왜관-營廳-웅천읍성의 삼각지대 중간쯤에 건축물을 그려놓고 '梁'이라고 표기해 놓고 있으며, 제포 남쪽으로는 거제도의 지세포, 옥포, 영등포 수군진이 차례대로 표시되어 있다. 또한 왜인 居所를 둘러싸고 있는 산지에는 觀音寺, 長松菴, 禪福寺, 江副寺, 陳明菴, 慶雲寺, 荒神菴, 朝音寺, 佛寺, 安養寺, 正明寺 등의 사찰이 표시되어 있다.

이 제포지도를 통하여 알 수 있는 제포일대에 대한 방어체제는 왜관과 인접한 營廳(都萬戶, 僉節制使)이 직접 제포를 통제하면서 그 바다쪽 외곽으로 거제도의 3개 수군진인 지세포, 옥포, 영등포가 감시·통제하며, 제포 내륙으로는 웅천읍성이 자리잡고 있으면서 내륙진입 차단은 물론 이 일대의 큰 거점을 형성하며 성원하는 형세로 되어 있다. 이러한 浦置는 기본적으로 우리 측에서는 왜관 일대를 철저히 포위·감시하면서 왜인들은 고립무원으로 만드려는 책략에서 비롯된 것이다.22) 거제와 가덕도에 의해 막힌 제포지역을 왜인 도박처로 정한 것도 바로 그러한 군사적인 전략에서 채택된 것이었다.

營廳은 웅신현 바로 옆쪽의 산기슭에 표시되어 있다. 이곳의 현재 위치는 대체로 제포진성으로 생각되지만 그렇게 볼 경우 熊神峴의 위치를 현재 웅천읍성에서 제포 포구로 넘어가는 고개(모텔이 위치한 고개)로 보면 제포진성터와 웅신현 사이에는 작은 산봉우리(제포진성의 東端)가 있기 때문에 상호 현재의 지형과 맞지 않는 점이 있다. 따라서 제포진성이 만들어지기 이전의 營廳터는 현재의 제포진성기지내가 아니고 웅신현 서편의 산봉우리 기슭 어딘가에 있었을 가능성도 있다. 이와 관련하여서는『성종실록』의 다음과 같은 대목에 주목할 필요가 있을 것이다.

經筵에 나아가서 강하기를 마치니, 領事 申叔舟가 아뢰기를, "부산포의 왜인 80여 집과 제포의 왜인 3백여 집이 같은 날 불탔습니다."하였다. 임금이 말하기를, "다친 사람은 없는가?"하니 신숙주가 말하기를, "제포에서 2인 만이 불에 타서 데었으나, 죽지는 않았습니다. 무릇 왜인들은 집모양이 흙집[土室]같은데, 흙을 바르고 이엉을 덮었으므로, 비록 불은 났지만 財産은 손상되지 아니하였습니다. 그리고 단지 땅은 좁은데 사람은 많고, 그 집들이 연달아 줄지어 있어서 연소되기에 이르렀습니다. 전번에 李拱이 웅천으로부터 遞差되어 돌아와서 신에게 말하기를, "薺浦 萬戶營은 왜인들이 사는 집과 연접해 있고, 또 울타리도 없어서 官府의 체면이 없습니다. 또 만약 왜인의 집에서 불이 나

---

22) 이러한 내용은 村井章介의『中世倭人傳』, 岩波書店, 1994과 張舜順의『朝鮮時代 倭館變遷史 硏究』, 전북대 박사논문, 2001에서도 지적되었다.

면 연소될 염려가 있으니, 담장을 둘러치고 문을 만드는 것이 좋겠습니다."
하였습니다. 신은 그 말이 옳다고 여겼으나, 단지 아무 까닭 없이 담장을 쌓으
면 의혹이 생길까 두려워하여 기회를 기다렸다가 하려고 하였습니다. 또 先王
朝에서는 왜인의 집에서 불이 나면 반드시 쌀을 내려 주어 賑救하였으니, 지금
도 관리를 보내어 弔恤하고, 인하여 萬戶營廳의 담장을 쌓는다는 뜻을 효유하
소서. 이것이 그 기회입니다." … 23)

이에서 보면 제포 營廳이 왜인 거류지와 연접해 있다는 것을 알 수
있으며, 화재가 발생했을 때 延燒될 우려까지 있었던 것을 보면 항거왜
인 거류지와 아주 가까이 있었다는 것을 알 수 있다. 또한 이 記事를 통
하여 당시(1474년)까지는 제포 만호영에 성곽은 물론 담장조차 제대로
갖추어지지 않았음을 알 수 있다. 이후 제포진성은 성종 17년(1486)에
축성되었는데,24) 이 이전에 삼포의 경우는 특별히 담벽을 쌓아 방호시

---

23) 『성종실록』 권 38, 성종 5년 1월 경술.
24) 실록 기록에 의하면 제포성은 높이 13尺, 둘레가 4,316尺 3寸이었다(『성종
실록』 권 196, 성종 17년 10월 경자). 제포진성은 경상남도 진해시 웅천 1
동(제덕동) 830, 831번지 일대의 야산과 구릉지를 끼고 축조된 성이다. 제
포성은 자연지형을 이용하여 산 정상에서 능선을 따라 해안에 이르도록
축성하였는데, 성곽 기저부에 큰 자연석을 놓아 기초를 만들고 그 위에 석
축을 하되 위로 올라가면서 약간 작은 성돌을 사용하는 방식을 사용하였
다. 성벽은 일부 구간을 제외하고는 거의 대부분 구간이 능선을 절개해 내
고 석축 성벽을 시공한 편축식 방법을 사용하였다. 그리고 석축은 대개는
치석을 하지 않거나 약간만 치석을 하여 불규칙하게 쌓되 성돌 사이의 틈
은 작은 쐐기돌로 메웠다. 성곽 전체 길이는 1,377m, 높이 3~5m 정도이나
대부분 구간이 붕괴되어 있다. 최근 동쪽의 야산 정상부의 성벽을 발굴조
사하고 정비하여 이곳에서 제포진성의 축조 방식을 잘 볼 수가 있다. 이곳
의 성밖으로는 해자를 판 흔적이 뚜렷이 남아 있다. 성벽 밖의 경사지를
파내어 壕를 만들었다. 성내에는 여러 건물이 건립되었는데 대체로 성내
에서 가장 낮은 지대에 건립되었던 것으로 보인다. 지금 민가가 들어선 주
변지역과 제포성 서편의 田地 일대가 건물지인 것으로 판단된다. 현재 주
변에는 기와편과 각종 자기, 도기편이 흩어져 있다. 제포성 동쪽 끝부분의
야산 정상부에서는 이곳에서부터 능선을 따라 토성이 축조되어 있다. 이
토성은 '제덕토성'이라고 불리는 성으로, 웅신현을 가로 질러 다시 능선을

설을 만들었다.25) 담벽을 만든 시기는 명확하지 않지만 제포의 경우는
1474년 제포 왜인거류지에 화재가 발생하였을 때 신숙주의 건의에 따라
시행된 것으로 볼 수 있다.26)

　이러한 사항을 종합해 보면 두 가지 가설이 가능할 것이다. 하나는
현재 제포진성터에 營廳이 계속 있었고 성종대에 이곳을 중심으로 성곽
을 축조하였다는 것이고, 다른 하나는 웅신현 서편 작은 봉수리 기슭에
營廳이 마련되어 있다가 축성하는 과정에서 옮겨갔을 가능성이 있다. 성
종대에 수군진에 본격적으로 축성을 하기 이전에는 '船上守禦' 원칙에
따라 수군은 육지에 항구적인 시설물 설치를 극히 제한받았다. 제포 만
호영이 官府의 체면이 없다고 지적한 것은 바로 수군의 빈약한 시설을
지적한 것이라고 할 수 있을 것이다. 그런 점에서 『해동제국기』 제포지
도에 그려진 營廳은 현재의 제포진성터 안에 있지 않았을 가능성도 있
다. 물론 제포는 부산포와 함께 일찍부터 왜인의 주요 왕래처가 되었기
때문에 세종대에 이미 官舍와 창고를 더 짓게 하여 다른 포구의 수군진
과는 달랐음을 알 수 있지만 그렇다고 하더라도 많은 公廨를 가지고 있
지는 못하였을 것으로 생각된다.

　한편 웅천현은 전적으로 제포가 왜인들의 주요 왕래처가 되면서 생겨
난 고을이다. 제포에 많은 왜인들이 왕래 또는 거주하면서 이 일대에 대

따라 동향하다가 조그만 정상부에서 동북방향으로 이어져 웅천읍성 방향
에서 흘러내리는 개천까지 연결되어 있다. 아마 이는 제포성과 토성을 연
결하고 배후에 웅천읍성을 배치하여 제포에 왕래하는 왜인들에 대한 대비
를 하기 위한 것으로 보인다.
25) 『성종실록』 권 171, 성종 15년 10월 계미.
26) 성종 16년(1485) 四道巡察使 洪應이 보고한 내용 가운데 "경상도의 三浦는
전에 城堡를 설치하였습니다마는, 낮고 작아서 완전하지 않으므로 아이들
의 장난 같기도 하다."고 한 것을 보면 제포에도 鎭에 성곽이 있었던 것으
로 볼 수 있으나 이는 담벽을 쌓아 방호시설을 만들었던 것을 말하는 것이
라 볼 수 있다.

한 확실한 방어거점이 필요하게 되었고 이는 궁극적으로 웅신진 설치→
웅천현 창설로 이어지게 되었다. 특히 웅천현은 동래와 함께 하삼도에서
가장 중요한 군사거점으로 여겨져 국가적으로 특별히 관리되었다.

웅천현 설치까지의 주요 관련 기사(朝鮮王朝實錄)
- 1435년(세종 17) 8월 무진 : 각포의 선군을 동원하여 웅신현의 성을
  쌓도록 함.
- 1437년(세종 19) 2월 임오 : 웅신현을 熊神鎭으로 만들고 김해부사가
  첨절제사를 겸하도록 함(웅신이 내이포
  와 가까워 장사하는 왜인이 수백 명이
  상주하고 있었기 때문).
- 1437년(세종 19) 3월 계묘 : 군관중에서 무략이 있는 자를 가려 도진
  무라 칭하고 웅신을 진수하게 함.
- 1437년(세종 19) 7월 임진 : 웅신현이 김해에 소속된 지 오래되어 한
  때의 변방방비의 필요성에 의해 별도의
  營鎭을 만들면 폐단이 적지 않을 것이나
  김해부사가 겸임하면 불의의 사변에 대
  응할 수 없으니 만호나 천호를 임명해서
  군사에 관한 일일 전담시키도록 함.
- 1437년(세종 19) 8월 을축 : 웅신현에 두는 만호나 천호는 위엄과 무
  게가 없으니 官軍僉節制使라고 칭하도록
  함.
- 1444년(세종 26) 윤7월 임오 : 웅신진의 병마첨절제사가 縣事를 겸임
  하는 편부와 웅신의 농민, 향리, 관노
  비 수를 파악하여 보고하도록 함.
- 1449년(세종 31) 1월 병오 : 김해 任內 웅신현 사람 허인보 등이 별도
  로 縣을 둘 것을 청하였으나 불허함.
- 1451년(문종 1) 6월 임신 : 兩界 및 하삼도 도절제사영 및 주요 鎭에
  火車를 반드시 배치하도록 함.
- 1451년(문종 1) 11월 병진 : 정분이 웅신, 완보(완포), 천읍 3縣과 창
  원 소속 3개 마을을 합해 따로 현을 만
  들어 '웅천'이라 하고 첨절제사로 하여

금 현감을 겸하게 할 것을 건의함.
- 1452년(단종 즉위년) 12월 병진 : 새로 설치한 평안도 인산군과 웅천 현의 아록전, 공수전, 향교 늠식전 을 정함.

또한 제포지도를 보면 왜관과 웅천읍성 사이에 熊神峴이 있고 웅천읍 성 북편으로는 私峴, 鞍峴이라는 표기가 보이는데, 이는 단순한 지명표 기가 아니고 왜인 방어라는 측면에서 요충이 되는 지점(고개)을 표시하 고 있는 것이다. 웅천으로 진입하기전에 차단할 곳은 熊神峴이며 이곳을 지나 김해나 창원 방면으로의 진입을 방어하는 요충이 되는 곳이 私峴, 鞍峴이라는 것을 표시하고 있는 것이다.

특히 제포의 지도에 나타나는 '梁'을 주목할 필요가 있다. 이 梁은 熊 神峴과 잇대어 건물표시가 있고 옆에 '梁'이라고 표기하고 있다. 또 지 도를 자세히 보면 제포 왜인거류지 동편의 산세가 잘록한 지점에 웅신현 근처에 그려진 '梁'과 같은 모양의 건물모양이 그려져 있다. 이 건물이 왜인거류지의 民戶와는 떨어진 곳에 별도로 그려놓았다는 것은 여기에 표시해 놓지 않았지만 왜인 민호와는 구별되는 어떤 시설물이라는 의미 이며 웅신현 근처에 있는 '梁'과 동일한 모양으로 그렸다는 것은 이 두 시설물이 같은 기능을 한 것으로 보아야 할 것이다. 그렇다면 이 '梁'은 어떠한 기능을 하던 곳이었을까. '梁'은 다리, 교량, 제방 또는 방축이라 는 의미와 함께 "등줄기, 콧대, 산등성이처럼 물체나 신체에서 솟거나 弧를 이룬 부분"을 말하는데, 이러한 의미를 제포의 지세와 '梁'이라는 시설물에 비추어 보면 활처럼 잘록한 길목이 되는 지점에 설치한 감시초 소로 여겨진다. 이 때문에 웅신현 바로 앞에 하나가 설치되어 있고, 제포 포구의 왜인거류지에서 동편으로 이어지는 지점에 또 하나가 설치되었 던 것이다. 웅신현 근처의 梁은 웅천읍으로 통하는 길목을 감시하는 초 소이고, 왜인거류지 동편의 梁은 제포 포구 일대와 웅천읍으로 돌아가는

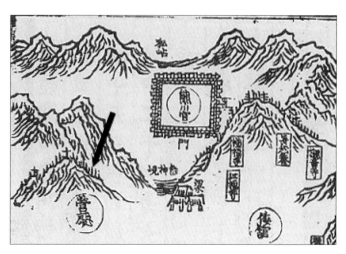

〈그림 2〉『해동제국기』〈웅천제포지도〉의 토성표시로 추정되는 부분

길목을 감시하는 기능을 가진 哨所라고 여겨진다.

또 한 가지 이 <웅천제포지도>에서 주목할 것은 영청 뒤편의 산과 웅신현 동편의 산에 그려진 목책과 유사한 표시이다. 장순순은 『조선시대 왜관변천사 연구』에서 "『해동제국기』에 수록된 「웅천제포지도」를 보면 조선정부는 일본인들이 살던 왜리와 조선인들이 살던 웅천읍성 사이에 제포토성을 설치하여 일본인과 조선인의 생활권을 나누었다"라고 하였는데, <제포지도>의 어느 부분 표시가 이에 해당하는 것인지에 대한 언급이 없어서 어떤 부분에 대한 해석을 이와 같이 하였는지를 알 수가 없다. <제포지도>의 영청 후면의 산과 웅신현 동편의 산에 그려진 특이한 표시는 <제포지도>에서는 물론 <부산포지도>와 <염포지도>에서도 찾아볼 수 없는 것이다.

이 표시가 토성을 표시한 것인지, 아니면 지도를 회화적으로 그리면서 산의 나무를 표시하고자 한 것인지는 분명하지 않다. 그러나 다른 부분에는 이러한 표시가 없다는 점이 우선적으로 의심스러운 부분이며, 실제 토성터가 남아 있는 구역과 거의 일치한다는 점에서 보더라도 <제포지도>의 표시부분은 토성을 표시하기 위해 그려 넣은 것으로 보인다.

이 토성은 경상남도 진해시 웅천 1동(제덕동)에 소재하는 유적으로, 제포에 거주하는 왜인들의 거주지를 제한하고, 방어에 대비하기 위해 축조한 토성이다. 이 토성의 축조 시기는 명확하지 않지만 1455년(세조 1) 7월 을미 우참찬 황수신이 <경상도지도> 및 <웅천현도>를 올리자 제포 일대 왜인 거류지 주변의 관방시설 설치를 논의하였는데, 황수신은 본인이 관찰사 당시 직접 돌아본 결과에 의해 왜인거주지 북쪽 산등성이에서 서쪽으로는 만호영 앞까지, 동쪽으로는 熊浦까지 성을 쌓고, 또 물이 얕은 곳에는 목책을 설치하고 관문을 만들어 파수하도록 할 것을 건의하였다. 이 건의는 왜인들이 동요한다고 하여 축성이 불가하다고 하였다. 이 사안에 대한 더 이상의 자세한 기록이 없기 때문에 당시에 축성되었는지는 알 수 없다. 그러나 제포 뒤편의 토성과 포구의 水中木柵의 존재를 보면 세조대 황수신의 건의 내용과 일치하는 점이 있다.[27]

이후 웅천과 제포 사이에 축성을 하자는 논의는 중종대에 와서이다. 이 당시의 논의를 보면 웅천성과 제포성을 甬道를 쌓아 한 진으로 만들자고 하거나[28] 염포·제포 중간에 장성을 쌓고 성외 거민을 다 함께 들어가 그 안에 거주하게 하면, 한편으로는 침입의 환을 방지하고 한편으로는 형세의 웅장함을 보이는 것이니 실로 좋은 계책이라고 하고 있다.[29]

이는 제포에 왜인 거주를 허용하면서 왜인들이 계속 내륙쪽으로 거주지를 넓히는 것을 제한하고, 국내인과의 무분별한 접촉을 금하기 위해 축조한 것이다. 또 한편으로는 불의의 사변에 대비하여 방어선을 구축하는 의미도 있었다고 보아야 할 것이다. 이 토성은 제포성 동쪽 끝부분의

---

27) 수중목책에 대해서는 『鎭海薺浦水中遺蹟』(동아대 박물관, 1999) 참조.
28) 『중종실록』 권 14, 중종 6년 8월 갑진.
29) 『중종실록』 권 13, 중종 6년 4월 임진.

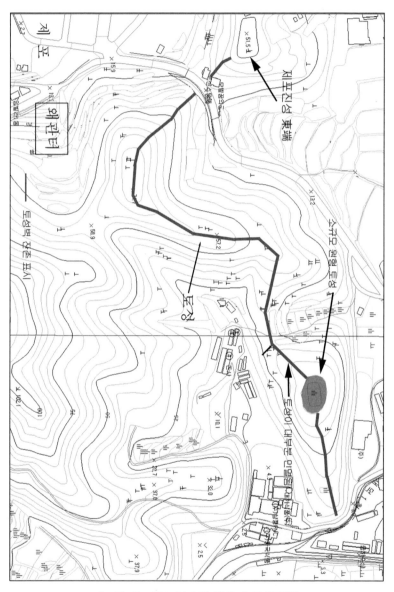

〈그림 3〉 제포 일대의 현황과 토성유적

야산 정상부에서부터 능선을 따라 축조하였는데, 웅신현을 가로 질러 다시 능선을 따라 동향하다가 조그만 정상부(74.7m 고지)에서 오른편으로 조그만 골짜기를 끼고 동북방향으로 이어지다가 해발 40m 정도되는 지점에서 동쪽으로 이어지는 능선으로 선회하여 이어진다. 이곳에서 계속 동쪽 방향으로 능선을 타고 축조하여 조그만 고지를 지나 웅천읍성 방향에서 흘러내리는 개천까지 연결되어 있다. 즉, 제포일대는 제포진성이 있는 지점이 바다가 크게 만곡해 들어간 곳이고, 그 동쪽의 토성이 축조된 야산지대를 넘어서는 웅천읍성 쪽으로 바다가 깊이 만곡해 들어가는 지점이어서 제포의 배후가 되는 산지 일대는 자연히 바다 쪽으로 돌출한 지형으로 되어 있는데, 제덕동 토성은 돌출한 지형을 토성으로 가로질러 막은 형태로 되어 있다. 이에 제포진성→제덕토성→웅천읍성이 유기적으로 연결되도록 구축되어 있다.

토성은 대개 능선의 좌우를 삭토하여 구축하였다. 일부 구간은 민멸되어 토성의 흔적을 뚜렷하게 찾아 볼 수 있는 지점도 있지만 대개는 그 형태를 알아 볼 수 있는 정도로 유적이 남아 있다. 잔존한 성벽의 높이나 폭은 일정하지 않다. 높이가 높은 지점은 약 3,5m 정도 되는 곳도 있고, 1m 미만으로 낮은 지점도 있다. 종래 토성 길이가 약 340m 정도 되는 것으로 알려졌는데, 이는 토성이 제포 포구를 둘러싸고 있을 것이라고 추정하였기 때문에 제포 뒤편 작은 고지에서 북쪽으로 토성이 이어져 있던 것을 제대로 파악하지 못하였기 때문이다. 특히 과수원을 지나 45m 고지에 이르는 구간은 도로 개설로 거의 파괴되어 있고, 45고지 일대는 대나무가 빼곡히 들어서 있어서 토성의 관찰이 매우 어렵다. 그러나 더 능선을 따라 하산하면 이어져 내려온 토성 흔적이 명확히 나타난다. 토성 전체 길이는 약 1km 정도이다.

한편 제포일대는 지도에는 표시되어 있지 않지만 제포 바로 옆에 위치한 사화랑산 봉수를 통하여 동편으로는 가덕도 응암봉수, 북으로는 창

원 장복산봉수, 서쪽으로는 완포현 高山烽燧로 상호 응하는 전달체계를
가지고 있었다.

2) 부산포 지역

부산포는 현재 부산광역시에 있었던 浦口로, 조선 세종 때 左道水軍
都按撫處置使의 本營을 두었던 곳이다. 이 본영은 세조 5년(1459) 1월
병조에서 하삼도 도순문진휼사의 계본에 의거한 건의에 따라 울산 개운
포로 이전되었고, 水軍都按撫處置使라는 명칭은 세조 12년(1466) 水軍
節度使로 개칭되었다. 부산포는 倭國과 가까워 일찍부터 군사시설을 강
화하였는데, 부산포진은 군사체제상 동래도호부사의 지휘를 받았다. 부
산포는 일찍이 태종대에 이미 제포와 함께 왜선 도박처로 지정되면서,
왜인의 주요 왕래지가 되었다. 세종 8년(1426)에는 좌도 도만호를 이곳
에 배치하였다.

『해동제국기』 <東萊富山浦之圖>를 보면 절영도와 사이의 연해에서
동평현쪽으로 이어지는 하천 하구 서편쪽으로 왜인들의 거류지가 그려
져 있고 見江寺, 望月菴이 남북으로 위치하고 있다. 그 왜인 거류지 서편
으로 작은 동산이 있고 그 북쪽에 왜관이 위치하고 있다. 제포에서와 유
사하게 왜관 서편 산기슭에 營廳이 위치하고 있고, 북쪽에는 東平縣이
자리 잡고 있으며 그 동편으로 동래읍성이 크게 자리 잡고 있다. 이는
영청에 주재하는 도만호가 직접 왜관과 왜인 거류지를 통제하고 남으로
는 절영도, 북으로는 동평현, 동북으로는 동래부가 자리 잡고 있으면서
감시, 또는 방어거점을 형성하고 있었던 것을 보여주고 있다.

특히 동평현은 제포지역으로 웅신진과 같은 기능을 하게 되었다. 세
종 21년(1439) 동래의 속현인 동평이 부산포와 거리가 4, 5리 정도이니
웅신진 例에 의거하여 鎭을 설치하고 동래진의 兵馬를 옮겨서 부산포의

外援이 되게 하고, 동래는 예전대로 單縣事를 두게 하도록 하였다.[30] 이는 동래는 부산포에서 조금 멀리 떨어져 있으므로 보다 가까이 붙어 있는 동평에 진을 설치하고 군사를 이속시킴으로써 부산포에서의 갑작스러운 사변에 대응하고자 한 것이었다. 그리고 그 이듬해에는 鎭軍을 추가해 배치하였다.[31]

위치로 보아 왜인 거류지는 동구 좌천동 일대였을 것으로 추정되

〈그림 4〉『海東諸國紀』의 「東萊富山浦之圖」

며, 왜관은 부산진성 북쪽에, 영청은 수정산 동편 자락의 산기슭에 있었던 것으로 보인다.

그리고 <東萊富山浦之圖>에 보면 동평현과 동래읍성 사이에 '馬飛乙外峴'이라는 지명이 표기되어 있고, 왜관 북쪽에는 '梁直'이라는 명칭이 보인다. '馬飛乙外峴'은 현재의 어느 곳을 지칭하는 것인지는 명확하지 않지만 조선후기 동래부지도를 보면 부산진에서 북향하여 동래읍성으로 가는 직로상에 '馬飛峴'이라는 지명이 보이는데 이곳이 바로 <東萊富山浦之圖>에 기재되어 있는 '馬飛乙外峴'으로 여겨진다. 지금은 부

---

30)『세종실록』권 87, 세종 21년 11월 기사.
31)『세종실록』권 89, 세종 22년 5월 정묘.

전동에서 연제구, 동래구로 넘어가는 양정동 일대인 것으로 추정된다. 그리고 '梁直'은 <제포지도>에서 보이는 '梁'과 같은 성격의 것으로 생각된다. 위치로 보아 왜관에서 동평현으로 접근하는 길목이었을 것으로 추정된다.

3) 염포 지역

염포는 울산광역시 중구 염포동에 있었던 浦口로, 조선시대에는 蔚山郡의 관할 하에 있었으며, 鎭이 설치되어 있었다. 지형상으로는 서북쪽에 하안평야가 있을 뿐 갯가와 산지로 둘러싸여 있다. 조선 태종대에 이미 만호를 차견하도록 하고 있으며, 태종 18년(1418)에는 가배량과 함께 왜관을 설치하고 항거왜인을 안치하도록 하고 있다.

이후 1426년(세종 8) 4월에는 염포에 도만호를 설치하고 서생포의 병선 중 3척을 염포로 옮기게 하였다. 다시 같은 해 11월에는 좌도 도만호를 부산포로 옮기고 염포에는 만호를 배치하도록 하였다.

『海東諸國紀』에 의하면 당시 염포에는 36호 120명 정도의 왜인이 있었다고 하며, 성종 25년(1494)경에는 51호, 152명이 거주하고 있었다. 당시에 왜국 사절이 서울을 갈 때 염포에 상륙하여 언양·경주·안동을 거쳐가도록 정하여, 염포는 左路의 시발지가 되었다. 1455년(단종 3) 윤6월에는 경상도 관찰사 황수신이 柳浦에 堡를 두고 鹿角城을 설치하여 좌도 도절제사에 소속시키고, 군사 400명을 거느리고 4번으로 나누어 守禦하게 하며 풍년을 기다려 石堡를 쌓게 하기를 아뢰자 병조에서 유포에 보를 설치하자는 일은 일찍이 受敎하여 장차 석성을 쌓을 것이라 하였다.[32] 그 후 1457년(세조 3) 1월 병조에서 경상도 유포에 목책만 설

---

32) 『단종실록』 권 14, 단종 3년 윤6월 기유.

치하고 있어 방어가 虛疎하게 되었으므로 石堡 축조가 긴급하다고 건의
하였지만[33] 실제로는 도절제사영 건조, 진주성 축조 공사가 겹쳐 시공
을 일시 중단하였다가 세조 4년(1458) 10월 다시 축조를 시행하도록 하
고 있다.[34] 또한 염포 방어와 관련하여 유포 석보가 매우 중요하였기 때
문에 석보 축조후 이에 대한 운영에 각별한 관심을 기울이게 되었다.
1459년 병조에서 하삼도 都巡問賑恤使인 韓明澮의 啓本에 의거하여 건
의한 사항에 그런 면이 잘 나타나 있다.

> 兵曹에서 충청도·경상도·전라도의 都巡問賑恤使인 韓明澮의 啓本에 의거
> 하여 아뢰기를, "… 또 경상도의 울산柳浦는 방어가 가장 긴요하니 지금 마땅
> 히 鎭을 설치해야만 하는데, 군졸을 下할 때에 本浦에서 일찍이 赴防한 사람
> 은 모두 除下시켜야 하므로 다른 戍卒이 없으면 될 수가 없습니다. 청컨대 本
> 浦와 경계가 잇닿은 경주·울산 두 鎭의 當番軍士 50명과 內廂에서 부방하는
> 當番軍士 20명을 뽑아 정하고, 武才가 있는 4품 이상의 청렴하고 근신한 사람
> 을 가려서 都節制使의 軍官 수효 내에서 口傳으로 정하여 本浦의 權管으로 삼
> 고는, 都節制使로 하여금 재능이 있는가 없는가를 檢察시켜 褒貶하여서 啓聞하도
> 록 하고, 1周年이 된 후에 成績을 考査하여 敍用하도록 하소서."하니, 그대로
> 따랐다.[35]

1512년 임신약조의 체결로 염포의 왜관은 폐쇄되었지만 염포는 역사
적으로 울산지역 및 조선의 남동부를 방어하는 군사기지로서 큰 몫을 하
였다. 특히 태화강 하구 양안에 위치한 開運浦·柳浦와 함께 울산의 좌
병영을 지키는 수군의 군사기지였다. 조선시대에는 부근에 加里山·川
內山 봉수가 있었으며, 왜관일대에는 방어진목장이 설치되어 있었다.
『해동제국기』<蔚山鹽浦之圖>를 보면 태화강 동편을 끼고 바다 쪽
으로 길게 뻗어 나온 지대의 河岸에 연접하여 왜인 거류지가 표시되어

---

33) 『세조실록』 권 6, 세조 3년 1월 갑오.
34) 『세조실록』 권 14, 세조 4년 11월 계해.
35) 『세조실록』 권 17, 세조 5년 7월 병신.

있고, 그 동편으로 왜관이 자리 잡고 있으며, 왜관 북편에 營廳이 위치하고 있다. 영청과 왜관이 위치한 곳은 현재 염포산 기슭일 것으로 추정된다. 영청이 위치한 뒤편으로 산봉우리가 줄지어 그려져 있고 산과 산 사이의 골짜기가 약간 트여 있는데 이는 당고개를 거쳐 현대미포아파트쪽으로 이어지는 통로를 나타낸 것이라고 볼 수 있다.

그리고 이 구역은 남북 양측으로 성벽으로 차단되어 있다. 이 성벽은 물론 방어진목장 설치와 관련이 있는 것이지만 다른 한편으로는 왜인 거류지 내지는 왕래지를 울산의 일반 주민 생활공간과 격리 시키기 위한 방호시설물이라고 해야 할 것이다. 이는 제포지역에서 왜인 거류지를 격리시키고자 성벽 구축을 하였던 것과 같은 것이다. 왜인거류지 북쪽의 성벽에는 성문이 설치되어 있는 것이 보이며 남쪽 성벽에는 문이 설치되어 있지 않다. 이는 남쪽 성벽을 넘어서는 柳浦 石堡가 설치되어 있어서 보안유지상 문을 만들지 않았을 것으로 여겨진다.

왜인 거류지의 서북쪽으로는 節度使營城이 크게 그려져 있고 그 왼편으로 울산 관아가 그려져 있다. 그리고 <염포지도>에는 그려져 있지 않지만 그 남쪽의 태화강 하구에는 개운포가 자리잡고 있었다. 이 본영은 세조 5년(1459) 1월 병조에서 하삼도 도순문진휼사의 계본에 의거한 건의에 따라 울산 개운포로 이전되었고, 1510년(중종 5)에 삼포왜란으로 염포가 폐쇄되고, 1592년(선조 25)에 개운포에 있던 경상좌수영이 다시 동래군으로 옮겨갔다. 개운포는 현재 울산광역시 남구 성암동 일원 423번지 일대에 해당하는데 이곳에는 개운포영성이 있었다. 개운포영성은 외황강 하구의 해발 50m 정도의 구릉 남쪽사면과 구릉과 연접하는 평지 일대에 축조되어 있는데, 성은 구릉을 적절히 활용하여 축조되었고 평면은 남북방향의 장방형을 띠고 있으면 半山半平地城이라 할 수 있다. 성곽은 많이 훼손이 되었지만 門址, 雉城, 垓字, 建物地 등이 남아 있어 축조방법과 구조적인 성격을 알 수 있다. 체성은 잘 다듬어진 돌로 외축내

탁하는 방식으로 쌓았는
데 먼저 작은 割石을 고
르게 놓은 후 長大石을
가로방향으로 쌓아 기초
를 튼튼히 한 다음 그 위
에 長大石의 바깥면을
약 20cm정도 남겨놓은
지점에서 장대석과 수직
되게 큰 할석을 협축하
는 방법으로 축조하였
다. 그리고 장대석 위에
축조한 할석사이의 빈공
간은 할석으로 쐐기돌을
박아 마무리하였다. 체
성의 잔존높이를 보면

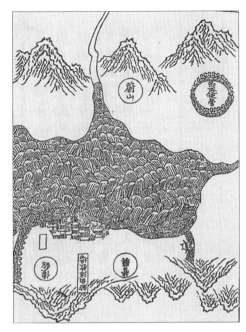

〈그림 5〉『海東諸國紀』의 「蔚山鹽浦之圖」

남쪽 평지는 약 220cm이고 북쪽과 북동쪽의 구름부분은 평지보다 낮게
남아있으며, 성곽의 전체 길이는 약 1,280m정도이다.

　특히 <염포지도>에서 한 가지 의문이 생기는 것은 왜관 바로 앞쪽
에 그려진 직사각형 모양의 그림이다. 즉, 이 그림은 어떤 시설물을 표현
하고자 하였으나 기능을 표기하지는 않은 것이다. 제포나 부산포 지도에
나타나는 ‘梁’에 해당하는 시설물인지, 아니면 방어진목장 표시가 사각
형 안에 표시된 것을 감안하면 감목관이 주재하던 舊建物址로 추정할
수도 있을 것이다. <염포지도>에 제포나 부산포지도에서처럼 ‘梁’이
그려지지 않은 것은 목장 설치로 말미암아 남북이 모두 성벽으로 차단되
었기 때문이었을 것이다.

4. 맺음말

삼포란 조선 전기 일본인들의 왕래와 거주를 허가하였던 동남 해안의 세 浦口, 즉 동래의 釜山浦(또는 富山浦), 熊川의 薺浦(또는 乃而浦), 蔚山의 鹽浦를 말한다. 이들 지역은 예로부터 왜구의 침입이 잦았던 곳이라 군사적으로 매우 중요시하였던 곳이었다.

1392년 건국한 조선왕조는 무력을 대대적으로 강화하는 한편 대외정책에 있어 사대교린책을 기본노선으로 추구하면서, 이러한 정책에 의해 일본으로부터 통교자가 급증하게 되었고, 조선정부에서는 이들에 대한 수용체제의 정비가 필요하게 되었다. 특히 무질서한 왜선의 도래는 또 다른 측면에서 조선 연해지역의 안전을 위협하고 있었으므로 이들에 대한 통제를 정비할 필요성이 있었다. 삼포로 왜선 도박처가 제한된 것은 바로 이러한 사정에 연유한다. 특히 포소제한에 있어서 군사상의 문제는 매우 중요한 요인이 되었다.

기본적으로 조선에서 내이포, 부산포, 염포를 택하여 왜선 도박처로 지정한 것은 왜인의 왕래 편의성이라고 하는 측면도 있었지만 가장 중요한 것은 효과적인 방어가 가능한 지역이어야 했다. 포구의 입지상 안팎으로 감시와 통제가 가능하고 조선군의 유기적 군사방어가 가능한 곳이어야 했다. 따라서 삼포로 왜선 도박처가 제한되어 시행되면서 자연히 조선의 방어체제는 이 지역을 중심으로 정비되어 나갔다. 경상도 지역에 대한 군사력의 편중 배치는 이러한 상황과 직접적인 관련이 있다.

『해동제국기』 삼포지도에 표시되어 있는 내용은 당시 그러한 삼포지역 군사방어에 대한 관심을 잘 보여주고 있다. 포구를 직접 통제하는 營廳과 배후의 鎭城, 그리고 주변의 수군진이 유기적으로 연계를 가지고 왜선 도박처를 포위하고 있다. 특히 제포의 경우는 제포방어를 위해 배후지역에 새로운 鎭을 만들고, 나아가 독립 縣을 만들어 운영하였으며,

부산포의 경우는 동평진을 운영하기도 하였으며, 울산에는 좌병영을 두었다. 이러한 布置는 기본적으로 掎角構圖를 중시한 전통적인 방어체계이다.

한편 삼포지도를 통하여 왜인 거류지와 일반주민 거주지를 상호 격리시키려는 의도를 분명히 볼 수 있다. 제포에는 토성을 축조하여 차단하고 있으며, 염포에도 성벽을 축조하여 막고 있다. 부산포의 경우는 직접적인 차단 시설을 보이지 않으나 營廳－梁直－東平鎭이 라인을 이루면서 내륙지와의 연결을 차단하고 있다.

『해동제국기』삼포지도는 매우 간결한 지도이지만 군사적인 측면에서의 포치를 쉽게 이해할 수 있게 제작된 지도이며, 그러한 측면에서의 활용을 중시한 지도라고 할 수 있다.

『海東諸國紀』의 역사지리적 고찰

엄 찬 호

1. 머리말

통신사에 관한 연구는 지금까지 한일 양국에서 많은 축적을 보아 왔는데, 그 중심이 되는 것은 역사학과 문학 분야였다. 역사학 분야에서는 주로 문화교류사에 중점을 두어, 통신사를 매개로 유학, 본초학(한의학), 서예 등을 중심으로 한 문화의 접촉, 정치적인 내막, 경제유통사 등이 다루어졌다. 특히 최근에는 상류계급뿐 아니라 일반대중과의 교류, 통신사 통과지역에 남은 축제 등 민속관련 사항에도 연구 지평이 넓어지고 있다. 또 문학에서는 통신사의 사행록 그 자체나 거기에 삽입된 시문학, 일본 측 기록에 남아있는 시문의 응수 등이 연구대상이 되었다. 그러나 현재에 이르기까지 통신사에 관해서 지리학적인 고찰을 가한 것은 전무에 가깝다.

역사지리학은 연구자가 처한 다양한 시·공간적 맥락위에서 과거속

88 ● 『海東諸國紀』의 세계

의 지리를 재해석하게 되는 것으로 역사지리학의 본질적 특성은 다양성
에 있다고 할 수 있다. 그것은 공간속에 감추어진 과거를 다양한 각도에
서 조명함으로써 보다 입체적으로, 보다 실제에 가깝게 해석할 수 있도
록 해주는 원동력이 된다.

지금까지 통신사와 관련된 역사지리학의 연구는 轟博志의 「『海行摠
載』에 나타난 通信使 使行路의 空間展開」(『문화역사지리』 14-3, 2002)
와 「『海行摠載』에 나타난 日本 通信使의 國內 使行路(漢陽-東萊間)」
(『문화역사지리』 16-1, 2004) 이 두 편만이 있을 뿐이다. 『海東諸國紀』
와 관련해서도 지도에 관한 연구로 田中健夫의 「『海東諸國紀』の日本
·琉球図-その東アジア史的意義と南波本の紹介」(『海事史研究』通号
45, 1988)를 비롯하여 몇 편의 일본연구1)와 李燦의 「『海東諸國紀』의 日
本 및 琉球國地圖」(『문화역사지리』 4호, 1992), 吳尙學의 「조선시대의
일본지도와 일본인식」(『대한지리학회지』 38-1, 2003) 등이 있을 뿐이다.
그러므로 대일사행과 관련한 종합적인 연구를 위해서는 통신사행록을
중심으로 한 역사지리학의 연구가 매우 중요하다.

따라서 본 연구는 『海東諸國紀』에 소개되어 있는 지명과 道路里數 등
을 세밀히 조사하고, 또 현장조사를 바탕으로 당시 조선의 대일인식과
해동제국에 대한 지리적 인지도 및 대일관계를 입체적으로 조명하고자
한다. 아울러 일본국기와 유구국기에 포함되어 있는 國俗을 살펴보고 신
숙주의 대일인식 내지는 일본과 유구에 대한 신숙주의 자세를 알아보고

---

1) 『海東諸國紀』의 지도와 관련된 연구로는 東恩納寬惇, 「申叔舟の海東諸國紀に
現れたる琉球國圖について」『史學』 16-3, 1937 ; 浜田敦, 「海東諸國紀に記録され
た日本の地名等について」『人文研究』 5, 大阪市立大學大學院文學研究科, 1954 ;
秋岡武次郎, 『日本地圖史』, 1955 ; 田中健夫, 「『海東諸國紀』の日本·琉球圖-
その東アジア史的意義と南波本の紹介」『海事史研究』通号45, 1988 ; Kenneth
R. Robinson, 「海東諸國紀寫本の一考察-特集 前近代の日朝關係史料と地域交流」
『九州史學』 132, 九州史學研究會, 2002 ;「海東諸國紀の地図の一考察」『前近代
日本の史料遺產プロジェクト研究集會報告集 2001·2002』, 2003 등이 있다.

자 한다.

2. 신숙주와 海東諸國紀

申叔舟의 자는 泛翁, 호는 希賢堂 또는 保閒齋라 하며, 본관은 고령이고, 공조참판 申檣의 아들이다. 그는 1417년(태종 17)에 태어나 1439년(세종 21)에 문과 제3인에 발탁되어 典農直長에 임관된 이후, 세종・문종・단종・세조・예종・성종의 6대의 군주에게 봉사하여 내외의 요직을 역임하고 영의정에 이르렀다. 그는 經史에 널리 통하여 일찍이 訓民正音의 제정과 典籍의 편찬에도 많은 공적을 남겼으며, 안으로는 국가의 樞機에 參劃하고 大策을 결정하여 靖亂・左翼・定難・佐理 등의 공신에 參錄되고 高靈府院君에 책봉되었으며, 밖으로는 北虜를 정벌하고 요동・일본 등지에 使聘하여 국제관계에도 활동하였으니, 1475년(성종 6)에 59세로서 세상을 마칠 때까지 그는 국가의 柱石大臣으로서 화려한 일생을 장식하였다.

그는 특히 세조의 명령에 의하여 만년에 이르기까지 영의정으로 예조의 사무를 겸장하여 事大交隣의 외교정책을 전담하였으며, 성종 즉위 이후에는 그의 획책에 의하여 舊規를 정비하고 新制를 입안하여 海東諸國使人應接의 사례를 개정하여 외교상의 면목을 일신하였다. 그는 임종 시 성종에게 진언하기를 "우리나라는 일본과 실화하지 않기를 원합니다." 고 하여 그의 국제통적 식견과 혜안을 엿볼 수 있다.

1443년 당시 부사직이었던 신숙주는 통신사 변효문, 부사 윤인보와 함께 서장관으로서 일본에 가게 되었다. 2월 21일 출발한 그는 10월 19일까지 9개월간 일본에 체류하면서 보고들은 견문록과 일본의 여러 가지 정세와 인명 등을 후에 성종의 명에 의하여 『海東諸國紀』로 남겼다. 물론 『海東諸國紀』는 그가 일본에 다녀온 지 28년이나 지나 찬진되었으므로 그가 보고 들은 것 이외에도 기존의 전적 및 그 후 일본의 사신이 나 유구사신들을 통하여 들은 것을 참조로 만들어졌을 것이다.

신숙주는 海東諸國紀의 서두에서 "주상전하께서 海東諸國의 朝聘ㆍ往來ㆍ館穀ㆍ禮接에 대한 舊例를 撰述해 오라 하시니, 신은 그 명령을 받고서"라고 하며 海東諸國紀를 저술하게 된 경위를 다음과 같이 밝히고 있다.

> "삼가 옛 典籍을 상고하고, 보고 들은 것을 참작하여, 그 나라의 地勢를 그리고, 世係의 源流와 倭 風土의 숭상한 바와, 또한 우리나라의 應接한 節目에 이르기까지, 대략 서술하여, 그것을 편집하여 한 책을 만들어서 올립니다. 신 숙주는 오랫동안 禮官을 맡아 왔고 또한 일찍이 바다를 건너, 몸소 그 땅을 밟았으나, 섬들이 여기저기 흩어져 있고 풍속은 아주 달랐으므로, 이 책을 만들 때에 끝내 그 요령을 얻을 수 없었습니다. 그러나 이 책으로 인하여 그 대략만이라도 안다면 거의 그 실정을 파악하고 그 예절을 참작하여 그들의 마음을 수습할 수 있을 것입니다."[2]

곧 신숙주는 오랫동안 예관을 맡아왔고, 일본에 직접 갔다 오기도 하였지만, 그들의 습속이 많이 달랐고, 국토도 여러 섬으로 이루어져 그 실상을 제대로 파악할 수 없으나, 옛 전적을 참고하고 경험을 바탕으로 하여 대략이라도 알 수 있게 『海東諸國紀』를 서술하였다.

이와 같이 『海東諸國紀』는 그의 견식과 경험으로서 그 당시 일본에서 전래한 문헌과 왕년의 견문과 예조에 管掌된 기록 등을 참작하여 교린 관계에 대한 후세의 軌範을 만들기 위해 찬술한 것이므로 역사적 가치가 높다고 할 것이다.

현재까지 국내에서 밝혀진 『海東諸國紀』는 古刊本으로 국립중앙도서관에 소장되어 있는 1책과 古寫本으로 1714년 일본인 元通의 필사본과 한국학중앙연구원 장서각의 1725년 필사본, 서울대학교 규장각의 필사

---

2) 『海東諸國紀』, 序.

본, 국사편찬위원회 소장본 등이 밝혀져 있다. 또『海東諸國紀』는 중간
된 뒤에 1782년(정조 6) 4월의 外奎章閣形止案과 같은 장서목록에서나
또는 김경문의『通文館志』와 안정복의『列朝通紀』와 같은 인용서목에
그 책명이 보이고 있고, 그 내용은 전문이『海行摠載』에 수록되어 있다.

한편 일본에는 中村榮孝의 연구에 의하면 古刊本이 동경대학 사료편
찬소에 1512년 간행본인 舊養安院藏書本이 소장되어 있고, 동경의 國立
公文書館內閣文庫에는 元・亨・利・貞의 4책으로 나누어져 있는 舊佐
伯毛利氏江栗齋藏本이 있다. 또 1629년 洪瑞鳳의 건의에 의해서 간행된
것으로 보이는 南波松太郞氏 소장본 등이 있고, 그 외 필사본도 여러 종
류 존재하는 것으로 알려져 있다.

『海東諸國紀』는 조선초기와 일본 室町幕府시대에 한일 두 나라의 외
교관계에 있어서 가장 정확하고도 근본적인 사료이기 때문에 우리나라
에서 뿐만 아니라 일본에서도 江戶시대의 한일관계 연구에 유일한 사료
로 이용되어 왔으며, 그 유포 범위도 또한 대단히 넓었다.

현재 간행되어 있는『海東諸國紀』는 1933년에 조선사편수회에서『朝
鮮史料叢刊』제2집으로 영인 간행된 바 있는 자료를 1989년 民昌文化社
에서 영인하여 간행한 것이 있으며, 1974년 민족문화추진회에서『海行
摠載』를 간행한 바 있다.

3.『海東諸國紀』의 지도와 지명

1)『海東諸國紀』지도의 특징

『海東諸國紀』에는 '海東諸國總圖', '日本本國之圖', '日本國西海道九
州之圖', '日本國一崎島之圖', '日本國對馬島之圖', '琉球國之圖'와 '熊

川薺浦之圖', '東萊富山浦之圖', '蔚山鹽浦之圖' 등 삼포지도가 첨부되어
있다. 이 삼포지도는 海東諸國紀가 완성된 이후 3년이 지난 1474년 3월
에 예조좌랑 남제가 삼포에 있던 왜관의 실화를 진휼할 때 명을 받고
비밀히 삼포의 지도를 그리고 항거 왜인의 호구를 조사하였다. 그리하여
삼포지도 3매가 권두의 지도에 포함되었다.[3]

『海東諸國紀』의 일본지도는 우리나라에서 현존하는 판본지도로는 가
장 오래된 지도이면서, 독립된 일본지도의 판본으로도 가장 오래된 지도
이다. 이 지도들은 기본적으로 행기도[4]를 따르고 있는데, 이전 시기 朴
敦之나 道安이 들여온 일본지도[5]를 참고했을 것으로 보인다.

신숙주는 『海東諸國紀』의 서문에서 일본은 '흑룡강 북쪽에서 우리나
라 제주의 남쪽에 이르며 유구와 서로 접한다'라고 하여 일본의 지리적
위치에 대해 상당히 정확히 파악하고 있었던 것으로 보인다. 그리고 범
례에서는 '일도중 黃畫은 道界, 黑畫은 州界, 洪畫은 도로'라고 예시하고
있어 본판으로 지도를 인쇄한 후 도계・주계・도로를 각기 다른 색으로
표시한 지도였음을 알 수 있다. 또 거리단위에 대해서는 도로 里數를 표
시하는데 있어 일본 리수를 사용하였는데, 일본의 1리는 우리나라의 10
리에 해당한다고 하였다.

---

3) 최기호, 「신숙주의 『海東諸國紀』에 대한 고찰」 『한힌샘 주시경 연구』 14・
   15, 2002, 86~87쪽.
4) 行基圖는 일본의 각 州를 거북 등 무늬모양, 또는 누에고치를 연결한 모양
   에 유사하게 그리고, 일본전체의 해안선도 현실적인 곡선이 아닌 도형에
   가까운 곡선으로 연결되어 있는 것이 특징이다. 행기도 계통의 일본도는
   1402년에 우리나라에서 만든 混一彊理歷代國都之圖의 일본도에 나타난 것
   이 가장 오래된 것이고, 간행으로는 『海東諸國紀』의 해동제국총도가 가장
   오래된 것이다. 행기도는 초기의 것은 대부분 필사본이고 현전하는 것은
   일본의 경도에 있는 인화사 소장본이 가장 오래된 필사본이다(秋岡武次郞, 『日
   本地圖作成史』, 1971, 24쪽 ; 李燦, 「『海東諸國紀』의 日本 및 琉球國地圖」 『문
   화역사지리』 4, 1992, 1~8쪽).
5) 『세종실록』 세종20년 2월 19일 ; 『단종실록』 단종1년 7월 4일.

海東諸國紀의 지도는 기본적으로 전체의 구도와 주는 행기도와 유사하나 독특한 한국식 파도무늬가 바다에 그려져 있는 등 몇 가지 특징[6]이 있다.

첫째, 일본국도의 동쪽에 위치하고 있는 鎌倉殿이 원형으로 묘사되어 있는데, 주와는 성격이 다른 것으로 파악되고 있다. 이것은 이전시기 존재했던 鎌倉幕府가 아니고, 『海東諸國紀』가 찬진될 당시 室町幕府와 대립관계에 있었던 古河公方을 가리키는 것으로 보이는데, 이는 『海東諸國紀』의 일본지도가 최신의 정보를 토대로 제작되었음을 시사하는 것이다.[7]

둘째, 행기도 계열의 지도에 보이는 도로의 표시가 없고, 대신에 해로의 里程이 상세하다. 즉 일본의 국도에 이르는 해로와 유구국의 국도에 이르는 해로의 이정이 里數의 표기와 함께 수록되어 있다. 행기도 계열을 따르면서도 조선의 현실적인 필요가 반영된 것으로 해석되는데, 해상을 통한 일본과 유구와의 교류관계가 지도에도 그대로 투영된 것이다.

셋째, 동지나해를 비롯한 바다의 섬들이 자세히 그려져 있는데, 그 위치나 배열이 실제상황을 반영하고 있다. 이는 당시 일본, 유구에 이르는 활발한 해상왕래의 결과로 가능했던 것이다. 또한 북쪽에 지금의 북해도인 이도가 묘사되어 있다. 이러한 표현은 「해동제국총도」에서 처음 나타나고 있다.

앞서 제작된 「混一彊理歷代國都之圖」의 일본지도와 비교해 보면 「混一彊理歷代國都之圖」의 일본지도에서는 四國과 淡路섬이 본주에 연속된 것 같이 그려져 있으나 「해동제국총도」에서는 이것이 수정되어 있다. 또한 전자에서는 志摩州가 本州의 육지에 접해 있으나 「해동제국총도」

---

6) 吳尙學, 「조선시대의 일본지도와 일본 인식」『대한지리학회지』 38, 2003, 34~35쪽.
7) 應地利明, 『繪地圖の世界像』, 岩波新書, 1996.

에서는 섬으로 되어있다. 그러나 두 지도 모두 本州의 북쪽 바다에 見付島를 그려 넣었는데, 일본의 행기도에서는 本州의 태평양 측에 그려져 있으며 本州의 북쪽에 그리는 사례는 없다고 한다.[8] 결국 『海東諸國紀』의 일본지도는 기존 행기도 계열의 지도를 기초로 제작되었지만, 당시 최신의 정보가 수록된 훌륭한 지도라고 할 수 있다.

15세기 조선에서 이 같은 훌륭한 일본지도를 제작할 수 있었던 것은 일본의 침구에 대한 대비라는 현실적 필요에서 비롯된 바가 컸지만 교린 정책에 기초한 교류를 통해 일본의 현실을 이해하려고 했던 대외인식의 개방성에서 기인한 바도 크다.

넷째 日本國對馬島之圖와 日本國一岐島之圖는 행기도에는 없는 지도로 일본지도를 가져온 박돈지도 대마도와 일기도가 지도에 빠져있어 이를 보충하여 거듭 模寫하였다고 하였다.[9] 대마도와 일기도의 가장 중요한 특징은 해안선과 지형이 자세하고 특히 만입을 강조한 점이다. 그리고 포구의 명칭을 모두 일본의 음을 우리나라 한자음의 음과 훈으로 기록한 점이 매우 특이하다. 곧 본문의 道路里數에서는 船越[10]이라고 표기된 것을 대마도 지도에서는 船越의 일본훈인 Funakosi를 우리 한자음과 훈을 이용하여 訓羅串으로 일본지명을 표기한 것이다. 이것은 대마도 지명을 우리나라 사람들이 알아보기 위하여 이두식으로 고쳐 표기한 것이다. 이러한 표기는 우리나라 사람들에 의해서 직접 조사를 통해서 만

---

8) 李燦, 앞의 논문, 2쪽.
9) 『세종실록』세종20년 2월 19일.
10) 船越이라는 지명은 일본의 섬에 흔히 쓰이는 지명으로 즉 좁은 地峽으로 灣과 灣이 나누어져 있을 때 긴 해로를 돌아가지 않고 작은 배의 경우는 배를 들어 올려 건너편에 있는 灣으로 배를 넘긴다는 뜻이다. 즉 船越은 배를 넘기는 곳이라는 뜻으로 대마도의 訓羅串(후나코시)은 좁은 지협을 육로로 넘어서 동서를 연결하던 곳이다. 일본의 遣唐使는 후나코시까지 소형 배로 와서 지협을 넘어 대형선으로 갈아타고 중국으로 항해했다고 한다 (金義煥, 『朝鮮通信使의 발자취』, 正音文化社, 1985, 51쪽).

들어진 지도임을 입증해 준다. 이와 같이 우리나라에서 특별히 일기도와 대마도를 자세하고 알기 쉽게 그렸던 것은 이 섬들이 조선 초기 왜구의 근거지였기 때문이었을 것으로 추정된다. 왜구를 물리치기 위해서는 그들에 대한 자세한 정보가 필요하였던 것이다.

다섯째 琉球에 대한 지도로 琉球國圖 역시 도안에 의해서 전해진[11] 지도를 본으로 했을 것이다. 琉球國圖도 日本國圖에 비해서 훨씬 상세하며 포구와 城도 자세하게 기록되어 있다. 琉球섬 뿐만 아니라 주위에 산재하고 있는 섬 약 20개를 포함하고 있으며 모두 琉球에서의 거리를 里數로 기입하고 琉球에 속한 섬임을 기록하고 有人島임을 표시하기도 하였다. 이와 같이 유구에 대해서도 자세하게 묘사한 것은 조선 초기 우리나라에서도 유구에 대해서 매우 중요하게 생각하고 있었음을 알 수 있다.

2) 『海東諸國紀』의 일본지명

『海東諸國紀』는 본문과 지도를 통하여 상당히 많은 일본 중세 지명을 표기하고 있다. 본문에 기재되어 있는 지명이 對馬島의 8군 82포와 一岐島의 7향 13리 14포를 비롯하여 199개가 기록되어 있고 지도에 보이는 지명은 海東諸國總圖에 138개, 日本本國之圖에 93개, 日本國西海道九州之圖에 51개, 日本國壹岐島之圖에 34개, 日本國對馬島之圖에 90여 개가 기록되어 있다. 그중 日本本國之圖의 지명과, 日本國西海道九州之圖의 지명은 海東諸國總圖의 지명과 상당부분 겹쳐 있지만, 일부 다른 지명도 있어 세부지도를 만들면서 추가한 것으로 보인다.

그 중 제일 많은 지명분포를 보인 곳은 대마도와 일기도로 포구 하나

---

11)『단종실록』단종1년 7월 4일.

하나의 지명이 세밀하게 기술되어 있어 대마도와 일기도의 지명연구에 큰 도움이 될 것으로 생각된다. 또 대마도 일기도 지도의 지명은 일본발음을 우리말로 음차한 것을 한자로 표기한 것이어서 중세 일본어 연구에도 결정적인 영향을 미칠 것으로 사료된다.

대다수의 지명은 생성초기에는 순수한 고유어로 지어져 불리다가 훗날 문자로 표기되는 과정에서 한자어로 교체된다. 고유어 지명은 한자어 지명과는 달리 옛 말의 모습을 보존하고 있다는 점에서 언어사의 자료로서 중요하다. 차자 표기된 고지명 자료의 해독을 통하여 고대 어휘를 재구하고, 지명의 시대적 변화를 쫓아 언어의 변천을 함께 추적해 볼 수 있기 때문이다.

<표 1>『海東諸國紀』본문의 일본지명

畿內五州	山城州, 大和州, 和泉州, 河內州, 攝津州
東山道八州	近江州, 美濃州, 飛彈州, 信濃州, 上野州, 下野州, 出羽州, 陸奧州
東海道十五州	伊賀州, 伊勢州, 志摩州, 尾張州, 參河州, 遠江州, 伊豆州, 駿河州, 甲斐州, 相模州, 上總州, 下總州, 常陸州, 武藏州, 安房州
山陽道八州	幡摩州, 美作州, 備前州, 備中州, 備後州, 安藝州, 周防州, 長門州
南海道六州	紀伊州, 淡路州, 阿波州, 伊豫州, 讚岐州, 土佐州
北陸道七州	若狹州, 越前州, 越中州, 越後州, 能登州, 佐渡州, 加賀州
山陰道八州	丹波州, 丹後州, 但馬州, 因幡州, 伯耆州, 出雲州, 石見州, 隱岐州
西海道九州	筑前州, 筑後州, 豊前州, 豊後州, 肥前州, 肥後州, 日向州, 大隅州, 薩摩州
對馬島	8郡：豊岐郡, 豆豆郡, 伊乃郡, 卦老郡, 要羅郡, 美女郡, 雙古郡, 尼老郡 82浦：時古里浦, 加羅愁浦, 可里也徒浦, 可門諸浦, 可時浦, 可吾沙只浦, 介伊俟那浦, 桂地浦, 古老世浦, 古茂應只浦, 古于浦, 古浦, 昆知老浦, 卦伊老浦, 仇多浦, 仇老世浦, 仇愁音夫浦, 仇時老浦, 仇女浦, 仇知只浦, 仇波老浦, 緊浦, 那無賴浦, 那伊老浦, 郞加古時浦, 老夫浦, 多計老浦, 多浦, 道于老浦, 豆豆浦, 豆羅浦, 頭未浦, 頭知洞浦, 麻吾里浦, 美女浦, 敏沙只浦, 沙加浦, 沙愁那浦, 沙愁浦, 沙吾浦, 世伊浦, 所溫老浦, 愁毛浦, 守于時浦, 時多浦, 時羅古浦, 時羅浦, 是時未浦, 雙介浦, 阿里浦, 阿時未浦, 阿吾頭羅可知浦, 安沙毛浦, 安而老浦, 安佐毛浦, 仰可未浦, 也里古浦, 也音非道浦, 吾可多浦, 吾甫羅仇時浦, 五時浦, 吾也麻浦, 吾溫浦, 蘊要浦, 溫知老毛浦, 臥尼老浦, 臥伊多浦, 完多老浦, 要古浦, 要時浦, 于那豆羅浦, 伊乃浦, 尼多老浦, 尼時老道伊浦, 尼神都麻里浦, 尼于浦, 造船吾浦, 皮多加池浦, 皮都浦, 皮老浦, 和因都麻里浦, 訓羅串

壹岐島	7鄕 : 加愁鄕, 古仇音夫鄕, 郞可吾豆鄕, 無山都鄕, 小于鄕, 時日羅鄕, 惟多只鄕
	13里 : 多底伊時, 毛而羅, 愁未要時, 信加伊, 信昭于, 阿里多, 也那伊多, 也麻老夫, 牛時加多, 伊際而時, 波古沙只, 戶應口, 侯計
	14浦 : 仇老沙只浦, 仇只浦, 豆豆只浦, 頭音甫浦, 毛都伊浦, 無應只也浦, 世渡浦, 阿神多沙只浦, 臥多羅浦, 于羅于未浦, 因都溫而浦, 風本浦, 火知也麻浦, 訓乃古時浦

〈표 2〉『海東諸國紀』의 지도에 나타난 일본지명

海東諸國總圖	羅利國, 女國, 三佛齊, 支, 大身, 勃海, 勃楚, 大島, 志摩州, 大漢, 飛彈州, 信濃州, 上野州, 下野州, 出羽州, 陸奧州, 近江州, 美濃州, 伊賀州, 伊勢州, 志摩州, 尾張州, 三河州, 遠江州, 伊豆州, 駿河州, 甲斐州, 相模州, 上總州, 下總州, 常陸州, 武藏州, 安房州, 若狄州, 越前州, 越中州, 越後州, 能登州, 佐渡州, 加賀州, 紀伊州, 淡路州, 阿波州, 伊豫州, 讚岐州, 土佐州, 山城州, 大和州, 和泉州, 河內州, 攝津州, 幡摩州, 美作州, 備前州, 備中州, 備後州, 安藝州, 周防州, 長門州, 丹波州, 丹後州, 但馬州, 因幡州, 伯耆州, 出雲州, 石見州, 隱岐州, 津輕大里, 夷地, 鎭守府, 秋田城, 箇國, 白河關, 富士山, 湖(琵琶湖), 日本國都, 大河(円山川?), 湖(中海), 三尾開, 大河(江川), 尾路關, 竈戶關, 赤間關, 鷹道, 佐渡州, 見府島, 隱岐州, 箕島, 大島, 志摩州, 淡路州, 瀛洲, 扶桑, 筑前州, 筑後州, 豊前州, 豊後州, 肥前州, 肥後州, 日向州, 大隅州, 薩摩州, 高島, 硫黃島, 亦島, 惠羅武, 口島, 中島, 宇持島, 草墻島, 黑島, 臥蛇島, 小臥蛇島, 多伊羅, 島起溫, 諏訪溫, 晶子, 渡賀羅, 鬼界島, 大島, 度九島, 興論島, 小崎惠羅武島, 郡島, 泳島, 栗島, 師子島, 思何未, 思平也島, 鳥島, 伊是那, 九米島, 花島, 計羅婆島, 有見島, 通見島, 國頭城, 賀通連城
日本本國之圖	羅利國, 女國, 三佛齊, 支, 大身, 勃海, 勃楚, 大島, 志摩州, 大漢, 飛彈州, 信濃州, 上野州, 下野州, 出羽州, 陸奧州, 近江州, 美濃州, 伊賀州, 伊勢州, 志摩州, 尾張州, 三河州, 遠江州, 伊豆州, 駿河州, 甲斐州, 相模州, 上總州, 下總州, 常陸州, 武藏州, 安房州, 若狄州, 越前州, 越中州, 越後州, 能登州, 佐渡州, 加賀州, 紀伊州, 淡路州, 阿波州, 伊豫州, 讚岐州, 土佐州, 山城州, 大和州, 和泉州, 河內州, 攝津州, 幡摩州, 美作州, 備前州, 備中州, 備後州, 安藝州, 周防州, 長門州, 丹波州, 丹後州, 但馬州, 因幡州, 伯耆州, 出雲州, 石見州, 隱岐州, 津輕大里, 夷地, 鎭守府, 秋田城, 箇國, 白河關, 富士山, 湖(琵琶湖), 日本國都, 大河(円山川?), 湖(中海), 三尾開, 大河(江川), 尾路關, 竈戶關, 赤間關, 鷹道, 佐渡州, 見府島, 隱岐州, 箕島, 大島, 志摩州, 淡路州, 瀛洲, 扶桑
日本國西海道九州之圖	筑前州, 筑後州, 豊前州, 豊後州, 肥前州, 肥後州, 日向州, 大隅州, 薩摩州, 文字關, 里良河, 葦屋大河, 博多, 愁未要時, 佐志, 蝪打, 呼子, 上松浦, 下松浦, 志佐, 田平, 風本郡, 園木, 天草津, 房活兩津, 山河浦, 左我關, 短島, 於島, 小崎於島, 於路島, 小豆之大豆, 五島, 甑島, 高島, 硫黃島, 房御崎, 亦島,

	惠羅武, 口島, 中島, 惡石, 宇持島, 草墻島, 黑島, 臥蛇島, 小臥蛇島, 多伊羅, 鳥起淵, 諏訪淵, 種島, 渡賀羅
日本國 壹岐島之圖	加愁鄉, 古仇音夫鄉, 郎可吾豆鄉, 無山都鄉, 小于鄉, 時曰羅鄉, 惟多只鄉, 波古沙只, 阿里多, 愁未要時, 也那甲多, 多底伊時, 戶應口, 毛而羅, 侯計, 信昭于, 信加伊, 牛時加多, 也麻老夫, 伊際而時, 仇老沙只浦, 仇只浦, 豆豆只浦, 頭音甫浦, 毛都伊浦, 無應只浦, 世渡浦, 阿神多沙只浦, 臥多羅浦, 于羅于未浦, 因都溫而浦, 風本浦, 火知也麻浦, 訓乃古時浦
日本國 對馬島之圖	豐岐郡, 豆豆郡, 伊乃郡, 卦老郡, 要羅郡, 美女郡, 雙古郡, 尼老郡, 時古里浦, 加羅愁浦, 可里也徒浦, 可門諸浦, 可時浦, 可吾沙只浦, 介伊侯那浦, 桂地浦, 古老世浦, 古茂應只浦, 古于浦, 古浦, 昆知老浦, 卦伊老浦, 仇多浦, 仇老世浦, 仇愁音夫浦, 仇時老浦, 仇女浦, 仇知只浦, 仇波老浦, 緊浦, 那無賴浦, 那伊老浦, 郎加古時浦, 老夫浦, 多計老浦, 多浦, 道于老浦, 豆豆浦, 豆羅浦, 頭未浦, 頭知洞浦, 麻吾里浦, 美女浦, 敏沙只浦, 沙加浦, 沙愁那浦, 沙愁浦, 沙吾浦, 世伊浦, 所溫老浦, 愁毛浦, 守于時浦, 時多浦, 時羅古浦, 時羅浦, 是時未浦, 雙介浦, 阿里浦, 阿時未浦, 阿吾頭羅可知浦, 安沙毛浦, 安而老浦, 安佐毛浦, 仰可未浦, 也里古浦, 也音非道浦, 吾可多浦, 吾甫羅仇時浦, 五時浦, 吾也麻浦, 吾溫浦, 蘊要浦, 溫知老毛浦, 臥尼老浦, 臥伊多浦, 完多老浦, 要古浦, 要時浦, 于那豆羅浦, 伊乃浦, 尼多老浦, 尼時老道伊浦, 尼神都麻里浦, 尼于浦, 造船吾浦, 皮多加池浦, 皮都浦, 皮老浦, 和因都麻里浦, 訓羅串

3) 海東諸國紀의 琉球지명

유구의 지명은 본문에는 별도로 나타나 있지 않고 琉球國之圖를 비롯하여 海東諸國總圖, 日本國西海道九州之圖에 약 34가지 정도가 기재되어 있다. 九州에서부터 琉球에 이르기까지의 주변의 섬들을 세밀히 정리해 놓아 유구의 영역과 중세의 교역로를 알 수 있는 귀중한 자료이다.

〈표 3〉琉球國之圖에 나타난 琉球지명

琉球國之圖	鬼界島, 大島, 度九島, 興論島, 小崎惠羅武島, 郡島, 泳島, 栗島, 師子島, 思何未, 惠平也島, 鳥島, 伊是那, 九米島, 花島, 計羅婆島, 有見島, 通見島, 國頭城, 賀通連城, 琉球國都, 島尾城, 玉具足城, 越浴足城, 眞足城, 王欲城, 沈具足城, 寬泊, 要津, 昆北河崎, 伊曆時利城, 那五城, 大西埼, 世世九浦 34

지명은 애초 한 두 사람의 발상에서 비롯되었지만 기원적으로 보면

有緣性의 원리에 기반을 두고 있다. 이런 원리에 기초하여 생성당시의 본뜻이 무엇이었으며, 그것이 어사들 간 어떤 관련성에 의해 명명되었는지에 따라 지명을 다음과 같이 몇 가지 유형으로 나눌 수 있다. 곧 그 지역의 전반적인 땅의 생김새를 중심으로 지형지물의 특성과 함께 눈에 띄는 자연지물, 그리고 명명자가 자신의 위치를 중심으로 주변 방위를 나타내는 어사 등이 주종을 이룬다. 이 밖에 그 지역의 주요 산물을 비롯한 경제생활과 관련된 것, 신앙과 풍속·전설 등과 관련된 것, 역사적 사건 또는 인물과 관련된 것, 행정제도와 관아와 관련된 것, 동식물에 관련된 것 등 지명을 형성하는 소재는 매우 다양하다.

따라서 지명은 조상들이 살다간 삶의 흔적이요 숱한 역사가 앙금처럼 누적된 문화의 산물이다. 지명에는 그 땅에 살던 사람들의 언어는 물론 풍속이나 생활습관, 의식구조나 정서에 이르기까지 그야말로 문화전반을 탐구할 수 있는 자료이다. 그러한 면에서 해동제국기의 지명은 朝鮮·日本·琉球의 전근대 문화양상을 살필 수 있는 귀중한 자료이다.

4. 海東諸國紀의 道路里數

1) 日本國紀 道路里數

海東諸國紀에는 조선에서 일본국도에 이르기까지의 道路里數를 다음과 같이 기록하고 있다.

"부산포에서 출발하여 對馬島 都伊沙只까지 48리, 都伊沙只에서 船越浦까지 19리, 船越浦에서 壹岐島 風本浦까지 48리, 風本浦에서 筑前州의 博多까지 38리, 博多에서 長門州 赤間關까지 30리, 赤間關에서 竈戶關까지 35리, 竈戶關에서 尾路關까지 35리, 尾路關에서 兵庫關까지 70리, 兵庫關에서 王城까지 18리로 이수

를 합하면 水路가 323리요, 陸路가 18리로, 우리나라 이수로 계산하면 수로가 3230리, 육로가 180리라 하였다."[12]

이와 같이 『海東諸國紀』를 통하여 조선전기의 사절단이 3,400여 리의 노정을 대략 9개월에서 10개월에 걸쳐 갔음을 알 수 있다. 따라서 당시 통신사 일행이 10개월분의 식량을 준비했던 것을 보면 대략 이러한 개월의 소요일수에 맞추었던 것이다. 그러나 현재의 거리로 보면 부산에서 사스나까지가 50Km로 125리이고 서울에서 도쿄까지는 약 2,000Km로 5,000리에 달해 『海東諸國紀』의 리수에 다소의 차이가 있다.

일본에 이르는 道路里數에 대해서는 『海東諸國紀』의 지도를 통해서도 살필 수 있는데 우선 海東諸國總圖에는 일본국도에 이르는 리수로 부산으로부터 對馬島의 都伊沙只가 48리, 船越浦는 都伊沙只로부터 19리, 風本浦는 船越로부터 48리, 博多는 風本浦로부터 38리, 赤間關은 博多로부터 30리, 竈戶關은 赤間關으로부터 35리, 尾路關은 竈戶關으로부터 35리, 兵庫浦는 尾路關으로부터 70리로 기록되어 있다. 이것은 본문의 도로리수와 동일함을 알 수 있다.

그러나 日本本國之圖에는 博多에서 赤間關까지가 20리, 赤間關으로부터 竈戶關까지가 35리, 竈戶關에서 尾路關까지가 35리, 尾路關에서 兵庫浦까지는 70리이고, 이곳에서 國都까지가 18리라고 되어 있다. 여기에서는 博多에서 赤間關까지의 거리가 10리 차이가 나는 것을 알 수 있다. 日本本國之圖는 海東諸國總圖를 확대 모사한 것으로 생각되는데, 이때 틀리게 모사한 것으로 보인다. 이 지도에는 이외에 陸奧[13]에 대하여 國都로부터 70리이고, 羅刹國[14]으로부터 70리라고 기록하고 있다.

---

12) 『海東諸國紀』, 日本國紀 道路里數.
13) 지금의 福島, 宮城, 岩手, 靑森 4현의 옛 국명으로 奧州라고도 하며 東山道 8국중의 하나이다.
14) 食人鬼가 사는 곳. 큰 바다 가운데 있다고 한다.

日本國西海道九州之圖에는 種島는 上松浦로부터 175리, 大島로부터 155리, 亦島는 上松浦로부터 167리, 大島로부터 143리, 硫黃島는 房御崎로부터 18리, 上松浦로부터 138리, 惠羅武는 上松浦로부터 165리, 大島로부터 245리, 硫黃島로부터 27리, 口島는 上松浦로부터 97리, 大島로부터 113리, 中島는 上松浦로부터 210리, 大島로부터 100리, 惡石은 上松浦로부터 235리, 大島로부터 75리, 黑島는 上松浦로부터 138리, 薩摩州로부터 20리, 臥蛇島는 上松浦로부터 198리, 薩摩州 房津으로부터 80리, 諏訪瀨은 上松浦로부터 235리, 大島로부터 75리, 鳥起瀨은 諏訪瀨로부터 15리, 渡賀羅는 上松浦로부터 260리, 大島로부터 10리라고 되어 있어 九州를 중심으로 한 지역에서는 上松浦와 大島가 중심이 되고 있었음을 알 수 있다. 특이한 것은 臥蛇島가 日本과 琉球에 분속되어 있다는 기록이다.

日本國一岐島之圖에는 訓羅串으로부터 風本浦까지가 48리이고, 風本浦에서 毛都伊浦가 5리라고 기록되어 있다. 또 日本國對馬島之圖에는 부산포로부터 完尼老浦까지가 48리, 都伊沙只로부터 訓羅串이 19리라고 기록되어 있어 一岐島와 對馬島 지도에서는 통신사행과 관련이 있는 곳만 里數를 표기하고 있다.

통신사의 일본내 사행로에 대해서는 1719년 통신사로 갔던 신유한의 「해유록」에 보다 자세하게 나와 있다. 조선정부의 통신사행 편성이 완료되면 對馬島에서는 길 안내자 通信使護行差倭를 보내어 부산에 대기시켰다. 통신사행은 대궐로 나아가 배사한 후 양재ㅡ판교ㅡ죽산ㅡ숭선ㅡ충주ㅡ김천을 지나, 상주ㅡ밀양ㅡ양산ㅡ부산의 右道나 유곡ㅡ안동ㅡ동래의 左道로 부산에 도착하였다.[15) 부산 永嘉臺를 출발한 사신일행

15) 국내사행로의 左道는 양재ㅡ판교ㅡ용인ㅡ양지ㅡ죽산ㅡ무극ㅡ숭선ㅡ충주ㅡ안보ㅡ문경ㅡ유곡ㅡ용궁ㅡ예천ㅡ풍산ㅡ안동ㅡ일직ㅡ의성ㅡ청로ㅡ의흥ㅡ신령ㅡ영천ㅡ모량ㅡ경주ㅡ구어ㅡ울산ㅡ용당ㅡ동래이고, 右道는 양재ㅡ판교ㅡ용인ㅡ양지ㅡ죽산ㅡ무극ㅡ숭선ㅡ충주ㅡ안보ㅡ문경ㅡ유곡ㅡ함

은 해로를 안내하는 對馬島 선단의 안내를 받아 對馬島 佐須浦에 도착
하였다. 佐須浦에서 남풍을 기다려 鰐浦를 지나, 豊浦－西泊浦－金浦－
船頭港을 거쳐, 對馬島 부중인 嚴原로 갔다. 嚴原에서 10여일 정도 체류
한 후 對馬島에서부터는 以酊庵 長老 2인의 안내를 받아 壹岐의 風本浦
－藍島－地島－赤間關(下關)－上關－蒲刈(浦崎)－鞆浦－牛窓－室津－
兵庫의 해로를 거쳐 大坂에 상륙하였다. 大坂에서부터는 諸 大名이 제공
한 川御座船을 타고 淀江을 거슬러 올라가 京都에 도착하였다. 무로마치
시대에는 京都가 종착지였으나, 도쿠가와 시대에는 京都에서 江戶까지
올라갔다. 京都를 출발한 사행은 彦根－大垣－名古屋－岡崎에 도착하
였다. 岡崎에서는 막부에서 온 中路問安使의 영접을 받으며 吉田－浜松
－掛川－藤枝－江尻－三島－小田原－藤澤－神奈川－品川를 통해 江
戶로 들어갔다.16)

2) 琉球國紀 道路里數

한편, 대유구 사행로에 대해서는 구체적으로 나와 있지는 않으나 琉
球까지의 道路 里數의 표기를 살펴보면, 부산포에서 對馬島 都伊沙只까
지 48리, 都伊沙只에서 船越浦까지 19리, 船越浦에서 壹岐島 風本浦까
지 48리, 風本浦에서 毛都伊浦까지 5리, 毛都伊浦에서 肥前州 上松浦까
지 13리, 上松浦에서 惠羅武까지 165리, 惠羅武에서 大島까지 145리, 大
島에서 度九島까지 30리, 度九島에서 輿論島까지 55리, 輿論島에서 琉
球 國都까지 15리로 합하여 543리인데 우리나라 이수로는 5,430리라 하

창－상주－오리원－선산－인동－송림사－대구－오동원－청도－유천－
밀양－무흘－양산－동래이나 통신사행에 따라 약간의 차이는 있었다(轟博
志,「『海行總載』에 나타난 日本 通信使의 國內 使行路(漢陽－東萊間)」『문화역
사지리』 16-1, 2004, 327~333쪽).

16) 申維翰, 『海遊錄』, 己亥년 4월 11일~9월 27일.

였다.

海東諸國總圖에 표기되어 있는 里數를 살펴보면 부산으로부터 對馬島의 都伊沙只가 48리, 船越浦는 都伊沙只로부터 19리, 風本浦는 船越로부터 48리, 毛都浦는 風本으로부터 5리, 上松浦는 毛都로부터 13리, 惠羅武는 上松浦로부터 165리, 大島는 惠羅武로부터 145리, 度九島는 大島로부터 30리, 輿論島는 度九島에서 55리, 國都로부터 15리라고 기록되어 있어 본문의 도로리수와 같음을 알 수 있다.

또한 琉球國之圖에는 鬼界島가 上松浦로부터 290리, 大島로부터 30리, 大島가 惠羅武로부터 140리 度九島가 大島로부터 30리, 輿論島가 度九島로부터 55리, 琉球에서 15리, 小崎惠羅武島가 琉球에서부터 40리, 上松浦로부터 370리, 思何未가 上松浦로부터 280리, 大島로부터 25리, 鳥島는 琉球로부터 70리, 惠平也山이 琉球로부터 20리, 上松浦로부터 390리, 伊是那는 琉球로부터 15리, 上松浦로부터 395리라고 기록되어 있다. 이상의 섬들은 琉球에 속하는 섬으로 일본국 九州와의 경계가 思何未, 大島, 鬼界島로 이루어져 있음을 알 수 있고, 이외에 琉球에 속하지 않는 栗島(琉球와의 거리 35리), 九米島(유구와의 거리 50리), 花島(琉球와의 거리 300리) 등이 기록되어 있다.

5. 海東諸國紀의 國俗

1) 日本國俗

일본국기 국가풍속(國俗)에서 신숙주는 혼인관습, 관직세습과 토지제도, 태형에서 유배까지의 체벌관습, 정월 초하루를 비롯한 세시풍속과 명절, 다양한 민속놀이, 차를 마시는 전문적인 찻집과 여성들을 단장시켜서 손님을 끌어 모으는 유곽(傾城)이 상업적으로 성행하는 모습을 그리고 있다. 남녀의복은 모두 염색되었으며, 의상의 형상과 사모관대를 착용하는 모습도 소개하고 있다. 또 지방행정단위인 66주를 세분했을 뿐만 아니라 지방호족이기도 한 전국의 중요 大名를 전하(殿)칭호까지 붙여서 자세히 소개하고, 對馬島의 국세와 壹岐島의 島勢까지 상세히 기술하고 있다.

신숙주는 서문에서 "그들의 습성은 강하고 사나우며, 무술에 精練하고 舟楫에 익숙하다."고 하면서 일본에 대하여 다음과 같이 소개하고 있다.

> "삼가 살피건대, 동해 가운데 자리 잡은 나라가 하나뿐이 아니지만 그중에서 일본이 가장 오래되고 또 큰 나라입니다. 그 땅이 黑龍江 북쪽에서 시작하여, 우리나라의 제주도 남쪽에까지 이르러서 琉球國과 서로 접경을 이루게 되어 그 지세가 매우 길다랗습니다. 초기에는 각처에서 부락의 집단 체제로 나라를 세웠던 것을 周平王 48년(기원전 772)에 그들의 시조인 狹野가 군사를 일으켜 쳐부수고 비로소 州郡을 설치했으나 大臣들이 각각 점령하여 통치하다보니 마치 중국의 봉건 제후처럼 되어서, 제대로 통속되지 않았습니다."[17]

신숙주는 일본이 우리나라의 동해에 있음을 밝히고 그 영역이 북쪽으로는 흑룡강으로부터 남쪽으로는 제주도 남쪽에 까지 이른다고 하여 일본의 위치와 영역에 대하여 비교적 정확히 알고 있었던 것으로 보인다. 또 일본의 지방제도는 중국의 봉건제후처럼 되어 있어서 제대로 통속되지 않는다고 보았는데, 이것은 우리나라에 출몰하는 왜구로 인하여 일본 정부와의 교린체제속에서도 왜구통제책이 제대로 이루어지지 않음을 반영한 것이다.

이어 국속에서는 13개의 항목에 걸쳐 일본의 풍속을 다음과 같이 소

---

17) 『海東諸國紀』, 序.

개하고 있다.

① 천황의 아들은 그 친족과 혼인하고, 국왕의 아들은 여러 대신과 혼인한다.

② 여러 대신 이하의 관직은 세습하고, 그 職田과 封戶는 정해진 제도가 있었는데, 세대가 오래 되매, 서로 겸병하여 증거할 수 없게 되었다.

③ 형벌은 笞·杖은 없고, 가산을 적몰하기도 하고, 유배하기도 하며, 중한 것은 죽인다.

④ 田賦는 토지 생산량의 3분의 1만 취할 뿐, 다른 徭役은 없다(대개 工役이 있으면 모두 사람을 모집해서 썼음).

⑤ 武器는 창과 칼 쓰기를 좋아한다(쇠를 불리어 칼날을 만드는데 정교함이 비할 데 없다). 활은 길이가 6~7척이 되는데, 나무의 결이 곧은 것을 취하며, 대[竹]로써 그 안팎에 대고 아교로 붙였다.

⑥ 매년 1월 1일·3월 3일·5월 5일·6월 15일·7월 7일·7월 15일·8월 1일·9월 9일·10월 亥일로써 名日을 삼는데, 명일에는 어른 아이 할 것 없이 鄕黨과 친족끼리 모여 잔치하고 술 마시는 것으로 낙을 삼으며, 물품을 서로 선사하기도 한다.

⑦ 음식할 때엔 칠기를 사용하며, 높은 어른에게는 토기를 사용한다. 한 번 사용하면 즉시 버린다. 젓가락만 있고 숟가락은 없다.

⑧ 남자는 머리털을 짤막하게 자르고 묶으며, 사람마다 단검을 차고 다닌다. 부인은 눈썹을 뽑고 이마에 눈썹을 그렸으며, 등에 머리털을 드리우고 다리로써 이어, 그 길이가 땅까지 닿았다. 남녀가 얼굴을 꾸미는 자는 모두 그 이빨을 검게 물들였다.

⑨ 서로 만나면 주저앉아서 禮를 하고, 만약 길에서 존장을 만나게 되면 신과 갓[笠]을 벗고 지나간다.

⑩ 집들은 나무 판자로 지붕을 덮었는데, 다만 천황과 국왕이 사는 곳과 寺院에는 기와를 사용하였다.

⑪ 사람마다 차 마시기를 좋아하므로, 길가에 茶店을 두어 차를 팔게 되었으니, 길가는 사람이 돈 1文을 주고 차 한 주발을 마신다. 사람 사는 곳마다 천 명, 백 명이 모이게 되면, 시장을 열고 가게를 둔다. 부자들은 의지할 데 없는 여자들을 데려다가 옷과 밥을 주고 얼굴을 꾸며서, 傾城이라 칭하고, 지나가는 손님을 끌어들여서 유숙시키고, 주식을 먹여 그 대가를 받는다. 그러므로 길가는 사람은 양식을 준비하지 않는다.

⑫ 남녀를 논할 것 없이 모두 그 國字는 가다가나라고 부르고 무릇 47자임)를 익히며 오직 승려만이 경서를 읽고 한자를 안다.

⑬ 남녀의 의복은 모두 아롱진 무늬로 물들이며, 푸른 바탕에 흰 무늬로 한다. 남자의 상의는 무릎까지 내려오고, 하의는 길어서 땅에 끌린다. 갓은 없고 혹 오모(烏帽 : 대나무로 만들었는데 이마는 편편하고 앞뒤는 뾰족하여 겨우 상투를 가릴 만함)를 쓰는데, 천황·국왕 및 그 친족들이 쓰는 것은 입오모(立烏帽 : 바르고 이마는 둥글고 뾰족함. 높이는 반 자쯤 되는데 생초[綃]로 만듦)라 부른다. 삿갓[笠]은 부들과 대[竹] 또는 창목(椙木)으로 만든다(남녀가 출행할 때 쓴다).

이상의 내용을 보면 신숙주는 일본 풍속을 이해함에 있어 우리나라와 비교하여 다른 점을 소개하고 있음을 알 수 있다. ③에서 우리나라에서는 가장 낮은 체발형식인 태와 장이 없음을 지적하고 있고, ④에서는 토지세가 우리나라는 1/10인 반면에 1/3이고, 일본에서는 일찍이 요역이 없고, 모군제가 시행되었음을 알려주고 있다. 또 칠기그릇을 주로사용하며, 젓가락만 쓰고, 남자는 머리를 짧게 깎는데, 화장할 때에는 남녀 모두 이빨을 검게 물들이는 습속이 있으며, 지붕은 대개 나무 판자이고, 사람들은 차 마시기를 즐기고, 남녀 모두 가다가나를 익히고 있음을 소개하고 있다.

조선후기의 사행원들이 임란의 충격으로 인한 대일적개심과 당시 조선을 지배한 유가적 예사상, 대일본 문화우월의식, 그리고 짧은 사행노정으로 인한 불완전한 견문과 일본문화에 대한 전반적인 이해 부족 및 앞선 사행기록의 참고로 인한 모방과 답습의 폐해를 바탕으로 형성된 것[18]임에 비해 신숙주는 '대저 이웃나라와 수호 통문하고 풍속이 다른 나라 사람을 안무 접대할 때는 반드시 그 실정을 알아야만 그 예절을 다 할 수 있고, 그 예절을 다해야만 그 마음을 다할 수 있다'고 한 서문

---

18) 한태문, 「『해행총재』소재 사행록에 반영된 일본의 통과의례와 사행원 인식」 『한국문학논총』 26, 2000, 443쪽.

에서 보는 바와 같이 국속을 통하여 일본을 이해하고자 하는데, 바탕을 두고 있음을 알 수 있다.

2) 琉球國俗

한편 琉球國紀의 국속에서는 琉球王國의 국가정세와 생활풍속도 자세히 다루고 있다. 특히 1501년에 추록된 유구왕국의 國情은 본문의 國俗에서 "남녀의복은 일본과 대등소이하다."고 파악한 신숙주의 일본인식을 보다 구체화시키는 형태로 琉球인의 생활풍속이 추가된 것임을 알 수 있다. 유구국의 풍속에서는 南蠻과 중국, 조선과 일본으로 연결되는 유구인들의 무역활동에 대해 언급하고 있으며, 또 국왕은 樓臺에서 살고 있으므로 다른 나라 사신이 와서 연회를 벌일 때는 假樓를 만들어 놓고 더불어 그곳에서 상대한다고 적고 있으며 조선의 國書가 도착하면 元帥의 깃발을 날리면서 맞이한다고 적고 있다. 그리고 항상 따뜻해서 서리나 눈이 내리지 않는 기후, 일 년에 벼농사를 2모작하는 모습 등을 소개했다.[19] 또 '國都' 부분에서는 石城이 있고 여러 개의 섬들이 별처럼 늘어져 있는데 통치하는 섬은 대개 36개라고 적고 있으며, 토산물로 유황을 기록하고 있는데 채굴하되 1년이 지나면 갱 속에 다시 가득 차기 때문에 채굴하더라도 끝이 없다고 하며 해마다 중국에 사신을 보내면서 유황 6만근과 말 40필을 貢物로 바친다고 하고 있다.[20]

또 추록된 琉球國[21] 항목에서는 유구에 관한 좀더 자세한 내용을 다음과 같이 소개하고 있다.

---

19) 『海東諸國紀』, 琉球國紀 國俗.
20) 『海東諸國紀』, 琉球國紀 國都.
21) 『海東諸國紀』, 琉球國.

① 지계(地界)는 동쪽에서 서쪽까지는 7, 8일 길이고, 남쪽에서 북쪽까지는 12, 13일 길이다.

② 논은 1년에 두 번 추수한다. 정월에 파종하여 5월에 수확하고, 6월에 파종하여 10월에 수확한다. 밭은 한 해에 1번 수확한다.

③ 남자는 귀천의 구별이 없이 머리를 묶어서 오른쪽에 상투를 만든다. 국왕은 항상 붉은 수건으로 머리를 싸매고, 관직이 있는 사람은 잡색건(雜色巾)을 사용하고, 서민들은 흰 건(巾)을 사용한다. 옷은 모두 소매가 넓다. 중국 사신이 오면 국왕은 오사모(烏紗帽)를 머리에 쓰고, 홍포(紅袍)를 입고 옥대(玉帶)를 허리에 띠며, 군신(群臣)들은 관직의 품계(品階)에 따라 각각 그 관복(官服)을 입는데, 모두 중국의 의복 제도를 모방하였다.

④ 초하룻날과 보름날에 群臣들에게 반드시 잔치를 베푼다.

⑤ 중국 사람으로 와서 거주하는 자가 3천여 가구인데, 별도로 한 성을 쌓아서 살게 하였다.

⑥ 三發司가 2명인데, 國政을 맡은 대신이다. 정사는 크고 작은 것을 막론하고 모두 관할하였는데, 본국인이 아니면 이 관직에 임명될 수 없다.

⑦ 長史 2명과 正議大夫 2명이 用事者이다. 모두 중국에서 와서 거주하는 사람으로써 이 벼슬을 시켰다.

⑧ 朝士는 職田이 있고, 또 商販船을 관직의 품계에 따라 계산해 주어, 세금을 받아 먹게 한다.

⑨ 국왕의 喪에는, 금과 은으로 棺을 장식하고, 돌을 파서 槨을 만든다. 埋葬하지 않고 산에 집을 만들어 관을 안치하였다가, 10여 일 후에 친족과 妃嬪이 모여 곡하고, 관을 열어 시체를 꺼내어 살을 모두 긁어서 물에 던져버리고 뼈만 관에 도로 넣는다. 士나 서민의 상도 또한 이와 같으나, 다만 石槨이 없다.

⑩ 부모의 초상에 士大夫는 1백 일, 서민은 50일 동안을 고기를 먹지 않고 술을 마시지 않는다.

⑪ 부인이 자녀가 없고 남편이 죽으면, 스스로 목을 찔러 남편을 따라 죽는 사람이 10이면 7, 8명이 된다. 왕도 또한 이것을 능히 금지하지 못한다.

⑫ 형벌은 流配와 사형은 있어도, 笞刑과 杖刑은 없다.

⑬ 天地壇이 있어, 무릇 기도를 드릴 때에는, 반드시 여기에서 제사지내며, 다른 나라에 사신으로 가는 사람도 그 단에 나아가 분향하고, 그 분향한 재를 가져다 입에 삼키고 맹세하기를, "우리나라의 일을 마땅히 저

나라에 말하지 않겠습니다.…"라고 한 뒤에 출발한다.

⑭ 나라의 동남쪽에 수로로 7, 8일을 가면 小琉球國이 있는데, 君長이 없다. 사람은 모두 장대한데 의복의 제도가 없다. 사람이 죽으면 친족들이 모여 그 고기를 베어 먹고, 그 두개골은 금으로 칠하여 음식 그릇으로 삼는다.

여기서는 유구의 풍속으로 남자는 귀천의 구별없이 머리를 오른쪽으로 묶어서 상투를 만드는 풍속, 국왕의 상례에는 금은 장식의 석관을 만들며, 매장하지 않고 산집에 안치해 놓았다가 10일후에 뼈만 추려 관에 재 안치하는 장례풍속, 심지어는 동남쪽의 小琉球國에서는 사람이 죽은 친족이 모여들어 그 고기를 베어 먹고, 그 두개골은 금으로 칠하여 음식 그릇으로 삼는다는 풍속도 기록되었다.

6. 맺음말

해동제국기는 일찍부터 일본의 역사, 지리, 풍속, 외교 등에 관한 방대한 자료를 담고 있어 외교관계사에서 중시되어 왔으며, 언어학적으로도 귀중한 사료이다. 신숙주는 그의 견식과 경험으로서 그 당시 일본에서 전래한 문헌과 왕년의 견문과 예조에 管掌된 기록 등을 참작하여 교린관계에 대한 후세의 軌範을 만들기 위해 해동제국기를 찬술하였던 것이다.

이러한 해동제국기에 대한 역사지리적 의미를 몇가지로 정리한다면 다음과 같다. 첫째는 해동제국기의 서두부분에 실려있는 지도로 '해동제국총도'를 비롯하여 총 9점이 실려있다. 이 지도들은 삼포지도를 제외하고는 일본의 행기도를 따르고 있으면서도 최신의 정보를 수록하고 있는 점, 해로의 里程이 상세한 점, 섬들이 자세히 그려 있는 점, 대마도와 일기도가 상세히 묘사되어 있는 점 등의 특징을 가지고 있다. 특히 중세 일본과 관련된 지도로 가장 오래된 지도라는 점에서 중요성을 지니고 있다.

둘째, 해동제국기는 어떠한 자료보다도 방대한 지명을 수록하고 있어 일본의 지명연구나 중세 언어연구의 큰 초석이 될 것이다. 본문에서는 조선에서 日本 및 琉球에 이르는 도로리수를 기록하며, 중요한 기착지점들을 명시하고 있고, 또 외교관계속에서의 관련 있는 각지의 지명을 기록하고 있다. 아울러 지도에도 다수의 지명이 기록되어 있어 중요한 자료가 되고 있다.

셋째, 해동제국기에는 본문과 지도에 각 지역간의 거리가 비교적 상세하게 기록되어 있다. 이러한 풍부하게 표시된 해로 교통을 중심으로 한 거리 표시는 중세의 동아시아 항로연구나 해상교역 연구에도 도움이 될 것이다.

넷째, 신숙주는 日本國俗과 琉球國俗을 통하여 일본과 유구의 풍속을 다양하게 기록하였다. 특히 그는 이들 자료를 기록하며 다른 통신사행 관료들이 보인 태도와는 다르게 일본과 유구를 통교 대상으로서 객관적인 시각에서 바라보고자 하였음을 알 수 있다. 곧 우리나라의 풍속과 다른 점이나 특이한 점을 소개하고 그들을 이해할 수 있는 자료를 제공하여 수호통교에 있어 마음을 다하여 예의로 접대해야 함을 강조하였던 것이다.

이러한 면에서 해동제국기는 조선전기의 日本 및 琉球와의 관계, 그들 나라에 대한 지리적 인식, 풍속 등을 알 수 있는 귀중한 자료인 것이다.

오키나와현 公文書館의
자료 소개와 그 활용에 대하여

— 申叔舟의 『海東諸國紀』에서부터
미군이 작성한 지도까지 —

쿠부라 나기코(久部良和子)*

1. 머리말

남겨진 '기록'은 그것을 이용하는 시간·장소·사람에 따라서 다양하게 해석되고 전파되어 간다. 가령 그것이 기록한 본인의 '의도'와 전혀 다른 해석이라 해도 각각의 입장에서 읽어들이고 '의미'를 부여하게 된다. 제2차 세계대전에서 지상전을 경험하고, 전쟁 전에 가졌던 문화유

* 재단법인오키나와현문화진흥회(公文書専門員).

산의 대부분을 소실해 버린 오키나와 현민들에게 있어서 전후의 부흥은
먼저 자신의 존재를 증명하고, 정체성(identity)을 회복하는 것이었다. 공
문서관을 설립한 목적의 하나에 '현민의 기억장치'로서의 기능을 갖게
한다는 것이 거론되었지만, 공문서관의 역할은 오키나와 현민의 기억과
체험을 기록화하고 계승해 가는 것이라고 생각한다.

그러나 기록된 역사자료 스스로는 아무 것도 말해주지 않기 때문에
현재의 우리들이 어떠한 '의미'를 '부가'하지 않으면 안 된다. 이번 심포
지움에 참가해 달라는 부탁을 받고, 우리 공문서관에 한국 관련 역사자
료가 어느 정도 있는지 검색해 보았다. 오키나와현 공문서관은 미군 통
치 하의 행정문서인 '류큐정부문서'의 보존운동이 중심이 되어 설립되었
기 때문에 미국과 관련된 자료가 많은 것은 당연하지만, 유감스럽게도
한국에 관한 자료는 중국에 관한 자료 등에 비하여 매우 적다는 사실을
알게 되었다. 자료가 적으니까 류큐와 조선의 교류가 별로 없었느냐 하
면 그렇지는 않다. 다양한 연구 성과를 보면 알겠지만, 상상 이상으로
류큐와 조선은 일찍부터 빈번하게 교류했다는 사실이 『海東諸國紀』를
비롯하여 많은 자료가 증명하고 있다. 다만, 현재 우리 공문서관의 직원
이 류큐와 조선관계 자료에는 그다지 관심이 없고, 그동안 자료 수집에
도 무관심했다는 것을 알고 깊이 반성했다. 이런 상태가 100년 동안 지
속된다면, 100년 뒤의 연구자와 일반 현민들은 오키나와와 한국이 그다
지 교류를 갖지 않았던 것으로 여기게 되기 때문에, 그런 생각을 갖지
않도록 하기 위해서도 류큐와 조선에 관계된 정보와 문헌자료를 수집하
고, 한국에서 활약하고 있는 연구자들과 교류하며 조그마한 발자취 '기
록'이라도 남겨야 한다고 생각한다.

이번에 참석하신 선생님들께서는 조선과 일본의 역사 전문가이지만,
나는 조선과 한국에 관한 연구자는 아니다. 단지 류큐·오키나와의 역
사에 관한 문헌자료를 수집하고, 그것을 현민들이 활용할 수 있도록 하

는 임무를 담당하고 있는 公文書專門員(archivist)의 입장에서 발표를 하려고 생각한다.

현재 우리 공문서관은 제2차 세계대전 중에 미군이 작성한 전략지도와 사진, 영상자료 등을 수집·소장하고 있다. 미군이 오키나와를 점령하고, 통치를 목적으로 작성했던 이들 자료가 전후에 다른 형태로 오키나와 현민들이 활용하고 있는 사례를 소개하고, 『海東諸國紀』에서부터 미군이 작성한 지도까지 오키나와현 공문서관이 소장하는 자료의 소개와 자료 관리 및 그 활용에 대하여 말씀드릴 생각이다.

2. 오키나와현공문서관의 시설 및 업무 소개

오키나와현공문서관은 오키나와현 남부 南風原町에서 1995년 8월 1일에 개관하였고, 올해로 12년째가 된다. 오키나와현은 일본 중에서도 아열대성 기후의 고온다습한 환경으로 자료보존에 있어서는 열악한 환경이므로 공문서관은 해안에서 떨어진 고지대에 건설되었다. 시설의 외관은 높은 창고의 이미지이며, 오키나와의 전통적인 붉은 기와를 사용한 우진각 지붕(寄棟造) 양식이다. 그리고 벽면은 이중벽 구조로 바깥벽을 설치하여 직사 일광을 차단하고 있다.

공문서관 건물은 관리동과 열람전시동으로 나누어지고, 열람전시동 1층에는 강당과 전시실, 2층에는 열람실과 연수실 등이 배치되어 있다. 열람실에서는 자료 열람 외에 영상자료를 볼 수도 있다. 관리동에는 12개의 서고와 훈증실(燻蒸室), 하해실(荷解室), 제본 보수실, 정리실, 필름 정리실, 마이크로 촬영실, 전산실이 있다.

공문서관의 조직은 2007년 4월부터 오키나와현 총무부 총무사학과(私學課)에서 재단법인오키나와현문화진흥회가 지정관리자로 업무를 위탁받고, 공문서 등의 수집·정리·보존과 그 활용 및 조사연구 업무를 수행하고 있다. 직원은 관장 겸 재단상무이사 1명 외에 총무기획과 11명, 자료과 31명, 사료편집실 11명 합계 54명이며, 그 중에서 오키나와현에서 파견된 직원은 11명이다.

공문서관의 주된 업무는 ① 역사자료로서 중요한 공문서 등의 수집·정리, ② 역사자료로서 중요한 공문서 등을 보존하는 기록센터로서의 기능을 충실히 수행, ③ 현민이 이용하기 쉽도록 보급활동을 적극적으로 전개함, ④ 공문서관의 업무를 적정·능률적으로 수행하기 위하여 전문요원 등의 양성 및 자질 향상을 도모함, ⑤ 공문서관을 효율적으로 운영하기 위하여 유관기관과의 연락·조정을 수행하는 것으로 되어 있다. 공문서관의 이용 상황은 매년 증가하고 있으며, 2006년도는 공문서관 방문자 수가 약 16,000명, 또한 홈페이지 접속도 약 36,000건이었다.

3. 소장자료 소개

오키나와현공문서관에서는 소장자료를 '오키나와현 자료'와 '기타 자료'로 분류·정리하고, 검색용 데이터베이스 「ARCHAS(아카스)21」에 등재하고 있다. 주된 자료군을 소개하겠다.

1) 오키나와현 자료

(1) 전쟁 전의 오키나와현 문서(1879년~1945년)

오키나와전에서 전쟁 전의 현문서 대부분이 분실되었지만, 현 내외 각지에 남아 있던 자료가 관계자의 협력으로 수집되었다. 주된 것으로 제2대 오키나와현령 上杉茂憲의 『오키나와현日誌』와 『事務引繼書』, 제22대 현지사 井野次郎의 『知事事務引繼書』, 전쟁 전의 八重山 支廳文書

와 말라리아(Malaria) 관계자료 등이 있다.

(2) 류큐정부문서(1945년~1972년)

전후 27년 간의 미국통치 하에서 입법·사법·행정 3권을 가졌던 류큐정부와 그 전신기관이 작성한 문서군 약16만점. 이 중에는 종전 직후에 발족한 오키나와자순회(諮詢會)를 비롯하여 오키나와민정부(民政府), 오키나와군도(群島)정부, 류큐임시중앙정부 등의 문서도 포함되며, 전후 부흥의 발자취를 살필 수 있는 중요한 자료군이다. 그 중에도 토지 형태와 경계선이 불분명해 질 정도의 전쟁 피해를 입었기 때문에 전후 2~3년에 걸쳐서 작성된「토지소유신청서」는 현민의 재산과 권리관계를 증명하는 자료로서 빈번하게 이용되고 있다. 또한 군용지 문제와 복귀문제 등 미국통치 하에서의 오키나와 특유의 역사를 뒷받침하는 자료가 있다. 그 밖에 류큐정부 시대에 촬영된 사진 약 41,000점과 영상자료 등을 수집·소장하고 있다.

(3) 복귀 후 오키나와현 문서(1972년~)

1972년 5월 15일의 일본 복귀와 동시에 다시 오키나와현이 탄생했다. 그 이후부터 현재에 이르기까지 오키나와현에서 작성·수수된 행정문서 중에서 역사자료로서 보존해야 할 자료를 평가·선별하여 보존하고 있다. 이들 자료에는 1973년 일본 복귀를 기념하여 개최되었던 특별국체(國體)인 약하국체(若夏國体)와 1975년의 국제오키나와해양박람회, 4년에 한번 개최되어 세계 각국에서 오키나와 관계자가 모이는「우치난츄(오키나와인) 대회」등의 자료와 현의 중점 시책, 기지 문제, 토지 개발, 미군에 의한 사건·사고에 관한 자료 등도 포함되어 있다.

2) 기타 자료

위에서 말한 것 이외에 오키나와에 관한 자료로서 「문서」와 「간행물(도서)」이 있으며, 이들을 대략적으로 분류하면 ① 미국에서 수집한 자료, ② 중국에서 수집한 당안(檔案) 자료, ③ 고문서(폐번치현[廢藩置縣] 이전 자료), ④ 오키나와와 관계 있는 개인 자료, ⑤ 단체가 기증한 자료, ⑥ 쿠니(國)와 오키나와현 이외의 지방 공공단체에서 수집한 자료 등 여섯 가지로 분류되어 있다.

1) 미국 수집 자료(미국립공문서관 등에서 수집한 자료)

미국 행정기관이 작성·수수했던 자료 중에서 오키나와와 관련된 자료를 미국립공문서관 등에서 복사하여 수집했다. 그 중에서도 전후 오키나와를 직접 통치했던 류큐열도미국민정부(United States Civil Administration of the Ryukyu Islands)의 문서군 약 348만 매는 오키나와에 대한 미국 측의 통치정책의 실태를 명백히 밝혀주는 중요한 자료이다. 이 중에는 고등변무관(辯務官)의 공식 성명문과 포고령, 일본과 미 본국과의 거래, 금융·상업·산업 등 경제정책, 공중위생과 사회복지·교육 조직에 관한 문서 등 다양한 자료가 포함되어 있다.

2) 당안(档案) 자료(중국제1역사당안관에서 수집한 자료)

류큐왕국 시대에 중국의 명·청과 주고 받은 문서를 당안(檔案) 자료라고 한다. 베이징에 있는 중국제1역사당안관에 보존되어 있는 문서에서 약 300점의 자료를 복사하여 수집했다. 이들 자료에는 책봉·조공관계에 있던 류큐왕국과 중국의 교류의 역사가 기록되고, 진공(進貢)과 교역, 유학생, 표류민과 관련된 문서 등이 있다.

3) 고문서

폐번치현(廢藩置縣, 1879년) 이전의 류큐왕국 시대의 자료. 류큐왕국은 1609년 사츠마(薩摩) 침공 이래 에도막부(江戶幕府) 휘하에 들어갔고, 표면상으로는 독립왕국이었지만 실태는 사츠마번에 종속되어 있었다. 류큐왕국과 사츠마번의 관계를 엿볼 수 있는 「시마즈가 문서(島津家文書)」(東京大學資料編纂所所藏)의 류큐관계 문서를 복사하여 수집한 것과, 류큐왕국 최후의 국왕인 상태왕(尚泰王)의 서장(書狀) 등이 있다.

4) 개인문서

역사학자이며 『류큐의 역사』(1956) 저자인 George Kerr와, 1945년에 해군장교로 오키나와에 부임했고, 그 후 오키나와 주재 미국 부영사(副領事)가 된 Thomas Murfin, 류큐열도미국민정부(民政府)의 교육국장 등으로 근무했던 Gordon Warner가 기증한 자료에는 오키나와전투 영상자료와 사진 등이 있다. 특히 류큐열도미국민정부의 총무부장, 섭외국장 등의 요직에 있었던 Edward Freimuth의 자료에는 그가 50년 이상 수집했던 오키나와 관련 자료와 미국의 오키나와 점령의 발자취, 오키나와 반환협정에 관한 간행물 등 오키나와의 전후사 연구에 유용한 문헌이 대량으로 포함되어 있다.

또한 류큐정부 시대의 입법원 의원을 거쳐 1976년부터 오키나와현 지사를 역임한 平良幸市의 개인문서, 大田政作 제3대 류큐정부 행정주

석의 문서와 서간류, 하와이 출신의 일본계 2세인 比嘉太郞 문서 등이
있다. 특히 오키나와 관계 문헌 수집가로 저명한 岸秋正씨의 장서 약
11,000점은 고문서와 고전적, 전쟁 전의 지도, 문서, 잡지류 등이 다량
포함되어 있으며, 전쟁 피해로 많은 문헌자료가 소실된 오키나와현에 있
어서 귀중한 자료가 되고 있다.

5) 민간단체 자료

복귀 후 미군에 의한 토지접수로 피해자가 나오고, 이들에 대한 원조
사업과 현민의 복지향상을 목적으로 설치된 「사단법인오키나와현대미
청구권사업협회」 자료와 나하지방재판소가 보존하고 있던 형사재판소
의 재판기록 등이 있다. 기타 오키나와현조국복귀협의회(祖國復歸協議
會) 문서, 재단법인오키나와국제해양박람회 협회문서, 재단법인우편저금
주택사업등협회 문서가 있다.

6) 쿠니(國)와 오키나와현 이외의 지방공공단체에서
수집한 자료

외무성외교사료관 소장 오키나와관계자료를 복사하여 수집한 문서가
포함되어 있다.

4. 신숙주의 『해동제국기(海東諸國紀)』에서부터
미군이 작성한 지도까지

2002년 5월~7월, 우리 공문서관에서 일본복귀30주년기념특별전 '자

료로 보는 오키나와의 역사'를 개최했을 때, 국립공문서관에 소장된『해동제국기(海東諸國紀)』와 시마즈가 문서(島津家所藏)의「琉球國王宛朝鮮國王李□＋隆書契」를 빌려서 전시했다. 그때 새삼스레 류큐와 조선이 역사적으로도 깊은 관계가 있다는 사실을 다시 인식했다. 중국과 조선, 일본, 미국은 류큐·오키나와의 역사에 있어서 항상 커다란 존재였으며, 이들 나라가 시대를 초월하여 류큐·오키나와에 자신을 비추는「거울」로서의 역할을 가지고 있었다. 특히『海東諸國紀』는 현존하는 류큐의 지도로서 가장 오래된 것이며, 오키나와현 안에서 발간되는 출판물 등에 자주 인용되고 있다. 이하에서 우리 공문서관이 소장한 자료 중에 특징적인 자료를 소개하겠다.

1) 신숙주『해동제국기』조선 성종 2(1471)

『해동제국기』는 조선국왕 성종의 명을 받은 신숙주가 편집한 책이며, 류큐국의 지도는 1453년에 조선을 방문했던 하카다(博多)의 승려 道安이 지참했던 지도를 이용했던 것으로 생각된다. 일본과 쓰시마, 류큐 지역의 지세·국정·연혁 등이 기재되었고, 지금까지도 많은 연구자가 지적하고 있듯이 조선이 류큐와 일본의 어떤 점에 관심이 있었는지, 조선에게 필요한 정보는 무엇이었는지를 알 수 있는 자료이다.

2) 한림원 시강(翰林院侍講) 주황(周惶)
류큐國都圖 건륭 22년(1577)

尙穆王의 책봉 부사였던 주황의「류큐國都圖」는 근세 류큐의 주요 성(城, 쿠스크)의 위치와 지명을 확인할 수 있다. 당시 류큐는 중국의 조공

국 중 하나에 불과했다는 것을 알 수 있고, 중국의 류큐에 대한 시각이
이 지도에 표시되어 있다.

3) 정보 국회도(正保¹⁾國繪圖)

이 국회도(國繪圖)는 류큐, 아마미(奄美)²⁾의 섬들, 바다와 토지 면적,
해안선 등이 매우 상세하게 묘사되어 있다. 또한 강의 원류와 저수지,
경작지와 산출량, 항구의 넓이와 깊이, 주요한 항구 사이의 거리, 항로도
와 육지 등을 붉은 색과 검은 색의 실선으로 그렸고, 해외교역이 왕성했
던 사츠마번의 측량기술을 알 수 있다. 당시 류큐는 독립국이라고는 해
도 사츠마번의 관할 아래 있었던 사실을 추측할 수 있는 자료이다.

4) 미군 작성 지도

1853년부터 54년까지 페리제독이 인솔하는 미국 동인도함대가 일본
내항 전후 5회에 걸쳐서 류큐에 기항했으며, 그 복명서인『일본원정기
(日本遠征記)』속에는 류큐 주변 해역을 측량하고 인물과 풍물 등을 조
사한 기록이 있다. 그로부터 약 90년 후 일본과 개전했던 미국은, 미국
에 거주하는 오키나와 출신자 등으로부터 탐문조사를 시행하여 1944년
에는 이미 오키나와 점령 후의 계획을 입안하고 있었다. 또 오키나와 전
역의 공중사진을 촬영하고, 이것을 기반으로 상세한 지도를 작성했다.
우리 공문서관에서는 1997년부터 2005년까지 미국에 직원을 주재시키
며 미군이 작성한 지도를 비롯하여 재미 오키나와 관계자료를 수집해 왔

---

1) 正保 : 일본의 연호(1644~1647, 인조 22~25).
2) 奄美 : 가고시마(鹿兒島)현 아마미제도의 섬들.

다. 전쟁 때문에 작성된 지도와 사진 등은 현재는 오키나와현 내의 시정촌사(市町村史)와 지역사, 자기역사라고 하는 개인사 등의 편집사업에 활용되고 있다.

5. 맺는 말

오키나와현공문서관은 역사자료로서 중요한 공문서 등을 수집·정리·보존하고 열람·이용할 수 있는 자료보존기관이지만, 행정기관이 작성·수수했던 공문서 뿐만 아니라, 개인과 민간단체로부터 기증받은 문서 등도 다량 소장하고 있다. 특히 사진·지도·영상자료는 이후 점점 더 수요가 늘 것으로 생각된다. 세계적인 규모로 사람과 물건, 정보의 교류가 빈번하게 행해지는 현대사회는 역사자료뿐만 아니라 행정문서인 공문서의 전자화도 급속하게 진행되고 있는데, 언제나 50년 후, 100년 후의 미래를 내다보는 자료의 수집을 수행해 가고 싶다.

지금부터 500년 전에 편찬된 『해동제국기』가 이처럼 다양한 각도에서 연구됨으로써 현재의 우리들에게 새로운 발견과 시사, 그리고 사람이 교류하는 기회를 부여해 준 것처럼, 이후는 다시 다른 자료와의 비교연구와 다른 지역에 존재하는 자료의 비교 및 분석이 진행됨으로써 새로운 발견과 동아시아 지역 연구의 확대 가능성을 간직하고 있다고 생각한다.

이후에도 여러 선생님들의 지도를 부탁드린다.

『海東諸國紀』로 본 中世日本의 國王觀과 日本國王使의 성격

신 동 규

1. 머리말

『海東諸國紀』[1)는 신숙주가 1443년(세종 25) 서장관으로서 일본을 다녀온 경험을 토대로 1471년(성종 2) 왕명에 의해 일본의 地勢·國情·

───────────

1) 본고는 졸고, 「『海東諸國記』로 본 中世日本의 國王觀과 日本國王使의 성격」 (『한일관계사 연구』 27호)를 일부 수정한 것임. 본고에서 주로 사용한 『海東諸國紀』의 저본은 국립중앙도서관의 『海東諸國紀』(한古朝60-60)이며, 이 외에 간행사료집인 『海行摠載 I 』, 민족문화추진회, 1967에 수록된 『海東諸國紀』, 東京大學史料編纂所 소장본을 저본으로 원문을 일본식으로 訓讀·譯註한 田中健夫의 『海東諸國紀―朝鮮人の見た中世の日本と朝鮮』, 岩波書店, 1991 을 사용하였다. 한편, 논자에 따라서 『海東諸國紀』의 표기를 『海東諸國記』로 표기하고 있는 경우도 있으나 이것은 저자의 표기를 따르는 것을 본고의 기준으로 삼는다.

交聘往來의 연혁 및 외국사신접대례 節目 등을 정리하여 편찬해 올린
것이며, 한국사뿐만 아니라 일본사와 동아시아 외교관계를 규명하는데
도 귀중한 사료이다. 이는 女眞에 대한 정보 수집조차도『海東諸國紀』
의 사례를 따르도록 왕명이 내려지고 있었다는 것2)을 보더라도 조선정
부가 얼마만큼 중요시 하고 있었는가를 유추할 수 있다. 또한 당시뿐만
이 아니라, 역사 연구 자료서의 가치도 큰데, 특히 일본에서는 중세(조선
전기) 일본 관련의 외교관계 내지는 국제관계를 규명하기 위한 사료의
희귀성으로 인해『海東諸國紀』에 대한 연구는 오히려 한국보다 더 많은
연구의 대상이 되어 왔다. 그것은『海東諸國紀』에만 기록되어 있는 귀
중한 일본관련 항목들이 다수 수록되어 있기 때문이기도 하다.

　다만, 지금까지 한국과 일본의 많은 연구자들이 중세의 외교 및 양국
관계를 해명하기 위한 기초적 자료로서 많이 이용을 해왔던 것은 사실이
나, 대부분이 영인・번역과 개괄적인 연구,3) 판본의 종류와 사본 입수
루트 등을 비롯한 서지학적 연구,4)『海東諸國紀』에 수록된 고지도 관련
연구,5) 인명・지명・연호를 포함한 어음 번역에 대한 연구,6) 저자인 신

2)『燕山君日記』, 연산 5년 1월 19일 기묘조.
3) 釜山大學校韓日文化硏究所編,『(註譯)海東諸國紀』, 1962 ; 大洋書積,『海東諸國
　紀・看羊錄』, 1972 ; 國書刊行會・中村榮孝解說,『海東諸國紀』, 1975 ; 田中健
　夫,「申叔舟『海東諸國記』-日本と琉球の歷史・地理・風俗・言語」『國文學解
　釋と鑑賞』60-3, 1995 ; 최기호,「신숙주의『해동제국기』에 대한 고찰」『한
　힌샘주시경연구』14-15, 2002(단 이것은 일종의 해제 수준임) ; 신용호外 주
　해,『해동제국기』, 범우사, 2004.
4) 中村榮孝,「海東諸國紀の編修と印刷」『史學雜誌』39-8・9, 1928 ; 吉川弘文館,『日
　鮮關係史の硏究(下)』, 1969 ; 彌永貞三,「「拾芥抄」及び「海東諸國記」にあらわ
　れた諸國の田積史料に關する覺え書-中村敎授「海東諸國記の撰修と印刷」の
　脚注として」『名古屋大學文學部硏究論集』史學14, 名古屋大學文學部, 1966 ; ケ
　ネス・ロビンソン(Kenneth R. Robinson),「海東諸國紀 寫本の一考察」『九州史
　學』132, 九州史學硏究會, 2002. 한국에서는 李炫熙,「海東諸國紀」(국회도서관
　보 8-2), 1971 ; 申重浩,「『海東諸國紀』古刊本 小考」『古書硏究』14, 韓國古書
　硏究會, 1997.

숙주의 일생과 일본관에 대한 연구7)가 중심이었고, 최근에 들어와 사에

5) 東恩納寬惇, 「申叔舟の海東諸國紀に現れたる琉球國圖について」『史學』 16-3, 1937 ; 浜田敦, 「海東諸國紀に記錄された日本の地名等について」『人文研究』 5, 大阪市立大學大學院文學研究科, 1954 ; 秋岡武次郎, 『日本地圖史』, 1955 ; 田中健夫, 「『海東諸國紀』の日本・琉球圖－その東アジア史的意義と南波本の紹介」『海事史研究』 45, 1988 ; ケネス・ロビンソン, 「海東諸國記の地図の一考察」『前近代日本の史料遺産プロジェクト研究集會報告集 2001・2002』, 2003 ; 上里隆史・深瀨公一郎・渡邊美季, 「沖繩縣立博物館所藏『琉球國圖』－その史料的價値と『海東諸國紀』との關聯性について」『古文書研究』 60, 日本古文書學會編, 2005 ; 佐伯弘次, 「『海東諸國紀』の日本・琉球圖と『琉球國圖』」『九州史學』 144, 2006 ; 한국에서는 李燦, 「『海東諸國紀』의 日本 및 琉球國地圖」『문화역사지리』 4, 한국문화역사지리학회, 1992 ; 吳尙學, 「조선시대의 일본지도와 일본인식」『대한지리학회지』 38-1, 2003.

6) 伊波普猷, 「語音飜譯釋義－海東諸國紀附載の古琉球語の研究－」『金澤博士還曆記念東洋語乃研究』, 三省堂, 1933 ; 服部四郎, 「語音飜譯を通して見た十五世期末の朝鮮語の音韻」『言語の科學』 7, 1979 ; 多和田眞一郎, 「十五・十六世紀首里語の音韻－'語音飜譯'にみる－上・下」『沖繩文化』 51・52, 1979 ; 多和田眞一郎, 「沖繩語史的研究序說－'語音飜譯'再論－」『現代方言學の課題』 3, 明治書院, 1984 ; 大塚秀明, 「'海東諸國紀'の'語音飜譯'について」『言語文化論集』 32, 筑波大學, 1990 ; 田村洋幸, 「『海東諸國記』の對馬とその氏姓的考察」『經濟京營論叢』 30-2・3, 1995 ; 田村洋幸, 「『海東諸國記』における壹岐の氏姓的考察」『經濟京營論叢』 34-1, 1999 ; 內山三郎, 「申叔舟『海東諸國記』の'語音飜譯'について」『在野史論』 10, 在野史論編輯委員會, 2002. 한국에서는 김사엽, 「琉球國語(『海東諸國紀』소재)의 語音飜譯과 釋義에 대하여」『일본학』 2, 동국대학교일본학연구소, 1982 ; 李鍾恒, 「『海東諸國紀』에 보이는 日本의 古代年號에 대하여」『韓國學論叢』 6, 국민대학교한국학연구소, 1984 ; 李成根, 「『老松堂日本行錄』 및 『海東諸國紀』의 地名表記에 反映된 中世日本語音體系」『日本文化學報』 6, 1999.

7) 趙英彬・鄭杜熙의 「朝鮮初期 支配層의 日本觀－申叔舟의 '海東諸國紀'를 중심으로－」『인문논총』 9, 전북대학교 인문과학연구소, 1981 ; 朴慶嬉, 「『海東諸國紀』에 나타난 申叔舟의 對日認識」, 이화여자대학교대학원석사학위논문, 1984 ; 河宇鳳, 「朝鮮初期 對日使行員의 日本認識」『국사관논총』 14, 국사편찬위원회, 1990 ; 河宇鳳, 「申叔舟と'海東諸國紀'－朝鮮王朝前期のある'國際人'の營爲－」『中世後期における東アジアの國際關係』, 山川出版社, 1997 ; 河宇鳳, 『조선시대 한국인의 일본인식』, 혜안, 2006 ; 金周昌, 「申叔舟의 對日認識 研究」, 강원대학교대학원석사학위논문, 1999 ; 임종욱, 「여말선초 두 지

키 코지(佐伯弘次)·미즈노 테츠오(水野哲雄)·미무라 코스케(三村講介)
등에 의해『海東諸國紀』에 수록된 일본 측 통교자들을 구체적으로 논증
한「『海東諸國紀』日本人通交者の個別的檢討」[8]가 발표되면서 보다 심
도있는 연구가 진행되고 있다.

  그 외에『海東諸國紀』자체가 중심이 된 연구가 아니라, 특정 주제를
논증하기 위해『海東諸國紀』를 이용한 논문에는 다음과 같은 것이 있다.
李燦이『海東諸國記』와『東國地理志』를 비교·논증한「韓國地理學史」,[9]
양수지가 박사학위논문 제Ⅲ장에서『海東諸國紀』수록 琉球 관계 자료
를 소개한「朝鮮·琉球關係 연구 – 朝鮮前期를 중심으로」,[10] 전상운이
『海東諸國紀』의 기초적 내용을 간략히 소개한「조선초기 과학기술 서적
에 관한 기초 연구」[11] 등도 있다. 또한, 孫承喆은「조선시대 日本天皇觀
의 유형적 고찰」[12]의 제Ⅰ장에서「『海東諸國紀』에 보이는 천황관」에
대해서 고찰하고 있고, 최근에는『조선통신사, 일본과 通하다』[13]의 제3
장에서『해동제국기』에 기술된 三浦를 정리하고 있다. 오사 세츠코(長節
子)는 조선으로부터 사급 받아 쓰시마(對馬) 宗家에 보관되어 오던 '彈正
小弼源弘'이라는 木印을 소재로 僞使와 조선통교관계를 규명한「宗家舊
藏'彈正小弼源弘'木印の性格」[14]에서 일본인 통교자에 대한 접대 등급

　식인의 일본 체험」『일본학』22, 동국대학교일본학연구소, 2003.
 8) 佐伯弘次·水野哲雄·三村講介 外,「『海東諸國紀』日本人通交者の個別的檢討」『東
　アジアと日本』3, 九州大學大學院比較社會文化硏究院, 2006.
 9) 李燦,「韓國地理學史」『韓國文化史大系3 – 科學·技術史』, 高麗大學校民族文化
　硏究所, 1968, 681~734쪽.
10) 양수지,「朝鮮·琉球關係 연구 – 朝鮮前期를 중심으로」, 韓國精神文化硏究院韓
　國學大學院 역사학과박사학위논문, 1993.
11) 전상운,「조선초기 과학기술 서적에 관한 기초 연구」『國史館論叢』72, 國史
　編纂委員會, 1996.
12) 孫承喆,「조선시대 日本天皇觀의 유형적 고찰」『史學硏究』50, 韓國史學會,
　1995.
13) 상동,『조선통신사, 일본과 通하다』, 동아시아, 2006.
14) 長節子,「宗家舊藏 '彈正小弼源弘' 木印の性格」.

을 규명하기 위해『海東諸國紀』수록「朝聘應接紀」의 내용을 언급하고 있다. 사에키 코지(佐伯弘次)는「朝鮮前期 韓日關係와 對馬島」[15]의 제4장에서『海東諸國記』에 보이는 日本人 通交者의 實像에 대해서 당시 일본의 제세력과 비교·논증하고 있어 전술한 사에키의「『海東諸國紀』日本人通交者の個別的檢討」와 더불어 세 연구자의 논문은『海東諸國紀』와 관련하여 새로운 연구방향을 제시해 주고 있다고 볼 수 있다.

또한,『海東諸國紀』에 수록된 '國王', 즉 막부 최고의 실질적 권력자로서 쇼군은 '國王' 명의의 사절단, 다시 말하자면 日本國王使를 파견하고 있는데, 이에 대해서는 나카무라 히데타카(中村榮孝)·다나카 다케오(田中健夫)의 연구가 선구적이다. 나카무라는 동아시아의 책봉체제와 중국의 왜구 대책 속에서 日本國王의 출현을 파악하였는데,[16] 다나카도 역시 마찬가지의 입장에서 일본국왕을 파악하고 있다.[17] 일본 통일정권의 수장(일본국왕)이 책봉된 것은 중국 중심의 동아시아 국제질서(=華夷의 世界)에 일본이 일각을 담당하고 있었다는 것이며, 왜구를 금지해 중국 연해 인민을 보호했다는 것에 일본국왕 성립에 대한 중국 측의 의의를 밝히고 있다. 일본의 입장에서는 국내에서 절대자로서의 권위를 유지할 수 있었고, 또 무역이익과 독점수입에 따른 경제적 우위의 입장을 밝히고 있다.

그 뒤를 이어 오사 세쯔코(長節子)·다카하시 기미아키(高橋公明)·무라이 쇼스케(村井章介)·나카오 히로시(中尾宏) 등에 의해 일본국왕 및 일본국왕사 연구의 폭은 넓어졌다. 무라이는 기본적으로 일본국왕인 아시카가(足利) 장군이 책봉을 받음으로써 조선과 대등 교린관계에 정착

---

15) 佐伯弘次,「朝鮮前期 韓日關係와 對馬島」『통신사 李藝와 한일관계』, 한일관계사학회, 2006.

16) 中村榮孝,「十五·十六世紀の東アジアと日本」『日鮮關係史の研究』中, 吉川弘文館, 1965.

17) 田中健夫,『中世對外關係史』, 東京大學出版會, 1975.

하게 되었다는 점에서는 전술한 나카무라 · 다나카 두 사람의 연구를 인
정하고 있으나, 일본은 동아시아의 일반적인 외교형식을 취하지는 않았
다고 주장한다.[18] 즉, 아시카가 장군이 조선통교에 대해서 자기를 중심
으로 일원화할 실력도 없었을 뿐만 아니라, 그러한 의도도 없었다는 점
을 지적하고 있다. 또한 조선은 왜구 금압을 목적으로 아시카가 장군만
이 아닌 서일본의 다양한 세력을 客人으로 접대하고 있었으며, 이러한
세력들은 대조선 무역이윤을 극대화하기 위해 사신을 칭하기까지 했다
고 하여 僞使의 가능성을 제기했다. 이에 다카하시는 중세 중국 · 조
선 · 일본의 외교 교섭의 실상을 검토해 일본국왕 및 室町幕府의 위치를
규정 짓는 등 외교 의례와 일본국왕이라는 칭호를 중심으로 동아시아 속
에서의 일본의 위치를 파악하고 있으며,[19] 나카오는 일본국왕사가 파견
된 시기와 인원 등에 대해 상세한 논증을 행하고 있다.[20]

　이상 간단히 선행연구를 살펴보았는데, 일부 연구를 제외한 대부분의
연구는, 일본의 경우 기본적으로 일본 중세사를 파악하는 시각에서 출발
하고 있기 때문에 일국사적인 입장에 편중되어 있으며, 한국의 연구는
일본의 연구에 비해, 서지학적인 소개나 언어, 지리, 일본관 등 부분적인
연구에 머물러 있다고 볼 수 있다. 물론, 상기의 연구들이『海東諸國紀』
를 다양한 측면에서 이해하는데 많이 기여하고 있기는 하지만『海東諸
國紀』를 동아시아 외교사라는 측면에서의 연구가 진행되고 있다고는 볼
수 없다. 그러나『海東諸國紀』는 당시 동아시아 해역(주로 조선 · 일
본 · 琉球)의 국제관계를 규명할 수 있는 외교사료이며, 나아가 朝 · 日
간의 왜구문제(조선의 금압정책), 조일외교관계, 도시 간 네트워크 관계
(무역과 교통)까지도 규명할 수 있는 가장 중요한 사료이기도 하며, 이를

---

18) 村井章介,『アジアのなかの中世日本』, 校倉書房, 1988, 335~336쪽.
19) 高橋公明,「外交儀禮よりみた室町時代の日朝關係」『史學雜誌』91-8, 1982 ; 高
　　橋公明,「室町幕府の外交姿勢」『歷史學研究』546, 1985.
20) 中尾宏,『朝鮮通信使と壬辰倭亂』, 明石書店, 2000, 74~75쪽.

고려해 볼 때 중세 동아시아 국제관계 및 海域史를 규명해 줄 수 있는 현존하는 最古의 사서라고 평가할 수 있다.

때문에 본고에서는 『海東諸國紀』에 보이는 기사 내용을 토대로 삼아 중세 동아시아 해역의 외교사를 규명하기 위한 시도적 고찰로서 다음의 문제점을 해결하고자 한다. 첫째, 『海東諸國紀』의 내용을 토대로 國王이라는 용어가 어떠한 형태로 존재하며, 어떠한 의미로 사용되었는가, 즉 당시 일본의 國王觀을 살펴봄으로써 무로마치(室町) 막부 외교의 본질을 살펴보는 것이다. 둘째, 『海東諸國紀』에 보이는 이른바 日本國王使에 대한 성격 규명으로서, 『海東諸國紀』가 편찬된 1471년을 전후한 시기에 일본국왕사가 어떻게 변모하였는가, 어떻게 규정해야하는가라는 점을 생각해 보도록 하겠다.

2. 『海東諸國紀』로 본 日本의 國王觀－幕府 외교의 양면성

『海東諸國紀』에 보이는 日本國王觀을 고찰하기 위해서는 15세기 동아시아 해역의 변화를 염두에 두지 않으면 안된다. 1368년 朱元璋에 의해 明이 건국되자 동아시아 국제질서도 새롭게 재편되었다. 즉, 元 중심의 국제질서는 다시 明 중심의 조공책봉체제로 변화하였고, 1392년 개국한 조선도 1402년 明의 建文帝에게 책봉을 받아 중국 중심의 국제질서에 편입되었다. 하지만, 중국에서는 燕王이 제위 찬탈을 목적으로 '靖難의 변'을 일으켜 결국 1403년 황위에 오른 영락제(=燕王)에게 다시 책봉을 받음으로써 중국과 조선과의 事大外交體制로 일단락되었다.[21] 이러한 사대외교는 다시 책봉을 받은 동아시아 제국간의 교린관계로 정

---

21) 『太宗實錄』, 태종 3년 4월 갑인(8일).

착되고 있었는데, 그것을 강렬하게 각인시켜준 것이 『海東諸國紀』이며, 이를 입증해준 것이 同書에 보이는 日本의 國王觀이다.

國王觀은 天皇觀과도 매우 밀접한 관련이 있다. 『海東諸國紀』에서 天皇이라는 용어가 제일 먼저 대두되는 것은 「日本國紀」의 「天皇代序」이다. 여기에는 天皇 7대, 地皇 5대를 언급한 뒤, 人皇의 시조로서 神武天皇을 기술하고 있으며, 『海東諸國紀』가 저술될 당시의 천황인 彦仁, 즉 御花園天皇까지를 기술하고 있다.[22] 이에 대해서는 손승철도 이전에 언급한 바 있는데, 천황의 세습관계, 단편적 역사 사실, 혜성, 지진, 대설, 태풍 등의 천재지변이 중심이며, 역대 천황의 치적이나 정치활동 등에 대한 평가는 전혀 이루어지지 않고 있다.[23] 더욱이 「天皇代序」의 뒤를 이어 「國王代序」도 언급되고 있으나, 天皇과 國王의 비교·논평은 이루어지고 있지 않아 천황이 어떠한 존재인지는 규정지을 수 없다. 단, 신숙주가 人皇이라는 측면에서 天皇의 권력 세습을 취급하고 있다는 점으로 볼 때, 중세 무가 사회이전까지 정무에 관한 모든 내용은 「天皇代序」에 언급되어지고 있어 천황을 최고의 권력자로 인정하고 있다는 것만큼은 확실하다.

그러나 일본 최고 권력자로서의 평가는 「國王代序」에서 변화된다. 즉, 國王이라는 용어를 사용하고 있는데, 이 용어는 천황중심의 고대사회에서 무가사회 중심의 중세로 이행되던 시기의 권력자, 즉 쇼군(將軍)을 지칭하는 말로서 「國王代序」에는 다음과 같이 기술되고 있다.

사료 1 : ⓐ 國王의 성은 源氏이다. 제56대 淸和天皇 18년 병신에, 제6황자 貞純親王에게 源이란 성을 주었으니, 源氏는 여

---

22) 『海東諸國紀』, 「天皇代序」. "當今天皇, 崇光曾孫, 名彦仁."

23) 손승철, 「조선시대 日本天皇觀의 유형적 고찰」 『史學硏究』 50, 한국사학회, 219~222쪽.

기서 비롯되었다. 곧 唐 僖宗의 乾符 3년이다. ⓑ 後白河 天皇 保元 3년 무인(1158)에 征夷大將軍 源賴朝가 鎌倉을 주관하다가 二條 天皇 永曆 원년 경진(1160)에 賴朝가 兵衛佐로써 伊豆州로 방축되었다. 이때 平淸盛이 정권을 장악하고 부자·형제가 요로에 반거하여 정치와 정벌이 모두 그 수중에 있었다. 교만·사치·음탕·포학하였으므로 길가는 사람도 모두 곁눈질하여 보았다. ⓒ 賴朝가 伊豆州에서 군사를 일으켜 서쪽으로 와서 먼저 關東을 점령하고, 여러 번 싸워 이겼으며, 이긴 기세를 타서 쉽사리 땅을 빼앗았다. 安德 天皇 壽永 원년 임인(1182)에 드디어 京都에 들어가니, 平氏는 패전하여 안덕 천황을 끼고 西海로 달아났다. 이에 後鳥羽天皇을 세우고, 그대로 鎌倉을 鎭守하여 대를 이어 12대까지 전하여 仁山에 이르렀다.[24]

위의 사료1의 밑줄 ⓐ에서 國王의 성은 미나모토씨(源氏)라고 하며, 淸和天皇 18년에 貞純親王에게 미나모토(源)라는 성을 주어 미나모토씨는 여기서 시작된다고 기술되어 있는데,[25] 『海東諸國紀』에서 國王이라는 용어는 여기서 처음 사용되고 있다. 또 밑줄 ⓑ에서는 미나모토 요리

---

24) 『海東諸國紀』, 「國王代序」. 國王姓源氏. 第五十六代淸和天皇十八年丙申賜第六皇子貞純親王姓源氏始此卽唐僖宗乾符三年也. 後白河天皇保元三年戊寅. 征夷大將軍源賴朝. 主鎌倉. 二條天皇永曆元年庚辰. 賴朝以兵衛佐. 竄于伊豆州. 是時平淸盛秉政. 父子兄弟. 盤據要路. 政治征伐. 出於其手. 驕奢淫虐. 道路仄目. 賴朝自伊豆起兵而西. 先據關東. 累戰而勝. 乘勝席卷. 安德天皇壽永元年壬寅. 遂入京城. 平氏兵敗. 挾安德奔于西海. 乃立後鳥羽天皇. 仍鎭鎌倉. 世相承襲. 傳十二代. 至仁山後醍醐天皇辛未.

25) 「天皇代序」의 淸和天皇條에도 "18년 병신에 여섯째 皇子 貞純親王에게 源이란 성을 주었으니, 源氏는 이때부터 시작되었다."라고 같은 글이 보이고 있다.

토모(源賴朝)가 1158년에 征夷大將軍에 있다가 이즈(伊豆)로 방축되었다고 미나모토씨가 타이라씨(平氏)에게 패한 '平治의 亂'을 언급하고 있으며, 밑줄 ⓒ에서는 요리토모의 關東平定과 함께 12대를 지나 仁山(室町幕府의 창설자 아시카가 다카우지[足利尊氏]의 法諡)에 이르고 있다고하여 요리토모에서 무로마치막부[室町幕府]의 초대 쇼군인 아시카가 다카우지[足利尊氏]까지를 國王의 연장선상에서 파악하고 있다. 사료1의 뒤를 이어 후술되는 기사는『海東諸國紀』가 편찬된 당시의 쇼군인 아시카가 요시마사[足利義政] 직전까지의 습직을 언급하고 있다. 물론, 12대라는 것은 10대의 잘못된 기술이기는 하지만, 대체로 정확성을 유지하고 있다.

그런데, 여기서 중요한 논점으로 살펴보고자 하는 것은 國王이라는 용어의 존재 형태와 의미 부여이다. 즉, 일본의 中近世 시기 天皇에 대비되는 개념으로서 무가권력의 정점을 이루는 역사 용어인 國王=征夷大將軍(將軍, 쇼군)이라는 등식의 성립이『海東諸國紀』와 어떠한 관련성 및 의미를 갖고 있는가라는 점이다.

사료1의 밑줄 ⓐ에서 國王의 성은 미나모토씨(源氏)라고 규정하고 있고, 밑줄 ⓑ에서 1158년 당시에 미나모토 요리토모가 征夷大將軍이라고 기술하고 있어 요리토모가 國王의 시초로 언급되어지고 있다.[26] 그러나 國王이라는 용어가 사용되기 위해서는 중국으로부터의 책봉이 전제되어야만 한다. 당시 일본은 중국의 책봉을 받은 상태도 아니었으며, 1401년에 들어와서야 明에 國書를 보내 이듬해 책봉을 받아 일본국왕으로서 인정을 받고 있다. 이후 조선 측의 사료에서 日本國王이라는 용어가 최초로 보이고 있는 것은『太宗實錄』에 "이달에 日本國王 源道義가 사신을 보내어 도적을 사로잡은 것을 보고하고, 禮物을 바쳤다."[27]고 하여

---

26) 그러나, 실제로 요리토모가 征夷大將軍에 오른 것은 1192년이다.
27)『太宗實錄』, 태종 5년 6월 계사(29일). "是月, 日本國王源道義, 遣使來報擒賊,

아시카가 요시미치(足利義滿, 법명:源道義) 명의인 1405년, 즉 일본이 책봉된 1402년 이후의 일로 이른바 日本國王使라는 외교 사절단의 파견부터이다.

　원래 미나모토씨가 쇼군으로서의 대표성을 가지고 있다고는 하지만, 『海東諸國紀』에 기술된 책봉을 받기 이전인 요리토모(源賴朝)부터 시작된 일본에 대한 國王觀은 國王＝미나모토씨(源氏)＝'일본의 실제적 통치자'[28]로서의 의미를 동시에 가지게 된다. 실제 1636년 사신 平智友가 조선에 도해해 와서 國書에 막부의 쇼군(將軍)을 '大君'으로 고쳐 칭하기를 요청한[29] 이른바 '大君外交體制'[30]의 성립 이전까지 일본의 모든 '실제적 통치자'＝쇼군(將軍)들은 대부분이 미나모토(源)라는 성을 사용하고 있었으며, 國王으로 통칭되고 있었다. 關白이나 太閤이라는 칭호로 불렸던 토요토미 히데요시(豊臣秀吉)조차도 조선침략 시기(주로 강화교섭기)에는 '日本國王'으로 불리기도 했었다는 것[31]만 보아도 國王＝실제적

　　仍獻禮物."

28) 여기서 말하는 '일본의 실제적 통치자'라는 것은 이른바 日本國王使를 파견한 것이 쇼군이 아니라 은퇴한 후의 쇼군도 있었기 때문에 붙인 명칭이다. 실제로 아시카가 요시모치[足利義持]가 쇼군이었을 때, 아시카가 요시미치[足利義滿]가 일본국왕사를 파견한 적도 있었기 때문이다.

29) 『增正交隣志』권5, 志, 國書式(하우봉・홍성덕 역, 『국역 증정교린지』, 민족문화추진회, 1998, 188쪽).

30) '大君外交體制'에 대해서는 中村榮孝, 「外交史上の德川政權－大君外交體制の成立とその終末」『日鮮關係史の硏究』(下), 吉川弘文館, 1969와 荒野泰典, 「大君外交體制の確立」『近世日本と東アジア』, 東京大學出版會, 1988을 참조.

31) 『東閣雜記』(下), 국립중앙도서관소장(청구기호: 古2515-38). "己丑日本國王平秀吉, 遣玄蘇平義智來聘, 請我國通信, 以黃允吉金誠一, 充上副使, 許筬書狀官遣之." 다만, 여기에서 히데요시에게 '日本國王'이라는 명칭이 사용되고 있으나, '平秀吉'로 표기하고 있어 미나모토씨(源氏)로 이름을 걸지 않았다는 점에는 中近世 '최고 권력자'와의 차이가 있다. 한편, 『증정교린지』1권, 志의「대마도인 접대에 관하여 새로 정한 사례」에 日本國王을 설명하면서 "선조 21년 무자(1588)에 平秀吉이 源氏를 시해하고 왕위를 찬탈하였다."고 하여 히데요시의 정권획득을 '왕위 찬탈'로 표현하고 있기도 하다.

통치자라는 등식은 성립하고 있었다.

한편,「國王代序」에는 國王의 지위에 대해 다음과 같이 규정하고 있다.

> 사료2 : (무로마치 막부 쇼군의 세습 상황 설명의 뒤를 이어)…ⓐ
> 義成이 죽어 또 그의 아들 의정(義政)을 세우니, 그가 곧
> 지금 이른바 국왕이다. (국왕은) 그 나라에서는 감히 왕이
> 라 칭하지 않고, 다만 御所라 칭할 뿐이며, 명령문서는 明
> 敎書라 일컫는다. ⓑ매년 새해 첫 날에만 대신을 거느리
> 고 천황을 한 번 알현할 뿐, 평상시에 서로 접촉하지도 않
> 는다. 國政과 이웃 나라의 외교 관계도 천황은 모두 간여
> 하지 않는다.32)

위의 밑줄 ⓐ에서 國王, 즉 쇼군은 일본 국내에서 감히 王이라 칭하지
않고 御所33)라고만 칭할 뿐이라고 하였는데, 여기에서 중세 일본의 양
면적 국제관계의 양상을 엿볼 수 있다. 이것은 다시 말하면 책봉체제를
전제로 國王이라는 명칭을 사용하였지만, 이러한 쇼군=國王觀이 일본
국내에서는 통용되고 있지 않았음을 의미한다.

이를 일본 측의 입장에서 두 가지로 나누어 생각해보면, 첫째 대외적
인 면에서 정치적 실권자를 쇼군이라고 하지 않고 국왕이라고 표현한 것
은 바로 동아시아 국제질서 속에서 각 국가의 정치적 실권자는 국왕이었

---

32)『海東諸國紀』,「國王代序」. "義成死, 又立其弟義政, 卽今所謂國王也. 於其國中,
不敢稱王, 只稱御所, 所令文書, 稱明敎書. 每歲元, 率大臣一謁天皇, 常時不與相接.
國政及聘問隣國, 天皇皆不與焉."

33) '御所'에 대해서는 "천황궁의 서북방에 있으며, 역시 토담이 있다. 군사 10
여 명이 그 문을 파수하는데, 대신 등이 휘하의 군사를 거느리고 번갈아
入直한다. 이곳을 御所라 한다."라고『海東諸國紀』수록의「八道六十六州」에
서도 언급되고 있다.

기 때문에 그 범주 속에서 일본을 위치시키고 있다는 점을 의미하는 것
이다. 이것은 당시의 조선, 명확히 말해서『海東諸國紀』의 저자인 신숙
주가 일본의 천황과 국왕을 구분하고 있었다는 것을 의미하며, 당시의
동아시아 국제질서 속에서 일본을 바라보고 있다는 것을 입증하는 것이
기도 하다.

둘째, 밑줄 ⓐ는 일본 측의 대내적인(=국내적) 면에서 본다면, '日本
國王'이라는 명칭이 외교에 이용되고 있었을 뿐, '王'이나 '國王'이라는
명칭이 일본 국내에는 존재하지 않았다는 것을 의미한다. 실제로 조공형
식에 의한 일본과 明의 관계는 1411년 4대 쇼군 아시카가 요시모치(足
利義持)에 의해 일본의 체면을 떨어트린다고 하여 일시 중단되기도 하였
기 때문이다. 더욱이 당시 조선은 일본 국내에서의 國王과 관련된 호칭
문제에 대해서는 전혀 관여하지 않았다. 1411년 요시모치가 명의 책봉
을 거부하고 나서 1433년 아시카가 요시노리(足利義敎)가 다시 책봉을
받을 때까지 조선은 5회의 통신사를 일본에 파견하였음에도 불구하고
쇼군(將軍) 요시모치(義持)와 國王 요시미치(義滿)를 구별하고 있지 않았
다[34]는 것으로 확인할 수 있다. 물론, 6대 쇼군 요시노리에 의해 회복되
어 1549년 13대 쇼군 아시카가 요시테루(足利義輝)의 대까지 조공무역
으로서 勘合貿易이 존속되고 있었기는 하지만, 이는 다대한 勘合貿易의
이익을 획득하기 위한 수단이었고,[35] 國王이라는 호칭이 사용되었다고
하여 실제 쇼군과 國王을 동일시한 인식이 일본 국내에 정착되어 있었
다고는 볼 수 없다.

즉, 國王이라는 용어는 당시 무로마치 막부가 동아시아 국제질서에
편입하여 대외적으로 무역 이득을 획득하려고 한 피상적인 언어 행동이

---

34) 関德基,「朝鮮前期の'日本國王'觀－敵禮の面から」『前近代東アジアの中の韓日
關係』, 早稻田大學出版部, 1994, 51~52쪽.

35) 田中健夫,「勘合符・勘合印・勘合貿易」『日本歷史』392, 1981 ; 伍躍,「日明關
係における'勘合'－とくにその形狀について」『史林』425, 2001 참조.

었을 뿐이었고, 실제적으로 국내에서는 전혀 사용하지 않았던, 다시 말하면 동아시아 국제질서로의 편입을 내면적으로는 거부했다는 하나의 증거라고 평가할 수 있겠다.

한편, 조선 측의 입장에서『海東諸國紀』의 國王觀을 본다면, 밑줄 ⓑ에서 天皇과 國王이 1년에 한 번만 만날 뿐 거의 접촉하지 않으며, 천황은 國政에 전혀 관여하지 않는다고 하여 양자의 정치적 차별성을 명확히 구별함과 동시에 일본 최고의 실력자로서 國王=쇼군을 규정하고 있다는 점도 중요하다. 이것은 조선에 天皇觀과 國王觀의 개념을 확정지우는 시초가 되었고, 이후 대일외교에서도 마찬가지 등식의 성립에도 영향을 주었다. 일례로 1587년의『宣祖修正實錄』에 "일본에 天皇이 있어 참람하게 紀元을 호칭하나 국사에는 간여하지 않고 국사는 關白이 聽斷한다. 關白을 大將軍이라 부르기도 하고 大君이라 부르기도 한다."[36]는 인식의 발현이 그것이다.

다만 한 가지 주의를 하자면, 일본 내의 최고 권력자로서 국왕=쇼군에 대한 관심은 증대하지만, 그렇다고 천황에 대한 조선의 관심이 없어진 것은 아니다.『海東諸國紀』가 편찬되고 얼마 지나지 않은 1479년『成宗實錄』의 기사에는 예조에서 일본국에 가는 통신사의 사목을 올리면서 "一. 天皇 國王의 나이와 자식의 많고 적음, 궁궐의 복식, 계승할 자의 나이와 名號, 그리고 계승은 반드시 長子가 하는지의 여부를 상세히 묻도록 할 것. 一. 혼인・喪葬・제사・형벌・관제 등의 일을 듣고 본 대로 써 가지고 올 것이며, 朝賀할 때에 天皇・國王과 여러 신하가 입고 있는 복색・儀仗 및 軍士의 무기와 의복, 조하하는 일시를 듣고 본 대로 기록할 것."[37]이라는 지시 사항이 결정되고 있었다는 것으로 확인할 수

---

36)『宣祖修正實錄』, 선조 20년 9월 정해(1일). "日本有天皇, 僭號紀元, 而不預國事, 國事聽於關白. 關白稱大將軍, 或稱大君."

37)『成宗實錄』, 성종 10년 3월 신사(25일). "一. 天皇國王年歲與子息多小, 宮闕服飾, 承襲人年歲名號及承襲必以長子與否, 詳問之. 一. 婚姻喪葬祭祀刑罰官制等事,

있다.

이렇듯 『海東諸國紀』에 기술된 國王觀은 『海東諸國紀』가 편찬 이후 대일교섭에 외교방침의 기본서로서 널리 이용되고 있었다는 점[38] 등을 유추해 볼 때 조선 국내에서 일본 최고의 정치 실력자의 판단 인식에 상당한 영향을 주었다고 생각되며, 일본과의 외교는 동아시아의 국제질서(조공책봉체제) 하에서 이루어지고 있었다는 것을 입증해준다. 또한, 일본 측의 입장에서 『海東諸國紀』의 國王觀을 판단해 본다면, 國王이라는 표면적인 용어를 외교에 사용하여 幕府 권력의 대외적 안정을 도모함과 동시에 대내적으로는 쇼군으로서 國王이라는 용어의 사용을 자제하고 武威를 주축으로 안정을 도모했던 것이다. 이것은 중세 일본의 외교적 양면성을 표출시켜주는 것이며, 자민족중심주의라는 에스노센트리즘의 중세적 단계로서 중세의 國王이라는 용어에 대해 재검토할 필요성이 있지 않은가 라고 조심스럽게 평가해본다. 이에 대해서는 추후의 과제로 삼고 싶다.

聞見書來, 朝賀時, 天皇國王及群臣所着服色儀仗軍士器服與朝賀日時, 聞見錄之."
38) 田中健夫, 앞의 책, 1991, 3쪽 ; 河宇鳳, 앞의 논문, 1997, 75쪽. 실제 1493년 쓰시마번(對馬藩)의 세견선에 標를 붙여 내항 선박을 제한하기 위한 논의를 하다가, "왜인을 접대하는 일은 『海東諸國記』의 節目이 상세하고 명백하고, 헤아려서 빠진 계책이 없으니, 이제 옛 법을 가볍게 고쳐서 이목을 놀라게 할 수 없습니다. 그 간사함을 적발하는 것도 역시 事體에 어긋나니, 예전대로 두는 것이 어떠하겠습니까(『成宗實錄』, 성종 24년 8월 29일 신묘조)."라는 사례도 보이고 있다.

3. 『海東諸國紀』로 본 日本國王使의 성격

1) 日本國王使 파견의 목적

『海東諸國紀』의 「日本國紀」에는 이른바 日本國王使의 접대에 관한 절차 및 특권이 그 어떤 자료보다 아주 상세히 언급하고 있다. 이후 이러한 제규정들이 15세기 이후 朝·日 간의 외교관계가 규정되는 전제조건이 되고 있었음은 말할 것도 없는데, 그 중에서도 쇼군에 대한 國王이라는 명칭이 정착되면서 조선에 파견된 일본국왕사와 巨酋使에 대한 규정은 특히 상세히 규정되어 있다. 따라서 본장에서는 전술한 國王이라는 용어에 대한 고찰의 연장선상에서 『海東諸國紀』에 보이는 일본국왕사의 성격을 규명하는 것을 목적으로 하며, 나아가 일본국왕사를 사칭해 파견된 僞使를 한일관계사에서 어떻게 평가해야 하는가에 초점을 맞추어 고찰해 나가고자 한다.

원래, 조선 정부의 일본 측에 대한 외교의 기본자세는 개국 초기부터 왜구의 금압에 있었다. 이러한 목적을 달성하기 위해 조정에서는 왜구의 투항을 장려하고, 興利船(交易船)이나 使送船(왜구에 붙잡혔던 피로인의 송환 등을 포함해 무언가의 목적을 가지고 도항한 선)을 후대하는 등의 회유책을 취하고 있었기 때문에 왜구는 점점 격감했고, 西日本 각지로부터의 평화적 통교자가 증가하는 추세였다.[39] 이러한 평화적 통교자, 즉 일본국왕(일본 내 실질적 최고 권력자) 명의로 파견된 사절이 이른바 일본국왕사이다.

그렇다면 중세 일본이 일본국왕사를 파견한 근본적인 이유는 어디에 있을까. 이에 대한 것은 선행 연구에서도 언급되어 있어 여기서 상세히

---

39) 長節子, 앞의 책, 5~6쪽.

할 필요는 없지만, 매회의 일본국왕사의 파견과 그 목적 등을 총체적으로 파악할 필요와 시대적 변화과정을 고찰할 필요가 있어 다음의 표로 검토해 보겠다.

〈표 1〉 日本國王使 파견 일람표

번호	일본국왕사 도착시기	조선 연호	막부 장군 (재위기간)	파견 명의 (*일본 측 서계)	일본국왕과 장군 동일 여부	파견 목적
1	1404. 07	태종 4	足利義持 1394. 12~1423. 03	日本國王 源道義	○	
2	1405. 06	태종 5	足利義持 1394. 12~1423. 03	日本國王 源道義	○	왜구금압
3	1405. 12	태종 5	足利義持 1394. 12~1423. 03	日本國王	○	왜구금압/ 피로인
4	1406. 02	태종 6	足利義持 1394. 12~1423. 03	日本國王 源道義	○	대장경청구
5	1406. 06	태종 6	足利義持 1394. 12~1423. 03	日本國王	○	
6	1407. 02	태종 7	足利義持 1394. 12~1423. 03	日本國王	○	왜구금압
7	1408. 09	태종 8	足利義持 1394. 12~1423. 03	日本國王 源道義	○	왜구금압
8	1409. 12	태종 9	足利義持 1394. 12~1423. 03	日本國王 (源義持)		왜구금압/ 피로인
9	1411. 02	태종 11	足利義持 1394. 12~1423. 03	日本國 源義持		
10	1411. 10	태종 11	足利義持 1394. 12~1423. 03	日本國王		대장경
11	1414. 06	태종 14	足利義持 1394. 12~1423. 03	日本國王		대장경
12	1419. 11	세종 원	足利義持 1394. 12~1423. 03	日本國 源義持		대장경
13	1422. 10	세종 4	足利義持 1394. 12~1423. 03	日本國王		대장경
14	1423. 11	세종 5	足利義量 1423. 02~1425. 02	日本國王		대장경
15	1425. 02	세종 7	足利義量 1423. 02~1425. 02	日本國 道詮(義持)	○	대장경

16	1430. 02	세종 12	足利義教 1429. 03~1441. 06	日本國王		
17	1431. 02	세종 13	足利義教 1429. 03~1441. 06	日本國王		
18	1432. 05	세종 14	足利義教 1429. 03~1441. 06	日本國王		대장경
19	1443. 10	세종 25	足利義勝 1442. 11~1443. 07	日本國		피로인/ 대장경
20	1448. 01	세종 30	不任 1443. 07~1449. 04	日本國王 源義成*	○	대장경/ 조공중재
21	1450. 01	세종 32	足利義成 1449. 04~1453 .06	日本國 源義成*		대장경
22	1452. 02	문종 2	足利義成 1449. 04~1453. 06	日本國王		대장경
23	1456. 03	세조 2	足利義政(義成) 1453. 06~1473. 12	日本國王 源義政*		대장경
24	1457. 03	세조 3	足利義政(義成) 1453. 06~1473. 12	源義政*		대장경/ 사찰부조
25	1458. 10	세조 4	足利義政(義成) 1453. 06~1473. 12	源義政*		조공중재
26	1459. 06	세조 5	足利義政(義成) 1453. 06~1473. 12	日本國王 源義政		대장경
27	1462. 10	세조 8	足利義政(義成) 1453. 06~1473. 12	日本國王 源義政		대장경
28	1463. 07	세조 9	足利義政(義成) 1453 .06~1473. 12	日本國王		대장경/ 사찰부조
29	1468. 04	세조 14	足利義政(義成) 1453. 06~1473. 12	日本國王*		사찰부조
30	1470. 08	성종 원	足利義政(義成) 1453. 06~1473. 12	日本國王 源義政		
31	1471. 10	성종 2	足利義政(義成) 1453. 06~1473. 12	日本國王 源義政		
32	1474. 10	성종 5	足利義尙 1473. 12~1488. 06	日本國王 源義政	○	사찰부조
33	1475. 08	성종 6	足利義尙 1473. 12~1488. 06	日本國王 源義政	○	조공중재
34	1482. 04	성종 13	足利義尙 1473. 12~1488. 06	日本國王 源義政	○	대장경/ 사찰부조
35	1487. 04	성종 18	足利義尙 1473. 12~1488. 06	日本國王 源義政	○	대장경
36	1489. 10	성종 20	足利義熙(義尙)	日本國王 源義政	○	대장경

			1488. 06~1489. 03		
37	1491. 08	성종 23	足利義材 1490. 07~1493. 06	日本國王 源義材*	대장경/ 사찰부조
38	1494. 04	성종 25	不任 1493. 06~1494. 12	日本國王 源義材	대장경/ 사찰부조
39	1497. 02	연산 3	足利義高 1494. 12~1502. 07	日本國王 源義高*	대장경/ 사찰부조
40	1501. 08	연산 7	足利義高 1494. 12~1502. 07	日本國	대장경
41	1502. 03	연산 8	足利義高 1494. 12~1502. 07	日本國王 源義高	대장경
42	1505. 03	연산 11	足利義澄(義高) 1502. 07~1507. 04	日本國王	
43	1511. 04	중종 6	足利義稙(義材) 1508. 07~1521. 12	日本國王	피로인
44	1512. 04	중종 7	足利義稙(義材) 1508. 07~1521. 12	日本國王	
45	1514. 11	중종 9	足利義稙(義材) 1508. 07~1521. 12	日本國王	사찰부조
46	1517. 05	중종 12	足利義稙(義材) 1508. 07~1521. 12	日本國王	대장경/ 사찰부조
47	1521. 04	중종 16	足利義稙(義材) 1508. 07~1521. 12	日本國	
48	1522. 02	중종 17	足利義晴 1521. 12~1546. 12	日本國王	사찰부조
49	1523. 05	중종 18	足利義晴 1521. 12~1546. 12	日本國 源義晴*	무역확대
50	1525. 05	중종 20	足利義晴 1521. 12~1546. 12	日本國王	사찰부조/ 조공중재/ 무역확대
51	1528. 10	중종 23	足利義晴 1521. 12~1546. 12	日本國王	
52	1537. 01	중종 32	足利義晴 1521. 12~1546. 12	日本國王	대장경
53	1542. 04	중종 37	足利義晴 1521. 12~1546. 12	日本國王*	무역확대
54	1543. 03	중종 38	足利義晴 1521. 12~1546. 12	日本國王	조공중재
55	1545. 03	인종 원	足利義晴 1521. 12~1546. 12	日本國王	
56	1546. 10	명종 원	足利義晴	日本國王 源義晴*	

			1521. 12~1546. 12			
57	1547. 09	명종 2	足利義藤 1546. 12~1554. 02	日本國		
58	1548. 10	명종 3	足利義藤 1546. 12~1554. 02	日本國王		
59	1552. 06	명종 7	足利義輝(義藤) 1554. 02~1565. 05	日本國王		
60	1556. 10	명종 11	足利義輝(義藤) 1554. 02~1565. 05	日本國王		대장경/ 무역확대
61	1563. 04	명종 18	足利義輝(義藤) 1554. 02~1565. 05	日本國王		
62	1565. 03	명종 20	足利義輝(義藤) 1554. 02~1565. 05	日本國		
63	1567. 05	명종 22	不任 1565. 05~1568. 02	?		
64	1571. 11	선조 4	足利義昭 1568. 10~1573. 07	日本國		
65	1580. 12	선조 13		日本國		조공중재
66	1587. 10	선조 20		平秀吉		통신사
67	1589. 06	선조 22		平秀吉		통신사
68	1591. 01	선조 24		國王(平秀吉)		

* 이 표는 仲尾宏, 「第1回 室町時代の通信使」, NHK人間講座, 2001, 18~19쪽 ; 이지선, 「朝鮮前期 日本國王使 研究」, 강원대학교대학원사학과 석사학위논문, 2002, 8~10쪽의 표를 참고로 하여 작성.
* 파견 목적 항목에 빈 공난은 미확인이거나, 기록상 확인이 할 수 없기 때문임.
* 파견 목적 항목에 대장경=대장경청구, 사찰부조=사찰건립부조, 피로인=피로인송환, 통신사=통신사파견 요청을 의미함

이 표를 볼 때, 일본국왕사가 파견된 주된 목적은 주로 ① 왜구 금압, ② 피로인의 송환, ③ 대장경 구청, ④ 사찰 건립의 부조 요청, ⑤ 조선에 대한 대명 조공 중재 요청, ⑥ 대마도와의 국교 회복과 무역 요청 등이다. 이를 시대별 분포로 살펴보면, 왜구 금압에 관련된 일본국왕사 파견은 주로 조선 초기에 많이 보이고 있으며, 이를 볼 때 조선 초기 대일 교섭의 중요 목적이 왜구 금압에 있었음을 확인할 수 있다. 더욱이 『海東諸國紀』를 보면, 使船定數, 使船大小船夫定額, 給圖書, 諸使迎送 등에 이르기까지 일본국왕사는 각지의 巨酋使들보다 상당한 특권을 부

여받고 있었다(아래의 <표 2> 참조). 이것은 바로 '일본의 최고 실력자'인 國王=쇼군을 통해 왜구금압이라는 목적을 달성하기 위해 일본국왕사를 특히 우대했다는 것을 말해준다.

또 <표 1>을 볼 때, 일본 측의 대장경 청구는 전반적으로 보이고 있으나, 15세기에 집중하고 있어 무로마치(室町) 幕府의 대조선 사절 파견의 중요한 목적이 대장경에 있음을 유추할 수 있다. 대장경에 대한 확보를 위한 막부의 노력에 대해서는 여러 가지 견해가 피력되고 있으나, 가장 중요한 것은 막부 권위의 상징이었다는 것, 일본 국내 불교세력에 대한 포용, 문화적 욕구 등에 의해서 시도되었다고 볼 수 있다.[40] 그 외에 일본국왕사 사절단이 五山의 승려가 포함되고 있었다는 사실도 대장경 구청의 중요 이유이며,[41] 대장경 구청의 목적인 경우 파견 경비를 五山에서 부담하고 있었다는 것[42]도 큰 의미를 갖는다 하겠다.

한편, 일본 측의 조선에 대한 明에의 조공중재요청은 6건이 보이고 있는데, 이중에서 1458년의 단 1건만 明에 알리고 있으며, 나머지 건에 대해서는 거부하거나 묵살하고 있다. 이것으로 볼 때, 조선 측은 기본적으로 일본의 요청에 부응할 생각은 전혀 없었고, 오히려 이러한 조공 요청은 조선에 의해 부담이 되고 있었다. 왜냐하면, 1458년 명에 일본 측의 조공에 대한 요청을 알렸을 때, 내조에 대한 지시를 받아내기는 했으나, "만약 혹시 전처럼 법을 범하여 無禮한 짓을 하면서 財物을 노략질하거나 官府를 기만하고 능멸한다면 죄는 반드시 용서되지 않을 것이다."[43]라고 明으로부터의 칙서도 있어 일종의 압박을 받고 있었기 때문

---

40) 조항래, 하우봉, 손승철 편, 『講座 韓日關係史』, 현음사, 1994, 293~294쪽.
41) 橋本雄, 「'遣朝鮮國書'と幕府・五山-外交文書の作成と發給-」『日本歷史』589, 1997, 71~73쪽.
42) 仲尾宏, 「第1回 室町時代の通信使」, NHK人間講座, 2001, 25쪽.
43) 『世祖實錄』, 세조 5년 4월 신유(10일). "若或似前犯法無禮, 搶掠財物, 欺陵官府, 罪必不宥."

이다. 더욱이 이에 世祖도 "그것을 자세히 사실을 살펴서 사리에 맞게
시행하고 소홀히 해서 간략히 하지 말아야 한다."44)는 1510년 삼포왜란
이후 내조한 일본국왕사의 목적은 구례의 대조선 관계와 무역 회복을 위
한 것으로 추정된다. 물론, 일본국왕사라는 것이 교린의 입장에서 양국
의 우호 증진을 위한 것이라는 것은 가장 기본이 될 수 있으나, 본의는
역시 무역확대였으며, 어떠한 형태로든 실리 추구에 있었다는 것은 분명
한 사실이다. 하지만 삼포왜란 이후 임신조약을 체결하게 되어 무역액이
감소되었고 이에 대한 회복을 위해 대마도를 통한 무역액의 증가를 노리
고 있었다. 이와 같은 무역확대에 대한 노력은 대마도를 중심으로 한 일
본국왕사의 명의를 사칭한 僞使까지 등장하게 되는데, 僞使와 일본국왕
사의 관계 및 성격에 대해서는 다음에서 살펴보도록 하겠다.

2) 『海東諸國紀』로 본 日本國王使의 성격

일본국왕사를 사칭한 僞使가 사료상에서 처음으로 등장하는 것은
1474(성종 5)년 아래의 기사이다.

> **사료 3** : 일본국왕 源義政이 僧 正球 등을 보내어 와서 聘問하였는
> 데, 그 글에 이르기를, "경인년에 弊邑에서 특히 專使를
> 보낸 것은 무릇 新祚를 하례한 것입니다. …이번 답서에
> '@전년에 폐읍의 艱虞에 관해서 細川 · 伊勢 양씨의 사자
> 라고 이름하여 글을 보내어 구원해 주기를 청하였더라.'고
> 하셨는데, 그러나 폐읍은 실로 알지 못하는 것입니다. ⓑ
> 이는 奸賊이 令을 矯飾한 소위이니, 반드시 囚禁을 가하여

---

44) 동상. "王其仔細審實停當而行, 毋得忽略."

그 죄를 사과할 것입니다. ⓒ금후 통신에는 다행히 새로
운 印章이 있으니, 이로써 징험을 삼는 것이 좋겠습니
다.…45)

위 기록은 일본국왕 아시카가 요시히사(足利義尚, 源義政)의 명의로
파견된 승 正球 등의 진언을 기록한 것으로 밑줄 ⓐ에서는 전년에 호소
카와(細川)씨와 이세(伊勢)씨의 명의로 온 사절은 일본국왕=쇼군인 요
시히사도 알지 못하는 사절이라는 것이며, 때문에 밑줄 ⓑ에서 이 사절
은 일본국왕의 令을 위조한 까닭이니 반드시 그 죄를 사과하겠다는 것
이다. 그리고 금후의 일본국왕사는 새로운 통행허가증(=인장)이 있으니
이것을 징표로 삼으면 될 것이라고 했다(밑줄 ⓒ).

그렇다면 밑줄 ⓐ에 보이는 전년에 파견된 호소카와(細川)씨와 이세
(伊勢)씨는 쓰시마번(對馬藩)도 모르는 위사라는 것인데, 명확히 언제 내
조했던 것일까. 호소카와씨의 경우『海東諸國紀』에 의하면, 1470년에 8
월에 日本國 細川 左吾頭 持賢과 細川勝氏가 사람을 보내어 와서 토산
물을 바쳤다는 기록46)이 보이고 있으며, 후자의 경우, 일본국왕 懷守納
政所 伊勢守 政親이 보낸 入道 등이 와서 토산물을 바쳤다는 기록47)이
보이고 있다. 특히, 전자인 호소카와(細川)씨 중에서 細川勝氏의 경우『海
東諸國紀』를 보면, 壽蘭이 동행하고 있었으며, 그는 "文正 1년 병술
(1466) 5월에 (조선의) 명령을 받고 돌아갔는데, 경인년(1470)에야 다시
왔다. 壽蘭이 말하기를,… '大內殿의 서신과 賜物은 사람을 시켜 전송하

---

45)『成宗實錄』, 성종 5년 10월 기유(27일). "日本國王源義政遣僧正球等來聘. 其書
曰, 庚寅歲, 弊邑特遣專使, 蓋賀新祚也. …玆承前年屬敝邑艱虞, 號細川, 伊勢兩氏
之使者, 發書請救, 然敝邑實不知之. 是奸賊矯令所爲也, 必加囚禁, 以謝其罪. 今後
通信幸有新印, 以此爲驗可也."
46)『成宗實錄』, 성종 원년 8월 계유(28일).
47)『成宗實錄』, 성종 원년 8월 기사(24일).

도록 하였는데 그만 海賊에게 약탈당하였습니다.'하니, 그의 말에는 진실성이 결여되어 다 믿을 수가 없었다."48)라는 기록이 보이고 있는데, 이것이 바로 『海東諸國紀』에 기술된 최초의 일본국왕사를 사칭한 僞使이다.

다시 말하면, 사료 3의 기록과 위의 『海東諸國紀』 기술로 유추해 볼 때, 이 두 경우는 일본국왕사 명의를 사칭하여 같이 내조한 것으로 <표 1>에 보이는 1470년의 일본국왕사는 바로 僞使라고 볼 수 있다. 이때의 사절에 대한 의구심은 그들이 내조했을 때 올린 다음의 서계 내용으로도 짐작할 수 있다.

> 사료 4 : 정친은 삼가 글을 조선국 議政府 閣下에게 바칩니다. ⓐ 공손히 바라건대 나라가 크게 평안해서 今上皇帝의 御位가 오래도록 가소서. 陛下께서는 공손히 德이 乾坤과 일치하여 唐虞(堯·舜을 의미)의 어질고 장수하는 지역을 보전하고, 賢聖을 신하로 모아서 伊周(殷의 湯王 때 재상 伊尹과 周의 成王 때 周公)의 순수하고 소박한 기풍을 회복하도록 원하며, 성의를 다하여 축복합니다. ⓑ그런데 扶桑(일본) 전하의 높은 명령에 응하여 같은 날에 서계를 봉하여 조선과 琉球의 두 나라에 使船을 보냅니다. 이는 나의 개인적인 의사가 아니니, 이와 같은 간절한 뜻을 폐하에게 주달하여서 허락해 주시면 오직 다행으로 생각하겠습니다.…"49)

---

48) 『海東諸國紀』, 「八道六十六州」, 山城州 細川殿條.

49) 『成宗實錄』, 성종 원년 8월 기사(24일). "政親謹奉書朝鮮國議政府閣下, 冀惟太平, 今上皇帝御位, 萬歲萬歲. 陛下恭願德齊乾坤, 保唐吳(虞)仁壽之域, 臣聚賢聖, 復伊, 周淳素之風, 至祝至祝. 爰應扶桑殿下貴命, 而同日封書朝鮮琉球兩國渡使船者也. 聊余非私意耳, 如此懇切之意, 趣達上聞, 而許賜容者, 惟幸."

위의 밑줄 ⓐ에 의하면, 조선 국왕에 대해 전에 없었던 '今上皇帝'라는 용어를 들어 극찬하고 있다는 점이다. 이는 통상 일본국왕인 쇼군이 조선국왕에게 보내는 국서에는 사용하는 않는 표현이다. 밑줄 ⓑ에서 동시에 조선과 유구에 사선을 보냈다는 것도 상당히 의심스럽다. 왜냐하면, 당시 일본은 '應仁의 난'으로 인해 국내 정세가 혼란스러워 琉球에까지 사선을 파견할 여유가 없었기 때문이다. 더욱이 사료 4에는 명기하지 않았지만, 같은 기록의 후반부에는 호소카와(細川)씨와 야마나(山名)씨의 사사로운 전쟁을 진압한다는 명목으로 綿紬 3천 필, 綿布 5천 필, 白苧布 1천 필, 쌀 5천 석을 요청하고 있다는 점도 이 사절의 목적이 '交隣'이 아닌 다량의 하사품, 즉 僞使의 대표적 특징인 물질적 이득에 그 목적이 있었음을 알 수 있다.

또한, 1474년에 12월에는 1470년의 사절이 僞使라는 것이 다음의 기사로 명확히 밝혀지고 있다.

사료 5 : ⓐ지난번에 細川・伊勢 양씨의 사자라고 일컬은 것은 모두 다 王命을 假託하고 와서 兵費를 요구하므로, 다만 환란을 구하고 재앙을 나누는 것이 의리상 당연하고 급하게 생각되어, 그 사이에 의심을 할 겨를이 없었던 것입니다. ⓑ지금 來諭를 받고서야 그것이 王命을 속인 소위임을 알았습니다. 來使가 또 말하기를, '우리 국왕의 사자라는 자만이 아니고 여러 大臣이 보낸 바라고 일컫고 오는 자도 또한 이와 같은 것이 많다.'고 하고, ⓒ이어서 殿下의 뜻으로써 符信을 가지고 징험을 삼기를 청하였습니다. 과인도 또한 생각하기를 넓은 바다로 멀리 떨어져서 설사 조그마한 거짓이 있다고 하더라도 쉽게 구명해 살피지 못할 것이므로, 오직 符信이라야만 가히 징험할 수 있을 것입니

다. ⓓ이에 象牙로 符信 열 개를 만들어 가운데를 쪼개어
서, 오른쪽 반쪽을 回使에게 내어 주고, 그 왼쪽 것을 두어
서 다른 날의 징험을 삼게 하니, 뒤에 聘問할 때를 당하여
는 반드시 부신을 주어서 보내야 할 것입니다. 貴朝의 대
신으로 일찍이 우리에게 通信한 자나 혹은 사자를 보낼
일이 있으면 또한 부신을 주어서 속임수를 막으면, 어찌
양편이 서로 다행한 것이 아니겠습니까. 요구하신 西光院
의 助緣은 폐방이 근년에 연달아 國恤을 당하고, 年事도
또한 흉작이 되어서, 간략하게 토산 약간을 가지고 조그마
한 회포를 표하여 別幅과 같이 갖추니, 양해하시고, 섣달
의 추위가 심하니 진중 자애하소서.…50)

사료 5의 밑줄 ⓐ에서 말하는 호소카와(細川)·이세(伊勢) 양씨의 사
자는 전술한 사료 3에 보이는 1470년의 僞使이며, 그때는 의심할 겨를
이 없어 접대를 했다는 것이다. 밑줄 ⓑ에서는 지금의 來諭(1474년)를
받고 왕명을 속인 것, 즉 일본국왕 명의를 사칭했다는 것을 알았다는 내
용이다. 또 밑줄 ⓒ를 보면, 내조한 사절이 부신으로서 증표를 삼을 것
을 청하였기에 밑줄 ⓓ에서 상아로 부신 10개를 만들어 반을 쪼개 오른
쪽의 것을 내조한 사신에게 주어 다음 날 내조할 때의 증표로 삼게 하고
반드시 다음부터는 이 부신을 지참해야할 것을 요구하고 있었던 것이다.

50) 『成宗實錄』, 성종 5년 12월 병신(15일). "往者稱細川伊勢兩氏之使, 皆假王命來,
索兵費, 第念救患分災, 義所當急, 不暇致疑於其間. 玆承來諭, 乃知矯命所爲也. 來
使且言, 非止我國王之使, 其稱諸大臣所遣, 而來者亦多類此. 仍以殿下之意, 請符爲
驗. 寡人亦以爲, 滄溟夐絶, 縱有纖僞, 未易究覈, 惟符可驗. 乃以象牙作符十枚, 中
分之, 將右畔就付回使, 留其左以爲他日之驗, 後當聘問之時, 必授符以遣. 貴朝大臣
曾通信於我者, 如或有遣使, 亦且授符, 以杜欺詐, 豈非兩相幸哉. 所索西光院助緣,
敝邦近年連遭國恤, 歲又不登, 略將土產若干, 聊以表懷, 具如別幅照恕, 臘天寒酷,
珍重自愛."

즉, 1474년 이후의 사신은 반드시 이 상아로 만든 부신을 지참하지 않으면 일본국왕사가 아니라는 것이며, 또 그에 대한 접대는 일본국왕사에 대한 접대가 아니라는 것을 의미한다. 1474년 이후인 1503년의 일본 측 기록에는 조선 측에 상아 부신을 새롭게 요청한 기록이 보이고 있는데, 이는 1474년에 받은 10개의 부신 중에서 화재로 인해 겨우 2, 3개만 남아 다시 만들어 지급해 달라는 것이었다.[51] 『憂亭集』에 의하면 당시 일본 측의 요청에 따라 새로운 부신을 지급해 주고 있었던 것으로 보아[52] 1503년 이후의 사절, 즉 1505년의 일본국왕사부터는 아마도 새로운 부신이 증표로 사용되었다는 것을 의미한다.

아무튼 1470년의 일본국왕사가 위사라는 것을 증명한 자료인데, 중요한 것은 이 1470년 일본국왕사 이후, 1474년에 새로운 부신을 만들었음에도 불구하고 일본국왕사를 사칭한 僞使가 급증하고 있다는 점이다. 이것은 『海東諸國紀』가 1471년에 편찬되었고, 일본국왕사의 우대에 대한 특별한 응접(=일본 각지의 巨酋使들에 비해 보다 많은 특권의 부여)이 『海東諸國紀』에 의해 규정되어졌다는 것을 볼 때, 僞使의 급증과 日本國王使에 대한 특권 부여는 밀접한 관련이 있으며, 『海東諸國紀』와도 전혀 무관하지 않다는 것을 알 수 있다.

그 특권은 다음의 <표 2>에서 일본 각지에서 파견된 諸巨酋使들과 확연히 다름을 알 수 있다. 이 표는 『海東諸國紀』「朝聘應接紀」에 수록된 일본국왕사의 대표적 특권을 약술한 것으로 특히 使船定數가 3척으로 諸巨酋使보다 많을 뿐만 아니라, 使船大小船夫定額에서는 선박의 크기와 인원수조차도 점검하지 않았고, 上京人數는 국왕사가 25인, 諸巨酋使는 15인이었으며, 留浦日限 즉 三浦에 머물 수 있는 기한도 국왕사의

---

51) 『續善隣國寶記』 文龜 3년 春3월조.

52) 金克成著, 『憂亭集』 권4, 「日本書契」(『韓國文集叢刊』18, 民族文化推進會, 1990, 428~429쪽).

경우는 기한이 없으나, 巨酋使들은 관찰사의 馬文(사신의 도착을 알리는 문서)이 도착한 뒤 15일, 三浦로 돌아간 뒤 20일이 기한으로 만약 기한 이외에 고의로 머무르는 자는 料를 주지 않고 있다. 조선으로 도해하는 선박의 수와 도해인원 및 체제일수는 조선 측으로부터 지급되는 料에 상당한 영향을 미치는 것으로 일본국왕사에 대한 최대한의 특권이라고 할 수 있다. 결국, 이러한 특권은 일본국왕사로서 조선에 도해해야만 많은 액수를 지급받을 수 있다는 인식을 일본 각지의 제권력자들에게 부여해주었고, 이것이 1470년 이후 일본국왕사를 사칭한 僞使를 증가시키는 하나의 배경이 되었던 것이다.

〈표 2〉 日本國王使와 諸使의 특권 비교

(『海東諸國紀』의 「朝聘應接紀」의 대표적인 내용만 약술)

번호	항목	일본국왕사	기타 사선(對馬/巨酋使 및 기타지역)
1	使船定數	國王使는 3척까지 가능.	對馬島主는 한 해 동안에 배 50척. 다른 일로 특별히 배를 보내게 되면 특송(特送)이라 함(일정한 수가 없음). 기타 지역의 추장은 1년 1·2척.
2	使船大小 船夫定額	國王使는 선체를 재거나 인원수를 점검하지 않고, 보고 파악한 것을 액수로 정하여 보고하고 料를 지급.	임금의 敎命을 받아 선체만 재어 3등급으로 액수를 정하여 料를 주고 인원은 점검하지 않음. 25尺 이하가 소선이고, 26~27척이 중선이며, 28~30척이 대선이다. 船夫는 대선 40명, 중선 30명, 소선 20명이 定額.
3	諸使迎送	國王使는 3品의 朝官을 보내 京通事을 인솔하고 三浦에 가서 영접, 돌아갈 때도 호송.	巨酋使는 京通事를 보내 삼포에 가서 영접, 조관이 경통사를 인솔하여 호송. 對馬島州의 特送使와 九州節度使의 사자는 鄕通事가 인솔, 上京하면 조관이 호송.
4	三浦熟供	國王使는 삼포에 머물 때에 수행원의 인원을 헤아려 잘 익힌 음식을 제공, 그 나머지 船夫는 모두 料를 지급.	諸巨酋使와 특별히 보낸 절도사의 사자 중에서 正官 이상은 잘 익힌 음식을 제공한다. 여러 추장 이하는 料를 지급. 하루 2식제공. 諸巨酋使는 국왕의 사신과 같으며, 節度使의 特送使도 국왕의 사신과 같다. 早飯은 마른고기가 주로 된 상인 五果床에다 세 가지 탕을 제공한다.
5	上京人數	국왕사는 25인이다.	諸巨酋使는 15인이다. 特送使는 3인인데, 별도의 예는 배로 한다. 九州節度使의 사자는 3인

			인데, 짐이 5바리(馱)가 넘으면 1인을 증가한다. 매양 5바리가 되면, 인원을 증가하되 5인을 초과하지는 못한다.
6	三浦宴	國王使는 三浦에 체류하는 동안 연회를 3회 제공, 그 중 1회는 宣慰使, 2회는 差使員이 차리며, 돌아갈 때에 1회를 차사원이 차린다.	제거추사는 삼포에 체류하는 동안 2회 제공하고 돌아갈 때에는 1회를 제공하며, 모두 차사원이 차린다. 節度使의 특송사자는 삼포에 체류하는 동안 1회를 제공하고, 돌아갈 때도 이와 같다. 壹岐島 이외의 諸巨酋使는 삼포에 체류하는 동안 1회를 제공한다.
7	路宴	國王使는 경상도의 3곳에서 路宴을 차리는데, 그 1곳은 관찰사, 2곳은 수령이 차리며, 충청도·경기도에서는 각각 1곳인데, 관찰사가 차림.	諸巨酋使는 경상도에서 2곳인데, 1곳은 관찰사가 직접 차리고, 1곳은 차리며, 충청도와 경기도에서는 각각 1곳인데, 관찰사가 직접 차린다. 돌아갈 때도 이와 같다. 諸巨酋使 이하로서 일기도 이외의 사람에게는 경상도와 충청도에서 각각 1곳, 대마도 사람에게는 경상도 1곳 뿐이다. 돌아갈 때도 이와 같으며, 수령이 차림.
8	京中迎餞宴	국왕사는 漢江에서 영접하여 연회. 上官人·부관인에게는 車食七果床을 차리고, 正官 이하는 거식오과상을 차린다.	諸巨酋使가 처음 使館에 도착했을 때의 영접 연회 물품은 국왕사를 한강에서 영접하는 연회의 물품과 같다. 돌아갈 때에는 모두 한강에서 전송한다.
9	晝奉杯	국왕사에게는 3일에 1번씩 제공한다.	諸巨酋使의 사자도 국왕사와 같다.
10	京中日供	국왕사에게 제공하는 早飯과 세 끼 식품은 三浦에서와 같다. 식품을 그냥 받기를 원하면, 조반은 익힌 음식으로 주고, 나머지 세 끼니는 5일에 한 번씩 합해 준다.	제거추사에게 조반과 세 끼 식품을 그냥 제공하는데, 국왕사의 예와 같다. 대마도 특송절도사의 사자도 국왕사와 같다. 都給할 때에 밀가루·말린 고기·준치·생선·차·참버섯은 제외한다.
11	下程	국왕사에게는 3회를 제공. 제공하는 식품은 오른쪽의 巨酋使와 같음.	巨酋使에게는 3회를 제공하고, 구주절도사의 사자와 특송사에게는 2회를 제공하는데, 매회에 떡·술·과일·소채·海菜·말린 버섯·죽순·두부·밀가루·꿀·건어육·생어육·젓·겨자·오미자차·기름·간장·초 등의 물품을 예조가 위에 아뢰어 지급한다.
12	例賜	국왕사의 상관인과 부관인에게는 각각 아홉새 검은 무명 장삼 1벌(홑과 겹은 철에 따름) 등을	諸巨酋使는 국왕사의 예와 같다. 구주절도사의 사자는 의복, 관, 신만 국왕 사신의 예와 같다. 나머지 물품은 지급하지 않는다.

		지급.	
13	留浦日限	국왕사는 기한이 없다.	諸巨酋使는 관찰사의 馬文이 도착한 뒤 15일이 기한이며, 三浦로 돌아간 뒤 20일이 기한이다. 만약 기한 이외에 고의로 머무르는 자는 料를 주지 않으며, 심한 병이 있는 자는 병이 낫기를 기다린다. 巨酋使 아래도 이와 같다. 관직을 받은 諸巨酋使와 대마도 사람들은 馬文이 도착한 뒤 짐이 많은 자는 10일, 짐이 적은 자는 5일이 기한이다. 기한 이외에 고의로 머무르는 자는 料를 지급하지 않는다.
14	上京道路	국왕사는 기한이 없다.	諸巨酋使 및 이하는 기한이 지나면 날수를 계산하여 料를 감한다. 혹 병이 나거나, 물이 넘치거나, 짐을 운반하지 못하여 부득이 머무르는 자는 그 소재지의 관청에서 明文을 받아오게 한다. 돌아갈 때도 이와 같다.
15	給料	國王使의 이하는 모두 1일 두 끼로 각 1되씩 준다. 국왕의 사신은 上官人과 부관인은 中米를 주고, 나머지는 모두 糙米를 준다. 국왕의 사신은 배가 2척도 되고 3척도 되는데, 선부船夫는 전원에게 料를 준다.	제거추사는 副船이 있으면 모두 料를 주는데, 다만 선체船體의 대소에 따라 선부의 額數를 정하여 料를 주고, 만약 그 나머지 사람의 것을 청하면 敎令을 받아 가감한다. 혹은 절반, 혹은 3분의 1을 준다. 제 사신으로 격식을 어긴 사람은 예조에 보고한다. 예조에서 敎令을 받아 住接을 허용하면 전교를 받은 날로부터 시작하여 料를 주고, 주접을 허용 받지 못한 사람은 過海料의 절반만 준다.

실제로 1475년 일본국왕 源義政의 명의로 승 性春을 보내 내조한 사절도 僞使였는데, 그 기록은 아래와 같다.

사료 6 : 同知事 李承召가 아뢰기를, "지금 온 일본의 사자는 예물이 없으니, 너무 소홀하게 되었는데, 사적으로 진상하는 것도 또한 다른 例보다 박하며, 서계에도 또한 圖書가 없으니, 이것들이 모두 의심할 만합니다. 전일에 왔던 正球 등은 서계에 모두 圖書가 있었으니, 이것이 더욱 의심할 만합니다. 申叔舟의 말이, '왜인으로 중이 된 사람이 모두 글을 배우는 까닭에 일을 맡은 사람은 대개가 모두 중이다.'라고 했는데, 지금 온 중은 학문을 이해하지 못하니, 내일 연회 때에 이를 묻는다면 알 수가 있을 것입니다."하니, 임금이 말하기를, "사적으로 進上하는 것은 비록 박하더라도 무엇이 해롭겠는가. 다만 예물이 없어 사정의 실상을 헤아리기가 어려우니, 내일 연회 때에 그것을 물어보아라."…53)

위의 기록은 일본국왕 아시카가 요시마사(足利義政, 源義政)의 명의로 보내진 사절에 대한 이승소의 진언인데, 밑줄에서 알 수 있듯이 이 사절은 예물이 없고, 통행중인 圖書가 없어 의심받고 있었다. 이 사절이 가져온 서계에는 明에 대한 조공 중재 요청, 즉 明과의 勘合貿易에 대한 요청을 하고 있었으나,54) 전술한 바와 같이 그 이전인 1458년 일본국왕사가 내조했을 때, 이미 대명 조공중재 요청에 대한 수락을 사절에게 알리고 있었고, 또 실제로 明에도 알리고 있어, 얼마 지나지 않은 1475년에 다시 조공중재 요청을 했다는 것은 납득하기 어려운 점으로 역시 僞使임을 보여주고 있다.

그 외에 1525년에 파견된 사절도 영의정 남곤의 진언에 의하면, "이번에 일본 사신이 온 것은 모두 대마 도주의 술책인데, 대개 표류한 사람들을 쇄환한 것으로써 자기들의 공을 삼아 장차 한없는 요청을 하려는 것입니다. 만일 이번에 약조를 들어 막아버리지 않고 그들이 나오는 대로 곧 上京을 허락한다면, 뒷날에 그들이 약조 이외의 일을 청하게 될

---

53) 『成宗實錄』, 성종 6년 8월 무자(12일). "同知事李承召啓曰, 今來日本使者, 無禮物已爲簡慢, 私進上又薄於他例, 書契亦無圖書, 是皆可疑. 前來正球等書契, 皆有圖書, 此尤可疑. 申叔舟云, 倭人爲僧者皆學文, 故任事者類皆僧人, 今來僧人不解學, 明日宴時, 問之則可知矣. 上曰, 私進上, 雖薄何害. 但無禮物, 情實難測, 明日宴時, 其問之."
54) 『成宗實錄』, 성종 6년 8월 정해(11일).

것인데 다시 무슨 말을 들어 막을 것입니까."55)라고 하여 대마도에 의한 僞使임을 주장하고 있다. 또 1542(중종37)년에 파견된 사절도 僞使인데, 이 사절에 대해서 임열은 다음과 같이 진언하고 있었다.

> 사료 7 : …임열이 아뢰기를, "왜사가 온 것은 다 銀을 가져와 매매
> 하는 이익 때문입니다. ⓐ銀을 만드는 기술을 우리나라에
> 서 배웠다면 銀을 禁하는 것이 우리나라의 으뜸가는 법인
> 줄 잘 알 것이므로, 팔지 못하게 될까 염려하여 국왕의 서
> 계를 핑계하였을 것이니, 이 왜인을 참으로 일본의 사자라
> 고 믿을 수 없습니다. 서계에 맨 먼저 銀을 언급하고 대마
> 도의 일을 애써 설명하였는데 언사가 의심스럽고, ⓑ섬의
> 교활한 夷狄이 국왕의 서계를 위조할 이치가 없지도 않으
> 니, 살피지 않아서는 안 되겠습니다."…56)

위의 사료는 당시 일본국왕사들이 내조했을 때 가져 온 銀의 처리를 둘러싸고 조정에서의 논의 과정 중에 나온 것인데, 밑줄 ⓐ를 보면 일본 측이 銀을 팔지 못하게 되자 국왕의 서계를 핑계로 사절을 파견하였다는 것이며, 밑줄 ⓑ에서는 그렇기 때문에 교활한 대마도인들이 일본국왕의 서계까지 위조했을 가능성(=일본국왕 명의를 사칭했을 가능성)이 있으므로 잘 조사하지 않으면 안 된다는 것이다. 당시 일본은 銀 생산량

---

55)『中宗實錄』, 중종 20년 4월 정사(28일). "今此日本使臣之來, 無非對馬島主之謀
也. 蓋益以漂流人刷還, 爲己功, 而將責以無厭之求也. 今若不引約條防之, 而隨其出
來, 便許上京, 則他日, 彼以約條外事請之, 更據何辭, 而拒之乎."

56)『中宗實錄』, 중종 37년 5월 병신(16일). "任說曰, 倭使之來, 皆爲齎銀貿賣之利
也. 鍊銀之術, 學之於我國, 則固知禁銀, 爲我國之甲典. 恐不能見售, 託稱國王書契,
此倭, 不可信其眞爲日本之使也. 書契內, 首及銀兩, 力陳對馬之事, 言辭可疑. 海島
狡夷, 僞造國王書契, 不無其理, 不可不察."

이 증대되는 초기 단계였고, 또 이용 루트 등이 완전히 확보되지 않은 상태였기 때문에 논리 타당한 주장이라고 할 수 있다.

하지만, 조정 내에서의 의견이 모두 임열과 같은 의견은 아니었다. 특진관 권벌은 "대마도는 땅이 메말라서 우리나라에 힘입는 것이 또한 많습니다. 그 교활한 계책을 미리 헤아릴 수는 없으나, 이번의 왜사를 일본의 사자가 아니라고 생각할 수는 없습니다."고 하였으며, 윤은보는 "위조라고 의심할 수 없으니, 대우하는 것은 예의를 극진히 해야 마땅하겠습니다."고 하여 중종은 "이 말 역시 마땅하다. 왜노의 간사함은 헤아려 알 수 없지만, 서계에 眞銀이라는 말이 있고, 別幅에도 맨 먼저 썼으니, 서계를 어떻게 모두 고칠 수 있었겠는가. 우리나라가 대우하는 것은 예를 극진히 해야 하고 그 사람을 의심해서는 안 된다."고 하여 선위사를 가려 보낼 것에 대해 조정은 빨리 의논하도록 지시하고 있었다.[57] 이는 僞使라고만 볼 수 없다는 주장이다. 하지만, 이러한 주장에 의해 일본국왕사를 받아들인 것은 아니었다. 더욱 중요한 것은 동아시아의 전통적인 國王 간의 교린, 나아가 조선의 대국관으로서의 입장과 조선의 표류민을 쇄환시키는 목적이 더 컸었다고 판단된다.

다음은 1542년 일본국왕사를 칭하며 安心이 내조했을 때의 기사인데, 사료 7의 내용으로 보아 위사일 가능성에 대해 인지하고 있었음에도 불구하고 조정에서는 김안국이 다음과 같은 의견을 상신하고 있었다.

사료 8 : 김안국이 아뢰기를, "ⓐ사대와 교린은 매우 중대하여, 일의 기틀이 조금만 잘못되어도 이해에 크게 관계됩니다. 일본이 우리나라만 못하기는 하나, 군신의 상하와 백관의 예의가 또한 다 있습니다. 다만, 천성이 조급하여 조금만 제 마음에 섭섭하면 문득 분한 마음을 일으킵니다. …늘 隣

---

57) 상동.

好를 위하여 우리나라에 내빙하니, 바다가 막혀 멀기 때문에 사신을 보내어 修答하지는 못하더라도, 10년이나 5년에 한 번 내빙하면 우리는 접대를 후하게 해야 할 것입니다. 다만, 이번에 銀을 가져온 것은 예전에 없던 일이라 무역을 허가하는 例를 열수 없으므로, 접대하는 사이에 일의 체모에 크게 방해되기에 이르렀습니다. 저들은 국왕의 書契를 갖고 왔다가 버려두고 갈 수 없으므로 올라오는 것입니다. ⓑ저들이 혹 몹시 성내도 크게 해로울 것이 없기는 하나, 濟州에서 왕래하다가 표류한 사람이 많이 있어도 전혀 刷還하지 않는다면, 국가가 한 방면의 백성을 아주 잃게 될 것입니다.····"하니, 상이 이르기를, "객사가 성을 낸다면 표류한 사람을 어찌 쇄환할 리가 있겠는가. 가져온 銀은 무역할 수 없더라도, 은을 가져왔다 하여 대접을 매우 박하게 하는 것도 또한 이상하지 않겠는가?"하였다.58)

위의 밑줄 ⓐ는 일본이 조선보다 못하고, 또 조선에 내빙해왔는데, 修答으로서 통신사는 보내지 못하더라도 먼 곳에서 내빙해왔기 때문에 후하게 대접해야 한다는 大國觀의 논리로서 일본국왕사 安心에 대한 응접을 진언하고 있다. 더욱이 밑줄 ⓑ로 볼 때, 제주를 왕래하다가 만약에

---

58) 『中宗實錄』, 중종 37년 5월 을미(15일). "金安國曰, 事大交隣, 至爲重大. 小失事機, 大關利害. 日本雖不如我國, 君臣上下, 百官禮義, 亦皆有之. 但天性躁急, 小失其心, 便生忿恚. 日本遐遠, 自古雖未聞作耗我國之事, 常以隣好, 來聘我國. 雖以滄溟隔遠, 不遣使修答, 十年五年, 若一來聘, 則我之接待, 所當厚矣. 但令者齎銀, 古所未有, 不可開例許貿, 故至於接待之間, 大妨事體, 彼人齎國王書契, 不可去, 故上來. 彼若大怒, 雖無巨害, 濟州往來漂流之人, 數多有之, 而全不刷還, 則國家永失其一方赤子也. 不知他日, 將有何釁, 而勢至於此也. 臣受此重任, 計暗識劣, 不知處置之如何, 深以爲難. 上曰, 客使若其發怒, 則漂流之人, 豈有刷還之理. 所齎銀兩, 雖不可貿, 以齎銀而待之太薄, 不亦異乎."

표류한 사람이 있어도 일본국왕사를 접대하지 않으면 쇄환하지 않을 우려도 있기 때문에 그들에 대한 응접의 정당성을 진언하고 있으며, 이에 대해 중종도 허가의 의도를 피력하고 있었다. 이에 대한 문제는 윤인겸과 김안국 등의 진언[59]을 거쳐 응접이 결정되었는데, 결국 僞使의 의심이 있기는 했지만, 조선 정부는 大國觀을 가지고 일본을 회유·기미하는 차원에서 접대를 행하고 있었다.

이러한 僞使 파견에 대해 일본의 무라이 쇼스케(村井章介)는 1511년부터 1591년까지 25회의 사절 중에 1517년과 1537년을 제외한 모든 사절은 僞使라고까지 주장하고 있다.[60] 물론, 무라이는 해당 기간 중의 모든 사절에 대한 상세한 논증을 행하고 있지는 않으며, 또 그들이 전부 僞使라고 단정할 수도 없지만, 그 만큼 僞使로 의심되는 사절이 파견되고 있었음은 『朝鮮王朝實錄』에만도 여러 곳에 보이고 있다. 다만, 여기서 중요한 논점은 위사로 의심되는 일본국왕사에 대한 응접이 일본 측에 대한 '회유·기미정책'이라는 전통적인 대일정책 속에서 이루어지고 있었다는 점이 중요하다.

이는 왜구 금압을 위한 목적, 일본의 제지역에 표류한 표류민의 쇄환, 일본과의 접경지역에 대한 안정, 동아시아 국제질서의 안정(조선국와과 일본국왕과의 교린), 일본 정보의 입수 등을 목적으로 전제로 하고 있다.

한편, 일본국왕사를 사칭한 僞使 파견은 1470년대, 1510년대라는 양

---

59) 『中宗實錄』, 중종 37년 5월 병오(26일). "…윤인경이 아뢰기를, '국왕이 보낸 은과 사자를 모두 중도에 머물러 두는 것도 참으로 미안하거니와, 객사가 위임받아 다른 나라에 왔다가 이와 같이 失意하여 돌아가는 것은 더욱 미안하니, 어쩔 수 없이 접대하고 그 청을 들어 주는 것이 마땅하겠습니다.' 하고, 김안국이 아뢰기를, '이웃 나라가 신의로 서로 통하는 것은 그 유래가 이미 오래 되었는데, 이제 祖宗 때의 옛일에 따르지 않고 이렇게 대우하면 우리나라가 이웃 나라를 대우하는 예의에 흠이 있을 듯합니다.' 하였다."

60) 村井章介, 『中世倭人傳』(岩波新書274), 1993, 154~159쪽.

분기점을 시작으로 발생하고 있는데, 1470년대는 조선 측의 상황으로서
전술한 『海東諸國紀』에 보이는 日本國王使에 대한 조선의 특권 부여,
일본 국내적인 상황으로서는 바로 1467년에 발생한 '應仁의 난'[61] 때문
으로 볼 수 있다. 이 난은 호소카와(細川)씨와 야마나(山名)씨의 막부 장
군 후계자를 둘러싼 내분 전쟁으로 이러한 혼란의 틈을 타 각 지방 세력
들이 일본국왕사를 사칭하여 내조하게 된 것이다. 또 1510년대 이후 偽
使가 발생하게 된 것은 조선과 일본의 국제적인 문제로 바로 삼포왜란
으로 인한 대일 무역 통제책이 강화되었기 때문이다. 즉, 임신조약(1512)
으로 일본과의 외교창구는 삼포에서 내이포 하나로 한정되었고, 세견선
의 25척 감소, 세사미두의 반감, 특송선 제도의 폐지, 수직왜인에 대한
세사미와 세견선의 불허 등등으로 대마도의 대조선 무역액이 갑자기 대
폭 축소되었기 때문이다.

4. 맺음말

본고에서의 주된 논점은 『海東諸國紀』에 수록된 일본의 國王觀, 그리
고 일본에 國王이라는 용어가 외교적 측면으로 정착되면, 탄생한 일본국
왕사라는 사절단이 『海東諸國紀』가 편찬된 1471년을 전후해서 과연 어
떠한 성격을 가지고 변화되고 있었는가라는 것인데, 이를 몇 가지 점에
서 정리해보면 다음과 같다.

첫째, 『海東諸國紀』에 수록된 일본의 國王이라는 용어와 국왕관에 대

---

61) '應仁의 난'으로 1467년부터 11년간 계속된 일본 중세의 내란 전쟁이다. 호
소카와 카츠모토(細川勝元)과 야마나 모치토요(山名持豊)과의 대립으로 쇼
군 아시카가 요시마사(足利義政)의 후계자 문제가 시바(斯波)·하타케야마
(畠山) 두 管領家의 상속문제와 결부되어 제국의 守護大名들이 細川氏와 山
名氏의 양쪽으로 나누어 싸우게 되었고, 이것이 일본의 하극상시대인 戰國
時代를 초래함으로써 室町幕府의 권위를 실추시켰다.

한 의미 부여이다. 일본의 國王이라는 것은 권력체제가 고대 천황제 사회에서 중세 무가사회로 전환되는 시점에서 사용된 것으로 일본에서의 國王의 의미는 대외적 대내적인 양면성을 띠고 있었고, 이것은 일본의 외교적 양면성을 보여주는 하나의 사례라는 점이다. 즉, 대외적인 면에서 國王(=日本國王)을 내세워 동아시아 국제질서라는 틀 속에서 일본을 위치시키고, 대내적인(=국내적) 면에서 본다면, 天皇이라는 표면적 권위를 인정하며, 國王이라는 명칭 대신에 征夷大將軍=쇼군이라는 武威를 내세워 국내 권력을 장악하고 있었던 것이다. 대내적인 면에서 『海東諸國紀』에 보이는 국왕이 국내에서는 전혀 통용되고 있지 않고, 국왕=쇼군이라는 인식도 없었다는 것은 이를 잘 반영해주고 있다.

둘째, 조선 측의 입장에서 『海東諸國紀』의 國王觀을 본다면, 천황은 國政에 전혀 관여 하지 않는다고 하여 정치적 실권자인 쇼군과 그 차별성을 명확히 구별함과 동시에 일본 '최고의 정치적 실력자'로서 미나모토씨(源氏)=征夷大將軍(將軍, 쇼군)이라는 日本國王觀을 부여해 주었다는 점이다. 이러한 인식은 『海東諸國紀』가 편찬된 1471년을 전후한 중세 이후 조일관계 속에 일본의 정치권력 주체를 규정하고 있었다는 점에서 시사하는 의미가 크다.

셋째, 일본에서는 외교적인 차원에서 國王이라는 용어가 정착이 되어, 日本國王使라는 사절단을 조선에 파견하게 되는데, 이는 1471년 『海東諸國紀』 편찬을 전후하여 그 성격이 크게 변하고 있다는 점이다. 즉, 본문의 일본국왕사의 파견 목적에서 살펴본 바와 같이 『海東諸國紀』가 편찬된 1471년을 전후한 시기 일본국왕사의 목적은 왜구금압이 중요했으나, 이후부터는 무역액의 증가를 위해 일본국왕사의 명의를 사칭한 僞使가 급증하고 있었다. 그런데, 여기에는 『海東諸國紀』에 의해서 정립된 일본국왕사에 대한 특권적인(諸巨酋使보다 실리적인 특권) 규정이 전제하고 있었으며, 결국, 이러한 특권은 사절 파견의 명의로서 日本國王使

의 가치를 높여주었고, 이것이 1470년 이후 일본국왕사 사칭의 僞使를 증가시키는 하나의 배경이 되었던 것이다. 물론 위사발생의 배경이 일본의 국내적 문제로서 '應仁의 난'이 커다란 작용점으로 위치하지만, 『海東諸國紀』의 존재 또한 이 문제와 관련지어 염두에 두지 않으면 안된다.

넷째, 일본국왕사의 명의로 파견된 사절 중에 國王의 명의를 사칭한 사절, 즉 僞使들이 많다는 것을 조선 정부도 어느 정도 인지하고 있었으나, 이를 접대한 것은 조선의 大國觀에 의해 일본을 회유·기미하기 위한 정책의 발현이었다는 점이다. 더욱이 이러한 僞使 성격의 일본국왕사는 전술한 '國王'이라는 용어가 일본의 외교적 양면성을 설명해 주듯이, 日本國王使 또한 표면적인 책봉국가 간에 공식적인 관계의 교린과 내면적으로 실리추구라는 양면성을 가지고 발생하였던 것이며, 이것이 일본국왕사의 또 하나의 성격으로 규정지을 수 있겠다.

『海東諸國紀』 지명에 반영된
한일 중세어 표기법

심 보 경

1. 서 론

본 연구의 목적은『海東諸國紀』에 반영된 지명 표기법의 특징을 살펴보는 것이다.『海東諸國紀』는 신숙주가 1443년 일본에 서장관으로 방문하여 기록했던 日本國, 九州, 壹岐, 對馬島, 琉球國의 자료를 성종 2년(1471)에 간행한 책으로, 199여 개의 지명 자료 언어사 및 한일 중세어 표기법 연구에 중요하다.[1] 이때 기록된 자료는 일본의 각 지명을 당시

---

1) 『海東諸國紀』에는 畿内五州 (5), 東山道八州(8), 東海道十五州(15), 山陽道八州(8), 南海道六州(6), 北陸道七州(7), 山陰道八州(8), 西海道九州(9), 對馬島(90) 壹岐島 (34) 등 199여 개의 지명이 기록되어 있으며 대부분 한국 한자음으로 표기되어 있다.

15세기 한국한자음으로 의하여 표기하고 있어 한일 중세어 표기법을 연구하는데 도움을 준다.

한일 양국은 고대로부터 잦은 교류가 있었으므로 양국 간에 어휘의 전수가 있었음은 주지의 사실이다. 그 중 고유명사인 인명, 지명의 표기 방식은 한일 양국의 토착화 과정에서 공통점이 많다. 특히, 본 연구에서 다룰 지명어는 전수성과 보수성이라는 특수한 성격 때문에 일반 어휘보다 고대어의 잔형을 많이 가지고 있다. 때문에 한자차자표기의 관점에서 『海東諸國紀』의 지명 표기를 면밀히 비교해 보면 한일어 차자체계와 그 운용상의 동질성을 발견할 수 있다.

『海東諸國紀』 한자음, 표기법 연구는 지금까지 그다지 활발하게 논의되지 않았다. 해동제국기의 한국측 연구는 강신항(2003), 이성근(1999), 일본측 연구는 中村榮孝(1965)와 浜田敦(1954), 田中建夫(1991) 등이 있다. 강신항(2003)의 「해동제국기 내의 한자음」에서는 『海東諸國紀』에 반영된 한자음 자료가 어떤 체계를 가지고 있는가에 대한 연구를 통해 두 자료의 한자음이 거의 일치함을 밝혔으며, 이성근(1999)의 「'老松堂 日本行錄' 및 '海東諸國紀'의 地名表記에 反映된 中世日本語音體系」는 浜田敦의 연구를 보완하여 해동제국기 지명의 현재 지명을 재구하였다. 그리고 [i]의 음가는 伊, 因의 한자를 차용하고 있으며, ハ행 頭子音의 경우 ハ를 '화', '파', ヒ를 '피'를 나태내며, 어말의 ン, サ, タ行 앞의 ン은 '緊', '信', '因'으로 カ행 앞의 ン은 '応', ジ는 '而', ヂ는 '知'로 표기됨을 밝혔다. 『海東諸國紀』의 일본측 연구는 주로 역사학자와 언어학자에 의해 연구되었다. 中村榮孝(1965)는 역사학적 입장에서 『海東諸國紀』의 사료적 가치를 연구하고 현재 일본으로 지명을 비정하였으며, 浜田敦(1954)은 한일 지명 비교를 통해 언어학적 입장에서 『海東諸國紀』를 살펴보고 지명의 언어적 특징을 파악하였다. 田中建夫(1991)는 신숙주의 『海東諸國紀』를 일본어로 번역하였다.

『海東諸國紀』의 표기에서 현실음을 파악할 수 있는 것은 '一字一音節音借名'으로 쓰인 한자이다. 音借名 형식은 一字一音式으로 發音式 綴字에 가까운 성격이 있어 일본어 음운구조를 충실하게 반영하고 있다. 이러한 방식은 음성적으로 한국 한자음(東音 : 三國系 漢字音)과 유사한 성격을 지닌다[2]. 『海東諸國紀』는 저자인 신숙주가 한·중·일 음운에 정통하여 표기의 정확성이 높으며, 지명 자료가 다른 중세 한국어 문헌보다 양적으로 풍부하다는 점에서 한일 중세어 표기법 연구에 중요한 의미를 갖는다. 본 연구에는 지명차자표기법의 기본 원리를 파악한 후 해동제국기 지명 표기법의 특징을 살펴 볼 것이다.

2. 지명차자표기법의 원리

『海東諸國紀』 지명어를 분석하기 위해서는 지명어의 차자표기 방법과 그 원리를 알아야 하며, 각각의 지명을 어떻게 해독할 것인가에 대한 기준이 있어야 한다.

문자가 없던 시기 한일 양국은 중국의 한자를 빌어 자국어를 표기했다는 것은 주지의 사실이다. 한자차자표기법이란 한자를 이용하여 자국어를 표기하는 방법을 말한다. 차자표기법은 한자의 表音과 表意 기능을 적절히 활용한 표기법으로 한국어 고유명사를 한자의 음을 빌어 표기한 데서 시작되었다. 한자차자표기법 연구는 한자가 대표음이나 대표 어형을 갖기까지의 과정과 운용상에서 보여주는 규칙성을 찾는 작업이다. 한자차자표기에 의한 고유명사의 해독은 한자차자표기법의 원리를 이해하

---

2) 15·16세기 한국한자음을 기록한 최초의 자료는 『東國正韻』(1447)이며, 동국정운식 한자음이 적극적으로 활용된 문헌은 『釋譜詳節』(1448)과 『月印千江之曲』(1448)이다. 그러나 이 운서 체계는 인위적으로 규범화하여 15·16세기 한국 현실 한자음과는 차이가 있었다. 그래서 동국정운식 한자음 대신 한국인의 체계에 맞는 전통한자음(東音)을 사용하게 되었다.

는 것과 중국 중고음(中古 漢音) 및 고대국어 한자음에 대한 재구가 전
제 조건이며, 고대국어 한자음의 계승음인 중세국어 한자음(15~16세기
국어 한자음)에 대한 연구 없이는 불가능하다. 한자차자표기법은 양주동
(1942)에서 제기된 이래 남풍현(1981)[3], 안병희(1984), 이종철(1990)의
연구에 의해 이두, 향찰, 구결 등의 표기로 발전되었다.

　지명차자표기법에는 음차 표기법, 훈차 표기법, 음훈차 표기법 등이
있다. 최초의 지명 표기 방법은 한자의 음을 차용한 음차표기였다. 즉,
광개토대왕비문(A.D. 414)에 나타나는 18城名(지명) 閣彌城, 牟盧城, 彌
沙城, 阿旦城, 古利城, 豆奴城, 比利城, 彌鄒城, 豆奴城, 散那城, 那旦城,
閏奴城, 貫奴城, 阿利水 등과 『삼국사기』와 『삼국유사』에 나타나는 慰
禮城, 負兒岳, 彌鄒忽, 沸流水, 扶餘, 卒本, 斯盧 등이 음차 표기이다.[4]
그런데 음차 표기는 한국어의 실제 발음을 전사하는 데에는 한계가 있었
으므로 이를 보완하기 위해 한자의 表意 기능을 이용한 것이 훈차 표기
이다. 훈차 표기는 음차 표기에서 발전된 형태로 한자의 訓(釋)을 활용한
표기이다. 훈차 표기는 초기의 음차 표기에서 한 단계 발전된 형태로『용
비어천가』의 '楸洞(ᄀ래올)', '岐灘(가린여흘)', '鼎山(솓뫼)', '荒山(거츨
뫼)', '鐵峴(쇠재)', '熊津(고마ᄂ르)', '車踰(술위나미)', '竹田(대밭)' 등
이 훈차표기이다.

---

3) 남풍현(1981 : 15)은 차자표기법 체계를 음으로 읽고 원뜻도 살리는 音讀,
　음으로 읽되 표음부호로만 쓰는 音假, 음으로 읽고 그 원뜻을 살리는 訓讀,
　훈으로 읽되 표음부호로만 쓰는 訓假 네 유형으로 나누었다.
4) 향가, 삼국사기, 삼국유사와 같은 고대국어 지명 표기는 그 어형을 완전하
　게 재구할 수 없으나 15세기 문헌인 「용비어천가」의 지명 표기에는 한자
　표기 지명과 한글 표기 지명이 함께 나오므로 그 대응을 밝힐 수 있다. 15
　세기 문헌인 『용비어천가』에도 甲州(가쥬), 移蘭豆漫(이란투먼), 實眼春(산
　춘), 泰神(탸신), 常家下(샹갸하), 禿魯(투루), 薛列罕(설헌), 童巾(퉁컨), 阿木剌
　(아모라), 婆猪(포쥬), 阿赤郎貴(아치랑귀), 火兒阿(홀아), 阿都哥(어두워), 回叱
　家(횟가), 斡朶里(오도리), 厚叱只(훗기), 阿木回(옴회), 洪肯(홍컨) 등의 음차
　표기가 있다.

지명차자표기법에서 가장 복잡한 해독은 음·훈 혼합 표기이다. 지명어의 해독에서 음절을 명확하게 음차와 훈차로 해독할 수 있다면 문제가 되지 않지만 음차와 훈차가 혼합 표기된 경우에는 해독에 어려움이 있다. 예를 들면 향가의 '心音(모숨)'은 음과 훈이 결합된 예로 첫 글자 '心'은 '훈'으로, 둘째자 '－音'은 '음'으로 읽는다.[5]

이러한 지명차자표기법은 한일 양국에 공통적으로 나타나는 방식이다. 『일본서기』에 의하면 일본에 처음 한자가 전래된 것은 응신왕 때 백제인 阿直岐와 王仁으로부터이며, 응신 15년(283) 8월 아직기가 渡倭하여 태자 菟道稚郎子의 스승이 되었고, 응신 16년(284) 왕인이 태자에게 경전을 가르쳤으므로 일본에 한자가 전래되었음을 밝히고 있다. 또 『고사기』에도 응신왕 때 백제의 肖古王이 왕인에게 논어 10권과 천자문 1권을 보냈다는 기록이 있다. 이러한 기록으로 볼 때 한자는 한국에서 일본으로 전해졌으며 한국은 일본에 한자를 전수하는데 결정적 영향을 준 것으로 추정된다. 이러한 양국의 한자 전래에 대해 大野晉은 중국의 字音이 한반도를 거쳐 일본에 전래되어 한국의 한자사용법과 상대 일본표기법이 유사하다고 주장하였다. 藤井戊利(1977 : 18)는 한자음이 전래되면서 변화하는 것은 당연하며 한반도에 전래된 한자음은 朝鮮化한 것이라고 주장하였다. 또한 鶴久(1977 : 220)는 한자사용법에는 한자를 그대로 이용하는 正用(正借)과 한자의 음과 훈을 빌어 쓰는 假用(假借)의 방식이 있으며 이러한 방식은 한일 양국의 지명차자표기법에 공통으로 나타난다고 하였다.

일본 지명표기는 한국의 지명표기와 마찬가지로 한자의 음을 빌린 음차표기, 한자의 뜻을 빌린 훈차표기, 이 둘을 혼합한 혼합표기 등이 있다. 이러한 방식은 문자가 없던 시기에 한자의 음과 훈을 빌려 표기하던

---

5) 양주동(1942)은 '義字末音添記法', 도수희(1976)는 받쳐적기법, 김완진(1980)은 訓主音從法, 송기중(1999)은 '譯音 譯義 혼용 표기법'이라고 하였다.

차자표기 방식이 그대로 유지된 것이다. 지금까지 논의한 한일지명표기
법의 특징을 정리하면 다음과 같다.

〈표 1〉 한일지명표기법

음차법(音借法)	한자의 음을 빌어 표기하는 방법	
	한국지명 : 斯羅, 徐羅伐, 所夫里, 泗沘, 比斯伐, 彌鄒忽, 慰禮忽 등	
	일본지명 : 佐多町[sa-ta](鹿兒島), 夜須町[ya-su](福岡), 球磨村[ku-ma](熊本) 久住町[ku-ju](大分), 宇美町[u-mi], 阿蘇町[a-so](熊本) 富士町 [fu-ji](佐賀), 宇久町[u-ku](長崎)	
훈차법(訓借法)	한자의 훈을 빌어 표기하는 방법	
	한국지명 : 熊津(고마ᄂ르), 岐灘(가린여흘), 荒山(거츨뫼), 孔岩(구무바회), 竹田(대밭), 石浦(돌개), 北泉洞(뒷심쏠), 馬山(ᄆ뢰뫼) 連山(느르 뫼) 등	
	일본지명 : 熊本市[kuma-moto](熊本), 長崎市[naga-saki](長崎), 平戶市[hira-do](長崎), 鶴見町[tsuru-mi](大分), 石田町[ishi-da](長崎), 甘木市[ama-ki](福岡), 南小國町 [minami-o-guni](熊本), 田川市[ta-gawa](福岡), 赤池町[aka-ike] (福岡)	
음훈차표기법 (音訓借表記法)	한자의 본뜻은 버리고 훈의 음만 빌어 적는 방법이다. 일본지명에서는 훈차표기와 음차표기를 섞어서 표기하는 것을 말한다.	
	한국지명 : 加莫洞(가막골), 按板灘(안반여흘), 廣津(광ᄂ르), 德積(덕물), 善竹(선째)	
	일본지명 : 福岡[fuku-oka](음차+훈차), 那珂川[na-ka-gawa](음차+음차+훈차) 大牟田[oo-mu-ta](훈차+ 음차+훈차), 筑穗[chiku-ho](음차+훈차)	

이와 같이 한일지명표기법은 문자가 없던 시기에 우리가 사용하던 음
차 표기, 훈차 표기, 음훈차 혼합표기가 있었음을 알 수 있다. 일본 고대
문헌에 제시된 것과 같이 고대에 한국은 일본에 한자를 전해주었으며,
일본 지명표기 방식 역시 한국의 차자표기를 택했을 가능성이 높다. 한
국의 경우 신라 경덕왕 때 고유어 지명을 본래의 어형과 다른 2음절식
한자어로 바꾸게 되었지만 일본에서는 우리의 차자표기법을 오늘날까지
그대로 유지하여 한자를 훈과 음의 두 방식으로 읽게 된 것으로 보인다.
특히, 외래어 지명은 음차표기되었으며 이것은 현재 일본어 표기에서 음

으로만 읽는 카타카나 표기 방식과 유사하다.

3. 『海東諸國紀』 지명과 현재의 일본 지명

『海東諸國紀』는 1443년 신숙주가 왕명에 의해 편찬한 자료로서 1권 1책으로 되어 있다. 海東諸國이란 日本本國·九州·壹岐島·對馬島·琉球國 등을 일컬으며, 『海東諸國紀』에는 海東諸國總圖 및 日本本國圖·西海道九州圖·一岐島圖·對馬島圖·琉球國圖·熊川薺浦之圖·東萊富山浦之圖·蔚山鹽浦之圖 등 10매의 지도와 日本國紀·琉球國紀·朝聘應接紀·語音飜譯의 본문으로 구성되어 있다. 『日本國紀』에는 '天皇代序', '國王代序', '國俗', '道路里數', '八道六十六州·對馬島·一岐島'의 내용을 포함하고 있다.[6] 해동제국기 본문의 서술방식은 각 지역에 대한 지리와 연혁, 개요를 기록하고 있으며, 각 군에서는 군수의 지배관계를 보여주고 있으며 포에는 각각의 호수를 기록하고 있다. 또 지도에는 한국 한자음으로 당시의 일본 지명을 기록하고 있다.

해동제국기의 지명은 주로 <日本國對馬島之圖>, <日本國一岐島之圖>와 본문 중 <對馬島 8군과 82포>와 <一岐島 7향과 13리 14포>에 집중적으로 나타나고 있다. 본 연구에서는 해동제국기 지명의 특징을 살펴 보기 위해 『海東諸國紀』 대마도 지도를 통해 지명을 고찰하고 지명 고증을 통해 문헌의 지명이 현재 지명에 어떻게 변화하여 표기되었는지 살펴 보려 한다. 본고에서는 『海東諸國紀』의 지명을 대조해 보기 위해 일본 지명의 분석은 田中建夫(1991)가 쓴 책을 중심으로 살펴 보고,

---

6) 『海東諸國紀』의 초간본은 전해지지 않으며 현재 두 판본이 있다. 해동제국기는 권두의 지도가 목판본으로 되어 있고 서, 목록, 본문 등은 주자인 갑인자, 1행 17자로 되어 있다. 권말의 유구국 자료는 을해자(乙亥字) 1행 19자로 되어 있어 활자와 판식이 다르다.

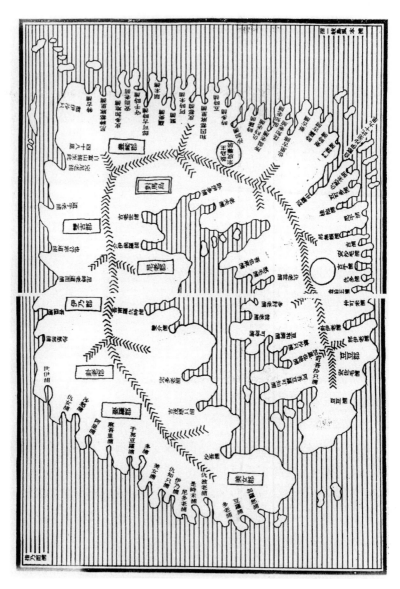

〈그림 1〉日本國對馬島之圖

中村榮孝(1965)와 浜田敦(1954)의 논문을 참조하였다. 對馬島는 일본 서
북단에 위치한 섬으로 동서 18Km, 남북 72Km이며 上島와 下島로 되어
있다. 행정구역상 長崎縣 上縣郡 下縣郡에 해당한다. 대마도는 壹岐와
함께 일본열도와 한반도를 연결하는 중요한 섬으로 고대부터 일본과 한
국의 중요한 지역으로 인식되어 왔다. 대마도 명칭이 최초로 표기된 史
書는 중국의 『三國志』 魏志東夷傳 「倭人傳」이다. 『三國志』 魏志東夷傳
에는 '對馬島'로, 魏志東夷傳에는 '對馬國', 『隋書』 東夷傳에는 '都斯麻
國', 『古事記』에는 '津島', 『日本書紀』에는 '對馬島'로 기록되고 있다.
한국측 자료인 『三國史記』에는 '對馬島'로 표기되고 있다. 이것으로 보
아 '對馬'라는 명칭은 中國의 『三國志』 기록을 전후한 시기에 쓰였던 것
으로 예측된다.

　『海東諸國紀』 지도 가운데 가장 상세하게 표현된 지도가 대마도 지도
이다. 이 지도에는 대마도의 해안선과 포구를 상세하게 묘사하고 82포의
포구명을 자세히 기록한 것이 특징이다. 그런데 이 지도에서 특히 흥미
로운 사실은 대마도의 포구명을 한국 한자음으로 표기한 점이다. 中村營
孝(1965)는 대마도 8군명 중 '豊岐郡'만 일본식 표기한 것이며, 7군명과
82포명은 일본음을 한국 한자음으로 표기한 것이며 이것은 한국인과 일
본인의 협력을 통해 작성된 것이라고 밝히고 있다. 이 지도의 정확한 분
석을 위해 日本國對馬島之圖에 표기된 대마도 郡名, 浦名과 『海東諸國
紀』 본문에 표기된 대마도 郡名, 浦名을 추출하여 대조해 보고, 이 지명
이 현재 일본 지명과 어떤 상관 관계를 갖는지 살펴보려 한다. 이 작업
은 『海東諸國紀』 지명 표기법의 특징을 가늠할 수 있으며, 대마도 포구
명이 일본식 한자음 표기가 아니라 한국 한자음에 의해 작성된 것임을
밝힐 수 있을 것이다. 다음은 해동제국기 대마도 8군 82포의 지명과 현
재의 일본지명이다.

〈표 2〉『해동제국기』 대마도 8군과 현재 일본지명

군명	『해동제국기』지명	현재 일본지명
1	豊崎郡或稱都伊沙郡只(toisaki 도이사기)	長崎縣下縣郡 豊崎(toisaki)
2	豆豆郡(tutu 두두)	河縣郡嚴原町豆酘(tutu)
3	伊乃郡(inai 이내)	上縣郡上縣町・上對馬町 伊奈(ina)
4	卦老郡(kwairo)	下縣郡嚴原町・美津島町 佐須(sasu)
5	要羅郡(yora)	下縣郡嚴原町・美津島町・ 豊玉町의 일부 與良(yora)
6	美女郡(minyö)	上縣郡峰町 三根(mie)
7	雙古郡(s'anggo)	上縣郡上縣町・上對馬町 佐護(sago)
8	尼老郡(nino)	下縣郡豊玉町 仁位(nii)

〈표 3〉『해동제국기』 대마도 82포와 현재 일본지명

포명	『해동제국기』지명	현재 일본지명
1	時古里浦(시고리 sikori)	上對馬町泉(itsumi)
2	尼神都麻里浦(니시도마리 nisitomari)	上對馬町西泊(nisidomari)
3	皮多加地浦(피다가디 p'itakati)	上對馬町比田勝(hitakatsu)
4	安而老浦(아이로 airo)	上對馬町網代(aziro)
5	守宇時浦(슈우시 syuusi)	上對馬町舟志(syuusi)
6	郎加古時浦(랑가고시 rangkakosi)	上對馬町南護志(nagosi)
7	頭未浦(두미 tumi)	上對馬町富浦(tomigaura)
8	蘊要浦(온요 onnyo)	上對馬町五根緖(goneo)
9	緊浦(긴 kin)	上對馬町琴(king)
10	阿時未浦(아시미 asimi)	上對馬町葦見(asimi)
11	皮都浦(피도 p'to)	上對馬町一重(hitoe)
12	和因都麻里浦(화인도마리 hoaintomari)	上對馬町南風泊(haedomari)
13	五時浦(오시개 osikai)	上對馬町小麓(osika)
14	時多浦(시다개 sitakai)	峰町志多賀(sitaka)
15	沙加浦(사가 saka)	峰町佐賀(saka)
16	時羅浦(시라 sira)	峰町佐賀品江(sakasinae)
17	仇時老浦(구시로 kusiro)	峰町櫛(kusi)
18	所溫老浦(소온로 soonro)	豊玉町曾(so)
19	溫知老毛浦(온지로모 onchiromo)	豊玉町大千尋藻(ochiromo)
20	昆知老浦(곤지로 konchiro)	豊玉町小千尋藻(kochiromo)
21	也里古浦(야리고 yariko)	豊玉町鑓川(yarikawa)

22	要古浦(요고 yoko)	豊玉町横浦(yokoura)
23	時羅古浦(시라고 sirako)	美津島町小船越白子浦(sirakoura)
24	要時浦(요시 yosi)	美津島町蘆浦(yosigaura)
25	可門諸浦(가문제 kamunjyö)	美津島町鴨居瀬(kamoize)
26	訓羅串浦(훈라곶 hunrak'ot)	美津島町小船越(kohunakosi)
27	仇愁音夫浦(구수음부 kusuumpu)	美津島町久須保(kusubo)
28	吾可多浦(오가다 okata)	美津島町緒方(okata)
29	桂地浦(계디 köiti)	美津島町鶏知(kechi)
30	尼宇浦(니우 niu)	美津島町根緒(neo)
31	那無賴浦(나무뢰 namuroi)	嚴原町南室(namuro)
32	古浦(고 ko)	嚴原町小浦(koura)
33	安沙毛浦(안사모 ansamo)	嚴原町阿須(asu)
34	古于浦(고우 kou)	嚴原町國府(kou)
35	仇多浦(구다 kuta)	嚴原町久田(kuta)
36	造船五浦(오 o)	嚴原町尾浦(oura)
37	仰可未浦(앙가미 angkami)	嚴原町安神(agami)
38	掛伊老浦(괘이로 koaiiro)	嚴原町久和(kuwa)
39	那伊老浦(나이로 nairo)	嚴原町內院(naiing)
40	安佐毛浦(안좌모 anchamo)	嚴原町浅藻(azamo)
41	豆豆浦(두두 tutu)	嚴原町豆酘(tutu)
42	世伊浦(셰이 söi)	嚴原町豆酘瀬(tsutsuse)
43	仇女浦(구녀 kunyö)	嚴原町久根(kune)
44	沙愁浦(사수 sasu)	嚴原町佐須(sasu)
45	阿里浦(아리 ari)	嚴原町阿連(are)
46	麻吾里浦(마오리 maori)	豊玉町廻(mawari)
47	于那豆羅浦(우나두라 unatura)	上縣町女連(unatsura)
48	多老浦(다로 taro)	豊玉町田(ta)
49	美女浦(미녀 minyö)	峰町三根(mine)
50	仇知只浦(구지기 kuchiki)	峰町朽木(kuchiki)
51	伊乃浦(이내 inai)	上縣町伊奈(ina)
52	尼多老浦(니다로 nitaro)	上縣町仁田(nita)
53	是時未浦(시시미 sisimi)	上縣町鹿見(sisimi)
54	仇波老浦(구파로 kup'aro)	上縣町久原(kuhara)
55	豆那浦(두나 tuna)	豊玉町綱浦(tsunaura)
56	加羅愁浦(가라수 karasu)	豊玉町唐洲(karasu)
57	沙愁那浦(사수나 sasuna)	上縣町佐須奈(sasuna)

58	五溫浦(오온 oon)	上對馬町大浦(oo)
59	尼時老道而浦(니시로도이 nisirotoi)	上縣町西津屋(nisinotsuya)
60	道于老浦(도우로 touro)	上對馬町豊(toyo)
61	也音非道浦(야음비도 yaoumpito)	上對馬町鰐浦字矢櫃(yabitsu)
62	完尼老浦(와니로 waniro)	上對馬町鰐浦(waninoura)
63	可吾沙只浦(가오사기 kaosaki)	鄕崎(gawasaki)
64	阿吾豆羅可知浦(아오두라가지 aoturakachi)	美津島町尾崎大連河內(ootsurakawachi)
65	可里也徒浦(가리야도 kariyato)	美津島町仮宿(kariyado)
66	敏沙只浦(민사기 minsaki)	豊玉町水崎漁港(mizusaki)
67	豆知洞浦(두지동 tuchidong)	美津島町土寄(tsuchiyori)
68	可時浦(가시 kasi)	美津島町加志(kasi)
69	彼老浦(피로 p'iro)	美津島町昼ヶ浦(hirugakeura)
70	多計老浦(다계로 takyöiro)	美津島町竹敷
71	仇老世浦(구로세 kurosöi)	美津島町黑瀨(kurose)
72	愁毛浦(수모 sumo)	美津島町洲藻(sumo)
73	吾也麻浦(오야마 oyama)	美津島町大山(oyama)
74	老夫浦(로부 ropu)	美津島町濃部(nobu)
75	臥伊多浦(와이다 oaita)	豊玉町和板(waita)
76	古老賴浦(고로세 korosöi)	美津島町大海船越コノ瀬
77	介伊侯那浦(개이후나 kaiihuna)	豊玉町貝鮒(kaihuna)
78	吾浦羅仇時浦(오보라구시 oporakusi)	美津島町大船越(oohunakosi)
79	雙介浦(상개 sangkai)	豊玉町嵯峨(saga)
80	完多老浦(완다로 oantaro)	美津島町大山和多浦(oyamawadangna)
81	古莢应只浦(고무웅기 komuungki)	豊玉町卯趏(umugi)
82	沙吾浦(사오 sao)	豊玉町佐保(saho)

위의 <표 2>와 <표 3>은 해동제국기 대마도 8군 82포 지명과 현
재 일본지명이다. <對馬島之圖>와 『海東諸國紀』 대마도 문헌의 지명
을 대조한 결과 그 차이점을 제시하면 다음과 같다.

<표 3> 25)의 可門諸浦(가문제포 kamunjyö)는 지도에는 可諸浦, 27)
의 仇愁音夫浦(구수음부포 kusuumpu)는 지도에는 仇愁夫浦, 48)의 多老
浦(다로 taro)는 지도에는 多浦, 58)의 五溫浦는 지도에는 五溫浦로 한자
표기가 다르다. 59)의 尼時老道而浦는 지도에는 尼時老道而浦 문헌에는

尼時老道伊浦, 62)의 完尼老浦는 지도에는 完尼老浦 문헌에는 臥尼老浦 64)의 阿吾豆羅可知浦는 지도에는 阿吾豆羅可知浦(아오두라가지 aotura-kachi), 문헌에는 阿吾頭羅可知浦, 67) 豆知洞浦는 지도에는 豆知洞浦, 본문에는 頭知洞浦, 69) 彼老浦는 지도에는 彼老浦 본문에는 皮老浦로 표기되어 있다. 그리고 6)의 郎加古時(랑가고시 rangkakosi)는 유일하게 현재 일본지명을 알 수 없는 것으로 나타났다.

　<對馬島之圖>와 『海東諸國紀』 대마도 본문 지명을 대조해 본 결과 대부분의 지명은 지도 표기명과 본문 표기명이 일치하지만 위의 9곳의 지명은 다르게 나타났으며 15세기 『海東諸國紀』 지명표기음이 그대로 현재 일본 지명에 반영된 것으로 나타났다. 『海東諸國紀』 지명 표기는 일본 지명을 15세기 한국 한자음으로 대부분 음차 표기된 것으로 보인다. 그리고 <對馬島之圖>와 『海東諸國紀』 본문 지명이 다른 것은 어느 것이 정확한 표기인지는 현재로서는 명확히 밝힐 수 없으며 앞으로 더 연구해야 할 과제이다.

4. 해동제국기 훈차표기 '곶(串)'과 '개(浦)'

　한자는 字音, 字形, 字意를 표시하는 문자이다. 한자문화권에서는 한자의 표의성 때문에 중국어음에서 유래한 字音으로 표기하며 音借字, 자국어 어휘음으로 표기하면 訓借字라고 한다. 『海東諸國紀』 지명을 검토한 결과 대부분의 지명은 음차하고 있지만 '곶(串)'과 '개(浦)'는 훈차되고 있다. 그런데 지금까지 일본 연구자들에 의해 '곶(串)'이 훈차임은 밝혀졌지만 왜 그것이 훈차인지에 대한 설명은 부족했으며 '浦(개)'가 훈차 표기라는 사실은 연구되지 않았다.[7] 따라서 본장에서는 해동제국기 지

---

7) 해동제국기 대마도, 일기도 지명을 검토한 결과 '浦(개)'는 한국어 '개(浦)' 에서 온 것을 알 수 있었다.

명표기 중 훈차표기인 '訓羅串(훈라곶)'의 '串(곶)'과 '五時浦(오시개)', '時多浦(시다개)'의 '浦(포)'가 한국어훈차표기임을 밝히려 한다.

4.1. 곶(串)

해동제국기 일본지명표기에서 흥미로운 어형은 '訓羅串(훈라곶)'의 '곶'이다. '곶'은 한국어 '-고지, -구지'에 해당된다.[8] 이 지명은 해안선에 육지가, 또는 평야에 산기슭이 불쑥 나온 지형·지세(凸형)에 붙여진 지명어로 '串·岬'[9]의 뜻에 해당한다(이돈주 2006 : 70~71).

한국 地名에서 '-곶'류 지명은 慶北 浦項의 長鬐串(장기곶), 黃海道의 長山串(장산곶)과 같이 분포하고 있다. '-곶'은 訓借로 '곶(cape)'으로 쓰이며 '-고지', '-꼬지', '-오지'로 나타나기도 한다. 지역에 따라서 '串'은 '꽂', '꼬지' 등으로 읽는 경우가 있다. '장기곶', '장산곶' 등의 '곶'은 그 표준음이 그대로 실현된 경우이고, '돌고지'는 '곶'에 /i/를 첨가하여 '돌고지'로 실현된 경우이며, '살꼬지'는 초성이 경음화되고 접미사 /i/가 첨가된 경우이다. '서오지(鋤吾芝)', '명오지(明串)'처럼 초성 'ㄱ'이 탈락되고 접미사 /i/가 첨가되어 '오지'가 된 경우도 있다.(김영만 2007 : 269).

---

8) 한국 지명에 나타난 '-고지'와 '-구지'형 지명을 제시하면 다음과 같다.
   '-고지' : 돌꼬지(立石) (강원 명주), 모롱고지 (충북 중원), 보싯고지(충북 음성), 문꼬지 (충남 서산), 질꼬지(전남 보성)
   '-구지' : 가매구지, 절구지(강원 영월), 모롱구지(경기 광주), 돌방구지(경기 파주), 대꼬지(竹串里)(충북 제천), 질구지(深井)(전남 곡성), 대꾸지(大串), 나리꾸지(羅里) (전남 진도)

9) '串'자는 『전운옥편』에 音이 '관' 또는 '천'이고, 訓은 '꽂다, 꿰다'이다(관 : 狎習, 천 : 穿也. 物相連貫). 또한 '串'자는 한국어 한자음 '곶'으로도 쓰인다. 지석영의 『자전석요』(1909)에 '地名 長山ㅣ 짜일홈 곶, 貫物竹釘 꽂창ㅅ 꽂' 이라고 표기되어 있으며 '육지가 바다에 내밀은 곳'을 말한다.

'곶'의 표기는 『삼국사기』(권37) 지명표기를 통해서도 알 수 있다.

1) ㄱ. 泉井口縣 一云 於乙買串   <삼국사기 권37>

　　ㄴ. 穴口縣 一云 甲比古次   <삼국사기 권37>

　　ㄷ. 獐項口縣 一云 古斯也忽次

　　　　楊口縣 一云 要隱忽次   <삼국사기 권37>

위의 예문 1)은 『삼국사기』(권 37) 고구려계 지명이다. 위의 예문에서 1-ㄱ) 泉井口, 1-ㄴ) 穴口縣 1-ㄷ) 獐項口縣, 楊口縣의 '口'자는 각각 '串, 古次, 忽次'와 대응된다. 1-ㄴ) '古次'와 1-ㄷ) '忽次'는 고구려어 '고지'를 적은 것이다. 위의 예문으로 볼 때 고구려어 '입(口)'은 '*고지'라 했을 가능성이 높다. 이것은 고대일본어 'kuti(口)'와도 대응되는 말이어서 흥미롭다. 지명에 이 한자어를 쓴 이유는 해안선에 육지가 불쑥 나온 형상이 마치 사람이나 짐승의 입과도 비슷한 데서 연상하였을 것으로 생각된다(이돈주 2006 : 70~71). 이상의 설명으로 미루어 볼 때 해동제국기 대마도 지명 '訓羅串(훈라곶)'의 '串(곶)'은 한국어 '-고지, -구지'를 차용한 훈차표기이다.

4.2. 개(浦)

해동제국기 일본지명표기에서 훈차되는 또 하나의 어형은 '五時浦(오시개)', '時多浦(시다개)'의 '개(浦)'이다. 『삼국사기』(권 34)의 지명표기에서 '河=浦'의 대응 관계를 알 수 있다.

2) 河邑縣本浦村縣景德王改名今因之   <삼국사기 권34 지리1>

위의 예문 2) '河邑縣本浦村縣'에서 보여 주는 바와 같이 '河'에 대응자는 '浦'이며 '浦'는 '개(kai)'의 훈차임을 알 수 있다.[10) '浦'가 훈차 '개(kai)'라는 사실은 『용비어천가』 지명표기에서이다. 다음은 『용비어천가』의 '개'형 지명이다.

3) ㄱ. 合浦(합개) <용가 9장> 石浦(돌개) <용가 9장>
　　　助邑浦(즈릅개) <용가 12장>
　　ㄴ. 照浦(죨애) <용가 9장> 梨浦(빈애) <용가 14장>

위의 예문 3)에서 '浦'는 '개(kai)'로 훈차되며, 음운 의하여 '개'와 '애'로 나타나고 있다. 또한 3-ㄱ)의 '石浦(돌개)', 3-ㄴ)의 '照浦(죨애)'와 같이 같은 음운환경인데도 '浦'의 훈이 '개'와 '애'로 나타나기도 한다. 이것은 지역적으로 지명어의 음운변화가 다르게 분포하고 있었던 사실을 나타내는 예라 하겠다. 이러한 '개'형 한국 지명에는 '浪浦(낭개)' 수원시 화성군 우정면, '鳩浦(굿개)' 수원시 화성군 비봉면, '柳浦(버들개)' 수원시 화성군 비봉면 등이 있다. 이상의 설명으로 미루어 보아 해동제국기의 대마도 포명 '五時浦(오시개)', '時多浦(시다개)'의 '－개'는 한국어 '浦(개)'를 훈차한 표기임을 알 수 있다.

5. 결론

본 연구는 신숙주의 『海東諸國紀』에 반영된 지명 표기법의 특징을 살펴 보고, 『海東諸國紀』의 <對馬島之圖>와 문헌의 지명 자료를 대조하여 한일지명표기법을 검토하였다. 지금까지 논의한 내용을 요약하면 다

---

10) '浦'는 『訓蒙字會』(1527) '개 보', 『新增類合』(1576) '개 보'로 표기되어 있다.

음과 같다.

　『海東諸國紀』는 신숙주가 1443년 일본에 서장관으로 방문하여 기록했던 日本國, 九州, 壹岐, 對馬島, 琉球國의 자료를 성종 2년(1471)에 간행한 책으로, 199여 개의 지명 자료는 언어사 및 한일 중세어 표기법 연구에 중요하다.

　『海東諸國紀』의 <對馬島之圖>와『海東諸國紀』대마도 8군 82포의 본문 지명을 대조해 본 결과『海東諸國紀』는 일본 지명 15세기 한국 한자음으로 기록한 것으로 대부분 음차 표기이지만 '訓羅串(훈라곶)'의 '串'과 '五時浦(오시개)' '時多浦(시다개)' '개(浦)'는 훈차 표기로 밝혀졌다. 즉,『海東諸國紀』의 對馬島 地名 '訓羅串(훈라곶)'의 '串'은 한국어 '‒고지, ‒구지'에 해당되는 훈차표기이며, '五時浦(오시개)', '時多浦(시다개)'의 '‒개'는 한국어 '浦(개)'를 훈차한 표기임을 알 수 있다.

　<對馬島之圖>와『海東諸國紀』대마도 본문 지명을 대조해 본 결과 대부분의 지명은 지도의 표기명과 본문의 표기명이 일치하지만 9곳의 지명은 다르게 나타났다(예 : 可諸浦(지도)→可門諸浦(본문), 仇愁夫浦(지도)→仇愁音夫浦(본문), 多老浦(지도)→多浦(본문), 五溫浦(지도)→吾溫浦(본문), 尼時老道而浦(지도)→尼時老道伊浦(본문), 完尼老浦(지도)→臥尼老浦(본문), 阿吾豆羅可知浦(지도)→阿吾頭羅可知浦(본문), 豆知洞浦(지도)→頭知洞浦(본문), 彼老浦(지도)→皮老浦(본문)). 또한 15세기『海東諸國紀』지명과 현재 일본지명을 대조해 본 결과『海東諸國紀』의 지명 표기음이 대체적으로 현재 일본지명에 반영된 것으로 나타났다.

참고문헌

강신항, 「신숙주와 운서(韻書)」『신숙주의 학문과 인간』, 국립국어원, 2002.

姜信沆, 「海東諸國紀 내의 漢字音」『韓漢音韻史 研究』, 태학사, 2003.

南廣祐, 『古語辭典』, 一潮閣, 1993.

南豊鉉, 『借字表記法研究』, 단국대학교 출판부, 1982.

도수희, 『한국의 지명』, 아카넷, 2003.

신숙주, 『해동제국기』, 범우사, 2004.

안병희, 「신숙주의 생애와 학문」『신숙주의 학문과 인간』, 국립국어연구원, 2002.

이돈주, 「신숙주와 훈민정음」, 『신숙주의 학문과 인간』, 국립국어원, 2002.

李丙燾 譯註, 『三國史記』(上) (下), 乙酉文化社, 1995.

李炳銑, 『日本古代地名研究』, 亞細亞文化社, 1996.

이상태, 『한국 고지도 발달사』, 혜안, 1999.

李成根, 「老松堂日本行錄 및 海東諸國紀의 地名表記에 反映된 中世日本語音體系」『日本文化學報』 6, 1999.

李鍾徹, 『鄕歌와 萬葉集歌의 表記法 比較研究』, 集文堂, 1983.

李鍾徹, 『日本地名에 反映된 韓系語語源再考』, 國學資料院, 1995.

李 燦, 「海東諸國紀의 日本 및 琉球國地圖」『문화역사지리』 4호, 한국문화역사지리학회, 1992.

천소영, 『한국 지명어 연구』, 이회, 2003.

최기호, 「신숙주의 '해동제국기'에 대한 고찰」『한힌샘주시경연구』 14·15, 2002.

韓國地名學會 編, 『한국지명연구』, 한국문화사, 2007.

菅野裕臣, 「言語資料としての海東諸國紀」『海東諸國紀 : 朝鮮人の見た中世の日本と琉球』, 岩波文庫, 1991.

大野晋, 『上代仮名遣の研究』, 岩波書店, 1953.

藤井茂利, 「古代日本文化と朝鮮」『薩摩路』 第21號, 1977.

浜田敦, 「海東諸國紀に記載された日本の地名等について」『人文研究』第5卷第4號, 大阪市立大學文學會, 1954.

田中健夫, 『海東諸國紀 : 朝鮮人の見た中世の日本と琉球』, 岩波文庫, 1991.

朝鮮史編修會 編, 『朝鮮史料叢刊 第二 海東諸國紀』, 朝鮮總督府, 1934.

中村榮孝, 「朝鮮初期の文獻に見える日本の地名」『日鮮關係史の研究』, 吉川弘
    文館, 1965.
鶴久, 『萬葉假名』, 岩波書店, 1977.

中世의 壹岐

—『海東諸國紀』 속의 壹岐—

이치야마 히토시(市山 等)*

1. 시작하며

壹岐島(壹岐市)는 한반도와 일본 구주 사이에 낀 대한해협의 현해탄에 위치하며, 부산특별시에서 남으로 150㎞ 떨어져 있다. 그 가운데에는 對馬島(對馬市)가 있다. 또한 壹岐島에서 福岡縣 博多(福岡市)까지는 70㎞이다. 섬은 남북 17㎞, 동서 15㎞이다. 섬의 면적은 138㎢로, 최고봉은 213m의 완만한 거북 등껍질 같은 지형이다. 인구는 약 32,000명 (2007). 농업, 어업과 관광의 섬이다. 농업은 肉牛素牛繁殖, 水稻, 잎담배, 施設園芸作物. 어업은 난류한류가 교차하는 좋은 어장이며, 오징어, 도미, 방어를 비롯하여 최근에는 고급 어류인 다랑어 어획량도 보이고

───────────────

* 壹岐鄕土館長.

있다. 근세에는 포경기지로 번성한 섬도 있다. 선사·고대부터 대륙문화의 요충지로써 수많은 遺跡·史跡이 섬 안 곳곳에 보인다. 특히 야요이시대(弥生時代)의 하루노츠지(原の辻) 유적, 카라카미(からかみ) 유적을 비롯해 264기를 헤아리는 고분 밀집지이다.

〈사진 1〉 壹岐島空撮

〈사진 2〉 舟付場模型(原の辻遺跡出土)

〈사진 3〉 壹岐의 位置圖

〈사진 4〉 人面石(原の辻遺跡出土)

〈사진 5〉『海東諸國記』의 壹岐

〈표 1〉海東諸國의 壹岐 戶數比較

海東諸國紀의 壹岐 戶比數較		上段 海東諸國紀 下段 現在(2007)
七鄕		
加愁鄕 可須 477戶	唯多只鄕 湯岳 95戶	古仇音夫鄕 国分 133戶
小于鄕 庄 150戶	無山都鄕 武生水 1,350戶	時日羅鄕 志原 400戶
郎可五豆鄕 鯨伏・住吉 不明		
十三里		
波古沙只里 150余 箱崎 399戶	信昭于里 70余戶 新城 147戶	侯加伊里 130余戶 深江 210戶
阿里多里 50余戶 当田 35戶	伊除而時里 100余戶 射手吉 52戶	愁未要時 100余戶 住吉 60戶
也麻老夫里 90余戶 山信 29戶	也耶伊多里 300余戶 柳田 190戶	牛時加多里 130余戶 牛方 161戶
多底伊時里 90余戶 立石 131戶	毛而羅 50余戶 百次 101戶	侯計里 80余戶 布 82戶
戸応口里 50余戶 本宮 188戶		
十四浦		
世戸浦 30余戶 瀬戸浦 650戶	豆豆只浦 20余戶 筒城 60戶	仇只浦 20余戶 久喜 136戶
因都温而浦 40余戶 印通寺浦 773戶	阿神多沙只浦 初瀬 36戶	頭音甫浦 40余戶 坪浦 50戶
火知也麻浦 100余戶 初山 不明	毛都伊浦 100余戶 本居浦 135戶	訓乃古時浦 船越 48戶
臥多羅浦 渡良浦 216戶	無応只也浦 麦谷浦 79戶	仇老沙只浦 黒岐 60戶
于羅于未浦 浦海 10戶	風本浦 勝本浦 867戶	

2. 倭寇의 활동

'왜구'라는 말은 한반도나 중국대륙의 책에 나온다. 일본인이 만든 말이 아니기 때문에 일본 책에서는 볼 수 없다. 『日本史大事典』은 왜구에 대해 "한반도, 중국대륙의 연안이나 내륙 및 남해안 방면의 해역에서 활동한 일본인을 포함한 海賊敵襲団에 대해 한국인이나 중국인이 붙인 호칭"이 라고 하였고, 그 시기는 13세기부터 16세기 중반에 걸쳐 있으며, 당시 동아시아의 사람들에게는 커다란 경이였다. 1392년 조선 건국에 즈음하여 왜구문제가 큰 정치과제였으며, 국책으로써 왜구를 진정시키려 했다. 일본에 사자를 파견하여 왜구금압과 피로인쇄환의 외교교섭을 행하는 한편, 왜구에 다양한 특권을 부여하여 왜구진정화에 주력하였다. 왜구에게 조선으로 귀화하는 자에게는 토지, 재산을 주어 국내 거주를 허락하고, 기술이 있는 자에게는 이름있는 관직을 주기도 하였다. 따르는 자에게는 優遇政策으로 채용하여 접대하거나 자유로운 무역을 승인하였다. 이러한 것으로 왜구나 일본인은 평화적으로 교류하게 되었고, 왜구도 점차 진정화되었다.

3. 壹岐倭寇

三島의 倭寇의 왜구라는 말은 肥前松浦・壹岐・對馬의 세 지방을 가리킨다. 이곳만이 왜구의 활동의 중심은 아니었지만 중심적 역할을 하고 있었다. 어쨌든 지역도 자급생활력이 약하였고, 지원이외에는 생활물자를 구할 수 없었다. 대륙에 가까운 이 지역 사람들은 때로는 개인으로 때로는 徒黨을 조직하여 비합법적 약탈행위를 하기에 이르렀다. 두 번에 걸친 元寇(1274, 1281)를 경험한 壹岐의 島民은 幕府나 大宰府가 전적으

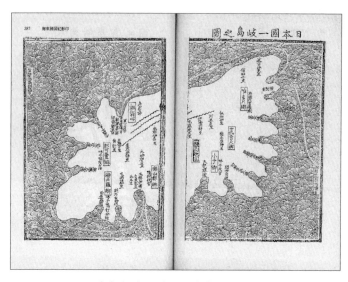

〈사진 6〉 日本國—支島의 지도

로 의지할 수 없음을 알고, 자위책을 생각하지 않으면 안되었기에 지금
까지 外敵의 進入만 받아 온 수동적 입장에서 전환하여 적극적으로 행
동에 나섰다. 처음에는 해상의 감시나 무역을 自衛하기 위한 武裝船團이
점차 해적행위를 하는 '왜구'라 불리는 집단이 되었다.

4. 왜구활동의 흔적 -중국계 古錢과 壺-

壹岐島의 유적발굴조사는 수많은 舶載品이 출토되는 것을 볼 수 있는
데, 貨泉, 大泉五十, 五株錢 등 중국 동전도 그 가운데 하나이다.

1960년 12월 25일, 농가 裏山을 농지개척 중에 옛날 동전이 가득 찬
壺가 불도저의 무한궤도 아래에서 거의 완전한 형태로 발견되었다. 다량
의 옛날 동전의 발견은 당시 이키에서 큰 화제가 되었다.

이 古錢과 壺는 농가의 선의로 일괄하여 壹岐鄕土館에 기증되어 소장

되었다.

15세기의 중국 福建省 泉州窯로 보이는 壺灰釉四耳壺에 들어 있는 동전의 대다수는 중국의 옛 동전으로, 다른 유구·조선·안남의 古錢도 얼마 되지는 않지만 혼입되어 있다.

연대가 오래된 것은 開元通宝(713), 새로운 것은 안남의 洪順通宝(1509)이며, 대다수는 永樂通宝(1403)와 宣德通宝(1426)가 점하고 있다. 출토된 총 수는 4,165매이다.

유감스럽지만 출토당시 정확한 유적실측조사도 이루어지지 않은 채, 古錢의 검증만 있었기 때문에 정확한 시대까지 확정짓는 데는 미치지 못하지만, 壺나 태반을 점하고 있는 永樂通宝, 宣德通宝의 시대로 미루어 15세기의 것으로 추측하고 있다.

15세기의 이키는 「해동제국기」에 의하면 서북구주에 세력을 가진 왜구와도 관련이 깊은 松浦党의 志佐, 佐志, 呼子, 鴨打, 塩津留의 五氏가 分領하는 시대이다.

출토지에서 가까운 湯岳鄕(唯多只鄕)은 志佐氏의 代官 眞弓氏가 지배하고 있었다. 眞弓氏의 館은 古錢 출토지에 가까운 곳에 있으며, 「해동제국기」에는 「戊子年受図書約歲遣一二船　書称一岐守護代官眞弓兵部少輔源武」라고 하여, 조선무역을 시행하고 있었다.

이밖에 이 埋藏金으로 특필할 만한 것은 琉球王朝가 15세기에 발행한 화폐는 5종류가 있는데, 그 중 世高通宝(1461), 金丸世宝(1470)가 각각 한 장씩 포함되어 있어, 현재 沖縄에서는 이들 琉球古錢의 현존이 드물어 「환상의 通貨」로써 귀중하다.

2장의 화폐는 일반적으로 유통된 것이 아니라, 처음에는 吉祥錢나 記念錢 정도로 소량이 제조되었고 이후에 무역의 결제통화로 사용되었다고 한다. 沖縄이외에 발견된 곳은 교역에 사용된 증거로 볼 수 있다. 2장도 중국 화폐를 改鑄한 것이다.

〈사진 7〉 琉球古錢 世高通寶. 金圓通寶

〈사진 8〉
平人触出土中國古錢과 壺

5. 중세유적 覩城跡

壹岐市教育委員會는 평성 17년(2005) 6월 2일부터 8월 29일까지 중세의 城跡「覩城」의 발굴조사를 실시하였다.

覩城跡 유적은 壹岐市 芦辺町 지금의 坂触(湯岳)에 소재하며, 深江田原(하루노츠치 유적)의 북서부 낮은 구릉에 위치한 城館跡으로, 壹岐名勝圖誌(1861)에 의하면 "烏城, 渡城, 戶城이라고도 쓰며, 일명 鷺城이라고도 한다."고 전하고 있다. "굴로 둘러싸인 동서 3丁 6칸, 남북 50칸, 주위 141칸, 높이 3칸 정도로, 그 가운데에 동서 21칸, 남북 43간의 산이 있다."라고 기록되어 있다. 『해동제국기』에는「唯多只鄕(유타케고우) 志佐代官源武主之」라 하여, 松浦党 五氏의 한사람인 志佐氏의 이름이 보인다. 세견선 1, 2척을 가진 一岐守守護代官眞弓兵部少輔源武(眞弓氏)도 湯岳 주변의 대관이라고 한다.

성은 문명 4년(1472) 肥前(上松浦) 岸岳城의 波多泰에 의해 공략되어 불에 탔고, 그 후 재건되지는 않았다. 그러나 출토유물 내용으로 늦어도 17세기 중경까지 거점적인 町屋이 지속되었으리라 여겨진다.

1997년 및 이번 발굴조사에서 覘城은 志佐氏·眞弓氏들에 의해 영위되었던 중세의 城館이었던 점이 증명되었으며, 中國·朝鮮·베트남 등 다수의 舶載陶磁器, 錢貨, 금속기, 엄청난 질그릇(토기) 등의 출토품(1997, 5,386점, 2005년 15,552점)으로부터 당시 이 城館을 거점으로 한 町屋이 번창하였으며, 사람들의 활기로 가득 찬 생활을 영위한 흔적이 엿보인다.

특히 이번 조사에서 출토된 北宋錢 「崇寧重寶」(1103)는 주조 도중의 미완성품으로 국내에서도 처음 나타난 사료로, 중세 화폐사에서 커다란 문제를 제기하는 것이다.

出土錢은 枝錢을 나타내는 둘레를 포함하여, 완전하게 남아 있는 문자 부분은 「崇」과 「寶」로, 下部의 「寧」의 宀冠의 좌측 일부가 남아 있어, 전체 3분의 1정도가 遺存하고 있다. 서체는 楷書이며, 문자의 윗부분이 무른 것에서도 「崇寧重寶」의 模鑄錢이라 여겨진다.

그러나 模鑄錢鑄型 등의 異物 관련은 거의 확인할 수 없기 때문에 이 장소에서 模鑄되었는가에 대해서나 본토와 조선, 중국과의 유통 등은 금후의 연구과제이다.

〈사진 9〉崇寧重寶

〈사진 10〉土師器

〈표 2〉出土古錢 (17種) - 覽

中國		
1	開元通宝 (713)	1枚
2	大観通宝 (1107)	8枚
3	政和通宝 (1111)	3枚
4	宣和通宝 (1120)	1枚
5	正隆元宝 (1158)	1枚
6	大定通宝 (1161)	3枚
7	洪武通宝 (1368)	39枚
8	永楽通宝 (1403)	3,827枚
9	宣徳通宝 (1426)	263枚
10	弘治通宝 (1488)	1枚
朝鮮		
11	朝鮮通宝 (1423)	12枚
安南		
12	大和通宝 (1443)	1枚
13	光順通宝 (1460)	1枚
14	洪徳通宝 (1470)	1枚
15	洪順通宝 (1509)	1枚
琉球		
16	世高通宝 (1461)	1枚
17	金丸世宝 (1470)	1枚
合 計		4,165枚

참고문헌

下中弘編, 『日本史大事典』, 平凡社, 1994.

田中健夫譯注, 『海東諸國紀』, 岩波文庫, 1991.

山口麻太郎, 『壹岐國史』.

佐伯弘次, 『壹岐・對馬と松浦半島』, 吉川弘文館, 2006.

中上史行, 『壹岐の風土と歷史』, 1995.

壹岐市敎育委員會, 『覩城跡・車出遺跡』, 2006.

壹岐鄕土館, 『鄕ノ浦町の文化財』, 2002.

제2부 답사보고서

1. 답사일정표

(2007년 1월 13일~22일, 9박 10일)

일자	지역	교통편	시간	주요일정	식사
제1일 1월 13일 (토)	춘천 부산 対馬 /嚴原	전용차량 씨플라워 전용버스	3:00 9:00 10:00	강원대학교 집결 후 부산향발 출국수속 및 씨플라워호 승선 부산출발(10:00)/이즈하라항 도착(13:30) 대마역사민속자료관 黑瀬(쿠로세) 관음당, 오사키 카미자카 전망대 도착 숙소 : 쿠코인(TEL 0920-86-3120)	중: 김밥 석: 八丁
제2일 1월 14일 (일)	嚴原	전용버스	전일	조식 小船越(고후나바시) 오자키 소다의 집 와타즈미 신사 에보시다케 전망대 미네역사자료관 박제상 기념비 佐須奈(사스나)포구 오오우라 포구 조선역관사 순난비 한국 전망대 박제상 순국비 통신사 이예 공적비 원통사 덕혜옹주 결혼봉축기념비 만송원 숙소 : 대아호텔(TEL 0920-52-7711)	조: 숙소 중: 留や 석: 志まもと
제3일 1월 15일 (월)	嚴原 壹岐	전용버스 비너스호	13:10 14:48	조식 元寇의 古戰場, 石屋根, 豆酘寺 유적지 赤米神田 多久頭魂神社 최익현선생순국비 이즈하라항→이키섬 아시베항 도착 (14:20) 숙소 : 데아이노무라 (TEL 0920-46-0789)	조: 숙소 중: 志まもと 석: 숙소

			15:20	湯ノ本(온천)	
제4일 1월 16일 (화)	壱岐 福岡	전용버스 비너스호	16:00 18:20	조식 이키 향토사료관 모토이포 다케노쯔지 전망대 배꼽돌과 악어턱 카자하야성 카츠모토우라항 몽골 침입시 격전장 유타케, 하루노쯔지 관유적 안국사 인통사 고노우라항→후쿠오카 하카다(Venus호) (18:05) 숙소 : 센트럴호텔(TEL 092-712-1212)	조: 숙소 중: 돈부리 석: 大名やぶ れかぶれ
제5일 1월 17일 (수)	福岡	전용버스	전일	조식 큐슈대학 한국연구센터방문 서일본신문사 후쿠오카시립박물관 나고야성 숙소 : 센트럴호텔(TEL 092-712-1212)	조: 숙소 중: ウエスト 석: 현지식
제6일 1월 18일 (목)	唐津 平戸 長崎	전용버스	전일	조식 큐슈 도자박물관 이삼평비 원폭기념관 평화공원 나가사키 데지마상관 나가사키 역사문화 박물관 숙소 : 히라도키쇼우테이호텔 (TEL 0950-22-3191)	조: 숙소 중: 和泉屋グ ループ 석: 旗松亭
제7일 1월 19일 (금)	平戸 熊本 由布院	전용버스	전일	조식 덧치월 영국상관터 송포당사료박물관 구마모토성 쿠로가와온천 유후인 숙소 : 노노카팬션(TEL 0977-28-2528)	조: 숙소 중: 三笠 석: 노노카 팬션
제8일	大分 鹿児島	전용버스 ANA479	18:45	조식 오이타박물관	조: 노노카 팬션

1월 20일 (토)	沖繩/ 那覇		20:10	가고시마공항(18:45)－류큐하공항(20:10) 숙소 : 미야코호텔(TEL 098-887-1111)	중: 도시락 석: 鶴小
제9일 1월 21일 (일)	那覇 남부	전용버스	전일	조식 오키나와공문서관 수리성 오키나와 월드 평화공원 한국인 위령탑 평화기념당, 나하 국제거리 숙소 : 미야코호텔(TEL 098-887-1111)	조: 숙소 중: 현지식 석: 料亭那覇
제10일 1월 22일 (월)	那覇 仁川	전용버스 OZ171	10:30 15:00 16:00	조식 후, 나하국제공항→인천 향발 인천 도착후 입국 수속 인천 출발/춘천 향발	조: 숙소 중: 기내식

2. 참가자 명단

연 구 팀			
번호	성 명	성별	직 위
1	손승철	남	책임연구원(강원대학교 사학과 교수)
2	유재춘	남	공동연구원(강원대학교 사학과 교수)
3	엄찬호	남	전임연구원(강원대학교 사학과 강사)
4	신동규	남	전임연구원(강원대학교 사학과 강사)
5	김강일	남	보조연구원(강원대학교 사학과 박사과정)
6	이홍권	남	보조연구원(강원대학교 사학과 박사과정)
7	川島邦弘	남	보조연구원(강원대학교 일본학과 박사과정)
8	김정락	남	보조연구원(강원대학교 사학과 4학년)
9	장경호	남	보조연구원(강원대학교 사학과 3학년)
10	심보경	여	공동연구원(한림대학교 교양학부 교수)
11	정지연	여	보조연구원(강원대학교 사학과 강사)
협 력 팀			
번호	성 명	성별	직 위
1	윤경하	남	서울시사편찬위원회연구원
2	이미숙	여	협성대학 겸임교수
3	박미현	여	도민일보 편집국장
4	황은영	여	강원대학교 사학과 강사
5	유준현	여	고등학생

3. 답사지역 지도

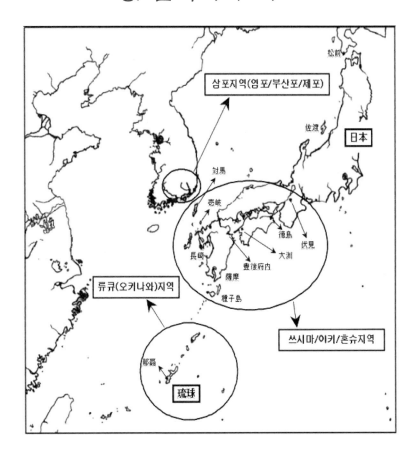

춘천→부산→쓰시마(對馬)→이키(壹岐)→후쿠오카(福岡)→
히라도(平戶)→나가사키(長崎)→구마모토(熊本)→오이타(大分)→
가고시마(鹿兒島)→오키나와(沖繩)→인천→춘천

4. 답사기록

첫째 날. 1월 13일 -김정락-

오전 3시 어둠속에서 춘천을 출발했다. 손승철 교수님께서 답사의 시작을 알리셨다. 설렘을 안고서 버스에서 잠들었다. 한참을 달린 버스는 아침 8시가 다 되어서야 부산 국제여객터미널에 도착하였다. 아침식사로 우동과 라면을 먹었다.

출국수속을 마치고 대마도로 향하는 Sea Flower Ⅱ호에 탑승하였다. 10시에 출발하여 세 시간 가량 지난 오후 1시 20분 대마도 이즈하라 항에 도착하였다. 입국심사를 마치고 버스에 탑승하여 대마도 첫 여정지인 대마역사민속사료관으로 향하였다.

■ 대마역사민속사료관

대마도의 안내를 맡아 주실 다치바나 아쓰시(橘厚志) 선생님을 만났다. 대마역사 민속사료관의 학예사를 통해 사료관 관련 설명을 들었다. 특히 제2전시실은 대마도와 한반도와의 교류를 표현해 줄 수 있는 자료들을 중심으로 전시하고 있다고 한다. 대마역사 민속사료관은 원래 대마도주 宗家文書를 보관하던 곳으로, 대마번청의 사료, 에도저택에 있던 사료들, 편지, 기록류 등의 자료를 더 모아서 사료관으로 지었으며 현재 종가문서 약 72,000점 정도가 수장되어 있다고 한다.

오후 3시 10분에 쿠로세(黑瀨) 관음당으로 이동하면서 다치바나 선생님으로부터 대마도에 대한 설명을 들었다. 대마도는 下對馬島와 上對馬島로 나뉘어 있는데, 하대마도의 이즈하라(嚴原)항은 1999년부터 부산에

서 배가 다니고 있다. 예전에는 마산에서도 다녔으나 사람들이 많지 않
아서 현재에는 부산에서만 이즈하라 항으로 운행하고 있다. 예전에 배가
다니기 전에는 부산에서 가깝게 올 수 있는 큐슈의 후쿠오카(福岡)까지
비행기를 타고 와서 다시 후쿠오카에서 대마도로 비행기를 타고 오는 교
통편을 이용했다. 대마도는 여섯 개 마을로 나뉘어져 있는데, 이즈하라
를 대마도의 수도로 보면 된다. 대마도는 워낙 산이 많고 평지가 없어서
작물 재배가 힘들기 때문에 항상 먹고 살기가 힘든 곳이었으나, 현재는
진주 양식과 관광 수입으로 나쁜 상황은 아니라고 한다.

■ 쿠로세 관음당

이곳에는 두 점의 불상이 소장되어 있는데, 하나는 통일신라시대, 다
른 하나는 고려시대 불상이라고 한다. 1981년 국가지정중요문화재로 지
정되었으며, 像의 높이는 43.6㎝이다. 관음당의 설명문에 의하면 이 불
상은 黑瀨里의 産神으로, 8세기 신라금동불 중 최고의 솜씨를 보여주고
있다고 한다. 해당 지역에 있게 된 유래는 알 수 없으나, 임진왜란 시기
에 약탈해 온 물건일 것으로 추측하고 있다. 현재 이 불상은 화재로 잘
리고 왜곡이 극심한 상태이다.

쿠로세 지역은 왜구의 본거지로, 조선과의 통교가 가능해지면서 이
지역의 지배자가 수직을 했기 때문에 『해동제국기』에 護軍 皮古仇羅
고 기록되어 있다. 피고구라는 倭訓으로 활약했던 邊沙也文의 아들인데
일본식 이름을 들리는 대로 한자로 쓴 것이기 때문에 정식으로 일본어로
쓸 때 어떻게 쓰는지 알 수 없다. 『해동제국기』에는 쿠로세가 仇老世로
되어 있는데 이 역시 쿠로세 발음을 들리는 대로 적은 것이다. 앞으로는
이와 같이 인명이나 지명에 대한 실증적인 연구가 이루어져 어느 계층에
있는 사람들이 어느 정도 한반도에 오고 갔는가를 밝히는데 구체적인 자
료로 사용되어야 할 것이다.

오후 4시 10분에 관음당을 출발하여 카시(加志)를 경유, 오사키(大崎)로 향하는 버스 안에서 다치바나 선생님으로부터 대마도에 대한 여러 가지 설명을 들었다. 『해동제국기』에 일본 지명과 인명 관련된 기록이 있다는 점을 확인하시고는 일본어 자체가 음독, 훈독 즉 읽는 방법에 따라서 뜻이 틀려지게 되는 점에 대해 말씀해 주셨다. 女連이라고 하는 지명은 여자를 끌고 왔다라는 의미로, 일본어 발음으로는 우나츠레이다. 임진왜란 때 선조의 옹녀 중 한 명을 일본군이 끌고 와서 첩으로 삼았는데, 옹녀가 끌려온 곳이라는 의미에서 지명을 女連이라 하였다고 한다. 또 와니우라(鰐浦)의 경우는 왕인 박사가 유교문화를 전파하기 위해 일본으로 건너왔을 때 맨 처음 들어온 포구라는 의미에서 붙여진 지명으로, 왕인이라고 하는 한국발음을 일본사람들이 그대로 듣고 일본발음대로 표현하여 '왕인'이라는 이름이 '와니'로 바뀌었다고 한다.

■ 오사키(大崎)

조선시대 수직왜인이었던 소다(早田英夫)의 후손이 살고 있는 곳으로, 당시 조선으로부터 받은 고신(告身)이 전해지고 있다고 한다. KBS 역사 스페셜에 소개가 되기도 하였다. 그러나 현재 집수리 공사 중이어서 사람은 만나 볼 수 없었다.

■ 카미자카(上見坂) 전망대

해발 385m의 높이로 대마도의 경관이 한 눈에 보이는 곳이다. 대마도의 전경을 바라보면서, 예전에 대마도 사람들이 왜 그렇게 왜구로 변하여 우리나라를 약탈했는지 알 것 같았다. 평지 자체가 거의 보이지 않는 지형이었다.

이즈하라에 복귀하여 저녁식사(八丁ーがいせき)를 마치고 숙소인 쿠코인으로 향했다.

둘째 날. 1월 14일 -장경호-

오전 7시에 아침식사(된장국, 밥, 생선구이, 삶은 계란, 야채, 방울토마토)를 마치고 고령의 대마도 역사전문가이신 나카도메 히사에(永留久惠) 선생님(89세)과 동행하여 답사를 시작하였다. 먼저 고후나고시라는 곳을 답사했다.

■ 小船越(고후나코시)

후나코시라는 말은 배를 끌어오는 장소를 뜻하는 것으로, 운하를 파기 전에 바다에서 바다로 배를 옮길 때 이 고개를 넘기 위해 배를 끌었다고 한다. 대마도에는 이곳처럼 배를 끌고 넘어가는 곳이 두 군데 있는데, 대(大)자와 소(小)자를 써서 크고 작은 것으로 구분하여 말한다고 한다. 일본 열도에는 여러 곳에 후나코시라는 곳이 있는데 그곳도 마찬가지로 배를 끌어 넘기는 곳이라고 한다. 오사키(大崎)의 소다 가문과 이곳의 소다 가문은 동족이나 어느 쪽이 먼저인지는 알 수 없다고 한다. 이전역이 소다씨의 지배권역으로 소다씨가 배를 넘기는 권한을 갖고 있었다고 한다. 한국에서 넘어온 불상이 있는 바이린지(梅林寺)도 이곳에 위치하고 있다. 이 절에는 일본에 불교가 들어올 때 한반도로부터 이 절을 통해 일본 본토로 넘어갔다고 하는 전설이 내려오고 있으며, 한반도에서 넘어온 불상이 안치되어 있다고 한다. 또한 소오쓰메시게라고 하는 사람의 무덤이 있는데 『고려사』에도 이름이 나오는 사람이다.

■ 와타즈미(和多都美) 신사

대마도에서 가장 유명한 신사로 만요가 등에 나와 있는데, 와타라고 하는 것은 우리나라 말로 바다를 의미하는 것으로, 와타즈미는 바다의 뱀을 의미하는 것이라고 한다. 일본 전국에 와타즈미라고 하는 곳이 여러 곳이 있는데, 대마도에 네 개, 호쿠시마라는 지역에 하나, 가고시마에 하나 있다. 옛날에는 와타즈미라는 것이 여러 개 있었을 것이나 요즘에는 해신이라는 용어를 사용한다. 전국에 국가에서 관리하는 신사가 여러 개 있다. 구주에 107개가 있는데 그 중 대마도에 29개가 있으며, 그 대마도 29개 중 필두, 가장 앞에 유명한 것이 바로 와타즈미 신사이다. 다른 신사와는 달리 鳥居(토리이)가 바닷물에 세워져 있으며, 신사 내부에 뱀처럼 생긴 나무가 있어 매우 인상적이다.

■ 에보시다케(烏帽子岳) 전망대

아소만(阿蘇灣)의 절경을 감상하면서 이곳에 대한 나카도메 선생님의 설명을 들었다. 1419년 대마도 정벌 때 이렇게 복잡한 길을 들어와서 공격할 수 있었던 것은 이다로우라고 하는 배 안내인 船手人을 이용해서 공격할 수 있었다고 한다. 즉 당시 일본인 바다 안내인, 일종의 스파이가 있었는데 이는 『해동제국기』 可時浦(현재 지명은 가시)에 護軍 井可文愁戒라는 인물의 기사를 통해서도 확인된다. 이 호군의 아버지는 賊徒의 괴수 井大郞(일본어 발음으로는 '이다로우')으로, 1419년 대마도 정벌 때 공이 있었고 1465년 도서를 받았다. 한 해 동안에 쌀과 콩을 합하여 10섬을 주기로 했으며, 1462년에 아비의 관직을 세습하였다. 다시 말해서 수직인이고, 수도서인이고 세사미두를 받았던 인물이 이다로우인데, 바로 이종무 장군이 대마도 정벌할 때 앞장 서서 수로를 안내한 인물인 것이다.

■ 미네(峰町) 歷史民俗資料館

이 자료관이 설립되어 있는 곳은 미네(峰)라는 곳으로 과거 대마도의 중심지였다고 한다. 그래서 옛날에는 미네쵸(峰町)라고 불렸으며 『해동제국기』에는 가장 많은 호가 있다고 기록되어 있다. 중국에 오래된 사서인 『삼국지』 「위지동이전」에 대마도라는 나오는 용어가 나오는데, 옛날에는 대마도의 중심지가 미네였다.

1세기에서 2세기 정도의 고분군에서 발견된 유물들이 이곳에 전시되었는데, 이것을 보면 한국의 김해 유물과도 매우 유사하다고 하며, 그 이전 시대인 낙랑군에서 발견된 유물과도 비슷한 유물이 있다고 한다. 또한 동검·화살촉과 같은 유물들은 일본의 청동기 시대 즉 야요이 시대의 유물인데, 이것이 한반도에서는 김해쪽 유물과 그리고 평양박물관의 유물과 같은 것이 많다고 한다. 그래서 쓰시마 사람들이 그 당시에 김해하고만 교류가 있었던 것이 아니라 북쪽의 한반도와도 교류가 있었다고 추측되고 있다.

일본의 야요이 시대는 우리나라의 삼한시대에 해당되는데 요시다 불상이라고 하는 것이 있었으며 圓通寺에 있는 종은 명문이 없어 언제 만들어 진 것인지 알 수 없으나 조선초기의 것으로 추정된다고 한다. 15세기 초에 조선의 불상이라든지 대장경 등이 대마도에 많이 들어오는데 『朝鮮王朝實錄』에는 소우사다시게(宗貞茂), 사다모리(貞盛)가 이것을 요구했다는 것이 나오고 있다. 조선초에 배불정책의 실시배경으로 일본에 대장정이 들어오게 되지 않았나, 소우 사다시게가 1418년에 죽었는데, 그 해 가을 아들인 사다모리가 조선에 종과 경문을 요청했는데 그때 요청했던 종이 아닐까 하는 추측이 있다고 한다.

이곳에 전시된 유물 중 특이한 것은 바로 사슴뿔로 만든 피리로 대륙계 수렵민족이 쓰는 물건이라고 한다. 이 유물에 대한 설명은 특히 강조하셨다. 사슴 사냥을 할 때 사슴을 유인하기 위해 사슴 우는 소리로 끌

어 들여서 사냥을 한 것이다. 발굴할 당시 보고서에 한국에서 왔다고 했
으나 한국에는 없는 것이고, 유일하게 대마도에만 있는 것이기 때문에
중요한 유물이라고 한다.

참고로 BC 5세기, 6세기 일본에서 벼농사가 시작되는데 가장 먼저 시
작된 곳이 가라츠(唐津) 지역으로 이곳에서 시작되자마자 후쿠오카 지역
으로 전파되었다고 한다. 후쿠오카의 유명한 벼농사 지역이 이다츠케(板
府)라고 하는 곳으로, 김해－가라츠－후쿠오카 이렇게 연결되는 것이다.
미네에서 조금 떨어진 곳에 벼농사를 짓던 흔적과 무문토기, 돌도끼가
발견되었기 때문에 이곳에 水田이 있었다는 것은 명확한 사실임을 알
수 있다. 따라서 이즈하라 등은 근세 이후의 중심지이고 그 이전의 선사
시대, 고대의 중심지는 이곳임을 알 수 있다.

여기에서는 시베리아 청동기 문화가 북해도 쪽으로 먼저 들어왔는데,
한국 남부지역 강원도 오산지역에서 출토되고 백두산 흑요석도 난다. 구
석기에서 신석기 사이에 나는 이 흑요석은 백두산에서 대마도로 거쳐 온
것인지 아니면 일본 본토에서 건너온 것인지에 대해 학자들의 의견이 분
분하다고 한다.

야요이 시대의 주거지는 이로리(いろり) 즉, 화로가 있는 주거 시스
템으로 한국에는 온돌이 있지만 일본은 온돌 시스템이 없어 이로리를 사
용하였다고 한다. 일본의 이러한 주거지 계통은 동남아시아 계통으로 파
악된다. 그 이유는 첫 번째 지붕을 보고 알 수 있고 두 번째가 타카이와
벽의 턱면이 특이하고 세 번째는 신과의 연관성이 있어서 일본에서는 장
판바닥을 쓴다고 한다. 한국의 주거는 따뜻한 것을 목적으로 하는 것에
반해 대마도는 여름에 시원하게 보내는 것을 목적으로 하기 때문에 이러
한 특징이 나타나는 것이다.

7세기 후반 백제 멸망시기에 많은 유민들, 즉 도래인들이 취락을 만
들고 살았기 때문에 온돌이 있었으나 2·3대 후 온돌이라는 것이 사라졌

다고 한다.

■ 박제상기념비

박제상에 대해서는 『일본서기』에 아주 상세하게 쓰여져 있다고 한다. 호족으로 구성된 사절단 세 명이 일본을 방문했는데, 이들에 대해 삼국지 열전에 그 내용이 쓰여 있고, 본기가 완성되는 12세기 단계에서는 약간 그 이름이 변하게 되는데 일본서기가 더 정확하지 않은가 생각한다고 한다. 『일본서기』에는 통일신라 이전에 내물왕이 왜왕에게 친선을 위해 사절단을 파견하였는데, 이 사절단이 왕자만 먼저 보내고 그 대신에 가짜인형을 만든 것이 발각되어 이 세 명이 참살 당했다고 기록되어 있다. 『삼국유사』에는 이러한 얘기가 아주 상세하게 쓰여 있긴 하나 나중에 수정하여 구성한 픽션이라고 한다.

박제상 기념비의 이름을 순국지비라고 하였는데, 이 비를 세운 나가도메 선생님은 碑銘을 어떻게 할 것인가를 고민하였다고 한다. 삼국사기 기사대로 하고 싶었으나 결국 일본서기에 나와 있는 대로 썼다고 한다.

■ 사스나(佐須奈)

『해동제국기』에는 404호가 있었다고 기록되어 있다. 이곳은 중세 이후 조선에 가기 위한 거점이 되는 지역이었다. 1940년대까지만 해도 한국과 사스나 간의 정기항로가 있었으나 한국 광복 이후 정기선이 없어졌다고 한다.

조선후기가 되면 삼포 중 부산포의 초량 왜관이 유일한 창구로 남게 되고, 왜관의 관수는 조선전기보다 훨씬 체계화된다. 왜관의 관수는 오오우라(大浦)의 씨족들이 일시적으로 그 역할을 하였다가 이즈하라의 소우씨(宗氏)가 대마도 번주가 되면서 가신제도를 이루는데 왜관 관수는 그 가신 중 한 명을 파견했고, 대마번에서 관리하게 된다.

■ 와니우라(鰐浦) 조선역관순난비

1703년 2월 5일 오전에 출발한 역관사 108명과 안내인 4명, 총 112명이 풍랑을 만나 몰살당했다고 한다. 조난자 명단은 3~4년 전 대마역사민속자료관의 2층에 종가문서가 보관되어 있는데, 그것을 조사하다가 명단이 확인되어 이름을 새겨 넣은 것이라고 한다.

바다쪽 섬에는 항공자위대가 있고 산 위에는 해상자위대가 있으며, 밤에 야경이 아름답다고 한다.

■ 아지로(網代)

이곳의 현재 지명은 히라카츠인데, 대마도 동쪽에 있는 제일 좋은 항구라고 한다. 근처에 니시토마리(西泊)라고 하는 곳이 있는데 『해행총재』에 보면 많이 나오는 지명이다. 오오우라와 사쓰나는 서쪽을 향하고 있다. 바람에 따라 정박을 하였는데, 니시토마리라고 하는 지명은 서쪽 바람이 불 때 그곳이 안전하기 때문에 붙여진 이름이다. 아지로라고 하는 지명은 그물을 쳐서 물고기가 잘 잡히는 곳이라는 유래가 있다고 한다.

■ 圓通寺의 통신사비

15세기 경 대마도 종씨는 바로 이 지역에 있었다고 한다. 통신사로 왔던 이예의 기념비 그 바로 위에 있는 종은 조선 초기에 만든 것으로, 소우사다시게(宗貞茂)의 아들인 사다쿠니(貞國)라는 사람이 조선왕조에 구청을 하여 얻어 온 종이라고 한다. 그 비슷한 무렵에 대반야경이 하나가 들어와 이 근처 신사에 보내졌었는데 명치유신 이후 행방불명되었다고 한다.

소우사다시계의 墓는 돌의 재질이 화성암이기 때문에 대마도의 것은 아닌 것은 분명하고, 교토지역에 산출지가 있어 그곳에서 가져온 것으로 추정된다. 교토지역의 산지는 교토 북쪽의 와카사만으로 정확하게는 히비키이시라는 지명이 붙어 있는 곳이다. 이 돌은 만들기 쉬운 돌이라고 한다.

오후 4시 30분에 만제키바시(万關橋)를 지났다. 상대마와 하대마가 연결되어 있었는데, 1900년에 운하를 만들었다고 한다. 이곳은 1908년 러일전쟁시 상대편에 있던 적군을 공격했던 곳으로 군함이 통과했다고 한다.

■ 카네이시죠(金石城)

대마도 종씨의 유적지라고도 볼 수 있는 곳이다. 통신사행이 왔을 때, 행렬이 너무 길어 끝의 행렬들이 배에 내리기도 전에 도착하였다고 한다. 이 때문에 행렬을 보기 위하여 육상자위대 본부로 성을 옮겼다고 한다.

■ 万松院

임진왜란 당시 대마도의 도주였던 宗義智 이하 역대 도주와 그의 부인, 인척의 묘를 만든 곳이다. 원래 圓通寺 뒤편에 있었는데 근거지를 이즈하라로 옮기면서 이곳에 묘지가 조성되었다고 한다. 종가문서를 보관하던 건물은 불에 타 없어졌다고 하며 현재 그 터에는 관리사무실과 화장실이 세워져있다.

만송원의 입구 신지이케(心字池) 공원에는 덕혜옹주와 소오 다케유키의 결혼을 축하하는 기념비가 있는데 몇 년 전까지 만송원 뒤에 쓰러져 있던 것을 최근 다시 세운 것이라고 한다.

오후 6시 모든 일정이 끝나고, 시마모토(志まもと)에서 저녁식사를 한 뒤 숙소인 대아호텔로 향하였다.

셋째 날. 1월 15일 -정지연-

오전 7시, 모든 멤버들이 푹 잘 잔 모양이다. 이키섬이 보이는 수평선에서 일출을 감상하며 맛있는 아침식사를 했다. 한없이 여유로운 아침이다. 오늘 하루 출발 느낌이 좋다. 지난 밤 걸어서 시내 다녀온 사람들의 경험담 얘기를 들으며 더욱 친숙해진 모습들을 확인할 수 있었다.

버스를 타고 나가사키현 관청을 지나쳤다. 대마도의 남과 북을 제외한 이즈하라에 사무라이가 살고 있었기 때문에 그들이 살던 집인 武家屋敷가 도로 주변으로 즐비하다. 이들 사무라이와 관련된 속담도 많다고 한다.

대마도 출신 유명인사에 대한 가이드 김혜란 씨의 설명이 있었다. '나카라이 토우스(半井桃水)'라는 인물은 여류문학가로 2,000엔 짜리 지폐 모델이기도 하단다. 무사집안으로 아버지를 따라 부산에 다녀온 경험으로 일본에 여러 가지 한국 사정을 알리기도 하였다고 한다. 아사히 신문사에서 일하였으며, 신문에 소설을 연재하여 신문소설의 선두주자로 꼽힌다고 한다.

또 한명의 이즈하라 출신인 '아라이가마 미츠마'라는 인물에 대한 설명도 들었다. 꽤나 미인이었으며, 게이샤로 활약한 인물로 정치계, 사교계에서 활동을 많이 하였다고 한다.

버스가 출발하자마자, 어제 밤에 묵었던 숙소 空港Inn에 다시 들렀다. 손승철 교수님께서 휴대폰 충전지를 놓고 오셨다고 한다.

오늘의 일정에 대해 얘길 들었다. 먼저 1274년 몽골 침입시 대마도를 처음 공격했던 곳에 신사를 두었는데, 그곳을 둘러본 뒤, 하대마도의 서쪽에 위치한 사쓰(내조자 3인)와 츠츠(내조자 1인)로 가서 포구를 확인하고, 다시 이즈하라로 와서 최익현이 순절한 수선사와 통신사가 묶었던 곳인 서산사를 보고 점심식사를 한 뒤 1시 10분 배로 이키로 출발하는 빠듯한 일정이다.

이어 손승철 교수님의 오늘 일정에 관련된 설명을 덧붙여 주셨다. 고려말부터 조선시대에는 대마도로 사신이 오는데, 그때마다 쓴 기행문(사행록)이 43권이 남아있다고 한다. 대마도에 대한 최초의 기록은 1420년 이종무의 대마도 정벌이 있은 다음해에 대마도에 온 송희경에 의해 쓰여진 노송당 일본행록이 있다고 한다. 해행총제 속에 들어있으니 꼭 한번 읽어보라고 당부의 말씀을 하셨다.

■ 元寇의 古戰場

버스에서 들은 설명대로 1274년 몽골 침입시 대마도를 처음 공격했던 곳으로, 현재 小茂田濱神社가 있다.

■ 이시야네(石屋根)

곡물 창고로 사용되었던 곳으로, 지붕이 돌로 만들어져 있는 것이 특색이다. 지붕을 돌로 만든 이유에 대해 궁금해 하자, 김강일 선생님께서 서민들에게 기와사용은 힘들었을 것이고, 이곳 주변에 많이 있는 돌을 이용해서 만들지 않았을까 라고 말씀해 주셨다. 그럴듯 하다.

石屋根는 전체적으로 120여 개가 있는데, 특히 이곳에 집중되어 있어 지정문화재가 되었다고 한다. 아소산에서 하천을 이용하여 돌을 끌고 와서 잘라 사용하였는데, 곡물 등의 저장소로 사용되었지만 불에 타서는 안되는 중요한 물건을 보관하는데 사용하기도 하였다고 한다.

■ 豆酘寺 유적지

버스가 들어갈 수 없는 좁은 길이었기 때문에 조금 걸어야했다. 빨간 쌀이 난다고 하는 赤米神田을 빙 둘러 들어갔다. 들어가는 초입에 多久頭魂神社 범종이 있었다. 엄찬호 선생님께서 용감히 올라가 종을 치고 내려오셨다. 은은하게 울리는 종소리를 들으며 사적지를 올랐다.

절의 지붕이 조선식으로 되어 있어 여느 곳과는 달리 용마루 쪽이 곡선형인 점이 이 절의 특색이다. 신불을 함께 모시는 곳으로, 오른쪽에 새끼줄을 둘러놓은 나무가 있었는데 건국신화와 관련이 있다고 한다.

버스 대학이 열렸다. 엄찬호 선생님께서 한국 근대사에 있어 연암 최익현을 비롯한 을사의병에 관련된 강의를 해 주셨다.

서양문물에 위기 의식을 느껴 형성된 사상인 위정척사사상의 대표적 거두 연암 최익현 선생은 1876년 도끼를 들고 상소문을 올린 데에 대해 학산도로 위배를 당하였다가, 이후 재야에서 활동하였던 인물이다.

강화도 조약 체결 후 근대 국제법 세계로 편입되었는데, 1895년 을미시해사건(을미사변), 을미개혁(단발령)으로 을사의병이 일어났다(춘천에서도 의암 유인석과 습재 이소응이 유명). 이후 1897년에 대한제국이 건립되었으며, 1904년 러일전쟁에서 일본이 승리하면서 을사늑약(을사보호조약)을 체결하여 외교권이 통감부로 이행되었다. 이후 정미조약으로 군대가 해산되게 이른다. 이러한 시대상황 속에서 1915년까지 지속적인 활동을 하신 최익현은 전라도에서 의병활동을 하다가 붙잡혀 대마도로 유배되어 그곳에서 순국하셨다.

■ 오후나에(お船江)

이키로 가는 배 시간으로 인해 일정이 촉박해졌다. 통신사의 배들이 정박했다는 오후나에는 버스를 타고 지나가면서 차창 밖으로 볼 수밖에 없었다.

■ 修善寺 경내의 최익현선생 순국비

정영호·황수영 박사님, 나가도메 선생님과 함께 최익현 선생 추모비를 직접 건립하신 다치바나 선생님의 설명을 들었다. 최익현은 일본에서는 그리 유명하지 않은데, 이는 한국과 일본의 역사 교육이 다르기 때문이며, 서로를 잘 알 수 있는 역사교육이 이루어져야 한다고 하셨다. 이비를 처음 세우려고 했을 때, 비석을 세우는 의미를 살리기 위해서는 세우는 장소가 가장 중요하다고 생각하여, 순절하신 장소인 嚴原衛戍營에서 15분 거리에 있는 이곳에 세우게 되었다고 하셨다.

비석을 세울 때 옮겨오는 곳의 거리가 너무 좁아 차로 옮길 수 없어 보디빌더들에게 들고 오도록 하였다고 한다.

김강일 선생님께서 추모비에 쓰여 있는 글귀를 읽은 후, 100년 전 우리나라를 위해 순국하신 영령들에게 묵념을 하였다.

점심은 志まもと에서 さざえごはん, ろくべえ를 먹고 난 뒤, 이키로 향하는 비너스 2호에 승선하였다. 이즈하라에서 아시베항까지 1시간여가량 걸렸다. 이키섬은 지도 위에 작은 섬으로 표기되어 있었는데, 생각보다 크고 대마도와는 사뭇 다른 느낌이다. 포근하고 아늑한 느낌을 주는 섬이었다.

오후 2시 20분, 이키에 도착하자 분홍버스가 우리를 기다리고 있었다. 너무 작아서 우려했으나, 내일은 큰 버스로 답사를 다닐거라는 말에 안심이다. 유노모토 온천마을에서 온천욕을 한 후, 호텔(出會いの村)에서 저녁 식사를 했다. 九州에서부터는 간단한 용어는 일본어로 하기로 하여 가이드 김혜란씨로부터 인사를 비롯한 일본어 회화 연습을 하였다.

넷째 날. 1월 16일 -윤경하-

오전 9시, 아침식사(어묵, 소세지, 밥, 미소된장, 두부, 요구르트 등)를 마친 뒤 하루 일정이 시작되었다. 버스 안에서 가이드 김혜란 씨로부터 이키는 213m가 제일 높은 곳으로 1차 산업 중심의 섬이라는 등 이키에 대한 여러 이야기를 들었다. 이어서 손승철 교수님께서 이키섬에 대해 부연 설명을 주셨다. 이키는 조선사신이 대마도에서 반드시 거쳐서 가는 섬이다. 우리나라 사행록 중 노송당 송희경의 『일본행록』 중에서 '1420년 3월 1일 대마도를 떠나다. 대마에서 10일을 머무르고 뱃길로 하루 걸려 카츠모토 도착. 이키에서 배사고로 죽은 조엄의 사당인 최운사에서 참배. 가츠모토 포민이 100호이며 대마보다 풍부하여 민심이 좋아 척박한 대마보다 훨씬 여유롭다'고 기록되어 있다.

■ 이키(壹崎) 향토관

향토관장이신 이치하마 히도시(市山等) 선생님께서 이키섬 지도를 나누어 주셨는데 『해동제국기』에 나온 총 34곳의 장소가 표시되어 있었다. 향토관을 돌아보며 다음과 같은 설명을 주셨다.

- 야마구치 아사타로 : 이키의 역사정리(선사~근세까지), 독학으로 공부
- 마츠모토 토모 : 고고학연구, 특별사적(국가지정) 정리
- 마츠나가 : 야마구치 아사타로와 마츠모토 토모의 선배로 일본 실업가, 이키 출신으로 민간 전력회사 9개를 창립
- 이키섬은 남북 17Km, 동서 15Km의 일본 20번째의 섬으로 가장 높은 곳이 213m의 평평한 대지로 거북이가 헤엄치는 형상.
- 카브라 : 가면극, 36개 형태의 춤과 연기로 총 8시간. 무형문화재 지정.
- 스테도곤 : 400만년전 코끼리와 유사한 동물 발굴
- 조몬시대 : 이키 서부해안에서 발굴된 것이 많음. 흑요석 발견(이키 흑요

석은 거칠어 사용할 수 없어 오이타사가현의 흑요석 사용)
- 야요이시대 : 상어의 뼈를 이용한 도구 사용
- 고분시대 : 신라시대 토기와 유사한 유물, 신라시대 토기를 모방했음을
  추측. 264개의 고분이 있음
- 중세 : 활석으로 속은 비어있는 불상(돌로 만든 불상은 매우 드문 것으로
  국가지정 문화재로 현재 나라박물관에 보관)
- 문화 : 화폐전시, 중국·베트남 동전까지 발굴 전시(왜구들이 동전을 가져
  다 썼을 것으로 추정), 할복자살하는 모습 등 전시.
- 고래잡는 도구 전시(17~18C 고래잡이 성행, 버릴 것 없는 고래를 잡아
  많은 돈을 벌어들였다)

■ 모토이우라(本居浦)

『해동제국기』에는 100호가 있었다고 기록되어 있으나 현재는 135여
호가 살고 있다. 원래부터 있던 집은 아래쪽에, 현재 새로 지은 집은 위
쪽에 위치한다고 한다. 이는 이 마을 근처에 고노우라(木浦)항이 있어 교
통과 무역이 활발해짐에 따라 이곳이 교통어업 중심 마을이 되었고, 사
람이 많이 살게 되면서 바다를 매립하여 마을 규모가 더 커졌다고 한다.

■ 다케노쯔지(岳ノ辻) 전망대

213m의 이키에서 제일 높은 곳으로 맑은 날엔 대마도와 남쪽으로 하
카다(博多)가 보인다고 한다. 부슬부슬 내리는 비에도 무릅쓰고 다음 장
소로 이동하였다.

■ 이키섬 정중앙부(へそ石, 頤掛け石)

헤소이시(へそ石)라는 돌은 배꼽돌이라는 뜻으로 이키섬의 정중앙부
라는 의미가 담겨있다고 한다. 그 옆에는 아코가케이시(頤掛け石)라는
돌이 있는데 '턱을 올려놓는 돌'이라는 뜻이다. 여행자들이 돌아다니다

피곤하면 이 돌 중간의 홈이 패인 부분에 턱을 걸치고 쉬어가는 것이라고 한다.

■ 카쓰모토죠(勝本城)

코쿠부(國分) 유적과 카케기(掛木) 고분을 지나 북쪽으로 계속 이동하여 카쓰모토죠(勝本城)에 도착하였다. 임진왜란시 조선침략을 위해 도요토미 히데요시가 쌓은 카자하야(勝本) 성에 올라 카쓰모토 항구를 전망하였다. 대마도 방향에서 출입하는 배들이 한눈에 감지되는 곳으로, 외국에서 이국선이 들어오는 것을 감시하는 군사적 요충지임이 확인되었다.

조선통신사의 모든 배는 대마도에서 카쓰모토를 통해 들어왔기 때문에 조선통신사가 머문 흔적이 남아있다. 고관은 여관에서, 하층인은 배 안에서 머물렀다고 한다.

이키 자체의 자치권이 없어 송포당(松浦黨)에서 기록문서를 관리하였다고 한다.

■ 카쓰모토우라(勝本浦)

조선통신사의 배가 들어온 곳이다. 조선통신사가 머물렀던 임시숙소에는 특별한 흔적은 없으나 당시의 초석이 남아있고, 안쪽에 걸린 현판에는 阿彌陀堂이라고 쓰여 있었다.

일본군이 나고야에서 카쓰모토, 이즈하라를 거쳐서 부산 동래로 공격하였다고 한다. 근처에 小西行長, 加藤淸正을 기리는 신사가 있어 둘러보았다.

카쓰모토는 군사적으로 중요했던 곳임을 짐작할 수 있었다.

■ 新城古戰場

1274년 몽골의 1차 침입 장소로 카쓰모토, 우라우미의 일본군 섬멸 후 하카타 큐슈로 이동하였다. 현재 고라이바츠라고 하는 고려의 지명이 그대로 남아있는데, 이 지명은 고려 활이 있던 장소라는 의미에서 비롯되었다고 한다. 또, 희안바루라고 하는 지명은 불화살을 쏜 들판이라는 의미로 당시 이곳이 격전의 장소였음을 확인해준다.

■ 瀬戸浦古戰場

몽골 2차 침입시의 격전장이다. 여몽·남송 연합군은 남송이 늦게 도착하여 하카다에서 패배하였고 이후 돌아갈 때 공격한 곳이다. 이곳에는 '碇石'이라고 하는 유물이 있는데, 이것은 몽고의 침입 때 큐슈지역에서 군수물자와 군사를 실어 나르던 대형 선박의 닻으로 사용되었던 것이라고 한다. 화강암으로 길이가 242㎝, 무게가 약 300㎏ 정도이다. 이 석재는 일본에서 산출되지 않는 것이라고 한다.

오후 1시, 점심식사(점심은 이홍권 선생님이 내심)는 규동(돈부리), 야사히이따메(야채정식)였다. 대체적으로 짰지만 먹을만 했다는 의견, 단무지가 독특했다는 의견이 있었다.

■ 하루노쯔지(原の辻) 전시관

폭 300m, 동서남북 1Km안에 야요이 시대 유물 다수 발견되었다고 한다. 1Km 떨어진 곳에 있는 바다를 건너 강을 건너 이곳에 정착한 것으로 현재 환호유적에서 계속 유적 발굴 중이라고 한다. 평야에 유물센타(매장문화 박물관)를 건립해 전시할 예정이라고 한다.

■ 安國寺

안국사는 국가의 안국(평화)을 기원하며 무로마치 막부 때 60여 개의 안국사를 지었다고 한다. 명칭은 원래 해인사로 지었으나 이후 안국사로 고쳤다고 한다. 불경, 종 등을 고려와 조선에서 들여왔는데 상당수는 도난품이며, 현재 전시실에 전시되어 있는 고려대장경 역시 도난품이라고 한다. 이곳에 있는 수령 1000년 이상의 삼나무만이 이 지역의 역사를 알 것이라는 이치하마 선생님의 말씀이 있었다.

오후 3시, 버스 탑승 후 심보경 교수님의 버스대학 강의가 있었다. 국어사에 있어서의 시대구분을 중심으로 설명해 주셨는데 먼저 고대국어는 선사시대~통일신라말, 중세국어는 10~16C이며, 10~14C는 전기중세국어, 15~16C는 후기중세국어(훈민정음 창제)로 구분된다고 한다. 그리고 『해동제국기』에서의 표기는 한국 한자를 음차한 것이라 한다.

오후 4시, 고노우라 항구에서 Venus호에 승선, 후쿠오카 하카다로 향한지 두 시간여 만에 후쿠오카 하카다에 도착하였다. 택시로 숙소인 Central hotel Fukuoka로 이동하였는데 그곳에서 일본유학 중인 손승철 교수님의 아들 손민규 내외가 우릴 반갑게 맞이해 주었다. 간단히 짐을 푼 뒤 식사장소 향했다. 구주대학의 사에키 교수님과 대학원생, 서일본 신문사의 시마무라씨 등과 함께 저녁식사를 하였다. 大名やぶれかぶれ, 사시미 특히 고래회가 인상적이었다. 하카다 소주도 일품이었다.

다섯 째날. 1월 17일 -황은영-

오전 8시 30분, 출발하면서 가이드 김혜란 씨가 하카다 및 후쿠오카에 대해 간단히 설명해 주었다. 하카다(博多)는 지명에서도 알 수 있듯이 이곳 항을 통해 들어오는 박래품이 많았다. 후에 후쿠오카시 명칭이 변경되면서 많은 이름들이 후쿠오카 중심으로 바뀌었지만 항의 이름만은 아직도 후쿠오카항이 아닌 '하카다항'으로 불리고 있다. 후쿠오카는 인구가 130만 명으로 일본의 8대 도시 중 하나다. 그리고 이곳 하카다의 명물은 라면과 명란젓이이고 텐신(天神)이 후쿠오카의 번화가이다.

이어 손 교수님의 일정 설명이 있었다. 김종필 씨가 국무총리이던 시절에 세워진 큐슈대학 한국연구센터를 30분간 견학하고 조선사연구실 및 사에키 교수님의 자료실을 30분 정도 방문할 예정이다. 이어 11시 경에는 서일본신문사를 방문해 신문기사의 취재와 신문이 나오기까지의 편집과정에 대해 시마구라 실장의 설명을 들을 것이다. 오후에는 후쿠오카시립박물관을 방문하여 큐슈 역사를 일람하고, 이동하면서 일본성곽에 대한 유재춘 선생님의 버스대학 특강을 들은 후 도요토미 히데요시가 쌓은 나고야성과 나고야성 박물관을 방문할 것이다. 다시 후쿠오카로 돌아와 서점을 방문하고 저녁식사는 조별로 소그룹을 이루어 야다이(포장마차) 자리를 마련하고자 한다. 오늘 답사의 포인트는 하카다이다. 일본에서는 이곳을 동아시아의 중심해역으로 여기는데 이러한 감을 느껴야 하카다 답사가 제대로 될 것이다.

■ 구주대학교

이곳에서 유학중인 이태환 선생님이 반갑게 맞아주었다. 한국연구센터의 마쓰다와 선생님이 자리를 비워서 바로 사에키 교수님의 연구실로 이동했다. 사에키 교수님의 연구실인 국사(일본사)학연구실 도착하니 선생님이 직접 학과현황에 대해 설명해 주었다. 현재 문학부에는 21개 연구실이 있고, 4개의 코스 중 역사학 연구 코스가 있다고 한다. 이곳에서는 동양사, 서양사, 일본사, 조선사, 이슬람사 등 6부분의 역사가 연구되고 있는데 6년 전부터는 국사를 일본사로 명칭 변경하였다고 한다.

국사학(일본사) 연구실은 1925년경 세워졌는데, 2개의 방을 사용하고 현재 연구실 옆방은 세미나실로 이용하고 있었다. 이 연구실에서는 학생들이 아침부터 공부하고, 저서와 사전, 연구자료, 잡지들을 읽을 수 있고, 인터넷(무선)을 할 수 있으며 옆 세미나실도 큐슈, 일본관련 역사서들이 꽂혀 있고 창고에도 몇 만권의 책이 있었다. 복도 끝에는 30년 전에 생긴 조선사연구실이 있는데 국립대학으로서는 처음이었다. 오사나마 노리의 사모님 오사사마 주쿠가 이태훈 선생의 지도교수이다. 전문교수님으로는 신라사를 전공하는 하마다 교수님, 고려사를 연구하는 모리이라 교수님 등이 있다.

이어 손승철 교수님이 '일본사를 연구하는 학생은 어느 정도인가?'라는 질문에 대학원생이 15명, 연구생이 20명 정도로, 교수 네 분 중 중세사의 사카우에 교수님은 연민수 선생의 지도교수이고 근세사의 이와사키 교수는 나가사키의 생산, 유통을 연구하고, 근세사에는 야마구치 선생님도 있으며 조선사 연구학생은 10여 명으로 많지 않다고 한다.

졸업 후 진로를 살펴보면 취직은 일본 경제가 좋지 않아 활발하지 않은데, 예전에는 선생님, 공무원으로 진출했고 최근에는 컴퓨터 관련, 일반회사 등에 진출하고 있다고 한다. 세미나의 형식은 주제에 대한 자료 분담 후 총괄, 토론, 결론을 도출하는 방식인데 최근 세미나의 주제는 고대, 중세, 근세의 사료를 읽고 토론하는 형식이라고 한다.

세미나실에는 여러 가지 자료들과 보고서를 비축하고 있고 프로젝트를 활용하고 있었다. 손승철 교수님께서 이곳을 견학하는 이유는 한일관계사를 하고자 하는 학생들을 위해 1년 과정을 개설하기 위해서라고 하자 사에키 교수님이 웃으며 동의했다. 조선사연구실은 잠겨 있어 견학할 수 없었고, 마침 도착한 마쯔 히루키 조교수님(중세 한일관계)과 인사를 나눌 수 있었다.

■ 한국연구센터

마쯔바라 선생님이 아직 도착하지 않아 10분 정도 기다리며 책과 전시품들을 살펴보는 시간을 가졌다. 마쯔바라 선생님은 계명대에 오래 계서서인지 경상도 사투리 구사가 아주 자유로웠다. 팜플렛과 복사물을 받는 도중에 센터장이신 미나바 교수님이 오셨다. 이 분은 강원대 사범대 피정만 교수와 친분이 있고, 가라츠가 고향이라고 한다. 이 두 분이 서로 현황 설명을 미루다 결국 얼굴마담인 마쯔바라 선생님이 한국연구센터를 설명해 주셨다.

이곳은 일본 유일의 한국연구센터로, 4년 전 건물을 짓고 활동을 시작했는데 주로 식민지 시대 연구를 하고 있다. 현재 히키야케샤(강점기 때 한국에서 태어나 생활한 일본사람들) 150명의 구술 연구에 중점을 두고 있다. 현재까지는 역사자료를 중심으로 연구했으나 앞으로는 구술자료가 중요하다고 판단하여 기억속의 피부감각으로 느낀 역사자료에서 볼 수 없는 자료를 중심으로 조사하고 있다. 그들이 살던 한국의 고장들, 일본인 거류지에 대해 본인이 그린 지도, 사진, 동창회보, 생활체험 조사, 서민들의 시점에서 본 식민지 체험을 연구하여 일본에 있어서의 식민지 연구의 거점을 만들고자 노력한다.

큐슈대학은 일본에서 4번째로 만든 대학이라서 책이나 자료가 많은 곳이다. 이를 기반으로 구술자료가 더해지면 좋은 여건이 마련될 것이다. 연구시기는 식민지 시대~박정희 유신때까지인데, 1945년 이후라도 군정기에 관여한 정치가들에 관한 구술자료를 모으고 있다.

한국에 관한 자료수집은 일본과 한국자료의 소재 조사를 위해 미국이나 유럽에 가서 자료 목록 작성 중에 있다. 프랑스, 스페인, 네덜란드, 불가리아 등에도 가서 조사를 하는데 책은 많지 않으나 사진, 일본·조선 콜렉션을 조사하여 만들고 있다.

큐슈대학의 교수 3,500명 중 10%만 인문·사회계여서 이공계 교수들과 공동 연구의 의무가 있다. 그래서 앞으로는 환경·에너지 분야도 담당해야한다고 믿고 있다. 센터가 작고, 교수도 적고 빽도 없지만 환태평양을 중심으로 세계의 한국연구센터와 교류하여 연구 콘소시움을 만들었다. 그리고 하버드·콜럼비아·런던 대학도 참여를 요청해 와서 함께 하고 있다. 이어 캠브리지 대학 등도 가입하고자 했지만 자금이 부족하여 힘들다.

교육 및 연구활동에 있어서는 1년 1회 국제워크샵을 개최하는데 2월에 UCLA, 하버드, 큐슈 대학 등이 모여서 스탠포드 대학의 쿠바연구소에서 워크샵을 계획하고 있다. 또 UBC에서 7월 말에 세계의 대학원생 중심으로 한 대학에서 2명씩 공모형태로 우수한 논문을 뽑을 계획이다. 강원대 여러분의 지원도 기다리겠다. 모든 경비가 공짜이니까 도전해 볼만할 것이다. 그리고 큐슈대학 보존서고에 해동제국기 관련 서적이 있다. 제가 5년에 한국과 큐슈의 표류민에 관심이 있어 해동제국기를 읽어보았다. 지금은 관심이 다른 분야에 옮겨졌지만 여러분과 교류의 문을 열어 놓겠다.

이어 단체 사진을 촬영하고 버스에 올랐다.

■ 西日本新聞社

건물의 11층에 위치한 회의실로 이동하여 시마무라 기자의 설명 들었다.

서일본 신문은 하루 90만 부가 발행되고, 조·석간이 발행된다. 이중 석간은 13만부이다. 한국에 관해서는 연합신문의 정보를 받고 있다. 신문 35면이 서일본신문사만의 기사이다. 서울, 북경, 대만, 파리, 워싱턴에 특파원이 파견되어 있고, 국내에서도 오키나와, 큐슈 외에는 연합뉴스를 사용한다.

이어 신문사에서 출간한 서적 소개했는데『식탁의 저편』은 학교 가기 전 식사를 거르는 학생이 늘어 먹는 것도 생명과 연관이 있다하여 야쿠젠(약이 되는 음식)을 소개한 책이다. 그리고 올해의 전문적인 사업을 소개한 책과 큐슈박물관과 연계하여 큐슈문화를 소개한 책(100만 부 팔림)이 있었다.

서일본 신문사의 대표사업 중에 11월에 큐슈 일주여행 책 발간하는데 일본에서 많이 하는 마라톤에 대한 것도 실려 있다. 또 일본에서는 7월이 되면 유도, 검도 대회가 많은데 이러한 사진도 실려 있는데 이 행사 때문에 후쿠오카에서는 7월 중에 호텔예약이 힘들다고 한다. 이외에도 신문사에서 오히타, 사가, 나가사키, 구마모토현의 역사 강좌를 개설했는데 시민들에게 인기가 많다고 하며, 오는 2월 18일에는 시마무라 기자님이 나가사키의 학교에서 조선통신사에 관한 강의를 할 예정이라고 한다.

사무실로 이동하여 본격적으로 신문제작과정을 견학했다. 답사 인원을 2개조로 나누어 컴퓨터를 통해 신문의 지면이 어떻게 채워지는지 신문제작과정을 볼 수 있었다. 칼라 26면을 예로 들어 사진과 기사가 어떻게 구성되는지, 그리고 타이틀의 세로/가로를 정하는 법, 이어 지역정보센터에서 원고가 들어오고, 사진부에서 사진이 넘어오면 적힌대로 비율 등을 결정하여 적어 넣으면 바로 화면으로 나타났는데 기사 내용을 적고 엔터를 치면 지면 구성이 자동으로 이루어졌다. 원고는 오후 5시쯤 들어오고, 편집을 8시 경에 마쳐서 인쇄소로 발간 송신을 하는 시간이 12시라고 한다. 1명이 2면의 지면을 담당하여 취재와 편집을 한다고 한다.

다시 회의실로 이동하여 서일본 신문사의 조직에 대한 설명을 들었다. 신문의 사회부, 경제부, 문화부, 지역보도센터(큐슈 각 지역) 1면 오른쪽에 있는 전화번호는 컴퓨터로 자동 한자 변환을 했을 때 발생하는 미스들에 대한 오류 수정 건의를 받기 위함이라고 한다. 이렇게 신문제작이 점점 자동화되면서 1,100명이었던 직원이 900명으로 감소되어 더

바빠졌다고 한다.

이어 시마무라 선생님의 저서『큐슈에서의 조선』소개가 있었다. 현재 '조선을 생각하는 연구회'에 참여하고 있는데 앞으로는 '나라, 도쿄 등에서의 조선'이라는 주제로 책을 쓸 예정이라고 했다.

다시 버스에 탑승하여 ウェスト에서 시마무라 선생님과 함께 점심식사를 했다. 메뉴는 갈비정식이었는데 샐러드와 과일은 셀프로 자유롭게 추가 비용없이 먹을 수 있었다. 식사 후 버스에 올라 차창 밖으로 한국 영사관과 후쿠오카 돔을 보면서 후쿠오카시립박물관으로 이동했다.

■ 후쿠오카(福岡)市立博物館

이 박물관은 1990년에 개관하였는데 전시실은 중국, 조선(대륙)과의 관련성을 중심으로 구성되었고 대표적인 전시물은 중국과의 관련성을 보여주는 金印이라고 한다. 중국, 대만, 견당사 관련 및 조선관련 교류관이 자랑할 만한데 15~16세기 중세 하카다는 대륙과 가장 가깝게 교역이 이루어졌으므로 중국, 조선, 동남아시아와의 교류 물품이 전시되어 있다고 한다. 그런데 여직원들이 관람객을 쫓아다니며 사진촬영을 하지 못하도록 해서 안좋은 인상이 남았다.

나고야죠(名古屋城), 나고야성 박물관으로 이동하는 중에 버스대학 특강 '일본성곽사에 대한 간단한 요약과 한국성곽과의 비교'라는 주제로 유재춘 교수님의 강의가 있었다.

이키섬을 답사할 때 청동기시대의 환호 유적을 보았는데, 이것은 초기의 성곽시설로 우리나라의 경우 진주 남강에 이중으로 둘러 있는 2m 깊이의 환호가 있다고 한다. 일본의 나고야성은 일본식 중세 석축 성곽 중 가장 오래된 것이다. 일본에는 한국 고대 성곽과 같은 유형의 성곽도 있는데 이것은 조선식 성곽으로 따로 불리워진다.

일본은 중세 이전의 석축성이 별로 없다. 첫째는 지진 등의 문제가 있고, 둘째는 힘이 많이 드는 석축성을 쌓을 만한 전쟁이 없었기 때문이다. 그러나 전국시대의 오랜 전쟁을 거치면서 이전에는 무사들만 동원되던 전쟁이 보병들도 동원되면서 전투의 규모가 커지는 양상이 나타나게 되었고 이에 방어시설에 신경을 쓰게 되었다고 한다. 이러한 배경에서 나고야성도 전국시대 말기에 석축성으로 축조되었던 것이다. 발굴조사 결과 석축성에는 나뭇잎 등을 성 아래에 깔아 내진 설계를 했고 구조상 각도가 완만하여 하중을 고르게 분배하였다.

일본성은 우리나라 성과는 달리 단곽 성곽이 없다. 성벽이 2~5겹으로 복잡하게 둘러져 있는데, 이는 전투과정에서 병력운용이 다르기 때문이다. 예를 들어 5,000명으로 전투를 시작해서 1,000~2,000명의 손실이 있을 때 다중의 성곽이면 뒤로 후퇴하면서 계속 공격할 수 있다. 일본의 경우는 전투 참여자가 직업군인이고, 우리나라는 농민을 동원하여 5군(전, 후, 좌, 우, 중)으로 전투하므로 5군을 골고루 보면서 전투를 지휘해야 한다. 그래서 다중 성벽은 불리하고, 전시에는 산으로 입성하여 적의 침입 방향에 따라 신속하게 이동해야 한다(농성전). 반면, 일본의 경우 성곽 고지도를 보면 영주 거주 마을에서 다단으로 계급별 거주를 하고 있는데, 이것은 실제 전투 진영에서도 반영된다. 이것이 양국민의 정서에도 영향을 끼쳤다고 하는 의견도 있다.

■ 名古屋城博物館

오후 3시 40분, 나고야성박물관에 도착했다. 다히라 노리에(田平德榮) 박물관장님이 박물관에 대해 직접 설명을 해주었다. 이곳은 도요토미의 출병에 관한 자료를 모아놓은 곳으로 성은 아직 발굴조사 중에 있다. 이곳에 사가현 일한교류센터를 두고 한일간 교류에도 힘쓰고 있으며 전시실의 자료는 반 이상이 한국자료라고 한다.

이어 국제교류센터의 안희경 선생님과 역사담당의 마찌바나 선생님

소개받고 박물관 도록도 선물로 받았다. 전시안내는 국제교류센터의 안 선생님이 해주었다. 안 선생님은 이곳에서 근무한지 3년이 되었는데 본인 말고도 한국인이 한명 더 있다고 한다. 이 박물관은 임진왜란과 관련하여 일본의 출병이란 단어 대신 일본의 침략이라는 단어를 쓰는 곳이라고 한다. 이어 임진왜란, 정유재란 관련 전시와 나고야성 모형 설명을 설명해 주었다.

나고야성 천수관에 오르면 이키가 보이고 이키에서는 대마도가 대마도에서는 한국의 부산이 보인다. 나고야는 주변에 부지가 넓어 다이묘들을 모아 생활하기 좋았다. 이 모형은 병풍과 발굴 자료를 통해 확대한 것이다. 도요토미는 야마모토 마루에서 생활했는데 노를 한 무대와 2개의 다실, 산책로가 발굴 조사 결과 나왔고 성 주변에서 130여 개의 진영터를 확인했다. 이곳은 전쟁준비로 갑작스럽게 2,000명이던 인구가 150,000명으로 늘어 상업이 성행했다.

성벽을 보면 모서리 부분이 많이 무너져 있는데 이것은 누군가가 일부러 무너뜨린 것으로 보인다. 왜인지는 확실치 않으나 40년 후 일본 지방에서 난이 났을 때 진영으로 사용하지 못하게 하기 위해서라 설도 있고, 일국 1성령을 내려 도요토미측 사람들을 제거하기 위해 제일 먼저 성을 파괴했다는 설도 있다. 중세에는 고대에 비해 많은 교류가 없었다. 고려와 몽고의 침략과 몽고습래사건으로 삼별초가 일본에 원군요청을 한 바도 있다. 하지만 일본측에서 원군을 보내지 않았다. 후에 여·몽 연합군이 하카다를 공격하려고 했었다.

나고야성 병풍을 보면 포르투갈 상인도 보인다. 병사들은 진영주변에서 야영을 하고 있다. 각 지방 다이묘들의 성마다 특징이 다르고 전쟁터에도 노의 무대와 다실이 있다.

이어 이순신 장군의 영정, 히데요시가 부인에게 쓴 편지를 보았다. 울산성 싸움도, 가토 기요마사가 이곳에서 물도 없이 2주 동안 버티어 냈는데, 이 영향을 받아 구마모토로 돌아와 성을 쌓을 때 우물을 많이 만들고 성도 요새처럼 쌓았다 한다. 또 코와 귀를 묻은 무덤, 히데요시의 황금다실, 오동나무와 히데요시, 사가현에 와서 백자흙을 처음으로 발견한 이삼평의 신사가 아리타에 있다는 설명이 이어졌다.

외국으로 수출한 도자기, 일본 유학에 영향을 미친 강항(姜沆), 12살에 일본으로 끌려온 洪浩然이 이 성에서 14대손이 살고 있는 이야기, 조선통신사를 통한 조선과 교류시작에 대한 설명을 듣고 1811년의 일본측과 한국측 국서 앞에 답사일행 전체가 섰다. 조선은 국서를 흰 종이에 깨알같이 써서 담백하고 심플한 반면, 일본은 금색으로 치장하고 있었는데 이것을 보면 그 차이가 역사, 인간상 모두에 적용된다고 생각한다.

나고야성에 올라 유재춘교수님의 설명을 들었다.

혼마루에 올라와 보아도 성문을 알 수 없다. 이는 일본 성문이 虎口式이라 하여 바로 들어가지 못하고 꺾어 들어가게 지어졌기 때문이다. 공력이 많이 든다. 특징으로는 여장시설이 없는 것이다. 총을 거치하는 등의 공격시설이 없는데 성곽 전용 방패나 나무단에 은신하여 전투하였을 것으로 보여진다. 일본의 석성 발달이 늦은 이유는 전투규모와 향상성이 달라지면서 규모가 큰 석성이 만들어지게 되었다.

특징을 살펴보면 65~70°로 각을 지어 석성을 쌓아 하중 분산의 효과를 주고, 나뭇잎, 진흙, 나무 등을 다져 진동이 흡수되도록 하여 내진설계를 한 것을 알 수 있다. 일본에서 산위에 성을 쌓은 것은 16~17세기에 한정적이다. 이후에는 주로 평지에 지어졌고 성의 성격이 다이묘의 관아 시설용으로 바뀌게 되면서 평지성이 만들어지게 된 것이다. 일본 성곽사 시대구분 기준은 도요토미 히데요시의 시대를 중세로 하고 전은 고대, 후는 근세(평지성)로 본다.

오후 5시, 버스에 올라 후쿠오카 시내의 서점으로 출발하였다. 가는 도중 가이드 김혜란 씨의 지도를 통한 큐슈지역 설명이 있었고 내일 일정을 안내받았다. 석양을 바라보며 버스대학으로 신동규 선생님의 특강이 시작되었다.

일본의 무가사회는 743년 개간지 사업→귀족권력 약화→장원제 출발(중세까지)로 이어지게 되었고 토지를 잃은 농민들의 봉기가 일어나자 재산을 지키기 위해 무사를 두게 되면서 시작된다. 原, 平 전쟁을 통해 가마쿠라 막부에서 무로마치 막부로 정권이 바뀌는데 오다노부는 성격이 포악한 것으로 알려져 있다. 이에 비해 새로 정권을 잡은 도요토미는 경제력면에서 면적·생산량에 비례한 세금징수, 군사력면에서 병농분리, 사적 전쟁과 분쟁 막음, 人歸令(본업으로 돌아가라)으로 일본을 다스렸다. 이후 1592년에 전쟁준비를 위해 물자와 병력이 필요하자 철회하기는 했지만 1597년 유언장에 앞의 내용들을 남기고 있다. 이어 1615년의 3대 정책(승가제국도, 무가제국도, 공가제국도)이 명치유신의 발판이 되었다.

오후 6시 30분에 후쿠오카시에서 가장 큰 서점인 준쿠도서점에 도착하여 각기 연구분야에 필요한 서적을 구입하고 조별로 저녁식사 및 야다이 체험을 한 후 11시에 숙소인 Central hotel Fukuoka로 귀가하였다. 후쿠오카의 명물 하카다 라면이 인상적이었다.

여섯 째날. 1월 18일 -김정락-

오전 8시, 숙소를 출발하면서 손승철 교수님께서 오늘의 답사 키워는 도자기, 원자폭탄, 데지마 3가지라 하셨다. 큐슈 도자박물관으로 향하며 이미숙 선생님의 버스 대학강의(주제: 도자기)가 있었다.

도자기의 구분은 소성 온도 또는 재료로 구분하는 2가지 방법이 있다. 이 중에서 소성온도로 구분할 때에는 다시 토기, 도기, 석기, 자기로 나뉘게 된다. 재료로 구분하게 되면 청자, 백자 등으로 나눌 수 있다. 우리나라는 중국의 영향을 받아 고려시대 때 청자가 발달하고, 조선시대에 들어와서 분청사기와 백자가 발달하게 된다. 조선의 사발그릇에 심취했던 도요토미 히데요시는 임진왜란 당시 많은 도공들을 일본으로 끌고 오게 되고, 이들은 일본 자기 기술 발전의 신호탄이 된다. 이삼평은 아리타 지역에서 자기를 구울 수 있는 흙을 발견하여 이곳에 가마를 짓고 자기를 만들게 되는데, 그리하여 이삼평은 아리타 자기의 시조가 되었다.

■ 九州陶瓷博物館

도자박물관에 도착하여, 학예사 분의 설명을 들으면서 박물관을 둘러볼 수 있었다. 둘러보면서 큐슈 지역 도자기의 역사에 대하여 설명을 들을 수 있었는데, 앞서 버스대학 강의와 거의 일치하였다. 그리고 18세기에는 이곳에서 도자기를 유럽으로 수출하였다고 한다. 일본의 도자기는 차(茶)를 중심으로 발달하였는데, 각 번의 번주들 취향에 따라서 각 지역의 자기 형태, 특징, 색 등이 달라지게 되었고 그것이 현재까지 내려오게 되었다고 한다.

■ 陶山神社, 이삼평 기념비

이삼평 기념비는 꽤 높은 곳에 모셔져 있었다. 아리타 도자기의 조상이라는 도조 이삼평비를 보면서 이국땅에 잡혀와 살다간 이삼평 등의 피로사기장들을 기리며 나가사키로 향하였다. 나가사키로 향하는 도중 버스 대학강의가 열렸다. 신동규 선생님께서 일본 근세사에 대한 내용을 말씀해주셨다.

서양은 14C에는 르네상스 시대였고, 15C는 대항해 시대, 종교개혁이 있었으며 16C 스페인과 포르투갈이 해양권을 잡으면서 포르투갈의 아시아 진출이 있게 된다. 하지만 17C 영국이 스페인의 무적함대를 격파

하면서 영국, 네덜란드의 세계진출이 이루어지게 되고, 서양에서 일본으로 올 때의 첫 관문이 히라도(平戶)가 된다. 그래서 히라도에 영국, 네덜란드 상관이 자리잡게 되는데, 영국이 상권 경쟁에서 패하고 상관을 폐쇄하게 되고, 제5차 쇄국령으로 포르투갈과 단교를 하게 되어 네덜란드만 남게 되었다. 데지마(出島)로 상관을 옮겨간 네덜란드 상인들과의 교역으로 지속적인 서양 문물이 일본에 유입, 이는 일본 근대화의 계기가 되었고, 그 중심에는 나가사키가 있었다.

■ 나가사키 원폭기념관과 평화공원

원폭이 떨어진 11시 2분을 가리키는 부서진 시계와 처참한 광경들의 사진을 보면서 전쟁의 참담함을 확인할 수 있었다.

오후 1시 30분, 점심식사는 和泉屋グループ에서 나가사키의 명물인 짬뽕을 먹었다.

■ 데지마(出島)

데지마는 네덜란드 상관이 있던 자리이다. 원래 이곳에 포르투갈 상관이 있었지만 포교 활동을 싫어한 히데요시에 의해 포르투갈이 물러나고 히라도에 있던 네덜란드 상인들을 이곳으로 불러 왔다고 한다. 약 4,000평 정도였다고 하나, 현재는 매립되어 있어서 정확한 옛 모습을 볼 수는 없다. 복원이 상당히 많이 되어 있는데, 예전의 60~70%정도 복원을 하였다고 한다. 현재 복원된 여러 건물은 전시장 및 관람용으로 사용하고 있다.

■ 나가사키(長崎) 역사문화박물관

일본에서 서양과의 대외무역이 가장 활발했던 나가사키여서 그런지 박물관의 여러 전시물들은 일본 고유의 것보다는 여러 서양의 물품들이 많았다. 박물관 관람 후 히라도 숙소 쇼우테이 호텔에 도착하였다. 오는 도중 도로 사정이 좋지 않아 시간이 상당히 소요되었다. 旗松亭에서 저녁 식사를 하면서 하루 일정을 마감하였다.

일곱 째날. 1월 19일 -장경호-

오전 8시, 숙소에서 걸어서 내려오면서 덧치 월(네덜란드 상관 벽)과 항구 유적을 보고 어제 노천탕에서 본 히라도 성을 배경으로 사진도 찍고 송포당 기념관으로 향했다.

■ 松浦黨 기념관

이곳은 사진촬영이 금지되어 있어 몰래 몰래 사진을 찍으면서 우리나라의 대표적 종가 녹우당을 생각해 보았다. 어제 나가사키 역사박물관과 마찬가지로 외국과의 교류가 전시에서 중점적이었다.

이제 엄청난 강행군이 시작된다. 지도를 보고 예상했지만 일본의 고속도로 제한 속도는 우리나라와 다르게 80km이다. 아 피곤하다라고 생각과 함께 잠이 들면 휴게소 또 눈 뜨면 다시 휴게소, 일본이라는 나라가 정말 크다는 생각을 했다.

달리는 버스 안에서 신동규 선생님의 특강이 시작되었다.

근대 막부가 무너지고 메이지유신 이후 개항에 이르기까지 정말 방대한 내용이었다. 16세기 말 은의 산출량이 높아지면서 재정이 약화되고 이자도 제대로 받을 수가 없었으며 설상가상으로 18세기에는 화산이 터졌다. 이에 따른 경제개혁 세 가지를 내세웠는데 돈의 가치를 늘림으로써 재정극복을 하려는 노력은 실패로 돌아갔다.

1893년에 페리 미국 제독이 개국을 요청했으나 받아들여지지 않자 오키나와에 머물고 있다가 1894년 다시 오자 개항을 했다. 개국이 되자마자 일본에서는 내부적인 문제와 혼란한 시기가 결부되었다. 14대 장군의 계승문제에 대해 도쿠가와 요시토미(德川慶福)파와 히토쓰바시 요시노부(一橋慶喜)파의 대립이 발생하였다.

막부를 쓰러뜨리기 위한 운동은 공무합체론으로 전개되어 나갔다. 이와쿠라 토모미(岩倉具視)는 자기의 이름을 딴 이와쿠리 사절단을 보내어 서양의 모든 문물을 중심으로 보았다. 사이고 다카모리(西鄕隆盛)에게 모든 정치체제를 그대로 유지하라고 했으니 바꾸기 시작했다. 이때부터 정한론이 대두되는데 이것은 실행이 되지 않았다. 사이고는 조선의 조정을 욕되게 하면 그들이 나를 죽일테니 그때 구실로 치라고 했으나 받아들여지지 않았다.

이때는 토지개혁도 활발하게 일어났는데 단위면적당 세금을 매기는 것이 아니라 면적당 단가를 매겨서 현금으로 세금을 받는 제정적 토대이다. 부국강병을 위하여 징병제를 택하였고, 비스마르크의 법을 따르기도 하였다.

오후 1시 30분, 점심식사는 三笠이라는 식당에서 초밥과 우동을 먹었는데 정말 맛있었다.

■ 쿠마모토죠(熊本城)

쿠마모토성은 히메지(姫路)성, 오사카(大阪)성과 함께 일본의 3대성이라고 하는데 천수각의 규모가 상당히 컸다. 천수각은 특히 구주지역에서도 유명하다고 하는데 높은 곳에서 밑을 내려다보니 과연 천연의 요새라는 생각이 들었다. 성을 축조한 인물은 축성의 귀재라는 가토 기요마사(加藤淸正)이다. 가토 기요마사는 임진왜란 때 울산성에 갇혀서 고전했던 경험을 바탕으로 이 성을 쌓았다는데, 성 안에 120여 개에 이르는 우물을 파서 식수가 부족하지 않도록 했고, 성 안의 다다미는 짚이 아니라 토란대로 짜도록 하여 장기간의 농성전 때 식량으로 쓸 수 있도록 지시했다고 한다.

들어가면서 본 해자는 비록 물은 없었지만 그 깊이와 넓이가 굉장했다. 날렵하게 곡선을 이루는 성벽. 그리고 놀라운 점은 성안으로 들어갈 수 있도록 해놓은 것과 그 안에서도 전시가 이루어지고 있다는 점이었다.

쿠마모토성을 견학한 후 오이타(大分)로 가기 위하여 아소(阿蘇)산을 넘었다. 멀리 활화산에서 연기가 나는 모습도 보았고, 가끔씩 보이는 산 아래의 칼데라 분지도 장관이었다. 차는 계속 달렸지만 아소산의 고원은 끝날 줄을 몰랐다. 일본이 생각보다는 훨씬 큰 나라라는 것을 실감하였다. 산을 내려가는 도중에는 유명한 쿠로카와(黑川) 온천에 들렀다. 쿠로카와 온천은 자그마한 탕들이 종류별로 있는 온천 마을이었는데 세 가지의 온천을 이용할 수 있는 나무토막으로 된 마패 같은 입장권을 하나씩 받았다. 우리에게 주어진 시간은 한 시간, 탕을 옮길 때마다 옷을 입고 벗어야 해서 조금은 힘들었지만 즐거운 시간이었다.

버스에 올라 우리의 숙소인 노노카 팬션으로 출발했다. 이곳은 아소산 자락에 위치한 전원풍 별장인데 노노카 팬션의 주인부부도 미남 미녀였다. 주인 내외분과 손 교수님은 친분이 두텁다고 했고, 뜻밖에도 이윤희 선생님도 와 계셨다. 이날의 행복한 만찬 맥주, 회, 어묵, 생선, 기타 등등과 가발을 쓰고 한 1분 스피치, 추웠지만 아름다웠던 잠자리 덕분에 자는 동안도 너무 행복해서 낙원에 온 기분이었다. 다음날 아침 찬물로 씻느라 덜덜 떨었지만 일본 여행 중에 가장 기억에 남는 숙소였다.

여덟 째날. 1월 20일 -정지연-

오전 8시 20분, 항상 우리 동사 팀과 깊은 인연을 보여주셨던 이윤희 교수님과의 일본에서의 짧은 만남을 뒤로 한 채, 유후인(由布院)에서 출발하려고 하였으나, 유 교수님과 준현이가 탑승하지 않은 것을 뒤늦게 깨닫고 다시 뒷걸음질하였다. 유 교수님과 준현이를 차로 픽업해 주신 이윤희 교수님과 다시 이별하고 달리는 버스 안에서 오늘의 답사지에 관련된 설명을 들었다.

豊後州는 오오토모(大友)씨의 지배령이었던 곳, 화산지대로 유황과 온천이 유명하다. 해동제국기에 의하면 博多로부터 6, 7일거리에 있으며, 小貳殿과 나누어 다스리던 곳이다. 조선에서 목면, 인삼, 가죽 등을 수입하고, 화약 원료로 사용되는 유황을 수출하였다.

벳부로 들어서자 움집이 즐비하게 있다. 온천 김이 올라와 지붕에 닿아 굳으면 유황이 되는데, 이러한 유황채취는 에도시대부터 이어져 온 전통이라고 한다. 'これより地獄めぐり'라는 팻말이 이곳 정경을 대변해주는 듯하다.

원천수 자체가 98℃이며 계란이 반숙으로 삶기는데 이를 먹으면 7년은 젊어진다고 한다. 지옥 3대 온천으로 유명한 곳이 홋카이도, 나가사키, 벳부라고 한다.

■ **別府驛**

할아버지가 돌아가셨다는 소식을 전해 받은 쿠니는 아쉽지만 이곳에서 오카야마로 갔다.

■ 大分市 역사자료관

자료관에서 일하시는 武富雅宣씨의 설명을 들었다. 이 자료관은 20년 전에 설립되었다고 한다. 1250년 전에 國分寺라는 절이 있었는데 1/10로 축소하여 자료관 1층에 전시하고 있으며, 국분사 전체에 대한 전시는 2층에서 하고 있었다. 국분사 부지의 약 70%를 시에서 매수하여 발굴 조사한 결과 모형을 완성하였다고 한다. 국분사는 나라시대부터 있었으며, 정치·경제가 이루어진 도시로 관청이 있던 중심지역으로 추정하고 있었다. 전국시대 오오우치 다이묘(大友大名)가 이 지역을 다스렸으며, 후쿠오카 하카다 역시 오오우치가 지배하였다고 한다. 오오우치가 쌓은 성은 5곳이 있으며, 10~20년 뒤에 발굴 완성할 예정이라고 한다. 자료관 2층에는 오오우치씨 성 주변을 그린 그림이 전시되어 있었다. 오키노하마(沖ノ島)는 포르투갈 이외 사람들이 들어와 무역하던 곳으로 유명하다. 일본 포교를 위해 온 프란시스코 자미에르를 초대하여 기독교 교회를 설립하였고 이에 기독교 포교활동의 근거지가 되었다고 한다.

■ 우스키(臼木)石佛

우스키(臼木)는 경주 남산 석불과 같이 돌 표면에 깎은 마애석불로 유명한 곳이라고 한다. 그러나 다음 목적지였던 우스키는 거리가 먼 곳에 있고, 심수관 선생님과의 약속시간을 위해 가고시마(鹿兒島)로 직진하기로 하였다.

약속시간에 맞춰 가기 위해 버스에서 점심으로 일본 벤또를 먹었다. 이후 버스대학이 열렸는데, 손승철 교수님께서 오키나와에 대한 설명을 해주셨다.

오키나와는 160여 개의 섬이 있지만 그 중에서 사람이 사는 섬은 20여 개 밖에 되지 않는다. 인구는 200만 명 정도이다. 1879년 오키나와

현이 성립되었는데, 그 이전에는 류큐왕국이었다. 대략 11·12세기에 류큐왕국은 그 모습을 갖추어 갔는데, 대표적 유물로 구스쿠가 있다. 이 구스쿠는 성을 의미하는 것으로 성 중심의 권력조직이 있었던 곳이다. 처음 왕국이 성립될 당시 3개 나라였던 것을 중산왕이 통일하였다.

조선과의 관계는 1389년 유구국왕 찰도가 사신을 보내어 온 것에서 시작되었다. 유구는 중국 책봉을 받아 국가로 인정되었기 때문에 조선과 유구는 교린관계를 지속해 갔다. 1609년 일본 사쓰마 현에 복속되었는데, 막부에서는 중국과 관계를 갖지 못했기 때문에 유구왕국을 존속시킴으로써 중국과의 관계 창구로 사용하였다. 당시 일본은 대외국과의 4개 창구가 있었는데, 북해도, 대마도, 나가사키, 류큐가 그곳이다.

1879년 명치유신 이후 류큐를 완전히 없애고 오키나와 현이 되었다가 1945년 8월 15일 일본의 항복 이후 오키나와는 이후 57년간 미국의 관할하에 있었다.

해동제국기 시대의 유구에 관련된 사료는 조선측의 조선왕조실록과 유구측의 역대보안이 기초사료이다. 1609년 이전까지 유구에서 조선으로 사절을 보낸 횟수는 26번이며, 조선에서 유구로 사절을 보낸 횟수는 4번이다. 이를 통해서 유구가 조선과의 교류를 원했음을 알 수 있다. 해동제국기가 쓰여 질 무렵에는 직접 교류하였지만, 이후 하카다에서 상권을 장악하면서 중개무역이 이루어졌다. 1609년 사쓰마에 복속된 이후 중국 북경을 통한 간접 교류가 있었다. 주로 동남아시아산 물품인 水牛角, 후추가 교역물이었다.

유구역사를 알 수 있는 유적으로는 오키나와현립박물관, 유구공문서관, 수리성, 평화공원이 있다.

좋은 교수가 되는 방법에 대한 강의도 덧붙여 주셨다. 좋은 교수가 되기 위해서는 무엇보다도 최고의 전문지식이 갖추어져 있어야 하는데 이것이 가장 기본이 되는 것이다. 그리고 자기가 하는 일에 대한 정열이 있어야 하며, 강의를 할 때에는 강의주제를 설명해 주고, 예습을 할 수 있도록 유도하며, Key Word를 주입시켜 주어야 한다. 강의 중에는 학생들과 눈을 맞추어 주면서 확인하는 강의를 해야만 한다고 말씀하셨다.

가고시마까지 60㎞ 남은 시점에서 긴급회의가 열렸다. 다음 답사지인 오키나와행 비행기 탑승시간이 정해져 있기 때문에 심수관 기념관을 들렀다가 자칫 잘못하면 비행기를 못 탈 수도 있는 최악의 상황이 발생한 것이다. 결국 논의 끝에 심수관 기념관은 다음으로 미뤄둔 채 공항으로 향했다. 가는 도중 버스 안에서 간식으로 がまここ를 먹었다. 공항에 도착하니 5시가 조금 넘은 시간이었다. 구주에서의 일정을 함께 했던 손민규, 조희정 부부와 이별해야만 했다. 시아버지와의 이별이 아쉬웠던지 희정씨 눈에 살짝 눈물이 어렸다. 다음에 춘천에서 만나자며 작별인사를 했다.

오후 6시 반경 출발한 비행기는 8시가 되어서야 나하 공항에 도착하였다. 오키나와 롯데관광 지사장님인 박철주 씨가 마중 나와 있었다. 이분을 통해 식사 장소로 이동하면서 간단하게 오키나와에 대한 설명을 들을 수 있었다. 오키나와는 반경 2,000㎞의 동아시아, 동남아시아 전역과 무역이 이루어진 곳이다. 인천까지는 2시간 20분 비행시간이 걸린다고 한다. 일본에서 유일한 아열대 기후로 1, 2일 빼고 연중 해수욕이 가능하다고 한다. 지역술을 지자케라고 한다. 뱀이 많고, 사탕수수가 많아 흑설탕이 유명한 곳이다.

오후 8시 40분에 식사장소 도착하였으나 장소가 협소한 관계로 오키나와 토속음식이 나오는 곳으로 다시 이동하였다. そば家라는 식당에서 30° 술, 久米島の久米仙을 마셨다. 먹은 음식은 1,350엔짜리 くわっち이다. 이후 숙소인 미야코 호텔에서 여정을 풀었다.

아홉 째날. 1월 21일 -윤경하-

오전 7시, 아침식사로 호텔 뷔페를 먹고 버스에 탑승하였다. 가이드 김혜란 씨에게서 오키나와 인사말(하이산—안녕하세요)을 배웠다. 오키나와 출신 연예인이 많다고 하며 열대과일이 풍부한 곳이라고 한다. 오키나와 공문서관은 정부 각 부처의 문서, 현대사 자료의 정리·수집하는 곳으로 나중에 사료로 쓰일 모든 공문서 수집한다고 한다. 오키나와 현립박물관은 리모델링으로 6개월간 휴관 중이어서 관람할 수 없다는 소식도 알려주었다.

■ 오키나와(沖繩) 공문서관

오키나와 공문서관의 학예관인 쿠부라 나기코(久部良和子) 선생님의 설명을 들었다.

1995년 설립된 오키나와 공문서관은 오키나와의 정체성을 알고 느끼기 위해 설립되었다고 한다.

해동제국기에 나오는 유구는 옛날 역사가 가장 오래되었다고 기록되어 있으며, 유구와 조선은 매우 가까운 관계였다. 이후 미국과 일본본토 등에 의해 정체성의 변화를 경험하였다고 한다.

2차 세계대전시 지상전이 치러 진 오키나와는 전쟁 이후의 오키나와에 관련 자료가 남아있지 않아서 중국·일본 외무성·미국 등의 자료를 받아 공문서관을 열게 되었고 현재 엄청난 규모의 자료실에 자료를 보관하고 있다고 한다.

지하 1층, 지상 4층 규모로 자료를 보관·정리하고 있으며 주로 오키나와현 문서(1879년 이후 문서), 유구정책문서(1945~1972, 미군정 시절), 미국의 유구통치관계자료(미국측 자료), 지역자료(개인수집물), 행정

간행물, 개인수집자료라고 한다. 약 350만 개의 마이크로 필름자료가 수집되었다고 한다. 또 이곳에는 독도 영유권과 관련해서 가장 중요한 문서인 샌프란시스코 조약문건 전시되어 있다.

열람실에서는 치밀한 자료구성(미군사진 및 영상)을 통해 정체성 확인을 가능하게 해 주고, 검색실에는 PC를 이용한 자료·지도검색(미국 관련자료 및 기타지도자료)이 체계화되어 조건에 맞는 검색이 가능(역사에 대한 흥미유발)하다.

유구의 삼국사기인 중산세보에 관련된 비디오를 시청하였다. 주로 진공무역과 중국과의 교류문서에 대한 내용이었다.

오키나와의 독립과 정체성 확립 등에 확고한 의지를 재차 확인할 수 있었다. 특히 쿠부라 선생님의 '박물관은 과거, 도서관은 현재, 공문서관은 미래'라는 말이 가장 인상 깊었다.

■ 首里城

폭우 속에서 수리성을 견학하였다. 수리성은 1428년에 세워진 유구의 성으로 해발 120m에 위치하고 있다. 왕의 위엄을 위해 33마리의 용을 사용하였다고 한다.

■ 오키나와 월드

오키나와 월드 도착하여 오키나와 정식(밥, 회, 튀김, 돼지고기, 미소된장)을 먹었다. 이후 석회석으로 이루어진 玉泉洞 동굴을 관람하고, 그릇·열대과일·뱀술·흑설탕 등 오키나와 특산품 구경 및 쇼핑을 하였다. 이곳에서 손 교수님이 고구마로 만든 아이스크림과 오키나와 특산맥주를 사주셨다. 또한 오키나와 전통군무 공연도 관람하였는데, 북장단에 매우 흥겨운 공연이었다.

■ 평화공원

　10만 이상의 일본인 사상자(민간인 피해자 다수), 4만의 미군 사상자, 1만 명 이상의 우리나라 강제징용 피해자를 기리기 위한 곳이다. 한국인 위령탑 앞에서 묵념 및 기념촬영을 하고 오키나와현 평화기원자료관 견학하였다. 최후의 격전지였던 이곳에 피해자를 위한 비석이 세워져 있는데, 그 가운데서 한국인 피해자의 이름이 적힌 비석도 발견할 수 있었다.

　오키나와 국제거리에서 자유시간을 갖고 저녁식사(料亭 那覇)를 하였다. 메뉴는 오키나와 특식(미소된장, 두부, 돼지고기, 샐러드, 바닷가재 요리 등)이었고 식사 중 공연이 흥을 돋구었다. 총 네 가지의 공연이 있었는데 먼저 연꽃 모자를 쓰고 화려한 복장을 하고 장단에 맞춰 추는 유구 궁중춤, 그리고 꽃목걸이를 들고 춤을 추다가 맘에 드는 사람에게 걸어준다는 춤을 소개해 주었다. 그러나 정작 꽃은 아무에게도 걸어주지 않았다. 이어서 하토하지마라고 하는 춤으로 섬 이름에서 유래된 것이라고 한다. 고기가 많이 잡힐 것을 기대하며 추는 춤이라고 한다. 마지막으로 시마우타는 3명이 나와 기타와 유사한 전통악기와 북을 치며 삼바라는 악기로 장단을 맞춰 노래를 불렀다. 남자가 먼저 노래를 부르고 다음으로 여자가 노래를 불렀다. 다함께 일어나 춤을 추고 난 뒤 단체기념촬영을 하였다. 가라오케를 이용하여 신동규 선생님이 '건배'라는 곡을 부르고, 가이드 김혜란씨가 Tsunami라는 유명한 일본노래를 부르며 마지막 일정을 마치고 숙소인 미야코 호텔로 돌아갔다.

열 째날. 1월 22일 -황은영-

　오전 10시 30분, 숙소를 출발하여 나하 공항으로 향하는 버스 안에서 그동안의 일정을 함께 해 준 가이드 김혜란 씨의 마지막 인사가 있었다. 인연을 소중하게 생각하겠다는 이야기가 인상적이었다. 이어서 손승철 교수님 정리 말씀이 있었다. 끝은 또 다른 시작이다. 어제 일정이 늦어진 사람들이 있음에도 모두 시간에 맞춰주어서 잘 되었다. 어제 공문서관 기록연구사의 말처럼 박물관은 과거, 도서관은 현재, 공문서관은 미래다. 500년 후에도 남아있을 新海東諸國紀를 쓰자, 이것이 답사 여행의 시작이자 끝이라고 강조하셨다.

12시에 공항에 도착하여, 탑승구에서 긴 여정을 무사히 마친 기념으로 손 교수님(단장), 유 교수님(부단장)께 감사선물 전달하고 답사 내내 고생하신 신동규 선생님(총무), 이홍권 선생님(간사)께 감사선물을 전달하였다. 이로써 모든 일정을 마치고 한국으로 돌아가는 비행기에 올라, 눈을 감으며, 우리가 돌아 본 <해동제국기의 세계>를 그려보았다.

5. 답사감상문

1) 『해동제국기』를 따라서

유 재 춘

첫째날, 잠을 자는 둥 마는 둥 새벽이 아닌 오밤중에 서둘러 집을 나서 대기하고 있는 버스로 갔다. 때로는 휘청거리며 때로는 덜컥거리며 다섯 시간을 달려 부산항에 도착하였다. 노송당 선생은 한양을 출발하여 진해-김해를 거쳐 부산에 도착한 것이 무려 한 달만이었는데, 세월이 바뀌어 우린 그저 잠깐 조는 사이에 배에까지 오른 것이다.

대마도는 지난 2000년에 「東史」 모임에서 답사를 갔던 곳이어서 이번에 두 번째 방문이었다. 당시도 거의 같은 시기에 갔기 때문에 여행지에서 조금은 다른 계절 맛을 느끼지 못할 것이기에 아쉬운 점도 있지만 벌써 만 6여 년이 지나 이제 기억이 가물가물해지는 즈음에 대마도를 다시 확인하게 된 것도 큰 의미가 있는 일이고, 더구나 이번 여행은 공동의 연구 과제를 가지고 가는 것이기에 같은 방문답사라도 그 의미는 차이가 있는 것이라 여겨졌다.

거의 흔들림 없이 순항하여 1시간 20분만에 이즈하라항에 도착하였는데 오히려 방문객이 많아 입국수속하는 시간이 배를 탄 시간만큼이나 걸렸다. 아직 타지 방문객이 많지 않아서 인지 대마도의 입국시설은 6년 전이나 지금이나 거의 변화가 없었다.

지금으로부터 500여 년전 노송당 선생 일행은 부산 초량에서 묵고 이른 새벽에 승선하여 오전 9시경까지 노를 저어 먼 바다까지 나와 바람을 타고 대마도로 출발하여 오후 5시경에 대마도 북쪽의 야음비량(也音非梁;와니우라 근처)에 도착하였다. 대략 8시간만에 대마도에 도착한 것이다. 노송당 일본행록에는 '순풍을 타고 쾌하게 건너왔으므로 상하가 다 기뻐하였다'라고 당시의 감회를 기록하고 있다. 아득한 두려움속에 출발하여 큰 어려움 없이 도착하였으니 아마 상하 모두가 춤을 추고 싶을 정도로 기뻐하였을 그 모습이 눈에 선하다. 순풍이라 하지만 일본행록 시(詩)에 '하늘은 사면이 낮고 물은 구름 같더라(天低四面水如雲)'라고 한 것을 보면 큰 파도를 가르며 그야말로 배가 물속으로 들락날락하며 도항할 것을 알 수 있다. 우리가 탄 배는 노송당 선생 일행이 탄 배에 비해 너무나 편한 '호화유람선(?)'이어서인지 우리는 배가 도착했지만 '상하'가 너무 무덤덤하였다.

우리는 차량에 답승하여 먼저 대마역사민속사료관으로 갔다. 우리의 안내를 맡은 다찌바나 선생을 만나 잠시 이야기를 듣고 사료관을 관람하였다. 사료관은 예전 對馬島主의 居所이자 城이었던 곳이다. 먼저도 그랬지만 이곳에 오게 되면 늘 놀라게 되는 것은 대마도와 우리나라가 무척 가까이 있다는 사실이다. 對馬島 상공에서 찍은 사진이 있는데 대마도 바로 코앞에 거제도가 있다. 이렇게 가까운 곳이 우리에게서 떨어져 나가 일본 쪽에 소속되게 되었는가가 놀라울 정도이다. 또한 이곳에는 高麗門, 通信使碑, 雨森기념비 등을 통하여 대마도가 지리적으로 뿐만 아니라 실제 국제관계에 있어서도 우리나라와 얼마나 가까운 곳이었는지를 알 수 있다. 부산－대마도 왕복여객선을 통하여 연간 수만 명의 한국인이 이곳을 방문하고 이러한 관광수입은 대마도의 지역경제에 큰 기여를 하고 있다. 정작 일본인 방문객은 소수라고 하니 예나 지금이나 대마도의 사정이 퍽 유사하다는 느낌이 들었다.

대마사료관을 나와 쿠로세 관음당으로 갔다. 이곳에는 두 점의 불상이 소장되어 있는데, 하나는 통일신라기 것이고, 다른 하나는 고려시대 불상이라고 한다. 화재로 인한 손상을 입어 모두 온전한 상태는 아니었지만 우리나라에서 건너온 것이라는 것은 그 양식으로 보아 분명했다. 여기에 이 불상이 어떻게 오게 되었는지는 알 수 없다. 왜구 창궐시기에 그들이 가져온 것인지 아니면 임란 당시에 가져온 것인지… 지금은 퇴락하였지만 사찰이 있던 곳이라고 하며 뒤편에 오래된 무덤이 많이 있는 것으로 보아 유래가 꽤 오래인 것은 분명한 것 같다. 누구인지는 알 수 없지만 아마 이 주변에 이곳에서는 상당한 지위를 가진 왜인이 거주하였을 것으로 보였다.

관음당을 출발하여 오사키에 있는 早田氏 거주지로 갔다. 早田氏는 조선에서 萬戶職을 수여받은 자로, 노송당이 예조에 보고한 문서에서 '대마도의 모든 일이 다 이 사람에게서 나오는 것'이라고 하였듯이 당시 대마도에서는 가장 큰 세력가 중 한사람이었다. 노송당 일행이 대마도를 방문했을 때 '수미요시'라는 곳에 정박한 적이 있는데 이 때 早田氏가 와서 접대를 하였다. 당시는 早田萬戶 三美多羅라고 하였는데 이 왜인이 누구인지는 불명확하지만 아마 우리나라 기록에 나타나는 '對馬島萬戶 左衛門太郎'(사에몬다로)가 아마 그일 것이다. 조선에서 만호직을 수여받았을 정도라면 대마도에서도 손꼽히는 왜구 두목이었을 것은 분명하다고 하겠다. 노송당 기록에 보면 早田氏가 와서 노송당 일행을 접대한 대목이 詩로 남아 있다.

> 밤 깊었는데 급히 외쳐 배 안에 오르더니(夜深呼急上船中)
> 술통과 고기 쟁반 배 안에 벌여놓네(酒桶魚盤列竹篷)
> 말이야 다르지만 술잔 드릴 줄 아는데(語音雖異能呈爵)
> 기호와 욕망은 어찌 서로 다른가(嗜慾胡爲自不同)

船上에서 酒宴을 베푼 것을 보면 아마 노송당 일행은 배에서 잠을 잔

것으로 생각된다. 早田氏 수하들이 술통과 안주를 둘러메고 와서 호방하게 잔치를 여는 모습이 그려진다. '能呈爵'이라고 한 것으로 보아 말은 서로 통하지 않았지만 예를 갖추어 술잔을 올리는 모습이 퍽이나 공손하였던 모양이다.

벌써 날을 저물어 어둠이 깔리기 시작하였는데, 돌아오는 길에 카미자카에 있는 전망대에 잠시 들렀다가 저녁식사 장소로 이동하였다. 첫날의 기분이 술맛을 더욱 좋게 하였지만 모두가 피로 때문에 쉬고 싶어하는 분위기였다. 우리의 여정 첫날은 그렇게 지나갔다.

둘째날, 아침식사를 간단히 하고 나가도메 선생님의 안내로 답사를 시작하게 되었다. 처음 간 곳은 고후나코시(小船越)라고 하는 곳이었다. 이곳은 배를 땅으로 끌어서 반대편 바다로 옮기던 곳이라고 한다. 그래서인지 이곳에는 암벽을 가지런히 쳐내고 만든 길이 나 있다. 이런 시설이 왜 필요하였던가 하는 것은 대마도의 지세구조를 보면 금세 알 수 있다. 대마도는 상하로 길게 늘어선 섬이며 중간쯤에 아소만이 섬을 갉아먹듯이 서쪽에서 동쪽으로 길게 만입되어 있기 때문에 대마도를 중심으로 동쪽바다와 서쪽 바다가 연결되지는 않지만 잘록하게 생긴 부분이 있어서 돌아가려면 무척 멀기 때문에 이곳에서 배를 땅으로 끌어 옮겨 이동하였던 것이다. 제국시대 일본해군은 이곳에서 편리한 군함운항을 위해 운하를 건설하였고 그로 말미암아 지금은 인공적으로 두 개의 섬으로 나뉘어진 것을 다리(万關橋)로 연결하고 있는 것이다. 이곳은 제법 한국인 관광객이 찾는 곳인지 안내 간판에 한글이 병기되어 있었다. 그런데 실망스러운 것은 표기된 한글이 여기 저기 틀린 곳이 많다는 것이다. 대마도에는 한국에서 건너가는 교류인이 있다고 들었는데, 이런 부분에 더 많은 신경을 썼으면 하는 생각이 들었다. 아니면 우리 같은 전문적 연구팀이 그것을 일제히 점검하고 고쳐주는 것도 우호관계를 되새기는데 도움이 되지 않을까하는 생각도 해보았다.

우리는 이어 和多都美神社를 거쳐 烏帽子岳 전망대로 갔다. 전망대에
서는 아소만 일대의 그림같은 풍광이 한눈에 보이는 곳이다. 이곳에 오
르면 대마도를 왜 예부터 척박한 곳이라고 하였는지를 알 수 있다. 하지
만 잔잔히 풍경을 둘러보면 척박한 곳이라지만 참으로 아름다운 곳이라
는 생각이 들었다. 잔잔할 물결치듯 늘어선 산, 푸른 바다, 곳곳에 자리
잡은 아주 작은 마을들… 그걸 보노라면 이곳이 그 악명을 날리던 왜구
의 소굴이라는 것이 믿어지지 않을 정도이다. 그런 생각을 하며 전망대
를 내려와 미네마치역사민속자료관으로 갔다. 미네마치 일대에서 수집
된 유물과 자료를 전시하고 있었는데, 일본의 국립큐슈박물관에 갔을 때
도 절실히 느낀 바이지만 이곳에서도 마찬가지로 아주 오래전부터 대륙
과 이곳이 끝임없이 교류해왔다는 것을 새삼 확인할 수 있었다. 특이한
유물이 하나 있었는데 그건 '사슴피리'라고 하는 것이었다. 사슴 사냥을
할 때 사슴소리를 흉내내서 사슴을 유인하는 도구인데 그것이 어떻게 아
직 유물로 남아있었는지 궁금했다. 한국에서는 거의 발견되지 않는 아주
특이한 유물이라는 나가도메 선생의 설명이 있었지만 이는 사냥문화의
차이에서 오는 것일 가능성이 크다. 피리를 이용하여 하는 사냥은 사슴
의 발정기 때 수컷 울음소리를 흉내내서 다른 사슴들을 유인하는 것인데
사슴 발정기는 대개 10월~11월이고 이 시기에는 대개 사냥을 안했다고
한다. 특히 녹용을 목적으로 사냥할 때, 이 시기 사슴뿔은 대개 경화되어
있어서 약용가치가 없기 때문에 피리를 이용한 사냥은 거의 하지 않았다
고 하며 특히 호랑이나 곰이 많은 지역에서 피리를 사용하다가는 사슴을
노리고 오는 호랑이나 곰에게 해를 당할 수도 있기에 맹수가 있는 지역
에서는 야밤에 이런 사냥은 그야말로 목숨을 건 사냥이라고 할 수 있다.
대마도에 호랑이가 없어서 이런 사냥이 행해졌던 것일까 그것이 궁금해
졌다.

　점심을 간단히 먹고 박제상순국비, 사스나항을 거쳐 해변의 여러 포구와 출렁이는 바다를 바라보며 이런 저런 생각을 했다. 노송당 일행은 북쪽 포구에 닿아 남쪽으로 여러 포구를 들리면서 항해를 계속했는데, 어느 포구에서인지 '어주(漁舟)'라는 제목의 다음과 같은 시를 썼다.

> 아들은 짧은 노 저어 물결 머리 쫓아가고(子搖短棹逐波頭)
> 아비는 성긴 통발 놓았다가 거두네(父執疎筌急放收)
> 안에는 밥 짓는 할미 아이까지 안았구나(中有炊嫗兼抱子)
> 물고기 잡으며 도적질하는 한 작은 배여(捕魚行賊一扁舟)

　아들과 아비가 고기잡고 있는 풍경, 집에는 어린 아이를 안고 있는 할머니 모두가 평화로운 풍경인데 노송당은 그렇게 평화롭게 고기잡는 배가 바로 해적질을 하는 배이기도 하다는 그곳 속성의 이중성을 표현하고 있다.

　이윽고 우리 일행은 조선역관사순난비가 있는 전망대에 도착했다. 이곳은 대마도의 가장 북쪽 와니우라항 바로 근처로 우리나라의 부산, 김해, 거제도 일대가 보이는 곳으로 유명하다. 이어 통신사 이예 공적비가 세워져 있는 圓通寺를 거쳐 다시 이즈하라로 향하였다. 내일 일정의 편의를 위해 날은 이미 저물어가고 있었지만 대마도 宗氏의 居城인 金石城과 李王家宗伯爵家御結婚奉祝記念碑, 万松院을 관람하였다. 城의 규모는 작았지만 魯台, 虎口 등이 설비되고 석축을 둘러친 제법 格을 갖춘 모양을 하고 있었다. 城의 뒤쪽 산인 有明山 자락에 淸水山城이 있다는 것으로 보아 島主가 이 城(金石城)을 사용하기 전에는 그 山城이 島主의 入保城이었을 것이다. 비록 규모는 작았지만 對馬島主도 어엿한 일개 藩의 領主였다는 것을 새삼 느낄 수 있는 곳이다. 万松院은 임진왜란 당시 대마도의 島主였던 宗義智이하 역대 도주와 그의 부인 그리고 인척의 묘를 만든 곳이다. 宗氏家의 묘는 본래 圓通寺 뒤편에 있는데, 근거지를 이곳 이즈하라로 옮기면서 이곳에 묘지가 조성된 것이다. 그런데 눈에 띄는 것은 원통사 후편에 있는 종씨가 묘와 만송원에 조성된 묘는 외형 적으로 아주 큰 차이가 있다는 점이다. 양식도 차이가 있을 뿐만 아니라 묘의 규모면에서 있어서 원통사 뒤에 있는 종씨가 묘는 그저 묘를 흉내 낸 정도라고 할만큼 자그마한 浮屠인데 만송원의 宗氏家 부도는 비교가 안될 정도로 장대하게 조성되어 있다. 아마 이는 대마번의 번성기여서 라기 보다는 종씨가의 권력강화와 관련이 있는 듯 싶다. 宗義智는 임진 왜란이라는 격동기에 대마번을 장악한 도주로, 전후 양국관계 복구에 중 추적인 역할을 한 사람이다. 대마도인에게 조선과의 국교회복은 사활을 건 문제였고 그 難題를 宗義智가 해낸 것이다. 이는 탁월한 그의 수완이 라고 볼 수밖에 없는 대목이다. 특히 일본에서의 新幕府 정권인 德川幕 府도 권력의 공고화를 위해 조선과의 외교를 중시한 까닭에 종씨가의 領內지배력이나 일본 국내에서의 위상이 자연히 상승할 수밖에 없었을 것이다. 이는 조선전기 약체 幕府인 足利政權 아래서의 처지와는 전연 다른 상황이라 할 수 있다. 어쩌면 그렇게 커진 종씨가의 부도는 아마 대마인의 염원을 해결해 준 島主에 대한 대마인의 '보답'이거나 아니면 幕府의 관심을 이용한 철저한 권력강화의 결과일 것이라는 생각이 들었 다. 그런 저런 생각을 하며 돌아 내려오니 이미 길을 더듬거릴 정도로 어두워져 있었다.

저녁식사는 이곳의 향토요리집이라고 하는 '시마모토'에서 먹게 되었 다. 넓은 방에 조그만 무대를 갖춘 전형적인 요리집이었는데, 음식도 분 위기도 매우 인상적이었다. 모두가 배가 고팠던 탓인지 조용히 젓가락만 바삐 움직이니 달그락 소리만 울려 퍼지고 있었다. 이윽고 손 교수님께 서 음악을 부탁하니 노래방기계에서 음악이 흘러 나와 젓가락 소리는 그 속에 묻혀 더 이상 들리지 않았다. 술잔을 두어배 돌리고 나니 주인마담 께서 간단한 춤 공연과 노래를 들려주겠다고 하였다. 마담은 우아한 단

장을 하고 나와 곡조에 맞추어 일본 전통 춤과 노래를 공연하시더니 조
그만 접시를 하나씩 나누어주고 박자에 맞추어 함께 춤을 추자고 하였
다. 모두 새로운 경험에 웃음 소리가 끊이지 않았다. 문화를 눈으로 보기
만 했는데 이런 걸 체험이라고 할 수 있으려나 모르겠다. 그곳이 대마도
에서 얼마나 품위있는 요리집인지는 모르지만 모두가 이국적인 느낌속
에 식사를 하고 숙소로 돌아왔다.

　셋째 날 아침은 동쪽바다가 바라다 보이는 곳에 숙소를 잡았기 때문
에 일출을 볼 수 있었다. 잔잔한 바다 위에 점점이 떠 있는 작은 고깃배,
해수면에 잇닿아 늘어선 구름 사이로 붉은 해가 힘차게 솟아오르고 있었
다. 해가 떠오르는 저편이 바로 일본 본토이기에, '日本'이라는 명칭은
아마도 이렇게 해가 떠오르는 곳 일본 본토를 바라보며 누군가가 붙인
것이 아닐까 하는 생각을 하니, 어쩌면 그 명칭은 본토에 살고 있는 이
가 아닌 한반도를 거쳐간 이들이 붙인 명칭일지도 모른다는 생각을 하게
되었다. 태평양 연안에 대한 지식이 없던 고대에 일본 본토에서 스스로
의 지역을 '일본'이라고 하였다는 것은 아무래도 적합하지 않은 것 같다.
일본 본토보다 더 동쪽에 사는 이들이 늘상 해가 떠오르는 동쪽 바다에
위치한 곳 본토를 해가 떠오르는 곳이라는 의미의 '日本'이라고 이름 붙
였을 것은 아닐까.
　아침 일찍 출발하여 1274년 몽고의 일본정벌시 처음으로 공격을 했
다고 하는 佐須浦에 잠시 들렀다가 남쪽으로 이동하는 길에 대마도의
전통 건축인 石屋根를 관람했다. 이것은 고야(小屋)이라는 일종의 안채
에서 떨어져 있는 창고의 지붕을 납작한 돌로 이은 것인데, 우리나라 산
촌에 있는 돌기와집과는 사뭇 다른 양식이었다. 우리나라의 돌지붕을 한
집은 판석을 기와 크기로 대충 잘라 지붕잇기를 기와로 잇는 것처럼 만
드는 것인데, 대마도의 石屋根은 집 형태는 유사하지만 지붕돌이 매우

두껍고 큰 것을 사용하는 점이 달랐다. 자연적으로 조성된 돌이 마치 철판처럼 반듯하게 생긴 것도 신기했지만 기둥이 저렇게 육중한 돌을 어떻게 지탱할까 하는 생각도 들었다. 일행은 대마도의 가장 남쪽인 豆酘를 들렀다가 다시 이즈하라쪽으로 향하였는데 길이 좁고 구불거려 시간이 많이 걸렸다. 예전부터 對馬島는 산이 많고 경작지가 적어 식량 획득을 위해 왜구가 된다고 했는데, 차를 타고 대마도를 다니다 보면 그런 말을 새삼 실감하곤 한다. 시간에 쫓기어 자세히 살펴보고 싶었던 '오후나에'는 그냥 차창 밖으로 바라보며 지나갔고 이즈하라항 근처의 修善寺 경내에 있는 최익현선생순국비에 들러 참배를 하고 전날 저녁식사를 한 요리집에서 점심을 먹고 一岐島를 향해 배에 몸을 실었다.

一岐는 처음인지라 어떤 곳인지 궁금한 곳이었다. 늘상 한일관계사를 공부하면서 들어 온 지명이기에 더욱 그러하였다. 미끄러지듯 달려온 배에서 바라다 보이는 一岐는 조용하고 따사해 보였다. 노송당 일행이 이곳에 왔을 때는 다가오는 빠른 세 척의 배를 해적선으로 오인하여 일행이 무장을 하고 대기하는 소동을 벌였었다. 그런 긴장감을 상상하기 어려울 정도로 평화로운 항구가 우리를 맞이하였다.

차를 타고 숙소로 이동하면서 一岐의 이런 저런 풍광이 눈에 들어왔다. 여러 곳에 펼쳐진 농경지 때문인지 대마도 보다는 훨씬 풍요로운 곳이라는 느낌이 들었다. 우리는 바다가 한눈에 내려다 보이는 곳에 자리잡은 숙소(데아이노무라)에 도착하였는데 모두가 환호하는 분위기가 역력했다. 짐을 내려놓고 그간의 여독을 풀기 위해 온천욕을 한후 돌아와 식사를 하며, 다른날과 마찬가지로 地酒를 주문하여 마시며 이야기 꽃을 피웠다. 숙소의 인심 씀씀이가 왠지 대마도와는 무척 다른 듯 느껴졌다. 이 또한 山河의 차이에서 오는 것인지.

넷째날, 비가 내리는 가운데 一岐鄕土館에 들러 설명을 듣고 잠시 전시관을 둘러보았다. 이곳 전시 유물을 보아도 대마도에서와 마찬가지로 일찍부터 대륙과 끊임없이 교류가 있었다는 것을 알 수 있었다. 이곳의 전시 유물 가운데 왜구가 매장하였다고 보여진다는 중국, 조선, 안남의 동전과 항아리가 있었다. 이것이 어떤 경위를 거쳐 수습된 것인지는 알 수 없지만 매장하였다고 하는 것으로 보아 아마 땅속에 있던 것이 발굴된 것으로 보였다. 왜 이것을 왜구가 매장하였다라고 본 것인지 그 이유가 궁금했다. 아마 동아시아의 여러 나라 동전이 두루 섞여 있기 때문에 이것을 '약탈물'로 본 것 같은데 그런 것이라면 일본의 九州나 本州 지역에서 발굴되는 동전 항아리도 다른 시각에서 볼 수 있을 것 아닌가 하는 생각이 들었다. 일본에서는 유난히 외국 동전항아리가 다량으로 발굴되어 고고학계에서는 큰 관심거리 가운데 하나이다. 이 동전항아리가 '매장되어 있었다는 것'에서 주로 신앙적인 측면에서 해석되고 있지만 一岐향토관에 전시된 것이 그것과 같은 것인지 다른 것인지는 알 수 없다. 무작위의 약탈과정에서 동전이 예외일 수는 없었을 것이다.

일행은 고노우라항을 거쳐 전망대가 있는 다케노쯔지로 갔다. 비가 부슬거리는 날씨여서 거의 주변 풍광을 볼 수 없었다. 一岐를 한눈에 내려다 볼 수 있는 곳이었는데 매우 아쉬웠다. 이곳에서는 맑은날에는 대마도와 큐슈의 하카다가 다 보인다고 한다. 산을 내려와 북쪽으로 이동하여 一岐의 가장 중심부라고 하는 곳에 도착하였다. 이곳에는 배꼽돌이라 부르는 돌과 육면에 12보살상이 새겨진 아고카게石(악어턱돌)이 세워져 있었다. 아고카게石 중간부에는 횡으로 파인 부분이 있는데 이곳에 턱을 걸고 쉬는 곳이라고 한다. 우스개 소리이겠지만 퍽이나 재미있는 유래를 가진 유물이었다. 일행중 여러 사람들이 그곳에 턱을 걸고 사진을 찍으며 한바탕씩 웃었다. 턱이 빠지게…

다시 이동하여 임진왜란시 一岐島의 전초기지로 축성한 勝本城 유적을 둘러보았다. 조그만 산성이었지만 카츠모도항이 한눈에 내려다 보이고 멀리 대마도 방향에서 출입하는 배들이 한눈에 감지되는 곳이라는 것을 누구라도 알 수 있는 곳이었다. 대마도를 통해 一岐로 오는 가장 가까운 곳이기에 요충이 되는 곳임에 틀림이 없고 그런 점에서 이곳을 군사적 중간 요충지로 삼기 위해 축성하였을 것이다. 카츠모토항은 전근대 시대 우리나라에서 일본으로 가는 일행이 거의 모두 거쳐간 항구이다. 일찍이 태종 2년(1402) 회례사로 일본으로 가던 崔云嗣 일행이 이곳에 이르렀는데, 포구 입구의 두 갈래 물이 서로 부딪치는 지점에서 배가 침몰하여 최운사가 사망한 일이 있다. 노송당 일본행록에 의하면 카츠모토 항 입구 서쪽의 외딴섬 물가에 돌로 굴을 만들어 놓고 그곳에 사당을 만들었다고 전하고 있다. 아울러 최운사에 대해 이런 기록을 남기고 있다.

> … 崔公이 배에 오른 날부터 非違를 다스리고 過失을 규찰하여 조금도 용서함이 없으니 온 배 안의 사람들이 모두 원망하였다. 이 梁의 어귀에 이르니 마침 해가 지고 맞바람이 불어 물결이 크게 일었다. 배가 破船할 때에 회례사(최운사)는 취하여 배 안에 누워 있었는데 뱃사공이나 수행원들이 다 그를 구제하지 않았다. 그런 까닭에 한 배 안의 사람들이 다 살았으나 회례사만이 홀로 죽게 되었다. 그 뒤에 왜인이 그곳에 돌을 쌓아 굴을 만들고 조선회례사 사당이라고 하였다. 배를 타고 왕래하는 사람들이 致祭하지 않는 사람이 없었다. 나도 그 이야기를 듣고 슬프게 여겨 押物 金元으로 하여금 술과 밥을 갖추어 제사하게 하였다.

그가 정말로 매우 냉정한 인물이어서 수행원들이 그를 구제하지 않았는지는 알 수 없지만 이미 2년전 보빙사로 일본을 방문한 경험이 있는 그로서는 위험한 사행에서 기율이 없으면 모두 위험해 진다는 사실을 잘 알고 있었기에 추상같이 대한 것이 아랫사람들에게는 아마 몰인정한 것으로 비추어졌던 모양이다. 하지만 일본 사행의 어려움을 잘 알고 있을 그가 마다않고 다시 사행길에 나섰다가 죽음에 이르렀다는 것은 그가 얼마나 충직한 인물이었는지를 알 수 있게 한다. 노송당은 그런 심정을 이렇게 표현하고 있다.

> 동쪽 바다 외로운 섬 작은 사당 있어(東溟孤島小祠開)
> 내 여기 와 분향하고 술 한잔 올리네(我到焚香奠一盃)
> 적막한 곳에 충성심을 묻는 이 없고(寂寞忠心人不問)
> 분노에 찬 물결만이 오고 가누나(驚濤含忿但往回)

최운사는 내고향 강원도(원주) 사람이라 하기에 여러 회한이 깊이 스쳐갔다. 최운사의 사망으로 당시 사행은 중단되었던 듯하다. 그해 7월 조선에서는 일본 幕府 將軍에게 서신을 보내 최운사의 배가 침몰하여 그 일행이 반이나 죽고 가지고 가던 예물도 모두 잃었다고 하고 있는데, 노송당 일록에는 최운사가 탄 배가 침몰하여 오로지 그 혼자 사망하였다고 하니 서로 내용이 틀린 이유가 궁금할 뿐이다. 그로부터 십수년이 지난 세종 10년(1428) 최운사의 아들 최효생은 사신이 일본에 갈 경우 함께 따라가서 직접 참배하고 유골을 수습하여 오고싶다는 것을 예조에 청하여 허락을 받고 있다. 험난한 파도를 무릅쓰고 使命을 위해 나선 최운사 집안의 기구하고 슬픈 이야기가 아닐 수 없다.

우리 일행은 城을 내려와 카츠모토항으로 갔다. 포구에는 제법 많은 고깃배가 늘어서 있어 지금도 꽤 번성한 곳임을 알 수 있었다. 우리나라 사행이 임시로 묵었다는 곳을 찾아갔다. 특별한 흔적이 있지는 않았지만 포구 아주 가까운 곳에 위치한 곳이었는데, 당시의 초석이 남아 있고 안쪽에 걸린 현판에는 '阿彌陀堂'이라고 쓰여 있었다. 인근의 '聖母宮'이라고 이름하는 곳에 잠시 들렀는데 이곳은 신공황후 전설이 있는 곳이며, 토요토미의 조선침략때에는 가등청정과 鍋島直茂가 들러 西門과 南門을 지어 바쳤다고 전하는 곳이다. 이어 우리는 몽고의 일본정벌시 전투가 있었다고 하는 新城古戰場과 瀨戶浦古戰場을 들러보았다. 瀨戶浦古戰場은 높은 고지대여서 주변을 잘 전망할 수 있는 곳이었는데 비가 내려 잘 볼수가 없어 몹시 아쉬웠다. 그런데 이곳에는 아주 특이한 유물 하나가 노천에 전시되어 있었다. 이는 '碇石'이라고 하는 것으로 몽고의 침입 때 큐슈지역에서 군수물자와 군사를 실어나르던 대형 선박의 닻으로 사용하던 것이라고 한다. 화강암으로 길이가 242cm, 무게 약 300kg 정도되는데 가운데 부분이 약간 굵으면서 길게 다듬어진 돌이다. 이 석재는 일본에서는 산출되지 않는 것이라 하여 의문이 있었지만 당시는 이미 하카다항을 통하여 중국의 석재도 수입되고 있었기 때문에 일본산 석재가 아니라고 하여 크게 문제될 사항은 아니다.

점심을 간단히 먹고 하루노쯔지 유적지로 갔다. 이곳은 대개 일본 야요이 시대 유적으로 고대 선착장 유적과 3중의 環濠유적 등 다양한 유적과 유물이 다량 출토된 곳이다. 일개 작은 섬에 이런 대규모 유적이 존재한다는 것이 믿어지지 않을만큼 대단한 유적지였다. 아마 이 섬에 이런 유적지가 있다는 것은 이곳의 자연조건이 예로부터 거주에 적합한 곳이라는 것을 말해주는 것이라고 하겠다. 환호는 우리나라에서도 이미 진주 남강에서 대규모 유적이 발굴된 바 있다. 환호유적은 인류가 지구상에 거주한 이래 초기의 집단 방어시설이기에 성곽 역사를 전공한 나로서는 크게 관심이 가는 유적지였다. 놀라운 것은 이런 작은 섬에 어째서 일찍부터 이런 방어시설이 만들어지게 되었던가 하는 것이다. 유물은 통한 타지역과의 교류 양상을 보더라도 아마 당시 이곳에서 느끼고 있던 외부 침입자에 대한 경계심의 산물이 아니던가하는 생각이 들었다. 다시 버스에 탑승하여 고려판반야경이 소장되어 있다고 하는 안국사에 잠시 들렀다가 후쿠오카행 여객선을 타기 위해 고노우라항으로 향하였다. 대기실에서 여객선을 기다리며 다시 이곳을 찾고 싶다는 일행이 여러 명 있었다. 나 역시도 왠지 정감이 가는 곳이어서 후에 다시 오고 싶다는 생각이 들었다. 노송당 일행은 돌아오는 길에 이곳에서 모진 고초를 겪었다. 그는 그날의 일을 이렇게 적고 있다.

> 이날 섬(志賀島) 안에 바람이 없기에 이른 아침에 한 바다에 들어갔더니, 東風이 크게 사나워서 검은 물결이 하늘로 솟아오르고, 樓船이 물결 속에 빠져 들어갔다가 다시 나오곤 하였다. 배 안의 사람들이 놀라서 정신을 잃었다. 나는 서 있을 수도 누워 있을 수도 없어서, 마침내 판자 위에 새끼를 매어놓고, 두 손으로 새끼를 잡은 채 온종일 배를 따라 뛰놀았다. 그러자 실신 상태가 되어 거의 죽게 되었으며, 여러 사람들도 다 인사불성이 되었다. 오직 船主와 領船 등 5~6인만이 뱃멀미가 없어 배 안에서 힘을 다한 덕택으로, 申時에 일기도에 도착해 살아났다.

아마 다시 일기도를 찾고 싶다는 생각을 노송당 선생은 이해하지 못할 것이다. 그런 생각에 이르니 노송당 선생께는 오히려 죄송한 생각이 들었다. 우리의 먼 선조들이 그렇게 모진 고난을 겪으며 양국의 우호를 닦아온 사실을 새삼 인식할 필요가 있을 것이다.

오후 다섯 시쯤 출발하여 1시간만에 어둠이 깔린 후쿠오카의 하카다 항에 도착하였다. 노송당 일행은 一岐로 들어오는 길에는 고생을 하였지만 이곳에서 하카다로 가는 행로는 순탄하였던 모양이다. 노송당은 '천기는 청명하고 바람은 순하여 배가 시원스럽게 달리므로 상하가 다 기뻐하였다'고 하며 시를 짓기를,

> 하늘 바다 비고 넓어 물과 구름 나뉘었는데(海天空闊水雲分)
> 높은 돛대 걸고 섬 문을 나서네(掛席危檣出島門)
> 순풍 맞아 배몰아 가니 말탄듯 편안하여(風利船行安似馬)
> 선창에 둘러앉아 술동이 기울이네(篷窓列坐好傾樽)

라고 하였다. 둘러앉아 여유있게 술을 마실만큼 순탄한 길이었으니 모두가 희색만면한 모습으로 술을 서로 권하는 모습이 눈에 선했다.

숙소인 센트럴호텔에 짐을 놓고 손 교수님 자제 내외와 안내를 맡은 유학생 이태훈 씨를 만나 함께 저녁식사가 예약된 곳으로 갔다. 그곳에서 다시 큐슈대학의 사에키 교수님과 서일본신문사의 시마무라 씨가 합

류하였다. 대도시라 그런지 지금껏 먹은 저녁식사 장소 가운데 가장 시
끄러운 곳이었지만 술은 가장 많이 비운 듯했다. 이어 사에키 교수님 주
선으로 한잔 더, 그리고 다시 남은 사람끼리 길거리 포장마차에서 한잔
더… 그렇게 후쿠오카의 밤은 깊어갔다.

　　다섯 번째날에는 사에끼 선생이 계신 학과와 큐슈대학 한국연구센터,
서일본신문사를 방문하고 점심을 간단히 먹고 후쿠오카시립박물관을 견
학하고 佐賀縣에 東松浦郡에 있는 나고야성을 답사하게 되었다. 나고야
성은 우리에게도 잘 알려진 유적이다. 왜냐하면 도요토미가 조선을 침략
할 당시 침략군이 총 집결한 곳이 바로 이곳이며, 전쟁을 위한 군수물자
보급기지가 바로 이곳이었던 것이다. 특히 이 나고야성은 순전히 침략전
쟁을 수행할 목적으로 축성된 것이며 도요토미가 직접 머물며 침략군을
지휘하기도 한 곳이기도 하기 때문에 임진왜란을 말할 때 자주 거론되는
성이기도 하다. 큐슈지역에서 조선으로 가려면 일기-대마도를 거쳐야
하기 때문에 나고야성은 一岐로 이동하기 가장 좋은 곳에 축성하였다.
나고야성은 16세기 후반 일본 성곽의 대표적인 유적 가운데 하나로, 조
선을 침략하기 직전 큐슈지역의 大名인 加藤淸正과 小西行長 등을 시켜
축성하였다. 당시에는 오오사카성을 제외하고 가장 규모가 큰 성곽 가운
데 하나로 일본 성곽사에서는 중요한 위치를 점하는 유적이다. 대규모
침략군 동원에 의해 한적한 어촌 마을인 이곳 나고야는 대규모 축성사업
으로 어느날 갑자기 성돌다듬고 사역하는 소리가 온 고을을 뒤덮었고,
이어 조성된 城下町과 침략에 동원된 십수만의 군사가 집결하여 이 일
대는 갑자기 대규모 도시가 조성되었다. 또한 이곳에는 많은 일본군이
집결하였기 때문에 각각의 大名은 각기 陣營을 만들었고 현재 130여 개
의 터가 조사되었다고 한다.
　　도요토미의 사망으로 전쟁은 종결되고 토요토미가의 운명이 기울어

갔듯이 나고야성의 운명도 소리없이 다해가고 있었다. 나고야성이 어떠한 과정을 거쳐서 폐성되었는지는 확실히 문헌기록으로 알려진 것이 없다고 한다. 이 성곽이 갖는 당시 일본사회에서의 위상을 생각하면 조금은 이해가 가지 않는 대목이다. 나고야성 파괴와 관련하여서는 1615년 포고된 一國一城令(1개 領國에는 성을 1개소씩만 둘 수 있다는 것, 즉 각 大名은 각자 자신의 領地內에 城을 1개소만 남겨두고 모두 없애야 한다는 것)에 의해 폐성되었다는 것이고, 다른 하나는 1637~38년 사이에 있었던 '天草·島原의 亂'과 관련이 있다고 보는 것이다. 어느 것이 폐성의 이유인지 확실하지 않지만 적어도 2가지만은 분명한 것 같다. 즉 이 성곽의 폐성은 궁극적으로 도요토미가의 몰락과 관련이 있다는 것이며, 둘째는 이 성의 유적 상태를 보면 자연적인 붕괴가 아니라 인위적으로 파괴한 흔적(석축의 모서리부분을 보면 인위적으로 도괴시킨 흔적을 볼 수 있음)이 남아 있다는 점이다. 후에 폐성되면서 이 성곽에 있던 목재는 平戶의 松浦 領主에게 넘겨져 히라도성을 축성하는데 사용되었다고 한다.

그 침략의 거점인 나고야성 앞에는 지금 박물관이 들어서 있다. 이름도 '나고야성 박물관'인데, "과거의 역사에 대한 반성 위에 일본열도와 한반도의 교류의 역사를 조사·연구·전시·소개하며 앞으로의 우호교류를 추진하는 거점이 될 것을 목표"로 하고 있다는 설립 취지가 자못 눈에 띄었다. 역사를 바로보고 바로 배우려는 자세가 퍽 인상적이었고 앞으로 그런 취지가 잘 살려져 우리 후손들이 이런 우리에 대한 침략의 역사 흔적을 보고 더 이상 무작정 일본인을 미워하지 않고 진실로 상호 이해하고 협력할 수 있기를 바라며 나고야성을 뒤로 하였다.

일행은 나고야성 답사를 마치고 다시 숙소가 있는 후쿠오카로 이동하여 서점으로 이동하였다가 각조별로 저녁식사를 하였다. 난 함께 간 둘째아이가 꼭 디즈니스토어에 가고 싶다고 하여 사고 싶은 책이 있었지만

일단 접고 택시를 타고 가서 들렀다가 함께 저녁을 먹고 숙소로 돌아왔
다. 책은 다음에 다시 사도 되지만 그 녀석에게 이렇게 다시 환심을 살
기회는 없을 것 같아서 였는데 이튿날 손 교수님이 그 말씀을 하시면서
내 별호를 '타임 유'라 명명하시었는데 모두가 동의하는 분위기였는지는
돌아보지 않아 표정을 알 수가 없다(난 앞쪽에 앉아 있어서).

여섯 번째날 우리 일행은 아리타의 큐슈도자박물관과 이삼평기념비
를 돌아보고 나가사키로 이동하여 원폭기념관을 관람하고 나가사키의
유명한 음식이라고 하는 '짬봉'으로 점심을 먹고 네덜란드 상관이 있던
出島로 갔다. 상관 건물은 대부분 복원된 것인데 복원에 매우 정성을 들
인 것이 역력했다. 그림 등의 자료가 있어서 복원이 용이한 점도 있었겠
지만 고풍스러운 분위기를 내기 위해 목재에 적절한 도색을 맞추어 해
놓은 것을 보니 복원에 세심한 신경을 쓴 것을 알 수 있었다. 문화재 복
원이란 그냥 두는 것보다 복원작업을 할 경우 문화재를 이해하는데 더
나은 점이 있다는 것이 확실해야하고 또 복원된 것이 왜곡된 것이어서는
안 되는 것이다. 우리의 많은 문화재가 '복원'이라는 미명하에 망가져가
는 것을 생각하니 마음이 답답하였다. 나가사키역사문화박물관을 견학
하고 숙소를 잡은 히라도로 향하였다. 도로사정이 좋지 않아 생각보다
늦은 시간에 도착하였다. 간단히 온천을 하고 가이드 말에 따라 모두 유
카타를 걸치고 식사 장소에 내려갔는데 뜻하지 않은 손님들이 오셔서 함
께 저녁식사를 하게 되었는데 자리는 그런대로 좋았지만 내내 옷매무새
간수하느라 민망하기도 하였다.

일곱 번째날 히라도의 상관터와 마쓰우라사료박물관을 보고 구마모
토로 향했다. 생각보다 큐슈 일대에서의 이동시간이 길었다. 4시간 정도
를 달린 끝에 구마모토에 도착하여 점심을 먹고 구마모토성으로 갔다.

이 성은 임진왜란 이전에 쌓은 성은 아니지만 그 직후에 쌓은 성곽으로 일본 석축성 가운데는 비교적 이른 시기에 축성된 성이다. 예전부터 이 성은 가등청정이 조선에서의 전투 경험과 축성술(특히 진주성)을 배워 축성하였다고 알려지기도 한 성곽이다. 그 때문에 대체 어떻게 축성된 성이기에 조선에서 배운 축성술을 적용하였다고 하는가 하고 궁금해 하고 있었는데 이번 여행에 직접 돌아 볼 수 있게 되었다. 그런데 막상 와서 돌아보니 무엇을 가지고 조선의 축성술을 적용하였다고 보는 것인지 도무지 알 수가 없었다. 가등청정이 오랜 기간 동안 조선의 침략전쟁에서 두루 전장을 누볐기 때문에 전투경험에서 보다 방어력이 우수한 성곽을 설계하였을 것이라는 점은 능히 짐작이 가지만 축성술을 배웠다고 하는 점에서는 직접적으로 이것이다 저것이다 할만한 것이 명확하지 않았다. 울산전투에서 물부족으로 인한 쓰라린 경험을 가지고 있는 그가 구마모토성에 많은 우물을 판 것은 어쩌면 당연한 것인지도 모른다.

구마모토를 떠나 유후인에 있는 숙소를 향하였다. 가는 길에 아소산 고원지대를 지나게 되었는데 길게 펼쳐진 초원이 끝없이 이어지게 있었다. 정말 이곳이 일본인가 싶을 정도로 넓게 펼쳐진 초원 사이로 난 길을 달렸다. 초원이 거의 끝날 무렵 온천으로 유명하다는 구로가와 온천지대에 들러 온천욕을 한 다음 다시 유후인 숙소러 향하였다. 숙소에는 우리 東史팀의 고문이신 이윤희 교수님께서 기다리고 계셨다. 숙소 노노카에서의 밤은 특별한 날이 되었다. 한쪽에 놓인 벽난로와 아기자기 잘 꾸며진 집, 맛있는 저녁식사 모두가 분위기와 음식에 취해 있는 듯했다.

여덟 번째날은 전날과 마찬가지로 차에 있는 시간이 무척 많은 날이었다. 일행은 大分縣 일대를 둘러보고 가고시마의 심수관 씨댁으로 향하였다. 당초 5시간 정도를 예상했는데 도로사정이 좋지 않아 훨씬 많은 시간이 소요되었고 급기야 비행기시간 때문에 심수관 씨댁 방문은 포기해야 했다. 이곳은 한국에도 잘 알려진 곳이고 함께 가신 이미숙 선생님 전공과 직접 관련된 곳이어서 들렀으면 좋았을 터이지만 아쉬움을 뒤로 한채 가고시마공항으로 향하였다.

어둠이 깔린 나하공항에 내려 안내에 따라 식당으로 향하였는데, 모두 함께 앉을만한 자리가 없었다. 자칫 우리 일행 스타일을 구길뻔 한 장소였는데 다행히 손 교수님의 적절하신 지적으로 다른 장소로 이동하여 저녁을 먹었다. 으레 그랬던 것처럼 이곳 토속 소주를 시켜 한잔씩 하고는 숙소로 가서 짐을 놓고 호텔 앞의 居酒屋에 가서 다시 한잔씩하고 숙소로 돌아갔다.

아홉 번째날 아침은 가장 속이 좋지 않은 날이었다. 이곳 소주는 알코올 도수가 20도가 아니고 35도라는 사실을 잊은 채 마셨기 때문인 것 같다. 숙소를 출발하여 오키나와 공문서관을 관람하였다. 안내자의 말이 매우 인상적이었을 뿐만 아니라 자료의 보관, 수집, 정리 등 모두가 놀라울 뿐이었다. 왜 우리는 이렇게 좋은 것을 배워가지 않을까하는 회의가 들 정도였다. 항공사진에 지명을 붙여 직접 컴퓨터를 통해 디스플레이해서 볼 수 있도록 해 놓은 것을 보고 정말 치밀하다는 것을 새삼 느꼈고 돌아가서 해야할 일도 많다는 것을 알게 되었다. 어서서 폭우속에 수리성을 답사하게 되었다. 성곽 전공인 나로서는 폭우 때문에 충분히 성을 돌아 볼 수 없어 아쉬웠지만 나름대로 이곳 저곳을 누비며 일본 본토의 성곽이나 우리나라 성곽과 어떤 차이가 있나하는 것을 살펴보았다. 성벽의 곡선을 살린 점은 일본 성곽에서는 거의 볼 수 없는 것이며, 일부 성문에 虎口 방식이 적용되지 않은 것도 일본과는 다른 양식이다. 곡선을 살린 점과 성문에 虎口 방식을 쓰지 않은 것은 오히려 우리나라의 성곽 형태로 유사한 점이다. 하지만 성벽선이 물결치듯 곡선을 만든 것은 어디에서도 찾아 볼 수 없는 독특한 것으로 보였다. 아마 동남아시아나 다른 지역에 이것과 유사한 방식이 있을지도 모르지만…

수리성 관람을 마치고 오키나와 월드, 평화공원에 들러 한국인 위령탑에 참배하고 평화기원자료관을 둘러보고 오키나와 국제거리라고 하는 곳으로 갔다. 여러 상점들이 밀집해 있는 곳으로 주로 관광객을 대상으로 하는 곳이었다. 피로함속에서 아쉬움속에서 늦게까지 술잔을 놓고 여러 이야기를 하며 이번 여정의 마지막 밤을 보냈다.

2) 『해동제국기』 연구조사 답사후기

엄 찬 호

2007년 1월 13일

대망의 2007년이 시작된 지도 어언 10여 일이 지나고 있다. 작년부터 시작된 답사준비로 해가 바뀌는지 새로운 해가 시작되었는지도 모르고 지나며 답사일을 맞았다. 12일 밤을 새며 원고를 마감하고 새벽 3시에 부산으로 출발하여 부산에서 해맞이를 하고 쓰시마행 배에 올랐다.

쓰시마는 몇 년전에 한번 다녀간 곳이라 새로운 세계에 대한 설렘은 없었으나 새로운 만남에 대한 기대는 여전히 긴장하게 하였다. 쓰시마에 도착하자마자 다치바나 선생님과 만나 답사의 긴 여정은 시작되었다. 해동제국기의 지명을 중심으로 현재의 지역을 고증하고 해동제국기의 인물과 현재의 인물들의 상관관계를 따져가며 몇몇 지역을 돌아보고 지나가는 지역의 한국관련 유물이나 유적을 살펴보는 것으로 답사는 진행되었다.

첫날 만난 역사의 흔적은 쿠로세 관음당의 고려불상이었다. 일본의 문화재로 지정되어 있는 고려의 불상은 세월의 풍화속에 색이 변하고 몸체가 갈라지는 등 원형을 이탈하고 있었지만 고려인들의 손길이 쓰시마에서 느껴지는 순간이었다. 쓰시마와 한반도와의 관계를 다시 한번 되새겨주는 자리였다.

무엇보다도 여행의 즐거움은 음식이라는 손승철 교수님의 지론을 기억하며 첫째 날 저녁을 맞은 우리에게 주어진 식탁은 가이세키 요리와 야마네코 소주, 시라다케 였다. 이국의 섬에서 맞는 첫날밤의 설레임을 한잔의 술과 쯔시마 향토요리로 즐기며, 다치바나 선생님과 아쉬운 인사를 나누고 첫날의 여정을 코쿠인호텔에서 풀었다.

2007년 1월 14일

두 번째 날은 쯔시마 향토사가인 나가도메 선생님과의 만남으로부터 시작되었다. 89세라는 고령임에도 불구하고 이웃나라 한국에서 찾아온 우리일행을 안내하기 위하여 '뭐 볼게 있을까?' 하는 의심의 눈초리로 따르고 있는 우리를 코후나코시 구석구석까지 안내하시고, 에보시타케 전망대의 높은 산길을 쉬어쉬어 가시며, 끝까지 오르시는 선생님을 뵈며 학문의 길에 대한 새로운 도전과 책임감을 갖게 하였다.

나가도메 선생님의 안내로 상대마 일원을 돌아보며 쯔시마의 옛모습과 현재의 변화를 대비해보았다. 550여 년의 사이를 두고 보한재선생이 보고 들었던 쯔시마를 2007년에 돌아보며 몇몇 항구의 변화된 모습과 새로운 도로의 생성, 에보시타케 전망대와 같이 쯔시마를 한눈에 조망할 수 있는 곳이 있다는 점에서 변화의 모습을 찾을 수 있었지만, 그러나 여전히 남아있는 지명의 흔적들 당시 발걸음이 닿았을 법한 해안가와 마을들에서는 보한재선생의 느낌을 공유할 수 도 있었다.

첫날의 화려한 가이세키 요리를 떠올리며 두 번째 날 저녁을 기다리는 마음은 답사는 어느새 잊어버리고 새로운 맛의 즐거움을 향한 설렘으로 뱃속의 신호음은 커져가기 시작했다. 두 번째 날의 저녁은 대마도의 향토 요리인 이시야키 요리가 우리를 기다리고 있었다. 다양한 해산물을 돌에 구워먹으며, 주인 아주머니의 쯔시마 전통춤을 구경하고, 또한 아주머니의 인도에 따라 작은 접시 두장 씩을 양손에 들고 박자를 맞추어 자리에서 일어나 원형으로 서서 돌아가며 간단한 춤동작을 따라해 보았다. 돌아가는 춤사위와 술잔속에 일본과 한국사이의 애증이 반복되어 가고 있음을 느낄 수 있었다.

2007년 1월 15일

세 번째 날은 한국에서도 볼 수 없었던 일출을 호텔방에서 바라보며 늦은감이 있지만 2007년 한해의 계획을 다짐하며 하루를 시작하였다. 첫날 우리일행을 안내하였던 다치바나 선생님을 다시 만나 쓰시마의 중요한 자원인 삼나무의 숲을 헤치며 하대마를 돌아보았다. 하대마의 답사에서 인상적인 유적은 해동제국기에 沙愁浦로 기록되어 있는 小茂田의 인근 椎根의 이시야네라는 돌로 만든 지붕이었다. 우리나라의 돌지붕을 연상케하지만 우리나라의 지붕돌보다는 규모면에서 월등히 큰 돌들이 단정하게 잘려서 지붕위에 올라가 있는 모습은 경탄을 자아내게 했다. 이 지역에서는 강풍이 심해 집안의 물건 가운데 일부를 창고에 옮겨놓고 건물위에 돌을 얹어 강한 바람에 쓸려가는 것을 막았던 전통가옥이었다.

이어 이즈하라로 돌아온 우리는 이키섬으로 가는 배 시간에 맞추기 위하여 서둘러 서산사의 최익현순국기념비를 돌아보고 이키로 옮겨갔다. 이키에서의 오후시간은 이틀간 서둘러 돌아다닌 여행의 피곤함을 풀어놓는 꿀맛같은 휴식시간이었다. 신경통과 류마티즘에 효능이 있다는 적갈색의 빛을 띠는 湯ノ本의 야외 온천탕에서 피곤함을 덜은 우리는 저녁식사로 호텔사장님의 씨암탉이 재료가 된 히키토오시란 요리를 맛보게 되었다.

이어진 세 번째 날의 이벤트에서는 답사팀의 친목을 가져온 첫사랑 고백이 있었다. 역시 서로의 모르는 이야기를 고백하는 것은 어려운 일이지만, 서로를 알고 이해하는 지름길이 되는 것 같다. 서로의 아픈 가슴 속 이야기를 건네며, 동감하기도 하고 도움의 말을 건네기도 하면서 세 번째 날을 정리하였다.

2007년 1월 16일

　네 번째 날은 이키 향토사료관 이치야마 선생님의 안내로 그 옛날 일본에 건너가던 통신사들이 하루쯤 머물렀을 이키를 돌아보았다. 이치야마 선생님의 철저한 준비로 해동제국기에 나와있는 지명과 이키의 현재 위치에 대한 지도를 받아들고 이키에 대한 답사는 이미 끝난 것이나 다름없다고 느끼며 몇몇 이키의 유적지를 돌아보았다.

　이키 곳곳에는 여몽연합군 침입관련 유적이 있었고, 임진왜란 당시 전쟁을 준비하며 토요토미의 명을 받은 히라토의 마츠우라가 축성한 勝本城 등을 둘러볼 수 있었다. 그 중에 일본의 국가지정 특별사적지로 지정되어 발굴이 진행되고 있는 하루노쯔찌의 유적은 이번 해동제국기 답사와 관련은 없지만 한국과 일본간의 문화의 교류를 알게해주는 의미있는 유적이었다. 방대한 출토유물과 특히 다량의 토기모습을 보면서 한반도 남부에서 집중 출토된 토기들을 떠올리는 것은 자연스러운 일이었다. 이키의 간략한 답사를 마친 우리는 일본 본토의 관문인 하카다행 배에 올랐다.

　하카다에 도착한 네 번째 날 저녁은 큐슈대학 사에키 선생님과 서일본신문사 시마무라실장, 이태훈 선생 등과의 저녁만찬이었다. 피가 뚝뚝 덜어지는 고래고기 회를 젓가락에 집어들고 또 다른 새로운 만남에 건배를 이어가며 저녁 만찬을 마치고, 네 번째 날을 마감한 자리는 후쿠오카의 명물이라는 야다이에서였다. 우리나라의 포장마차보다는 규모가 좀 작은 포장마차인 야다이에서 일본식 라면과 어묵을 곁들여 하루를 정리하며, 조선시대의 사신들은 일본의 밤문화를 어떻게 즐겼을까 하는 생각을 해보았다.

2007년 1월 17일

다섯 번째 날의 오전에는 큐슈대학 국사학연구실과 한국학연구센터, 서일본신문사, 큐슈국립박물관을 오전에 둘러보고 오후에 나고야성을 둘러보았다. 큐슈박물관에는 한·중·일간의 교류와 관련된 유물이 특징적이었는데, 나의 눈에 띠는 것은 『海東諸國紀』의 또다른 판본의 발견이었다. 太宰府에 보관되어 있다는 『海東諸國紀』진열본은 우리가 보아왔던 기존의 판본과는 다른 또 하나의 판본으로 생각되며 아마도 일본에 전래되었던 해동제국기를 필사한 것이 아닌가 하는 생각이 들었다.

이어 오후에는 나고야성을 둘러보았다. 나고야성은 임진왜란 당시 토요토미가 조선침략의 거점으로 축성한 성으로 기존에 여러차례 왜성의 모습을 둘러보았지만 지금까지 보아온 성과는 비교가 안될 정도의 웅장한 성이었다. 비록 성위의 건물들은 하나도 남아있지 않았지만, 혼마루·니노마루·산노마루·단죠마루·야마자토마루의 주 성곽 5개와 보조역할을 하는 크고 작은 11개의 부속구획으로 이루어진 나고야성은 오사카성에 비견될 만한 거대한 성이었음을 느낄 수 있었고, 또한 토요토미의 조선에 대한 침략의지가 얼마나 강하고 심혈을 기울인 침략이었는지를 알 수 있었다.

5일째 저녁은 서점에서의 간단한 쇼핑에 이어진 일본라면 사먹기였다. 조별로 나누어 후쿠오카 시내에서 각자 먹고 싶은 라면을 사먹고 호텔로 돌아오는 이벤트였는데, 불행히도 나는 손선생님과 동행하게 되어 일본라면을 맛볼 수 있는 기회는 박탈당했지만, 후쿠오카 총영사관의 이충호교육관님과 뜻깊은 자리를 가질 수 있었다. 일본에서의 재일조선인들의 교육실태와 일본인들의 한국어 공부 열의 등을 전해들으며, 후쿠오카의 밤거리를 걸어보았다.

2007년 1월 18일

후쿠오카를 뒤로하고 나가사키로 이동하며 6일째가 시작되었다. 이키까지는 답사가 좀 지루하다는 느낌이 있었는데 어느 순간부터 시간이 빨리 지나고 있다는 느낌이 들며 하나라도 더 보고 배워야겠다는 새로운 마음으로 이미숙선생님의 도자기에 대한 강의를 들었다. 늘 궁금해 하고 있던 토기와 도기·석기·자기의 차이점을 버스대학을 통해 듣고 아리타에 있는 큐슈도자박물관에 도착하였다. 지금까지 구분도 못하고 보던 도자기와 알고 보는 도자기는 사뭇 새로운 느낌으로 다가왔다. 그러나 아리타에 도자기 기술을 전하고 일본도자의 신으로 추앙되고 있는 이삼평의 손길이 머문 도자기이지만, 그후 중국도자기의 영향과 일본 특유의 색채감이 더해지며 화려하고 현란한 색깔을 담고 있는 일본도자기들은 나는 어쩔 수 없는 한국인이라는 생각이 들게 하였다.

이어 도착한 나가사키 원폭자료관과 평화공원은 전쟁을 추구하는 일본인의 속성과 평화를 염원하는 일본인의 모습을 잘 느낄 수 있었다. 일제침략과 태평양전쟁을 통하여 한국에 막대한 피해를 끼친 일본이 그만한 대가를 치렀다는 생각에 미쳐서는 당연한 대가였다고 생각되기도 하였지만, 전쟁의 상흔에 희생당한 수많은 일본인들과 그 후유증에 오랜기간 고통받고 있을 그들을 생각하며 인류의 평화정착은 영원한 숙제이며 모두가 적극 노력해야할 과제임을 새삼 느꼈다.

이어 전근대 일본의 대외창구였던 데지마를 둘러보고 또 다른 만남을 위하여 히라도 숙소로 향하였다. 매일 저녁 새로운 만남과 이어가며, 사실 낮시간의 답사보다 이제는 저녁시간의 이벤트가 더 기다려지게 되었다. 이미 어제 저녁자리를 통하여 히라도에 거주하는 재일교포 유선생님을 만날 것이란 기대를 하고 있었지만, 히라도 호텔에 도착하자 유선생님뿐만아니라 히라도에서 한국어를 공부하시는 시의원을 비롯한 지역유지 몇 분이 오셔서 우리를 반겨주었다. 비록 어눌한 의사소통이지만 모자라는 몇 마디의 한국어와 일본어가 뒤섞이며 짧은 시간이었음에도 서로에 대한 이해를 넓힐 수 있는 기회였다.

2007년 1월 19일

이제 장시간 이동이 시작되었다. 큐슈의 최북단 히라도에서 최남단 가고시마까지 이틀간 강행군이 시작된 것이다. 미리 지도를 보며 시간 예상을 했지만, 일본의 도로사정과 제한속도는 우리의 예상을 완전히 바꾸어 놓았다. 좁은 국도의 사정과 국도 제한속도 50Km, 고속도로 제한속도 80Km는 한국에서 의례껏 100Km이상으로 달리던 나에게 답답하기 짝이 없었다.

히라도에서 출발한 우리는 몇 번의 휴식을 거쳐 구마모토성에 도착하였다. 사진으로만 보던 일본성의 천수각을 비롯한 여러 전각들은 나고야성에서 성벽밖에 볼 수 없어 아쉬웠던 나의 기대감을 채우기에 충분하였다. 서둘러 천수각을 중심으로 성곽 구석구석 돌아보며 우리나라의 경복궁·중국의 자금성과 대비되는 일본성만의 특색을 충분히 느낄 수 있었다. 그러나 한 가지 아쉬운 점은 성 본래의 모습보다 관광객에 대한 배려로 만들어 놓은 편의시설들이 유적의 가치를 오히려 떨어뜨리고 있다는 생각이었다.

1시간이라는 짧은 시간 둘러보느라 좀 더 세밀하게 볼 수 는 없었지만, 일본의 3대성중의 하나라는 구마모토성을 보았다는 기억만을 가지고 유후인으로 이동하였다. 이동중 아소산의 활화산 원경과 아름다운 분지의 모습은 이국을 여행하고 있다는 느낌을 새롭게 하였고 중간에 들린 쿠로세의 온천들은 언젠가 여유를 가지고 다시 찾아보아야겠다는 아쉬움을 남겼다.

장시간 이동뒤에 도착한 유후인의 노노카펜션에는 반가운 새로운 만남이 기다리고 있었다. 언제나 동사모임에 먼길을 마다않고 동참해주시는 이윤희 교수님과 노노카 펜션을 제공해주신 사장님의 마중을 받으며 도착한 펜션은 나그네의 하룻밤 휴식을 풀기에는 너무 고즈넉했다. 저녁식사자리에 차려진 주인 아주머니의 소박한 요리와 한쪽구석에서 타고 있는 페치카의 불빛을 타고 흘러나오는 음악은 우리 모두를 푸근하게 하였고, 조촐하지만 손교수님의 학생처장 취임 축하의 자리를 곁들여 또 하나의 인연의 끈을 만들어 나갔다.

2007년 1월 20일

지난밤의 숙취를 노노카펜션의 맑은 공기로 정화시키며 바쁜 일정이 시작되었다. 오이타를 거쳐 가고시마까지 가는 일정이어서 서둘러 하루를 시작했지만, 답사일행중 쿠니히로의 조부님이 돌아가셨다는 소식에 쿠니히로를 중도에 벳부에서 본가로 돌려보내고 유황냄새를 맡으면서 오이타시 역사자료관으로 향하였다.

과거 大友씨 지배영역이었던 이곳의 역사를 간단히 둘러보고 가고시마에서 기다리고 있는 조선도공의 후예 심수관 씨 14대 후손을 만나기 위해 지체없이 달렸지만, 예상했던 시간보다 훨씬 늦게 도착하게 되어 결국 심수관씨 후손은 만나볼 수 없었다. 노구에 아침부터 오랜시간을 기다렸을 선생을 생각하니 너무 죄송스럽고, 시간 예측을 못한 것이 모두에게 미안했다.

오키나와로 떠나는 비행기시간을 맞추기 위하여 심수관 씨에게로 향하던 발걸음을 중도에서 돌려 가고시마 공항으로 향하였다. 공항에서 후쿠오카부터 4박 5일 함께했던 민규네 부부와 이별을 하고 오키나와의 맛있는 요리를 꿈꾸며 비행기에 올랐다. 1시간 반 남짓 걸려 오키나와에 도착하였고, 역시나 맛있는 오키나와 요리와 아와모리·오리온맥주가 긴하루의 여정을 해소시켰다.

2007년 1월 21일

맑고 깨끗한 오키나와의 남국여행을 기대했던 예상을 깨고 아침부터 비가 내려 다소 번잡한 하루가 시작되었다. 처음 들린 곳은 오키나와의 공문서관으로 우리나라의 각 시군의 자료실에 해당하는 곳이었지만, 오키나와 공문서관은 격을 달리하고 있었다. 맡은 바 직무에 충실한 구후라 학예관은 지역사에 관심을 갖고 공부한다는 나에게 새로운 도전 과제를 제시해 주고 있었다. 공문서관은 수집된자료나 자료관리·전시·이용 등 모든 분야에서 우리가 본 받아야되고 모델로 삼아도 좋을 만큼 훌륭한 체계와 내용을 갖추고 있었다.

이어서 琉球국의 도성 首里城을 둘러보았다. 해동제국기의 한 부분을 차지하고 있는 琉球國의 기사에 나온 석성이어서 자세히 둘러보고 싶었지만, 성을 정비중이어서 구간별로 통제가 되는 것이 아쉬웠고, 게다가 폭우까지 쏟아져 간략히 몇군데만을 돌아보는 것으로 만족해야 했다.

답사 마지막날이어서 그런지 긴장도 좀 떨어지고, 조금은 풀어지고 싶은 마음도 있고, 이래저래 오키나와에 대한 좀더 자세한 조사를 하지 못한 것은 아쉬움으로 남았다. 특히 오키나와의 지명이라든가, 해동제국기의 琉球言語 등을 검증해 보지 못한 것을 여운으로 남겨두고, 오키나와의 모든 것이 집중되어 있는 오키나와월드와 오키나와의 현대사를 품고있는 평화공원, 국제거리를 둘러보는 것으로 답사를 마감했다.

3) 『해동제국기』 규슈기행 -히라토와 나가사키

신 동 규

9박 10일간의 긴 여정이다. 약 540여 년 전 신숙주 선생이 이국 일본의 땅을 디디셨을 때와 같은 강렬하고 뜨거운 마음가짐과 풍요로운 호기심으로 가득 찼다. 새벽 3시 인문대 교정에서 출발한 일행은 차안에서 눈을 붙이고 7시 넘어 부산에 도착했다. 서둘러 우동으로 간단한 식사를 마친 후, 드디어 쓰시마로 출발.

이미 수차례 쓰시마, 규슈지역을 답사하기는 했지만, 당시는 느끼지 못했던 역사적 상황과 지리적 특성 등, 역시 반복된 필드워크의 중요성을 새삼스레 느껴보았다. 이번 답사는 개인적인 해방의 시간이기도 했지만, 학문적 삶의 가치를 느끼게 해주는 시간이기도 했다. 이러한 느낌을 조금이나마 정리해 보기 위해 일행 모두가 답사를 마친 후, 「답사보고서」를 제출하기로 약속하여 지금 나는 이 글을 쓰고 있다. 일정에 따른 기행문보다는 내 전공분야와 관련된 일본의 서양문화 접촉, 즉 일본의 서구문명의 창구가 되었던 히라토와 나가사키를 중심으로 간단하게 그 개략과 소감을 피력하는 것으로 하겠다.

1월 18일 나가사키를 먼저 답사했다. 히라토와 나가사키를 언급하기 위해서는 히라토를 먼저 언급하지 않으면 안 된다. 왜냐하면 일본의 해외창구로서 히라토가 먼저 개방되었기 때문이다. 히라토는 1550년 포르투갈의 무역선이 입항하기 시작해 같은 해 9월에는 프란시스코 자비에르가 포교활동을 하였으며, 1584년에는 스페인의 무역선이 입항하기도

하였다. 1609년에 네덜란드 상관이 세워지기 시작해 그 이후 1641년 네
덜란드 상관이 나가사키의 데지마(出島)로 옮겨지기까지 일본 서양문명
입수의 최대 창구였다고 평가할 수 있다.

원래 유럽 세력이 일본으로 진출하게 된 배경에는 세계사의 대변혁이
존재하고 있다. 즉, 14세기의 르네상스의 시작과 교회의 분열, 15세기부
터 시작된 종교개혁 운동과 대항해시대의 개막, 16세기 후반 스페인·
포르투갈의 몰락과 영국 네덜란드의 부상으로 대변되는 가톨릭 계통에
서 프로테스탄트 계통으로의 세계구도의 변화가 존재한다. 다시 말하면,
유럽세계가 당시의 세계변혁의 기운 속에서 아시아로의 진출을 감행하
게 되었고, 그 중에서도 영국과 네덜란드가 17세기에 들어와 동아시아지
역으로의 진출을 활발히 추진해 나갔던 것이다. 물론, 일본에 최초로 내
항한 유럽인은 포르투갈인으로 1543년 조총(화승총)의 도래와 함께 일
본에 들어와 17세기 초엽까지 활발히 일본무역을 담당하고 있었다. 그러
나 포르투갈인들은 무역 이외에 선교활동도 일본 내항의 중요한 목적으
로 삼고 있었다. 당시 막부는 그리스도교를 철저히 금제하고 있었고, 또
1637년에는 '시마바라(島原) 아마쿠사(天草)의 난'이라는 그리스도 교도
들의 봉기가 막부의 권위를 무시했기 때문에 결국 1639년에 포르투갈과
단교를 하고 말았다.

아무튼 16세기말의 세계변화 속에서 네덜란드도 일본과의 관계를 맺
게 되는데, 네덜란드는 1602년에 세계최초의 주식회사라고 할 수 있는
네덜란드 동인도 연합회사(VOC, Vereenighde Oost-Indische Compagnie)
를 설립해 산재해있던 각종 회사들을 통합하여 세계무역으로 눈을 돌리
고 있었다. 1609년에는 결국 일본의 히라토에 네덜란드 상관을 설립하
여 일본무역을 전담케 하였다. 그런데, 여기서 중요한 것은 VOC라는 것
이 일반적인 주식회사가 아니라, 외교권, 군사통수권 등을 유지한 회사
인 동시에 국가의 지위도 가지고 있었다는 점이다. 즉 VOC가 외교권을

행사한다는 것은 네덜란드라는 국가가 외교권을 행사하는 것과 마찬가지였던 것으로 일본이 VOC와의 관계를 맺은 것은 공식적인 네덜란드 정부와의 관계였던 것으로 1609년부터 근세 거의 전시기에 걸쳐 네덜란드는 일본의 서양관계에서 가장 큰 기둥이 되는 국가가 되었다.

하지만, 영국도 1600년에는 영국동인도회사(British East India Company)를 설립해 아시아 무역에 눈을 돌리고 있었으며, 1613년에는 VOC의 뒤를 이어 히라토에 마찬가지로 상관을 설립하여 일본무역을 추진하게 된다. 당시 일본에는 포르투갈 상인들도 왕래하고 있어 네덜란드, 영국, 포르투갈의 무역 경쟁이 발생할 수밖에 없는 상황이 되었다. 결국, 영국은 1623년 모르카諸島 암본섬의 무역기지를 네덜란드에게 공격당하여 동아시아 무역기지를 상실함과 동시에 히라토의 일본상관을 폐쇄시키고 인도로 진출의 눈을 돌리게 되었다. 포르투갈은 앞에서 언급한 바와 마찬가지로 끊임없는 일본에서의 선교활동으로 인해 막부의 눈총을 받고 있었고, 1639년에는 단교령이 내려져 일본과의 관계는 끝이 나고 만다. 결국, 일본의 서양관의 관계는 네덜란드가 독점하게 되었다.

다만, 1637년 '시마바라(島原) 아마쿠사(天草)의 난' 이후 막부는 그리스도교의 전파 금지를 목적으로 나가사키에 데지마라는 인공섬을 만들어 네덜란드 및 異國과의 교역을 공간적으로 한정했기 때문에 히라토에서의 서양과의 관계는 종언을 고하고 말았다. 이번 답사지였던 네덜란드와 영국의 상관터에 1월 19일에 답사했을 때에는 당시의 우물과 성벽 등만이 남아 있을 뿐 당시의 활발했던 대외무역항으로서의 분위기는 엿볼 수 없었으나, 유적지로서의 복원사업 등이 진행되고 있어 그래도 우리 일행의 아쉬움을 달래주고 있었다. 전날 나가사키에서 약간은 흥분된 감흥이 오히려 약간은 쇠퇴되어지는 기분이다.

나가사키에서의 가슴 저린 충격, 그리고 데지마에서의 신선한 충격은 두고두고 잊지 못할 것이다. 일본만의 역사가 아닌 한국과의 뼈아픈 상처가 남아있는 곳이기 때문이기도 하다. 나가사키는 히라토 이후 근대의 기점이 되고 있는 1868년의 이른바 명치유신기까지 일본과 서양의 접촉 창구로서, 또한 일본근대화의 토대가 되었던 난학이라는 학문의 출발지가 되었던 곳이다. 오후부터 이곳의 답사를 시작하였는데, 원폭기념관, 네덜란드 상관이 있던 데지마, 나가사키역사문화박물관 등을 돌아보았다.

이전 일본에서 유학했을 당시 수차례 이곳을 둘러보았지만, 원폭기념관을 볼 때마다 느끼는 점이 있다. 자신들의 피해상황만을 극대화해 놓은 느낌을 지울 수가 없다는 것이다. 전쟁의 참상, 그 고통에 대해 전시해 놓았을 뿐 자신들이 일으킨 바로 그 전쟁에 대해서는 추호의 반성과 후회도 없다. 단지 미국의 원자폭탄 투하에 따른 비참함만이 강조되고 있을 뿐. 거기에 또 다른 일본의 피해자였던 한국 사람들에 대한 상세한 설명은 없고 단지 수적으로 표현된 '조선인' 원폭피해자의 숫자뿐. 이것이 일본의 침략전쟁에 대한 인식의 상황이며, 일본인들의 현재 모습일지도 모르겠다.

나가사키 역사박물관은 작년에 새롭게 정비해 나가사키 봉행소가 있던 자리에 설립한 곳으로 유물의 수는 적었지만, 꽤 알차게 전시해 놓은 곳이다. 하지만, 이곳보다 나에게 더 큰 감흥을 불러일으킨 곳은 바로 데지마다. 인공의 섬을 만들어 그곳에 네덜란드인을 거주케 하고 외부출입을 통제해 무역의 이익과 그리스도교의 금제라는 두 가지 막부의 목적을 달성해왔던 이곳 데지마는 그야말로 일본의 모습이었다. 많은 사람들이 나라의 문을 닫았다고 하는 '鎖國'으로 일본의 근세를 표현하지만, 그것은 일종의 효율적인 외교통제였지 '나라의 문을 닫았다.'는 것은 아니었던 것이다. 이전 이곳을 방문했던 1998년에는 데지마의 모형만이었었을 뿐 전체의 모습은 알 수 없었는데, 최근에 이곳의 복원사업을 통해 상관장의 건물, 상무원의 숙소 등등 많은 건물과 시설들이 복원되어 시민들에게 공개되고 있다. 더욱이 데지마의 전체 형태를 어느 정도 가늠할 수 있을 정도로 육지 쪽의 인공섬 안쪽은 깨끗이 정비되어 있었다. 이곳을 통해 그 많은 서양문물과 일본근대화의 토대가 되는 문명들이 유입되었다는 것을 생각해보니, 어느덧 이곳은 바로 제국주의 일본의 탄생을 예견하는 곳이 아닐까하는 생각도 들었다.

흔히 한국의 학자들은 일본이 일찍 근대화에 성공한 이유가 근세 초기부터 네덜란드와의 관계를 긴밀히 유지함으로써 그것이 근대화 성공의 원동력이 되었다고 하며, 나가사키(長崎)와 같은 외교창구의 유무가 양국의 운명을 갈랐다고 하는 논의를 하고 있다. 나아가 이와 같은 관점으로부터 조선 근대화 후진성의 원인으로써 1653년 조선에 표착한 하멜 일행의 표착사건을 조선과 네덜란드가 직접적인 관계를 맺을 수 있는 절호의 기회였음에도 그 기회를 상실했다고 주장하기도 한다. 또한 조선에도 나가사키와 같은 장소가 생길 수 있는 좋은 기회였으나 일본의 방해로 인해 그 기회를 잃었다고 인식하는 경향도 보이고 있다.

과연, 그러할까. 일본 자본주의 침략과 제국주의 침략에 의해 조선 내부에서 생성된 '자본주의적 맹아'(=내재적 근대화의 맹아)가 파괴되었다는 점에서 일본의 '방해'로 조선의 근대화가 늦어졌다는 것은 엄연한 사실이며, 여기서 다시 강조할 필요도 없는 사실이다. 그러나 네덜란드와의 관계 유무로 조선의 근대화를 설명하려는 방법에는 동의할 수 없다. 이러한 역사인식 방법은 한국의 역사 자체가 외래의 압도적인 영향 하에서 형성되었고, 한국 독자적인 것은 없다고 하는, 이른바 식민사관의 대표적 주장 중의 하나인 '他律性史觀'이라고 밖에 볼 수 없기 때문이다. 한국은 한국 나름의 자아적 역사발전이 존재한다.

더욱이 가장 중요한 것은 과연 일본이 근대화에 성공한 국가로 평가할 수 있는가 하는 문제이다. '근대화'라는 개념의 정의도 어려운 일이기는 하지만, 일본이 근대화에 성공이라고 평가한다면, 그러한 근대화를 토대로 삼아 제국주의 침탈전쟁을 일으켜 아시아인 2,000만 명, 자국민

200만 명을 살생한 침략전쟁은 어떻게 평가해야할까. 또 세계 최초로 원자폭탄이 實戰에서 이용되어져 나가사키와 히로시마에 투하됨으로써 수십만의 살상자가 발생된 것은 어떻게 평가해야하는가. 근대화의 성공이 수천만의 사람들의 목숨의 대가로 평가받는다면, 과연 이것이 진정한 근대화의 성공이라고 볼 수 있는지 역사가들에게 다시 한 번 묻고 싶다.

이러한 느낌들, 이러한 뼈아픈 역사적 현실이 나가사키에는 존재하고 있어 나의 부질없을지 모르는 호기심이 일본 근대화의 평가에 대해서까지 파급되었다. 답사라는 즐거움도 존재하지만, 학문적 호기심의 발홍이 결국 일본이라는 국가로 퍼질 때 과연 그 결론을 어떻게 맺을 것인가, 어떻게 평가해야할 것인가 끊임없이 내 자신에게 되물어 보며 이 글을 맺는다.

4) 해동제국기 답사기

김 강 일

Ⅰ. 對馬島 및 壹岐

작년 9월 말에 있었던 삼포 답사에 이어 이번에는 일본으로 답사를 떠나게 되었다. 개인적으로는 전공과 관련하여 대마도에 많은 관심이 있는데, 얼른 가보고 싶었지만 이런 저런 일로 도무지 떠날 것 같지 않던 답사를 드디어 떠나게 된 것이다.

새벽 3시 10분에 학교를 출발하여 중앙고속도로를 달렸다. 팀원들은 피곤한지 전부 잠이 들었고, 창 밖으로는 아무것도 보이지 않았지만 그래도 어두운 겨울 들판을 내다보면서 부산까지 내려갔다. 7시 50분에 부산국제여객터미널 도착하여 간단한 아침을 먹었다. 아이든 어른이든 여행길에 나서면 조금은 설레게 마련이라 얼른 배를 타고 싶었지만 출국절차가 그렇게 간단하지는 않았다. 뭔가 적어내고, 몇 번씩 줄을 서고, 틈틈이 안 보이는 팀원을 부르러 다니는 등 어수선한 분위기 속에서 배를 탔다. 국제여객선치고는 크기도 작고 허름한 배였으며, 울릉도 가는 배와 별 다른 차이가 없었다. 두 시간 반 정도 지나서 嚴原港으로 들어갔다. 작년 9월 답사 때 다대포 뒷산에서 멀리 바라보던 정경보다 훨씬 큰 섬이라는 느낌이 들었다. 『海東諸國紀』에 따르면 富山浦에서 對馬島 都伊沙只까지 48리에 이르고, 왕복하는 데 최대 3개월에서 최소 20일이 걸리는 일정이었다고 한다. 지금은 낡은 배를 타고도 3시간이 안 되어 올 수 있지만, 조선시대의 對馬島는 쉽게 오갈 수 있는 곳이 아니었으며,

때로는 목숨을 걸고 항해를 해야 하는 위험한 곳이기도 했다.

도착 후 처음 간 곳은 對馬歷史民俗資料館이었다. 이곳에는 내가 관심을 갖고 있는 宗家文書의 일부가 보관된 곳이기도 하여 오래 머물면서 자세히 알아보고 싶었지만 제한된 시간 때문에 그럴 수 없었다. 특히 『分類紀事大綱』2期 편찬분 중에서 적어도 3~4권이 이곳에 보관 중이라는 것을 알고 있었지만 확인하지 못했다. 아쉽지만 후일을 기약할 수밖에 없었다.

자료관 현관에는 덕혜옹주의 남편 소오 다케유키가 그린 아소완 풍경이 걸려 있었다. 이들 둘 사이의 애정 문제에 대하여 여러 가지 설이 있지만 최근에 읽은 책에서는 애정이 있었음을 확신하고 있다.

이어서 찾아간 黑瀨, 加志, 尾崎 등의 포구는 모두 『海東諸國紀』에 기록된 그대로였다. 산골짜기가 바다로 내려오면서 형성된 작은 평지에 몇 십 가구가 마을을 이루고 사는 형세였다. 논은 안보였고, 야채가 자라는 텃밭이 가끔씩 보였다. 지세가 험하고 먹을거리가 변변치 못하니 그 옛날에 식량이 떨어지면 마을 전체가 작당을 하여 야밤에 배를 타고 우리나라 남해안으로 노략질에 나섰을 것이다. 삼포 답사 때 진해만에서 내려다 본 남해안은 해안선이 아주 복잡했다. 對馬島에서 야밤에 배를 띄우고 진해만으로 접근하면 官船이 적발하기가 매우 어려웠을 것이다. 결국 對馬島 주민들은 거의가 倭寇의 후손이라는 말이 되는데, 개인적으로 접촉한 섬 주민들은 매우 순박하고 착했다. 박제상 순국비가 있는 어느 포구에서는 그물을 손질하던 늙은 어부와 몇 마디 말을 나누었는데, 날씨가 쌀쌀하니 감기 조심하라는 말까지 해 줬다.

對馬島의 첫인상은 무척 깨끗하다는 것이었다. 그리고 이상하리만치 사람이 보이지 않았다. 이즈하라는 對馬島에서 가장 번화한 곳인데도 통행인이 별로 없었으며, 외딴 곳으로 가면 어쩌다 포구에서 일하는 어부한 두 명을 보는 게 고작이었다. 4만 2천 명이나 된다는 주민들이 모두

어디에 있는지 모르겠다. 도로는 좁았고, 차들은 작아서 장난감 같았다. 그래도 바닷물은 아주 맑았고, 밭에는 쓰레기가 보이지 않았다. 깔끔한 일본인들의 성격을 엿볼 수 있었다.

도착 이튿날은 下對馬島를 답사했다. 한국전망대에서는 멀리 부산이 보였고 핸드폰 통화도 잘 됐다. 한국과 그만큼 가까운 것이다. 전망대 부근에는 조선역관사 순난비가 있었다. 1703년 음력 2월 5일에 조선 역관사 108명을 태운 배가 대마도 상륙을 눈앞에 두고 해난사고를 당하여 전원이 사망한 것을 위로하는 비석이다. 교수님의 제의로 팀원 전원이 묵념을 했다.

佐須浦는 여몽 연합군이 대마도를 침입했을 때 격전지로 추정되는 곳이다. 현 小武田이며, 이때 순국한 사람들을 위한 神社가 세워져 있었다. 주요 전투지로 추정되는 해안은 현재 매립공사가 진행 중이어서 다음에 이곳을 다시 찾으면 해안을 못 볼 지도 모를 일이다.

萬松院은 宗氏의 菩提寺이며 通信使 기록에서 자주 읽었지만 직접 보기는 처음이었다. 역대 對馬島 領主의 위패를 모신 사찰인데 주변 경관이 조용하고 아름다웠다. 對馬島 전역에 삼나무가 많았지만 이곳에는 특히 아름드리 삼나무가 많았다. 宗家文書를 보관하던 건물은 불에 타서 없어졌다고 하며, 그 터에는 관리사무소와 화장실이 세워져 있었다. 애석한 일이다. 萬松院 입구의 신지이케(心字池) 공원에는 덕혜옹주와 소오 다케유키의 결혼을 축하하는 기념비가 있었다. 몇 년 전까지 萬松院 뒤에 쓰러진 채로 방치되어 있던 것을 최근에 다시 세웠다고 한다. 기념비 앞에서 팀원 전체가 사진을 찍었다. 따지고 보면 덕혜옹주나 소오 다케유키 모두 제국주의 정책의 일환인 정략결혼의 희생자들이었다.

이즈하라 시내에도 한일 양국의 교류와 관련된 유물과 유적이 많았다. 이즈하라항을 내려다볼 수 있는 산 중턱에는 西山寺가 있는데 朝鮮通信使가 숙소로 사용하기도 했던 절이다. 안에는 以酊庵이 있었지만 시

금은 없어지고 암자터만 남았다고 한다. 개인적으로는 꼭 가보고 싶은 절이었지만 시간관계상 들르지 못한 것이 못내 아쉬웠다. 또 쯔쯔우라(豆酘浦)로 가는 길목에 오후나에(お船江)라는 곳이 있었다. 이곳은 선박 계류시설인데, 작은 만처럼 안으로 움푹 들어간 곳에 돌축대처럼 배를 정박시킬 수 있는 시설을 쌓은 곳이다. 조선으로 출입하는 선박은 이곳을 통하여 물자와 인원을 실어날랐다고 한다. 이곳 역시 꼭 들러보고 싶었지만 버스를 타고 지나가면서 먼 발치로 보기만 했다.

이즈하라에서 마지막으로 들른 곳은 修善寺였다. 최익현선생 순국비가 있는 절이다. 선생께서 실제로 순국하신 장소는 修善寺 위쪽에 있는 자위대의 지하 감옥이라고 하는데, 순국 후 유해를 이곳으로 모셨다고 한다. 한말의 대유학자이며 의병장이었던 선생께서는 바다 건너 이국땅의 작은 절에 이렇게 누워 계셨다. 여러 해 전에 선생의 유해를 우리나라로 모셔왔다는 뉴스를 들은 기억이 나는데, 어느 해인지 기억이 나지 않는다.

이즈하라에서 對馬島 최남단의 쯔쯔반도(豆酘半島)로 가는 길에서는 이시야네(石屋根)를 볼 수 있었는데 판자처럼 네모난 돌로 지붕을 덮은 독특한 창고이다. 돌은 아소만에서 운반하여 썼으며, 현재 對馬島 전역에 120채 정도가 남아 있다고 한다. 화재시 귀중한 곡식이나 가재도구를 보호하기 위한 목적으로 마을에서 떨어진 곳에 세웠으며, 지붕이 돌이므로 對馬島의 강한 바람에도 견딜 수 있었다고 한다. 지붕을 돌로 덮은 실제 이유는 에도시대 때 농민들은 기와로 지붕을 할 수 없었기 때문이라고 한다.

豆酘半島로 가는 길은 좁고 꼬불거리는 산길이었다. 길 옆은 울창한 삼나무숲이었고, 가끔가다 산촌마을이 나타나기도 했지만 가구수는 두어 채에 불과했다.

豆酘半島에는 매 같기도 하고 솔개 같기도 한 새가 많이 유난히 많이 날아다녔다. 通信使 기록을 보면 막부에서 조선측에 海東靑을 求請한 기록이 자주 있는데, 바로 그 海東靑의 후손이 아닐까 생각했지만 노랑배 솔개라는 對馬島의 토종 새였다.

쯔쯔우라(豆酘浦)에서는 동중국해와 쓰시마해협, 대한해협을 모두 볼 수 있다고 한다. 산 위에서 바라본 경관은 매우 아름다웠다. 對馬島의 최남단인 만큼 기후도 우리나라의 봄날처럼 따뜻했다. 안내를 하시던 다찌바나선생님의 말씀으로는 문화적으로 북부 대마도와 확연히 다른 곳이며, 말씨도 쯔쯔벤(豆酘弁; 豆酘 지역 사투리)이 따로 있다고 한다. 예를 들어서 일본어로 감기에 걸렸다는 표현은 "風邪を引く"가 되는데, 豆酘 지역에서는 "外氣を着く"라는 말을 쓴다고 한다. 우리나라에서는 검은쌀이 나지만 이곳에서는 붉은쌀(赤米)이 산출된다.

對馬島를 떠나 壹岐로 가는 배 안에서 여러 가지 생각을 했다. 보지 못한 곳이 너무 많아서 다음에 다시 개별적으로 와야겠다는 생각이 지배적이었다. 對馬島는 과거나 현재나 한국문화의 영향이 큰 곳이었고, 앞으로도 그럴 것이다.

壹岐 도착 후 사흘 동안 쌓인 피로를 푼다는 구실로 온천을 갔다. 철분이 함유된 온천이라는데 물빛은 서울시청 뒤의 황토탕처럼 흙탕물 빛깔이었다. 온천수에 함유된 광물이 많다는데도 샴푸는 잘 풀어졌다. 온천에서는 샴푸를 하는 게 아니라는 교수님의 말씀을 듣고 샴푸 후 다시 탕에 들어갔다가 나와서 그대로 몸을 말렸다. 피부가 맨질맨질해진 것이 감촉이 좋았다.

壹岐에서는 壹岐鄕土館 관장님이신 이찌야마 선생이 안내를 맡아주셨다. 壹岐에 도착한 첫 느낌은 對馬島보다 도로가 넓다는 것이었다. 대마도는 전체 면적이 708.25㎢인데 경작지는 전체면적의 약 3%인 1.647 헥타르에 불과하지만, 壹岐는 면적이 138㎢로 대마도의 1/5에 불과해도 경작지는 4.498헥타르로 대마도의 약 세배에 이른다고 한다. 그래서 그런지 눈길이 닿는 곳이면 어디든 논밭이 보였고, 주민들의 생활도 壹岐가 더 낫다고 한다. 향토관에 전시된 유물은 대마도나 별 차이가 없었다. 壹岐에도 고분이 264기나 된다고 하며, 그곳에서 발굴한 유물들이 대부분이라서 우리나라의 박물관과 큰 차이는 없었다. 굳이 다른 점을 찾자면 捕鯨과 관련된 유물이 전시되어 있다는 것이다. 17~18세기에는 壹岐가 포경업의 전진기지였다고 하는데, 무시무시하게 생긴 작살 등 포경과 관련된 다양한 어구들이 전시되어 있었다. 태평양의 고래는 壹岐에서 남획한 것이 아닌지 모르겠다.

壹岐에는 通信使들이 임시숙소로 썼던 거리가 있었고, 그 당시 숙소 외곽에 둘렀던 돌담이 남아 있었다. 한양을 출발한 통신사 일행은 부산을 거쳐 대마도에서 며칠을 묵고, 이곳 壹岐로 와서 다시 며칠을 머문 뒤에 하카다(博多)로 향했던 것이다. 기록에 따르면 한양에서 壹岐까지 순풍을 만났을 경우 대략 두달 정도의 일정이 되는데, 어쨌든 고단한 여정이었을 것이다.

壹岐에는 헤소이시(へそ石)라는 돌이 있었다. 우리 말로는 '배꼽돌'이라는 뜻인데, 壹岐의 한가운데라는 의미인지, 일본 전체의 한가운데라는 의미인지 잘 모르겠다. 헤소이시 옆에는 '아고가께이시(頤掛け石)'라는 우스운 돌이 서 있었다. '턱을 올려놓는 돌'이라는 뜻인데, 여행자들이 돌아다니다 피곤하면 이 돌 중간의 돌출된 부분에 턱을 걸치고 쉬어가는 돌이라고 한다.

II. 北九州 일대

壹岐에서 저녁에 출발하여 해가 지고 난 후에 후쿠오카에 도착했다. 조용한 섬에 있다가 일본 5대 도시 중 하나라는 후쿠오카에 도착하니 매우 소란스러웠다. 우리나라의 대도시와 별반 차이는 없었지만 핸들이 우측에 붙은 자동차들이 여전히 이상했고, 택시를 탈 때도 어색했다. 일본 친구들이 서울에 오면 핸들이 좌측에 붙은 우리의 자동차가 역시 이상했을 것이다.

저녁식사 자리에는 九州大學팀이 합석했는데, 사에키(佐伯弘次) 교수님 외에 뜻밖에도 아라키 카즈노리(荒木和憲)군이 참석했다. 아라키군은 작년에 자료수집차 국사편찬위원회에 왔었는데, 그때 알게 되어 宗家文書에 대해서 여러 가지 이야기를 나눈 적이 있었다. 반가웠고, 그간에 각자 공부한 내용을 주고 받았다. 일본의 소장 연구자 중에서는 쿠즈시문(崩し文)에 능숙하고, 상당히 열심히 하는 연구자로 알려져 있다고 한다. 내가 그동안 조사한 分類紀事大綱에 대해서 이야기해 줬더니 자기는 별로 본 적이 없다고 하길래 모두 적어주었다. 공식적인 저녁식사가 끝나고 사에키교수님의 초청으로 2차를 갔다. 일본 본토에 상륙한 첫날을 술로 마감하는 자리였다.

1월 17일 아침에는 九州大學을 방문했다. 내가 생각했던 것 보다는 건물이 낡았고, 내부 시설도 그다지 좋아 보이지 않았다. 그래도 「九州大學한국연구센터」는 부러웠다. 각종 자료와 서적이 서가에 가득했다. 센터를 맡고 있는 마쯔바라 교수의 설명으로는 피식민지 경험자의 구술자료(Oral History)를 수집하여 일본에서 식민지연구의 거점을 만드는 데 목표를 두고 있다고 했다. 수집범위는 식민지시대에서 박정희정권 때까지라고 한다. 허술한 건물에 비하면 연구과제는 대단했다. 결국 학문연구는 학교 시설 등 하드웨어의 우열이 아니라 종사자들의 열성과 학문에 대한 집념 등 소프트웨어로 결정되는 것이다. 사에키교수님과 손교수님은 친분이 돈독하셔서 언제든 좋으니까 학생을 교환하자고 합의하셨다. 우리의 한일관계사 연구를 위하여 대단히 바람직한 일이었다.

九州大學을 나와서 西日本新聞社를 견학했다. 원래 답사의 취지와는 무관했지만 강원도민일보 편집부국장인 박미현 선생의 의견이 반영된

듯했다. 서일본신문사는 조·석간을 합하여 90만 부 정도를 발행한다는
데, 일본의 지방지는 우리나라의 지방지와 달라서 중앙지를 보지 않고
지방지만 구독해도 전국이 어떻게 돌아가는지 알 수 있으며, 서일본은
물론 오키나와까지 구독권이라고 했다. 박미현 선생의 말을 들으니 신문
제작 과정은 우리나라와 별로 다르지 않다고 한다.

점심식사 후 찾아간 후쿠오카박물관은 매우 넓었지만 관람객은 별로
없었다. 각 층마다 여러 가지 유물이 전시되어 있었는데, 지역적인 특성
상 통신사 관련 유물이 많았다. 조선에서 통신사가 건너오면 반드시 후
쿠오카를 거쳐서 에도까지 올라갔기 때문일 것이다. 재미있는 사실은 부
산시립박물관에 전시된 통신사 관련 유물과의 비교였다. 부산시립박물
관은 왜관을 통한 무역과 관련하여 당시의 각종 무역품과 통신사 일행이
일본에 가져다 준 문화적인 기념물을 중심으로 전시했지만 후쿠오카박
물관은 그 반대였다. 通信使를 보는 시각도 양국이 이렇게 다른 것이다.
우리 팀원들은 사진 찍기에 바빴지만 여직원들이 감시자처럼 쫓아다니
면서 제지했다. 천장에 무비카메라가 설치되어 있으니 조심하라는 말까
지 했다. 일본 연구자들이 한국에 오면 우리는 그들이 원하는 자료를 거
의 다 내주는 편이다. 그런데 이 박물관에서는 후레쉬를 사용하는 것도
아닌데 사진을 못찍게 했다. 조금 부당해도 규칙은 따라야 하지만 우리
를 후진국 사람 보는듯 해서 기분이 언짢았다. 상호주의에 입각해서 우
리나라의 박물관도 사진촬영을 제한하는 것이 어떨지 모르겠다. 몇 년
전에 국사편찬위원회에 소장된 宗家文書를 일본인들이 와서 마이크로필
름으로 모두 촬영해 간 일이 있다. 그때도 국편에서는 아무런 이의 없이
자료를 제공했다.

박물관을 나와 2시 조금 넘어서 나고야성(名古屋城)으로 출발했다. 버
스로 이동하면서 유교수님의 한일 성곽에 대한 특강이 있었다. 삼포답사
때도 유교수님의 강의가 매우 유익했는데 이번에도 그랬다. 3시 30분쯤

나고야성 박물관에 도착했다. 이곳은 도요토미의 조선침략에 관한 자료를 모아놓은 곳이며, 성은 아직도 발굴조사 중이다. 전국을 통일한 히데요시는 모든 다이묘(大名)들에게 각기 할당된 군사를 거느리고 이곳으로 모이도록 했다고 한다. 15만에 이르는 병력이 히데요시의 야욕을 채우기 위하여 모여들었다. 임진왜란의 원인에 대하여는 양국 학계에서 여러 가지 견해가 있고, 전쟁의 경과에 대해서도 많은 논문이 나와 있다. 내가 직접 나고야성에 와 보니 또 다른 생각이 든다. 임진왜란은 어차피 당할 전쟁이었다는 것이다. 이율곡의 의견을 받아들여서 군사 10만을 양성했다 해도 결과는 마찬가지였을 것이다. 일본은 전국시대라는 혼란기를 거치면서 전쟁터에서 단련된 다수의 병력을 가지고 있었고, 게다가 나고야성에서 보듯이 사전에 치밀한 준비까지 했다. 文治에 치중했던 나라의 군대가 호전적이며 실전 경험도 풍부한 군대를 어떻게 당할 수 있었을까. 임진왜란은 조선에게는 재앙이었지만 일본에게는 문화적으로 성공한 전쟁이었다. 답사지마다 우리의 유물을 볼 수 있다는 것이 그 증거이다. 식민지시대의 죄악은 물론이고 임진왜란도 일본인들이 청산해야 할 어두운 과거사지만 일본인들은 그렇게 생각하지 않는 것 같다. 각지의 박물관마다 약탈해 간 우리의 유물을 전리품처럼 진열해 두고 있으니 하는 말이다. 전쟁에서의 승리가 반드시 자랑스러운 것만은 아니다. 때로는 역사의 질곡이 되어 두고 두고 후손들의 발목을 붙잡을 수도 있다. 임진왜란이 그렇고, 만주침략에서 중일전쟁, 태평양전쟁으로 이어지는 일본의 호전성과 침략성을 그들은 어떻게 생각하는지 궁금하다.

돌아오는 차 안에서 신동규 선생의 버스 강의가 있었다. 일본사에 대한 대략적인 강의였는데 아주 짜임새 있고 정제된 강의였다. 학부생들이 들으면 일본사를 이해하는데 큰 도움이 되었을 것이다. 후쿠오카로 와서는 서점에 들렀다. 사고싶은 책은 미리 목록을 적어왔지만 처음 와보는 일본의 대형서점이라서 결국 다 찾지도 못하고 주어진 시간이 지나고 말았다. 그나마 아메노모리 호슈(雨森芳州)와 아라이 하쿠세키(新井白石)의 책을 살 수 있어서 다행이었다. 저녁식사 후에는 야다이(屋台; 일본식 포장마차)에서 늦게까지 술을 마셨다. 포장마차 분위기는 우리나라와 별반 차이가 없었고, 음식값 역시 비싸기는 마찬가지였다. 서울에서도 포장마차에서 맘 놓고 먹으면 10만 원이 훌쩍 넘었는데 일본의 야다이도 마찬가지였다.

1월 18일, 6일차, 아침을 먹고 이미숙 선생의 도자기에 관한 버스강의를 들으며 큐슈 도자박물관으로 향했다. 일본의 도자기 중에서 아리다(有田)와 하기(萩) 제품이 유명하다는 것은 알고 있었지만 전공과 무관한 분야라서 그런지 큐슈박물관도 별다른 흥미는 없었다. 다만 아리다야키가 화려하다는 것을 알았고, 중국 자기의 영향을 많이 받았다는 것을 배웠다. 큐슈 박물관을 나와서 나가사키(長崎)로 향했다. 도중에 이삼평기념비를 찾아가서 기념사진을 찍었다.

나가사키에서는 나가사키원폭기념관을 대충 둘러보았으며, 특별한 느낌은 없었다. 히로시마는 물론 나가사키에서도 당연히 조선인 피해자가 있었겠지만 그에 대한 설명은 어디에도 없었다. 심하게 말해서 일본의 피해 만을 강조하고 있다는 인상이었고, 주변의 가게에서도 나가사키 원폭을 너무 우려먹고 있었다. 나가사키원폭기념 모자를 팔았고, 원폭기념 메달을 팔았다.

카스테라로 유명하다는 가게에서 일본식 우동으로 점심을 먹고 선물로 카스테라를 샀다. 얼큰한 맛이 나는 우리의 우동보다는 못했다.

나가사키 시내를 둘러본 것은 뜻밖의 행운이었다. 사실 한일관계사를 전공하는 사람들에게 나가사키는 관심 밖의 도시이다. 인류역사상 두 번째로 원폭 피해를 입은 도시라는 것과, 네덜란드와 무역이 허락된 도시라는 것 외에는 아는 것이 없었다. 그러나 나가사키의 데지마(出島)는 역사학도가 꼭 보아야 할 훌륭한 유적지였다. 어떻게 고증을 거쳤는지 각

방마다 17~18세기 당시의 모습을 원형에 가깝게 꾸며놓고 있었다. 역사적인 성격을 비교할 때 데지마는 부산 倭館과 유사하지만 현재의 모습은 천양지차이다. 삼포답사 때 보니까 초량의 왜관터에는 모텔이 들어서 있고, 왜관으로 올라가던 돌계단 만이 남아 있었다. 그나마 초기의 왜관이 있던 부산진역 부근은 흔적도 남아 있지 않으며, 古館이라는 이름이 붙은 가게들 뿐이었다. 동래 왜관을 복원한다면 그곳을 찾는 일본 관광객도 적지 않을 것이다. 잘 복원된 데지마 상관이 있고, 그 옆을 달리는 전차의 모습을 보면서 많은 생각을 했다. 조상이나 유적을 팔아서 돈이나 벌자는 말은 아니다. 잘 복원된 데지마와 흔적만 남은 왜관은 여러 면에서 비교가 되었다.

1월 19일, 7일차, 아침식사 후 송포당사료박물관과 영국 상관터를 거쳐서 구마모토성(熊本城)을 찾았다. 구마모토성은 히메지성, 오사카성과 함께 일본의 3대성이라고 하는데 천수각의 규모가 상당히 컸다. 성을 축조한 인물은 축성의 귀재라는 가토 기요마사(加藤淸正)이다. 부속건물은 별로 없었는데 아직 복원이 덜 된 모양이었다. 西南戰爭 때 우세한 병력으로 이 성을 공격했으나 끝내 함락시키지 못한 사이고 다카모리(西鄕隆盛)는 "정부군에게 진 것이 아니라 기요마사공(淸正公)에게 졌다"는 말을 했다고 한다. 가토 기요마사는 임진왜란 때 울산성에 갇혀서 고전했던 경험을 바탕으로 이 성을 쌓았다는데, 성 안에 120여개에 이르는 우물을 파서 식수가 부족하지 않도록 했고, 성 안의 다다미는 짚이 아니라 토란대로 짜도록 하여 장기간의 농성전 때 비상식량으로 쓸 수 있도록 지시했다고 한다. 규모가 크고 견고하다는 느낌은 들었지만 별로 아름답지는 않았다.

구마모토성을 견학한 후 오이타(大分)로 가기 위하여 아소산을 넘었다. 아소산은 열 개의 대관령을 넘는 것보다 더 오랜 시간이 걸렸다. 멀리 활화산에서 연기가 나는 모습도 보았고, 가끔씩 보이는 산 아래의 칼

데라 분지도 장관이었다. 차는 계속 달렸지만 아소산의 고원은 끝날 줄을 몰랐다. 일본이 생각보다는 훨씬 큰 나라라는 것을 실감하였다. 산을 내려가는 도중에는 유명한 온천지대가 있었으며, 대개가 노천온천이었다. 일본에 대하여 별로 부러운 것은 없지만, 온천만큼은 진짜 부러웠다. 저녁 무렵이라 어둑어둑했지만 부지런히 움직여서 온천 두 군데를 돌았다. 평소에 뜨거운 탕을 좋아하지 않았지만 언제 다시 이곳에 올지 모르는 일이라서 오늘만큼은 꾹 참고 들어갔다.

숙소로 정한 노노카팬션은 이번 답사 중 가장 멋진 집이었다. 주인 내외분과 손 교수님은 친분이 두텁다고 했고, 뜻밖에도 이윤희 선생님이 와 계셨다. 정말 우리와 인연이 깊은 분이다. 노노카팬션은 아소산 자락에 위치한 전원풍 별장이었다. 경영주 미타라이 타케시(御手洗 武)씨는 재즈에도 조예가 깊어서 밤늦도록 분위기 있는 음악을 들으며 술을 마셨다. 왜 한일관계사를 공부하느냐는 물음에 마땅히 대답할 말이 없었다. 양국의 우호를 위하여 열심히 할 생각이라고 대답했는데, 너무 뻔한 대답이어서 민망했다. 자정이 넘었는데도 잠이 안와서 베란다로 나와 담배를 여러 대 피웠다. 겨울 밤에 아소산을 바라보며 담배를 피우는 맛도 괜찮았다.

아침에 일어나니 어젯밤에 술을 제법 마셨는데도 머리가 개운했다. 맑은 공기와 분위기 탓일게다. 개 짖는 소리가 나는 곳으로 갔더니 잘생긴 리트리버 한 마리가 있었다. 이윤희 선생님이 오셔서 이름이 '짜즈(JAZZ)'라고 일러주셨다. 사람이 그리운지 나를 보고 자꾸 짖기에 조용히 하라고 소리를 질렀지만 계속 달려들면서 소란을 피웠다. 이윤희 선생님이 "오스와레(お座れ !)", "시즈카니 시로(静かにしろ !)" 했더니 금새 조용해졌다. 일본개라서 일본어로 말을 해야 알아듣는건지... 웃기는 녀석이다. 개를 껴안고 사진을 몇 장 찍었다. 울릉도 답사 때는 토종 삽살개를 안고 사진을 찍었는데, 일본 답사 때는 이 녀석을 안고 사진을

찍으니 나와 개는 전생에 깊은 인연이 있나보다. 다음 답사 때는 또 어떤 개와 사진을 찍게 될지 모를 일이다. 팬션 주변은 늦단풍에 물든 설악산과 비슷한 분위기였다. 멀리 웅장한 자태의 아소산이 보였다.

주인 내외분과 이윤희선생님의 정성이 깃든 아침식사를 마치고 벳부(別府)로 출발했다.

벳부는 에도시대 때의 붕고주(豊後州)였고 오오토모(大友)씨의 지배령이었던 곳이다, 화산지대로 유황과 온천이 유명하다. 『해동제국기』에 의하면 博多로부터 6, 7일거리에 있으며, 소이씨(小貳氏)와 나누어 다스리던 곳이다. 조선에서 목면, 인삼, 가죽 등을 수입하고, 화약 원료로 사용되는 유황을 수출하였다.

벳부로 들어서자 이상하게 생긴 움집이 자주 보였는데 유황을 채취하는 집이라고 했다. 온천의 김이 올라오다가 움막 지붕에 닿으면 굳어서 유황이 되는데, 이러한 유황 채취는 에도시대부터 이어져 온 전통이라고 한다. 「これより地獄めぐり」라는 팻말이 이곳 정경을 말해주는 듯하다. 산자락을 내려오는 동안 계속해서 유황냄새가 났다. 이런 곳에서 어떻게 사는지 모르겠다. 벳부는 원천수 자체가 98℃에 이르러서 계란을 담그면 즉시 반숙이 되는데, 이를 먹으면 7년은 젊어진다고 한다. 지옥의 3대 온천으로 유명한 곳이 홋카이도, 나가사키, 벳부라고 한다.

別府驛에 도착한 뒤에 할아버지가 돌아가셨다는 소식을 들은 쿠니군은 이곳에서 오카야마로 돌아갔다. 쿠니를 보내고 大分市 역사자료관을 거쳐 한국 석불을 닮았다는 우스기석불을 들러보았다. 답사가 막바지에 이르렀고, 팀원들도 많이 지쳤는지 둘러보는 모습에 지친 기색이 역력했다. 大分市 역사자료관에서는 일본이 소장하고 있는 大分縣 고문서를 얻었다. 돌아가서 꼼꼼히 읽어 볼 생각이다.

심수관 선생님과의 약속 때문에 점심은 도시락을 사서 차 안에서 먹으며 계속 달렸다. 일본은 도시락(弁当) 문화가 발달했다는데, 내용물을 보니 과연 일본의 벤또다웠다. 물수건, 냅킨, 김초밥 두개, 유부초밥 두 개, 방정맞게 작은 초밥용 간장 1병, 과일 한 조각이 들어 있었다. 쉬지 않고 달렸지만 일본의 도로사정은 한국과 많이 달랐다. 좀처럼 과속을 하지 않는 버스기사 탓도 있었고, 고속도로가 없어서 국도만 달린 탓인 지 심수관 선생님과의 약속은 포기할 수 밖에 없었다. 이미숙 선생님의 실망이 컸을 것이다. 가고시마 공항에서 후쿠오카부터 동행했던 교수님 아들 내외와 작별했다. 교수님(시아버님)의 속마음이 어떨지 자못 궁금 했다.

해질 무렵 오키나와행 국내선에 올랐다. 비행기가 이륙했지만 밖은 이미 아무 것도 보이지 않았다. 스튜어디스 중에 일본영화「철도원」에 서 다카쿠라 켄의 딸로 출연했던 배우를 닮은 아가씨가 있었다. 심심한 김에 그 여배우와 비슷하다고 말을 걸었다. 자기는 영화에 출연하지도 않았고, 그 영화를 알지만 아직 보지 않았다고 한다. 미인이라고 추켜 세워줬더니 아주 좋아했다. 동서고금을 막론하고 여자는 미인이라는 말 에 약한 모양이다. 그 아가씨와 손을 잡고 기내에서 함께 사진을 찍었다. 나중에 사진을 확인했으나 너무 어둡게 나와서 형체를 알아볼 수가 없었 다. 사진을 찍은 황은영 씨에게 물어보았더니 일부러 후레쉬를 터뜨리지 않고 찍었다고 했다.

Ⅲ. 오키나와(沖繩)

오키나와는 일본에서 유일한 아열대 기후이며, 하루 이틀을 빼고는 연중 해수욕이 가능하다고 한다. 뱀이 많고, 사탕수수가 많아 흑설탕이 유명한 곳이다. 반경 2,000㎞의 동아시아 및 동남아시아 전역과 무역이 이루어지는 곳이다. 그 옛날 유구왕국의 사신은 배를 타고 10개월쯤 걸 려서 조선으로 왔지만, 지금은 인천공항까지 2시간 20분이 걸린다.

오키나와는 일본 본토와 여러 면에서 달랐다. 가로수도 야자수처럼 생긴 이상한 나무였고, 사람들의 외모도 본토의 일본인과 차이가 있었다. 큰 눈매와 뭉툭한 코 때문인지 서글서글한 인상을 주었다. 말도 오키나와벤(沖繩弁; 오키나와 사투리)이 따로 있었는데, 무슨 말을 하는지 도무지 알아들을 수가 없었다.

21일 아침을 먹고 오키나와공문서관에 도착하여 쿠부라 학예관의 설명을 들었다. 여러 가지 이야기를 했는데, 우리가 원한 것은 유구왕국과 조선에 관한 자료였지만 오키나와의 역사와 현실에 대한 설명이 더 많았다. 해동제국기에 나오는 유구왕국은 역사가 가장 오래되었다고 기록했으며, 유구와 조선은 매우 가까운 관계라고 했다.

오키나와공문서관은 1995년에 설립되었고, 미국과 일본 본토 등에 의하여 정체성의 변화를 경험했으며, 오키나와의 정체성을 살리기 위하여 설립했다고 한다. 그밖에도 이곳에 보관 중인 각종 사료의 수집 내력과 현황 등에 대하여 상세한 설명이 있었다. 쿠부라 학예관은 오키나와의 독립과 정체성 확립에 확고한 의지를 가진 듯이 보였다. 매우 똑똑한 여성이었다. 학예관의 설명 중 「박물관은 과거, 도서관은 현재, 공문서관은 미래」라는 말이 인상적이었다.

11시에 공문서관을 나와서 수리성을 찾아갔으나 갑자기 내리는 폭우로 인하여 엉망이 되고 말았다. 한겨울에 폭우라니… 오키나와가 아니면 경험하지 못할 일이다. 비를 흠뻑 맞았지만 춥지는 않았다. 수리성역시 일본 본토의 성과는 외관부터 달랐다. 비 때문에 어수선해진 분위기 속에서 내부를 둘러보았는데, 유구왕의 옥좌 주변에서 전통복장을 하고 안내 하던 나이든 남자와 몇 마디 이야기를 나누었다. 화려한 비단옷에 대해서 전통의상이냐고 물었더니 유구 귀족들이 입던 옷이라고 엄청 자랑을 했다. 머리에 쓴 터빈 비슷하게 생긴 모자는 무엇이냐고 물었는데 오키나와 사투리가 심해서 그런지, 내 일본어가 짧은 탓인지 도통 알

아들을 수가 없었다. 그래도 자기들의 전통의상에 관심을 보여준 게 고마웠는지 태도는 아주 친절했으며 기념사진도 찍었다.

수리성을 나와서 오키나와월드로 갔다. 역사적으로 특별한 곳은 아니며, 관광객을 위하여 오키나와의 모든 것을 한 군데 모은 곳이라고 했다. 특별히 기억에 남는 것은 열대과일을 파는 가게와 전통공연이었다. 오키나와 음악은 전반적인 리듬이 빠르고 강렬했으며, 샤미센 비슷한 현악기 하나와 여러 대의 타악기로 연주하는 까닭에 몹시 시끄러웠다. 연주가 끝나고 공연장 뒤로 나오던 배우와 마주쳤다. 20대 초반의 젊은 여성이었다. 땀에 젖은 그녀의 모습에는 자신감 같은 것이 넘쳐 있었다. 오키나와의 미래가 밝아 보였다.

점심을 먹은 후 평화공원으로 갔다. 오키나와는 태평양전쟁 말기에 대규모 전투가 벌어진 곳이다. 1945년 4월 초에 시작된 오키나와 상륙작전은 43년에 있었던 유럽전선의 노르망디 상륙작전보다 규모가 컸고, 미군 사망자 4만여 명, 일본군 사망자 10만여 명, 오키나와 민간인 사망자가 10여만 명에 이르는 참혹한 전쟁이었다. 민간인 사망자 중에는 한국인 징용자 1만여 명이 포함되어 있었다. 아름다운 해안을 바라보며 조성된 평화공원은 분위기 탓인지 쓸쓸했다. 가랑비를 맞으며 한국인 위령비 쪽으로 가서 고인들의 명복을 빌었다. 사망자는 1만여 명이지만 이름이 확인된 사람은 4000여 명에 불과했다.

시내로 나와서 처음으로 자유시간이 주어졌다. 일부러 재래시장을 둘러보았는데 분위기는 우리의 남대문시장과 비슷했지만 규모는 더 컸다. 전반적으로 깨끗했고, 상인들도 친절했다. 한국인들이 많이 오는 탓인지 간단한 한국어를 할 줄 아는 사람도 있었다. 파는 물건은 대체로 생활필수품이 아니라 관광객을 대상으로 하는 선물용품이었다. 지자케(地酒)로 유명한 아와모리(泡盛) 네 병과 몇 가지 선물을 샀다. 시장의 골목길은 우리나라와 비슷해서 매우 복잡했다. 덕분에 어느 순간 길을 잃고 말았다. 큰 길로 나가서 택시를 타려고 했지만 사방이 골목길 뿐이었다. 길을 찾아 헤메다가 구경거리가 있으면 또 멈춰서서 구경을 하고… 이러다가 약속시간에 15분이나 늦게 도착했다. 다들 걱정을 했는지 나를 기다리고 있었다. 참으로 민망한 순간이었다.

저녁식사는 1인당 거금 8000엔짜리 전통식당을 찾았다. 기름진 오키니와 음식이 대부분이었고, 가격에 비하면 맛도 별로였지만, 전통공연이 3회 있었다. 배우들이 얼굴 전체를 하얀 분으로 진하게 화장한 것은 일본의 영향을 받은 것으로 보인다. 의상은 원색을 많이 사용한 탓인지 매우 화려했고 연꽃 모양의 커다란 모자가 특징적이었다. 춤사위는 우리의 宮中舞처럼 매우 느릿느릿 했지만 반주 음악은 우리의 궁중악보다 격이 떨어졌다.

식사를 마치고 호텔 근처의 야다이에서 뒷풀이를 했다. 오키나와의 밤은 낮에 온 비 탓인지 후덥지근했고 가끔씩 모기가 달려들었다. 1월달에 모기에 물리는 것도 희안한 경험이었다. .

22일 아침, 느즈막히 호텔을 출발하여 나하공항으로 갔다. 열흘 동안 가이드를 맡아 주었던 김혜란씨는 인연을 소중하게 생각하겠다는 말로 인사를 했다.

손 교수님께서는 "끝은 또 다른 시작"이라는 취지로 정리사를 하셨다. "어제 공문서관 연구사의 말처럼 박물관은 과거, 도서관은 현재, 고문서관은 미래다. 500년 후의 신해동제국기를 쓰자. 이것이 답사 여행의 시작이자 끝이다…" 그런 취지였다.

12시 50분에 비행기가 이륙했고, 순식간에 망망대해를 날았다. 1시간여를 비행하자 육지가 보였는데 그곳이 바로 제주도였다.

5) 잊을 수 없는 섬 - 류큐

이 홍 권

　우리의 여행여정을 돌이켜 본다면 春川－釜山－對馬島－壹岐－福岡－長崎－熊本－大分－鹿兒島－琉球(沖繩)－仁川－春川이다. 부산에서 출발할 때만 해도 나의 마음은 설레기도 하고 긴장하기도 하였다. 왜냐하면 비록 손 교수님과 쿠니의 도움으로 모든 서류를 끝내고 비자는 발급받았지만 일본에 도착한다고 장담할 수가 없기 때문이다. 3시간 반 배를 타고 대마도 이즈하라항에 도착하였다. 입국심사를 하는 동안 혹시나 만에 하나로 통과할 수 없을 수도 있어서 근심스러웠고 또한 이번 답사에 누를 끼칠까봐 근심스러웠다. 10분 남짓한 과정을 걸쳐 드디어, 드디어 일본 땅을 밟게 되었다. 무사히 통과되어 기쁜 마음에 마음속으로 모든 분들께 감사드렸다.

　박물관을 견학하고 해동제국기에서 나오는 옛 대마도 82포 중 12개 포를 답사하였고 일본의 전통가옥이라든가 눈으로 직접 본다는 것이 모두 꿈만 같았다.

　첫날 잊을 수 없었던 것은 온천이었다. 온탕에 들어갈 때만 해도 그냥 목욕탕 같은 느낌이 들었지만 땀을 쭉 빼고 밖에 나오는 순간 온몸이 가볍고 가뿐하였다. 모든 분들의 얼굴피부는 한결 같이 희고 빛이 났다. 이키에서도 온천을 했을 때 비로소 몸의 피부가 한결 부드러움을 느꼈다. 이래서 일본온천이 좋구나 하는 생각이 들었다. 아마 평생할 온천을 이번 답사에서 다 할 것 같다는 생각도 들었다.

일본의 전통음식을 먹어 보니 담백하면서도 자기의 특유한 맛을 냈다. 모든 음식은 달고 심지어 장국도 달았다. 그리고 입안에서 주는 느낌은 '미끌미끌'한 것이다. 나오는 음식양은 중국과 한국 음식에 비하면 엄청 적었다.

석사 3학기 때 유 교수님 수업에서 우리 팀은 강원도 신사 조사를 맡게 되었는데 박물관의 학예사를 찾고 일제시대 할아버지를 찾아서 겨우겨우 강원도 신사터만 조사하였지만 대마도에서는 신사가 100M 간격으로 눈에 띄었다. 생각해 보니 그 이유가 있었다. 섬이고 화산이 잘 폭발하고 지진이 잘 일어나니 모든 안전함을 자기가 스스로 믿는 신한테만 기대했기 때문이다. 뭐든지 공부해 놓으면 언제 어디서나 모두 쓸 수 있다는 느낌이 들었다.

전에 부산답사 때 거의 한눈에 확인할 수 있는 성이 서생포왜성이었는데 이번에는 성위의 건물까지 볼 수 있는 구마모토성을 볼 수 있어 실물을 확인했다는 느낌이 들었다.

福岡·長崎·熊本의 박물관, 기념관, 기념비를 견학하였지만 인상이 제일 깊은 곳은 류큐, 즉 沖繩이다. 가고시마에서 오키나와까지는 비행기로 한 시간 반 정도의 거리였다. 작은 섬이라고 들었지만 비행기에서 오키나와 야경을 보는 순간 저도 모르게 'すばらしい'가 나오게 되었다.

오키나와현의 면적은 2,267.88㎢, 인구는 약 130여만 명이다. 현청소재지는 那覇이다. 원래 琉球왕국이라는 독립국이었는데, 1609년에 현재의 鹿兒島 지방을 지배한 領主 시마즈씨(島津氏)에 의해 정복되어 일본에 복속되었으며, 明治維新후의 1879년에 오키나와현이 되었다.

제2차 세계대전 말기인 1945년에 미군에 의해 점령되어 그 군정하에 들게 되었고, 그 때부터 미군기지가 되어 왔다. 1952년에 현지 미군사령관이 겸임하는 고등판무관 밑에 주민 자치의 류큐 정부가 세워졌으며, 1972년에 일본에 복귀하여 본래의 현이 되었다.

오키나와는 일본에 속하지만 일본과는 전혀 다른 이국적인 섬으로 보였으며 본토의 일본사람들과는 생김새역시 차이가 있었고 복장도 일본 본토와는 달리 전통적인 복장이 따로 있었다.

오키나와에서 첫 번째로 견학한 곳은 '沖繩縣公文書館'이다. 쿠부라 선생님의 설명이 큰 감명을 받았다. 자그마한 체구지만 본인의 민족성과 자부심을 담아 열정적으로 우리를 안내해 주고 설명해 주었다.

오키나와 공문서관은 1995년에 세워졌다. 오키나와라고 부르기보다는 류큐라고 부르는 것이 더 친밀감을 느낀다. 해동제국기에 적혀져 있는 오키나와, 류큐와 조선과의 관계,『해동제국기』에 나와있는 그 지도에는 역사가 가장 오래된 것으로 나와 있다. 이런 점으로 봐서는 류큐(오키나와)와 조선은 상당히 가까운 나라이다. 조선과 중국은 이 일대를 류큐라고 불렀다. 류큐라고 하는 것은 이 일대 왕조를 말하는 것이고 오키나와라고 하는 공통점도 있지만 따로 분리하는 곳도 있다. 입구에 큰 도장 모형이 있는데 류큐왕국인이라고 새겨져 있다. 1429부터 1879까지의 450년간을 류큐왕조라고 한다. 청나라에서 만들어 보냈기 때문에 만주어로 되어 있다. 14세기에 류큐왕국을 열고 나서 1871년 세 번 시험하고 나서 번에서 현으로 바뀌었다. 1945년 전쟁이 끝나면서 미군이 주둔하게 되어서 미국 관할하에 놓이게 된다. 1979년 다시 복귀되면서 일본이 되었다.

쿠부라 선생님 같은 경우도 오키나와에서 태어났지만, 오키나와에서 태어난 사람도 미군이 주둔하거나 번의 역사가 바뀌면서 다른 지역에 가서 사는 경우도 있었다. 역사에 대해서 연구하고 계시지만 문서만을 볼 때와 오키나와 문화만을 볼 때 차이가 있으므로 좀 상세히 둘러보아야 한다고 했다. 오키나와의 정책상황을 알아보고 느끼고 연구하기 위해서 세워진 건물이 이 공문서관이 되겠다. 제2차 세계대전 때는 여기가 유일하게 오키나와 지상전이 열렸던 곳이다. 전쟁이 있었기 때문에 집과 가족을 잃은 사람들이 많다. 이 일대는 전쟁으로 인해서 풀 한포기도 자라지 않는 황폐한 땅이 되어 버렸다. 오키나와를 연구하려고 할 때는 모든 것이 폐허가 되었기 때문에 연구를 진행하려 해도 자료가 없었다. 자료가 남아있지 않으므로 중국, 일본 외무성, 미국에서 얻어 자료관을 열게 되었다. 오키나와 자료를 총망라하여 전시하고 있다. 지하 1층, 지상 4층 규모로 되어 있다. 열람실은 일반사람이 열람하고 오른쪽 건물은 서고이다. 박물관 같은 것은 오키나와 옛날 역사라던가 둘러볼 수 있는 곳이고, 도서관에 가보면 현재 사람들이 무슨 책을 읽고 있는지 알 수 있겠지만 자료라던가 고문서를 보관하는 곳이 이 공문서관이 되겠다. 박물관은 과거, 도서관은 현재, 공문서관은 미래다(키워드). 이때 바로 우리의 고문서연구센터가 생각났다. 과거나 역사를 연구하게 되면 미래가 보인다. 지금은 기록이 가장 중요한 것 같다. 미국이 이라크와 전쟁을 할 때 먼저 공문서관을 폭격하였다. 미국이 테러당했을 때에도 이와 같은 경우였다. 건물과 공문서관에 대해 먼저 공격함으로써 다른 민족을 말살하기 위해서는 공문서관을 먼저 공습, 침공하는데 이는 반대로 민족이나 역사를 지키는 것, 공문서관을 지키는 것이 중요하다는 사실을 알려준다. 이 공문서관은 혹시 화재가 난다해도 이산화탄소가 생겨서 사람은 죽지만 자료는 지킬 수 있도록 되어 있다. 사람의 수명은 제일 오래 살아 100살을 넘겠지만 자료는 몇 백 년, 몇 천 년 보존해 두지 않으면 안 되기 때문에 조치한 것이라고 한다.

류큐시기의 연구사를 정리하려면 미국, 중국, 한국, 일본, 동시에 보지 않으면 안 된다. 대만, 중국, 한국, 일본 함께 공동연구를 하고 있다고 한다. 여기서부터 나는 오키나와에 대해 호감을 가지기 시작하였으며 오키나와를 전공하고 싶은 생각이 굴뚝같았다.

문서는 다섯 개 종류로 보관되고 있는데 오키나와현 문서(1879년 이후 문서), 유구정책문서(1945~1972년 미군정 시절), 미국의 유구통치관

계자료(미국측 자료), 지역자료(개인수집물), 행정간행물이다. 개인수집
자료는 기증받고 나머지는 모두 대만, 중국, 일본, 미국에서 사들인 것이
며 20여 년 동안 수집한 자료들이다. 마이크로 필름자료는 350만 개정
도이다. 샌프란시스코 조약문건도 전시(독도 영유권과 관련해서 가장 중
요한 문서, 8차례 회의를 했는데 5차례까지는 독도는 한국의 땅으로 규
정되어 있다가 나머지 3차례는 독도에 대한 언급이 없었다)되어 있었고
PC를 이용한 자료 · 지도검색도 체계화되어 있다.

두 번째로 가게 된 곳은 제일의 관광명소라고 할 수 있는 琉球國 왕조
의 궁궐인 수리성이다. 수리성에 도착하였을 때는 폭우가 쏟아지고 있었
지만 그래도 중국과 한국, 일본의 문화를 혼합한 류큐의 독특한 성 유적
이라는 것에 한시 빨리 보고 싶었다. 1428년에 세워진 류큐의 성이다.
15세기에 흥성한 류큐 왕조 시대부터 1879년까지 450년간 류큐왕의 거
성으로서 사용되었다. 그러나 제2차 세계대전으로 대부분이 소실되었고
현재의 궁전은 1992년 11월 3일에 복원한 것이다. 슈레이 문은 쇼우세
이왕시대(1527~1555)에 창건된 문으로 빨간 기와를 백회반죽으로 굳힌
2층 지붕 사이에는 「首禮의 나라」라고 쓰여진 족자가 걸려 있었다. 이것
은 「류큐는 예절을 중요시하는 나라」라는 의미로 당시 일본이나 중국,
한반도와 무역을 하고 있던 류큐 왕조의 국제성을 알 수 있다. 슈레이
문을 지나 왼쪽에 있는 것은 스누히안우타키 석문이라고 해서 류큐 왕가
의 참배 장소의 입구였다. 당시 국왕이 성 밖에 외출할 때에 거기서 여
행의 안전을 기원했다고 하는 장소이다. 수리성 정전은 류큐건축의 절정
에 이른 색채와 구조에 접한다. 정전은 류큐왕국 최대의 목조건축물이며
국왕의 상징인 용이 33마리 거처하고 있다. 정전은 여러 가지 조각으로
장식되어 있지만, 나무조각에도 뛰어난 기술을 볼 수 있다. 정전안쪽 벽
에 입체적으로 조각된 사자와 황금용도 그 중의 하나이다. 당파풍장식에

는 중앙에 불이 붙은 구슬모양의 장식과 아치형장식, 양 옆에는 황금용과 구름이 조각되어 있다. 정전안쪽 작은 벽에는 목단꽃을 중앙에 배치, 작은 벽의 폭에 카라쿠사 모양의 조각이 펼쳐져있다. 수리성은 세계문화유산중의 하나이다.

　세 번째로 관람한 곳은 오키나와현의 최대의 테마파크, 오키나와월드이다. 玉泉洞 동굴은 석회석으로 이루어진 동굴이다. 전체 길이는 약 5키로메터로 일본에서 제2위를 자랑하며, 그 중의 890미터를 공개하였다. 무수한 대석순이 늘어서는 「동양 제일의 동굴」과 황금색 반짝이는 「황금의 술잔」, 커튼상의 「걷은 막」등 30만년의 시간이 만들어 낸 장대한 자연미는 감동의 연속이다. 출구에서 나오면 넓은 부지에 망고와 파파야를 비롯하여 과일의 왕인 두리안 등 100종류, 450구루의 열대과수를 식재하였다. 과수가 어떻게 꽃을 피우고, 열매를 맺는지 배울 수 있었다. 도자기나 류큐 유리의 제작에서는 도자기 만드는 회전대나 가마넣기를, 류큐 유리공방에서는 고온으로 녹여진 유리를 제품으로 만드는 과정을 견학할 수 있었다. 자신만의 오리지널 작품을 제작하는 체험교실도 있었다. 오키나와 특산 소주인 아와모리를 베이스로 허브엑기스와 우콘, 오타네당근 등 여러 종류의 약초를 브랜드화한 장수현 오키나와만의 리큐어가 만들어졌다. 오키나와 월드의 거의 중앙에 위치하는 전통 예능 광장에서 에이사춤을 보게 되었다. 이곳은 청년회의 에이사춤 연습과 각종 이벤트 회장 등, 그 고장의 문화 활동 및 교류의 거점으로도 활용된다고 한다. 또한 일찍이 류큐는 중국을 비롯해 일본, 동남아시아에 걸친 장대한 해외 무역을 전개하고 있었다. 그 항해에서 대활약을 한 것이, 진공선이라 불리는 대형의 배, 그 진공선을 충실하게 복원한 난토마루를 공개 전시하고 있었다.

　네 번째는 한국인 위령탑이다. 김강일 선생님께서 돌 위에 새겨진 글

씨를 큰 소리로 읽고 나서 묵념을 하였다. 한국인 위령탑은 오키나와 평화공원근처에 위치하고 있다. 1941년 태평양 전쟁당시 징병당한 한국인들이 오키나와 전투(일본측 추산으로 일본군 전사자는 10만 2,000명, 미군 전사자는 4만 7,000명이며, 미군 추산으로 일본군 전사는 6만 5,000명, 미군 전사자는 1만 1,933명이다. 가장 큰 피해자는 역시 오키나와 본섬의 주민들로, 사망자가 12만 명에 이를 것으로 추산하고 있다)에서 무수한 고초 끝에 전사되거나 학살된 수는 1만여 명이나 된다고 한다. 이국만리 객지에서 조국의 품으로 돌아가지 못한 원혼을 조금이나마 풀어주기 위해서 세워진 탑이 위령탑이다. 묵념하고 나서 무거운 마음으로 탑 주위를 한 바퀴 돌고 기념사진을 찍었다.

다섯 번째는 오키나와 국제거리이다. 나하국제거리는 일본본토의 하라주쿠나 신주쿠를 연상하면 된다. 긴 도로사이로 아기자기하게 들어서 있는 잡화점이나 대형 쇼핑몰, 그리고 한국의 남대문시장을 연상케하는 상설시장, 영화관, 레스토랑 모든 문화와 정보를 이곳에서 만날 수 있다.

나하국제거리는 제2차 세계대전 중에 폐허로 변해 버린 거리였으나 현재는 아름답고 눈부시게 복구되어 「기적의 1마일」이라고 불리 우고 있다. 아사토(安里)에서 구모지(久茂地)까지의 도로에는 백화점과 패션빌딩, 영화관과 토산품점 등, 각종 점포가 들어서 있어 젊은이들의 거리로 되어 있으며, 거리를 구경하는 관광객들의 눈요기 거리로도 즐거운 시간을 보낼 수 있다. 도로 안쪽으로 들어서면 오랜 역사와 문화를 꽃피웠던 당시의 거리 분위기를 느낄 수 있다. 유명한 대형 복합 쇼핑몰로는 국제거리의 현청을 기준으로 건너편에 위치하고 있는 파렛트구모지를 들 수 있고, 또 거리의 중간정도에 위치한 미츠코시백화점, 나하OPA등이 대형 쇼핑센터이다.

마지막으로 이번 답사의 저녁식사를 했다. 지금까지 제일 비싼 음식이었다. 메뉴는 오키나와 특식이라고 하는데 미소된장, 두부, 돼지고기, 샐러드, 바닷가재 요리이다. 그리고 식사중 공연이 있었는데 하나는 유구 궁중춤이다. 연꽃 모자를 썼고 화려한 복장, 얼굴은 하얗게 분장하고 춤추는 폭은 크지 않고 매우 간단한 동작뿐이었다. 두 번째는 꽃목걸이 춤이었는데 춤을 추다가 맘에 드는 사람에게 걸어준다는 춤이라고 했으나 아무에게도 걸어주지 않았다. 세 번째가 제일 인상이 깊었다. 하토하지마라고 섬 이름인데 고기가 많이 잡힌다고 하여 만선을 기대하며 추는 춤이며 「하이사쯔」라 외치면서 정성을 담아 추었다. 이것이야 말로 오키나와를 말해주는 전통춤이 아닐까 생각된다. 네 번째는 시마우타라고 하는데 3명이 나와 기타치고 북 치고 삼바라는 악기로 장단을 맞춰 노래를 부기기도 하였다. 마지막 노래는 신나는 노래라 우리 팀 모두 함께 일어나서 춤을 추었다.

　마지막 날이라 우리의 답사가 끝난다고 하니 섭섭한 느낌만 들었다. 금방 시작된 답사가 이렇게 빨리 끝나다니, 끝은 또 다른 시작이란 손교수님의 말씀에 조금나마 위안이 되었다. 이번 답사는 평생 잊을 수 없는 답사로 기억될 것이며 건강하게 다녀온 우리 팀에 대해 깊이 깊이 감사드린다.

6) 일본 답사 감상문

가와시마 쿠니히로

1월 13일 (토)

저는 1월 13일부터 일본 답사에 갔습니다. 오전 2시 30분에 인문대학교에 모여 버스를 3시에 출발했습니다. 도중 휴게소에 들르고 식사나 휴식을 하고 8시에 부산국제여객터미널에 도착했습니다. 9시 50분에 씨플라워호에 승선하고 출발했습니다.

對馬에 1시 30분정도에 도착하고 長崎縣立對馬歷史民俗資料館에 가서 朝鮮通信使, 隆起文土器 등을 견학했습니다. 朝鮮通信使는 회화, 공예, 예능 등 여러가지 면에서 관계가 있다고 듣고 놀랐습니다. 그 다음에 黑瀨觀音堂, 上見坂公園에 갔습니다. 上見坂公園에서 보는 경치는 매우 아름답고 또 가고 싶다고 생각했습니다.

그리고 6시정도에 저녁을 먹으러 갔습니다. 초밥이나 생선회를 먹었습니다. 오랜만에 일식을 먹었으므로 감동했습니다. 야마네코라고 하는 술도 마셨습니다. 8시에 숙소에 가서 숙박했습니다. 첫날은 자지 않고 출발했으므로 조금 지쳤습니다.

1월 14일 (일)

이 날은 6시 30분에 일어나 아침식사를 먹고 8시 20분에 출발했습니다. 小船越, 和多都美神社, 烏帽子岳에 갔습니다. 和多都美神社는 근처에 바다가 있어 아름다운 신사였습니다. 烏帽子岳에서는 한국이 볼 수 있어 매우 놀랐습니다.

10시 30분에 峰町歷史民俗資料館에 가서 円通寺銅造藥師如來像, 鹿笛, 黑曜石 등을 견학했습니다. 円通寺銅造藥師如來像 등의 상은 14세기 말~15세기 초기 對馬에 많이 왔다고 하는 것을 알았습니다. 鹿笛는 정말로 사슴의 울음 소리로 들리는지 불어 보고 싶습니다. 이날은 점심에 오코노미야키를 먹었습니다.

그 다음에 新羅國使毛麻利叱替朴堤上公旬國之碑, 朝鮮國譯官使旬難之碑, 通信使李藝功績碑 등을 봤습니다. 일본에 이렇게 많은 한국에 관계 있는 비석이 있다고는 생각하지 않았습니다.

그리고 5시에 万松院에 가서 조사를 하고 저녁을 먹으러 갔습니다. 石燒料理라고 하는 것을 먹었습니다. 저도 이런 호화로운 요리를 본 것은 처음이었습니다. 또 유명한 만화에도 등장하고 있어 훌륭하다고 생각했습니다. 저녁이 끝나고 숙소에 가서 숙박했습니다.

1월 15일 (월)

이 날은 7시에 일어나 아침식사 먹고 8시에 출발했습니다. 小茂田濱神社에 가서 勉菴崔益鉉의 비를 보고 12시에 점심을 먹으러 갔습니다. 점심이 끝나고 嚴原港에서 비너스호를 타고 芦辺漁港에 갔습니다.

여관에 도착하고 조금 쉬고 온천에 갔습니다. 노천탕이나 전기 목욕탕이 있었습니다. 천천히 온천에 들어갈 수 있었으므로 몸의 피로가 없어졌습니다. 한국의 기숙사에는 샤워 밖에 없기 때문에 오랜만의 목욕탕은 매우 기분이 좋았습니다. 5시 30분에 여관에 돌아와서 저녁을 먹었습니다. 냄비요리와 생선회를 먹었습니다. 역시 생선회는 맛있습니다. 그 다음에 교수님들과 연구원들 모두가 모여 술을 마셨습니다. 여러 사람의 여러 가지 이야기를 들을 수 있어서 좋았습니다. 술은 이렇게 마시는 것이라고 실감했습니다. 그것이 끝나고 잤습니다.

이 날은 처음으로 본 돌지붕의 집에 감동했습니다. 또 중국, 일본, 동아시아의 신에 대해 조금 배울 수 있어서 좋았습니다. 중국에서는 신은 땅으로부터, 일본에서는 하늘로부터, 동아시아에서는 바다로부터 온다고 믿고 있는 것을 배웠습니다.

1월 16일 (화)

이 날은 7시에 일어나 8시에 아침식사를 먹고 9시에 출발했습니다. 壹岐鄕土館을 견학하고 本居浦, 國分 등에 갔습니다. 그 다음에 城山公園에서 거리의 경치를 바라보고 阿彌陀堂, 聖母宮, 新城古戰場 등을 조사하고 1시에 점심을 먹으러 갔습니다. 이 날 점심은 소고기 덮밥이었습니다. 정말로 맛있었습니다. 점심후에 原ノ辻遺跡, 安國寺를 조사하고 5시에 芦辺漁港에서 비너스호를 타고 福岡港에 도착했습니다. 호텔에 가서 7시에 저녁을 먹으러 갔습니다. 이 날은 손 교수님이 아시는 분들도 함께 저녁을 먹었습니다. 이 날 저녁 식사는 술집에서 생선회와 냄비요리를 먹었습니다. 생선회는 매일 먹어도 질리지 않습니다. 그리고 호텔에 돌아와서 잤습니다. 이 날은 雨森芳洲나 本居浦에 대해 배웠습니다. 또, 배꼽돌은 왕래 때에 여기가 壹岐의 중심이 되는 표적으로서 놓여진 것 같습니다.

1월 17일 (수)

이 날은 6시 15분에 일어나 아침식사 먹고 8시 20분에 출발했습니다. 9시에 九州大學에 도착하고 佐伯 교수님과 松原 교수님의 이야기를 들었습니다. 학부의 이야기나 한국연구센터의 이야기를 들었습니다. 이렇게 여러 나라와 교류를 하는 것으로 그 나라의 문화 등을 알 수 있으므로 저도 여러 나라와 교류하고 싶습니다.

그 다음에 西日本新聞社에 가서 嶋村씨를 만나 신문의 이야기를 듣고 신문 만드는 방법을 보고 점심을 먹으러 갔습니다. 갈비를 먹었습니다.

점심이 끝나고 福岡市立博物館, 名護屋城에 갔습니다. 福岡市立博物館은 매우 넓고 金印 등을 전시하고 있었습니다. 실물의 金印를 보는 것은 처음으로 매우 인상에 남았습니다. 또 名護屋城은 博物館도 있어서 名護屋城의 역사나 문화를 알았습니다.

견학이 끝나고 다시 福岡市에 돌아와서 쇼핑을 하고 라면을 먹으러 갔습니다. 역시 본고장의 라면은 맛있습니다. 11시에 호텔에 돌아와서 조금 술을 마시고 싶어서 호텔 앞의 포장마차에서 술을 마셨습니다. 거기에 있던 아줌마나 외국 사람이 매우 재미있는 사람으로 함께 마셨습니다. 그리고 호텔에 돌아와서 잤습니다.

1월 18일 (목)

이 날은 6시에 일어나 7시에 아침식사를 먹고 8시에 출발했습니다. 9시 30분 정도에 佐賀縣立九州陶磁文化館에 가서 여러 도자기를 봤습니다. 아름다운 도자기나 동물의 도자기도 있어서 놀랐습니다. 한층 더 놀란 것은 장치 시계나 화장실의 변기 등도 도자기였습니다.

그 다음에 陶山神社에 가서 長崎縣平和公園에 갔습니다. 원폭 자료관에서는 전쟁의 슬픔, 괴로움을 재차 느꼈습니다. 점심은 長崎장면을 먹었습니다. 카스테라도 시식했습니다. 그 지방에 있는 명물의 음식은 매우 맛있습니다. 그리고 出島, 長崎文化博物館에 갔습니다. 出島에서는 쇄국 시대의 일본에서의 무역, 문화의 거점으로서의 데지마가 실제로 느껴져 인상에 남았습니다.

長崎文化博物館은 즐겁게 알기 쉬운 박물관이므로 견학하는 사람에게는 매우 좋은 박물관이라고 생각합니다. 충분히 견학을 할 수 없었기 때문에 또 가고 싶습니다. 長崎文化博物館을 나오고 히라도키쇼우테이 호텔에 갔습니다. 여기에는 많은 온천이 있어 좋았습니다. 이 날의 밤은 잘 잘 수 있었습니다.

1월 19일 (금)

이 날은 7시에 일어나 아침식사를 하고 온천에 들어가고 8시 30분에 출발했습니다. オランダ堀, 松浦史料博物館을 견학하고 熊本縣에 가서 熊本城을 견학했습니다. 저도 일본에서도 유명한 熊本城을 보는 것은 처음으로 매우 기대하고 있었습니다. 성내나 금의 샤치호코를 볼 수 있어서 대만족이었습니다. 이 날은 점심은 초밥과 우동이었습니다.

그 다음에 阿蘇山이나 阿蘇의 경치를 바라보고 저녁에 黑川溫泉에 갔습니다. 별로 시간이 없었기 때문에 온천을 즐길 수 없었습니다. 다음은 시간에 여유를 갖고 싶습니다. 黑川溫泉을 출발하고 由布市에 있는 野々花라고 하는 펜션에 숙박했습니다. 여기에서는 御手洗씨라고 하는 분이 경영하고 계시고 자연 안에 있는 훌륭한 펜션이었습니다. 이 펜션에서 사용하고 있는 접시나 컵은 거의 도자기로 고급이라는 말을 듣고 놀랐습니다. 펜션도 요리도 최고였지만 하나 유감스러운 일이 있습니다. 그것은 시간이 없어서 여행의 일지에 코멘트를 쓸 수 없었던 것입니다. 또 가서 코멘트를 쓰고 싶습니다.

1월 20일 (금) ~ 1월 22일 (월)

20일부터 22일, 갑작스러운 사정으로 집에 돌아가게 되었습니다. 도중에 답사를 할 수 없게 되어 죄송합니다.

7) 해동제국기 일본답사 - 신숙주의 길을 돌아보며

김 정 락

2007년 1월 13일 새벽, 인문대 앞으로 사람들이 하나 둘씩 모이기 시작하였다. 부산에서 출발하는 배를 타기 위하여, 우리 해동제국기 연구팀은 새벽 3시에 버스를 타고, 두근거리는 마음으로 잠도 잊은 채 부산으로 출발하였다. 출발하면서 손승철 교수님께서 "이제 우리 답사가 시작 되었습니다." 라고 하셨을 때, 기대감에 가슴이 꽉 찬 듯한 느낌을 받았다.

아무리 기대가 넘쳐도 몰려오는 잠은 어쩔 수 없는 듯, 출발한지 얼마 되지 않아 모두들 버스 안에서 잠들기 시작하였고, 나도 어느새 잠 속으로 빠져들었다. 중간에 휴게소를 두 번 거쳐 오전 8시경 부산 국제여객터미널에 도착하였다. 도착해서 우동과 라면으로 아침을 해결하고, 9시 15분부터 출국 수속을 시작하여 9시 반에 대마도로 가는 Sea Flower Ⅱ에 탑승을 완료, 10시 정각에 드디어 대마도로 출발하였다.

배 안에서 김밥으로 점심을 해결하고 세 시간 가량 걸려서 드디어 대마도의 이즈하라 항에 도착하였다. 일본 땅을 밟는다는 생각에 설레는 마음으로 무거운 짐을 들고 내렸다. 고려 말부터 조선시대 까지 계속 한반도를 노략질한 왜구의 본거지라 볼 수 있던 대마도, 교린의 시대에 일본과 조선의 외교 창구였던 대마도를 직접 볼 수 있다는 것에 기대감이 컸다. 입국 수속을 마치고 우리 해동제국기 연구팀은 바로 대마도 역사민속 사료관으로 갔다. 그곳에서 우리 연구팀의 대마도 답사를 도와주실 다치바나 선생님을 만나서 민속사료관에 들어갔다.

이곳은 원래 대마도주였던 宗씨의 문서 사료를 모아놓은 곳이었는데, 최근에 민속사료관으로 건립되었다고 하였다. 이곳의 학예사 분이 관람을 도와주셨는데, 현재 이곳에 있는 종가문서 사료는 약 7만여 점이 수장되어 있다고 하셨다. 그리고 또한 대마도와 한반도와의 관계, 북방 문화와 남방문화의 교류 관계 등을 설명하여 주셨다. 이 곳을 나와서 쿠로세 관음당으로 이동하였다. 이동하는 도중 다치바나 선생님이 버스 안에서 대마도에 대한 여러 가지 이야기를 해 주셨는데, 대마도는 지형이 산지가 80% 이상인 척박한 땅이기 때문에 현재는 관광, 진주 양식 등으로 살고 있다는 이야기를 들었다. 3시 40분에 쿠로세 관음당에 도착하였다. 이곳에서는 고려시대의 불상으로 추정되는 불상이 2점 있었는데, 화재를 당했는지 많이 그을려 있었고 뒤틀려 깨져있었다. 이 불상이 이곳까지 어떻게 흘러들어 왔는지는 잘 모르겠다고 안내판에 쓰여져 있었지만, 우리들은 다들 '장물'이라는 생각에 동의하였다.

이후 해동제국기에 나오는 대마도의 포구들을 답사하기 시작하였다. 먼저 카시로 포구를 버스 안에서 본 뒤, 바로 오사키로 이동하였다. 이곳에는 수직 왜인(早田英夫)의 후손이 살고 있는 집이 있었는데, 현재 수리공사 중이어서 사람은 만나 볼 수 없었다. 이동하는 도중에 타치바나 선생님의 대마도에 대한 여러 지명의 설명을 들었는데, 가장 흥미있던 것은 와니우라 라고 하는 지명이었다. 이는 백제의 왕인 박사가 일본에 왔을 때 와니우라에 도착하였는데, 왕인을 와니라 알아듣고 그렇게 썼다는 것이었다. 그 후 우리는 대마도의 전경이 보이는 카미자카 전망대로 이동하였다. 이곳에서 우리는 아소만의 경관과 대마도의 대부분을 눈으로 확인할 수 있었는데, 대마도의 지형을 보면서 왜 대마도 사람들이 왜구로 변하여 조선을 그렇게 노략질했는지 이유를 알 수 있었다. 이렇게 산만 보이는 지형에서 쌀을 구한다는 것은 거의 불가능에 가까워 보였다.

전망대를 마지막으로 일정을 마치고, 온천에서 목욕을 한 후 가이세키라는 일본 정식을 먹었다. 대마도에서 가장 비싸고 맛있는 집이라 했는데, 이게 일본 음식이구나 라는 생각이 들었다. 좀 달고 짠 듯한 맛이었다.

식사를 마친 후, 피곤한 몸을 이끌고 숙소에 들어가서 바로 잠들어버렸다.

둘째 날, 조금 졸렸지만 새로운 마음으로 벌떡 일어났다. 아침식사는 미소된장, 밥, 생선구이, 삶은 계란, 방울토마토였다. 일본사람들은 아침은 상당히 간소하게 먹는다고 해서, 아침을 많이 먹는 나는 조금 걱정을 하였지만 괜찮은 편이었다. 오늘은 대마도의 위쪽, 상대마 지역의 답사였다. 출발할 때 대마도의 향토 역사가 나가도메 선생님과 동행하였다. 올해로 89세가 되신다고 하였는데 매우 정정해 보이셨다. 먼저, 고후나쿠시란 곳으로 이동하였다. 후나코시라는 말은 배를 끌어온다는 것인데, 대마도에는 총 2곳이 있다고 하셨다. 이곳이 작은 곳이라서 고후나코시라 한다고 했다. 운하가 뚫리기 전에는 이곳을 통하여 배를 끌고 넘어갔다고 하였다. 조그만 언덕을 넘어가니 바로 바다가 연결되어 있었다.

이곳을 떠나, 와타쓰미 신사를 둘러보았다. 이곳은 해신을 모시는 곳으로, 대마도에서 가장 오래된 신사라고 하였다. 신사 안에 뱀을 닮은 뿌리가 있는 나무가 있었는데, 뿌리의 끝은 신사 안으로 들어가게 되어 있었다.

신사를 둘러보고 나와, 미네 역사민속자료관으로 갔다. 미네는 대마도 중부에 위치하고 있으며, 해동제국기에는 '미네포 650여 호'라고 적혀 있다. 선사시대부터의 유적이 많고, 이즈하라가 대마도의 중심지가 되기 전에는 여기가 중심지였다고 한다.

이후 박제상 순국 기념비를 거쳐, 사스나항에 도착했다. 사스나 항은 고대, 중세에 조선으로 가기 위한 항구였다고 하였다. 여기서 1940년대까지 조선과의 정기 항로가 있었으나 조선 독립 후에 사라졌다고 한다.

그리고 조선에서 보낸 역관 108명과 안내인 4명이 항해중에 풍랑을 만나 몰살당해서, 오후라에 안치하고 비석을 세웠는데, 이것이 조선역관순난비이다. 이곳에서 이국땅에서 죽은 조상을 위해 묵념을 하고, 전망대에서 부산을 바라보았다. 이곳에서는 한국에서 가져온 핸드폰이 되어, 어머니께 안부 전화를 드렸다.

이후 아지로를 거치고 통신사 비를 거쳐, 종가의 성 유적지를 거쳐 만송원으로 향했다. 이곳에는 대마도주들의 묘가 있었는데, 도주들은 죽으면 화장을 하고 비석을 세운다고 하였다. 이곳을 올라가는데 계단이 너무 많아 힘들었다. 재미있던 것은 대마도주들의 비석 크기가 제각각이었다는 것인데, 비석이 클수록 강력한 권력을 쥐었다고 설명해 주셨다. 계단을 다시 내려와 고종의 딸 덕혜공주의 비석도 보았다. 이루어지지 못한 사랑을 아쉬워하며 기도를 드리고, 일정을 마친 후 대마도의 전통 음식이라는 해물 돌구이를 먹었다. 식사를 하며 마마상의 공연을 보고, 노사연의 만남을 열창한 후 숙소로 돌아와 잠에 빠져들었다.

전날 너무 피곤했던 탓일까, 나와 경하형은 늦게 일어나고 말았다. 경호가 와서 깨워주지 않았으면 일어나지 못할 뻔 했다. 아침은 전날과 마찬가지로 생선구이와 된장국, 밥이었는데 어제보다는 맛있었다. 셋째 날의 일정은 먼저 1274년 몽골 침입시 대마도를 처음 공격했던 곳에 신사를 두었는데, 그곳을 둘러본 뒤, 대마하도의 서쪽에 위치한 사쓰(내조자 3인)와 츠츠(내조자 1인)로 가서 포구를 확인하고, 다시 이즈하라로 와서 최익현이 순절한 수선사와, 통신사가 묵었던 곳인 서산사를 보고 점심식사를 한 뒤 1시 10분 배로 이키로 출발하는 빠듯한 일정이다.

먼저 신사를 둘러본 뒤, 버스를 타고 가다가 지붕이 돌로 만들어져 있는 곳에서 멈췄다.

이곳은 곡물 창고로 사용되었던 곳으로, 石屋根는 전체적으로 120여 개가 있는데, 특히 이곳에 집중되어 있어 지정문화재가 되었다고 한다.

아소산에서 하천을 이용하여 돌을 끌고 와서 잘라 사용하였는데, 곡물 등의 저장소로 사용되었지만, 불에 타서는 안 되는 중요한 물건을 보관하는데 사용하기도 하였다고 한다. 이후 츠츠로 이동하였다. 이 곳은 버스가 들어갈 수 없는 좁은 길이었기 때문에 조금 걸어야했다. 빨간 쌀이 난다고 하는 赤米神田을 빙 둘러 들어갔다. 들어가는 초입에 多久頭魂神社 범종이 있었다. 엄찬호 선생님께서 용감히 올라가 종을 치고 내려오셨다. 은은하게 울리는 종소리를 들으며 사적지를 둘러보았다.

사적지를 내려와 버스를 타고 최익현 선생님 순국비로 향하며, 버스 대학 강의를 들었다. 오늘의 강사는 엄찬호 선생님이셨는데, 한국 근현대사에서 최익현 선생님과 을사의병에 대한 강의를 하셨다. 최익현 선생님은 우리에게는 잘 알려져 있는 인물이지만, 일본에서는 거의 알려지지 않은 사람이라고 들었다. 그래서 그런지, 순국비도 조그마한 암자 비슷한 곳에 놓여져 있어 아쉬움을 더했다. 최익현 선생님을 위해 묵념을 잠시 하고, 이즈하라 항으로 이동하여 비너스 페리 호를 타고 이키 섬으로 출발하였다.

이키 섬에 도착하자마자 우리는 버스를 타고 온천으로 향하였다. 온천이 꽤 컸는데, 자기장이 나오는 곳도 있어 들어갔다가 깜짝 놀라 나오기도 하였다. 이키 섬은 대마도와 다르게 구릉만 있을 뿐 척박한 땅이 아니어서 농사짓는 곳이 많이 보였다. 이키 섬은 소고기가 유명하다고 했는데, 버스를 타고 가면서 소들도 많이 보였다. 온천욕이 끝나고, 대마도에서 사온 카스마끼를 먹었는데 상당히 맛있었다. 나중에 먹어본 나가사키 카스테라보다 더 맛있었던 것 같다. 저녁은 숙소로 돌아가 짐을 풀고 숙소에서 먹었는데, 닭고기와 돼지고기를 넣어 끓인 찌개(?) 같은 것이 나왔다. 오랜만에 고기를 본 우리들은 좋아서 많이 먹었다. 이 날 밤에는 전원 한 방에 모여 둘러앉아 맥주를 마시면서 각자의 첫사랑에 대해 이야기 하였는데, 이런 저런 이야기를 들으며 즐겁게 피로를 씻어낼 수 있었다.

드디어 답사도 중반기에 들어온 4일째, 이 날은 종일 이키섬 답사를 끝내고 후쿠오카로 이동하여야 해서 바쁘게 돌아다녔다. 먼저 이키 향토관을 들렀는데, 향토관의 이치하마 선생님을 만난 후 선생님께서 『해동제국기』와 관련된 곳을 적은 이키 지도를 나누어 주셨다. 그 후 향토관을 둘러 본 후 해동제국기에 나온 이키 섬의 포구를 둘러보았다. 재미있는 점은 대마도에서는 해동제국기에 적혀져 있는 포구의 호 수와 현재 호 수가 많이 틀렸지만, 이키섬은 거의 비슷했던 것이다. 이키에서 가장 높은 곳에 있는 전망대인 다케노쯔지에도 올랐는데, 맑은 날에는 대마도와 후쿠오카(하카다)가 보인다고 했다. 또 이키-하루노쯔지 유적을 보았는데, 고대 이곳에서도 상당히 큰 중심지가 있었다는 것이 놀라웠다. 3중 환호에, 첨단 선착장, 거주지 건축 방법 등에서 상당히 발전된 문화가 있었다는 것을 보고, 풍신수길이 조선을 침략하기 위해 지었다는 성인 카자하야 성, 여몽 연합군의 침입으로 인한 여러 곳의 격전장과 유적들(특히 몽고 배에서 나왔다는 닻으로 쓰인 돌은 정말 컸다)은 많은 것을 느끼게 해 주었다.

이키섬에서는 심보경 선생님께서 버스대학 강의를 해 주셨는데, 국어사에 있어서의 시대구분에 대해서 강의해 주셨다. 국어사에 대해서는 거의 모르는 분야였는데 새로운 것들을 많이 알게 되었다.

이키섬을 돌아보다 보니 어느 새 후쿠오카로 가는 배에 오를 시간이 되었고 우리는 비너스호를 타고 후쿠오카로 이동하였다. 하카다 항에 내린 후 우리는 마치 시골동네에서 서울 온 촌놈처럼 높은 건물들을 보면서 신기해 했다. 항구를 빠져나와 택시를 타고, 우리가 묵을 센트럴 호텔로 향했다. 짐을 방에 놓고, 바로 나와서 식사장소로 이동하였는데, 큐슈대학의 사에키 교수님과 삼포 답사 때 부산 박물관에서 보았던 서일본신문사의 시마무라 기자님, 민규 형 내외가 미리 와 계셨다. 맛있는 회, 전골, 튀김요리 등을 먹고 나서 숙소로 돌아와 잠들었다.

5일째, 벌써 답사의 절반이 지나갔다. 호텔에서 아침을 먹고 나서 큐슈대학으로 이동하였다. 큐슈대학의 사학과를 견학 하고, 사에키 선생님께 세미나 형식에 대해 설명을 들으면서 우리 학교도 조금 더 세미나 형태의 수업이 좀 있었으면 하는 생각이 들었다. 손교수님께서 이곳에 방문한 이유는 한일관계사를 공부하는 사람들을 위한 1년 가량의 과정을 개설하기 위해서 였다고 말하셨는데, 사에키 선생님께서는 바로 허락하셨다. 큐슈대학에는 한국학연구센터도 있었는데, 이곳의 교수님들을 보면서 참 열정이 있으시고 활달하신 분들이라는 느낌을 받았다. 큐슈대학 견학을 마치고 서일본 신문사로 옮겨가, 시마무라 선생님의 서일본 신문에 대한 설명을 들었다. 서일본신문이 일본 전국에서 다섯 손가락 안에 꼽힌다는 말을 듣고 얼마나 큰 신문사인지 상상이 바로 되지 않았다. 설명을 듣고 신문 기사를 만드는 과정을 보여주셨는데, 신문 기사가 이렇게 만들어지는 줄 처음 알았다. 신문사 견학을 마치고 시마무라 선생님과 함께 점심식사를 하였는데, 갈비정식이었다. 고기가 참 맛있었고 3가지 소스에 찍어먹는 맛이 있었다. 점심 식사 후 후쿠오카 돔구장(현재 소프트뱅크 호크스의 홈구장이다)을 옆으로 보면서 후쿠오카 시립박물관으로 이동하였다. 시립박물관에서 학예과장님이 나오셔서 연구팀에게 시립박물관에 대하여 설명을 해주셨는데 중국, 조선과의 교류를중심으로 전시되어 있다고 하셨다. 설명을 듣고, 박물관 관람을 하였다.

이번에는 나고야성으로 향했다. 이곳으로 향하면서 버스대학 특강이 다시 열렸는데, 이번에는 유재춘 교수님의 성에 대한 설명이 있었다. 일본의 석성에 대하여 이야기를 하셨는데, 지진이 많은 나라여서 돌로 쌓은 성이 거의 없다가 축성술의 발달로 임진왜란을 전후하여 현재까지 남아 있는 거대 성을 쌓았다고 하셨다. 왜 왜성의 벽이 비스듬한지 이유가 궁금했는데, 지진과 관련하여 생각해보니 그렇게 되는 것이 당연해 보였다.

나고야성에 도착하여 우선 성 옆에 있는 박물관부터 찾았다. 박물관 장님이 직접 나오셔서 나고야성에 대하여 설명하셨는데, 이 나고야성은 풍신수길이 임진왜란을 일으키기 위하여 다이묘들을 집결시켰는데 그 장소가 이 나고야 성이라 하였다. 이후 안희경 선생님의 설명으로 전시 안내를 받았는데, 나고야 성 모형을 보면서 나고야성 천수각에서는 날씨가 좋으면 이키섬이 보인다고 했다. 이곳에서는 일본과 한국의 국서를 비교해 볼 수 있었는데, 손 교수님께서 말씀하시기를 조선은 흰종이에 깨알같이 써서 담백하고 심플한 반면, 일본은 금색으로 치장, 이것을 보면 역사, 인간상 모두에 적용된다고 생각한다고 하셨다.

이제 성에 오르기 시작했다. 성을 오르면서 유 교수님의 성에 대한 여러 설명을 들으면서 주위를 살펴보니, 그냥 봐서는 모를 것들이 눈에 보이기 시작하였다.

혼마루에 올라 이키섬 쪽을 바라보았지만 저녁 무렵이어서 잘 보이지 않았다. 단체사진을 찍고 내려와, 후쿠오카 시내로 다시 돌아왔다. 돌아오는 길에 버스대학 특강을 다시 열었는데, 무가 사회가 생겨난 배경부터 메이지 유신까지의 역사를 알기 쉽게 요약하여 설명하셨다. 손 교수님과 선생님이 쓰신 일본사 책의 내용이 다시 조금씩 기억나면서 정말 재미있게 들었다.

이것으로 5일째 답사를 마치고, 서점을 들러 책을 산 다음 자유시간을 가졌다. 나는 경호, 쿠니, 지연누나, 이홍권 선생님과 함께 라멘을 먹으러 갔는데, 경호 혼자 따로 떨어져 먹는 바람에 맛있게 못 먹어서 미안했다. 라멘을 먹고 게임파크에서 조금 놀다가 시간맞춰 들어왔다.

6일째, 드디어 피로가 조금씩 드러나기 시작하였다. 아침을 먹고 큐슈 도자박물관으로 출발하였다. 출발하면서 손 교수님께서 오늘의 키워드는 도자기, 원자폭탄, 데지마 3가지라 하셨다. 이미숙 선생님의 도자기에 대한 특강이 있었는데, 모르는 것을 알아가는 부분은 역시 재미있었다. 도자기 박물관에서 인상적이었던 것은 도자기로 만든 시계였는데, 정교하게 잘 만들어져 있었다. 이후 이삼평 기념비를 보고, 나가사키로 출발했다. 꽤 시간이 걸렸는데, 신동규 선생님의 일본 근세에 대한 버스 특강이 있었다. 이 내용을 들으면서 잘 몰랐던 데지마와 히라도에 대하여 조금이나마 알고 갈 수 있었다. 나가사키 원폭 기념관에서 11시 02분에 멈춰져 있는 고장난 시계와 여러 참혹한 사진들을 보며 가슴이 아팠고 우리 나라와 북한의 핵 문제도 정말 심각한 것이라 생각되었다. 점심으로 나가사키 짬뽕을 먹고 데지마로 이동하였다. 이전 네덜란드 상관이 있던 곳이라 하였는데, 마치 반달 모양으로 생긴 곳이었다.

아직 100% 복원은 아니지만 60~70%정도 복원하였는데, 상당히 잘 복원되어 있는 것 같았다. 이곳이 메이지 유신 이전 서양과의 교역 통로였다는 생각을 하니 신기했다.

데지마 답사를 끝내고, 나가사키 역사문화 박물관을 관람한 후 히라도로 출발했다. 히라도로 가는 길은 매우 안좋아서 시간이 오래 걸렸는데, 버스에서 온몸이 아파 힘들었다. 히라도 숙소에 도착하자마자 온천으로 피로를 조금이나마 풀고 바로 잠들었다.

벌써 7일이나 지났다. 오늘은 히라도의 유적을 본 후, 구마모토 성을 보고 펜션에서 1박을 하는 일정이다. 숙소에서 내려오면서 덧치월(네덜란드 상관의 벽)과 항구 유적을 보고 히라도성을 멀리서 바라본 후, 구마모토 성으로 출발하였다. 역시 이번에도 기나긴 버스 여정이었는데, 신동규 선생님의 메이지 유신 이후 근세 특강을 들으면서 잠이 깨고 집중을 하게 되었다. 점심때가 되어 구마모토에 도착, 초밥으로 점심식사를 하고 성을 답사하러 갔다.

구마모토 성은 정말 컸다. 임진왜란때 조선 침략의 선봉장이었고 축성술의 귀재였던 가토 기요마사가 울산성의 아픔을 간직한 채 만든 요새로, 안에 우물이 정말 깊었다. 이런 우물이 120여 개나 있다고 하였다. 해자와 성벽의 높이, 마루 등을 보면서 정말 난공불락의 성이었겠구나 하는 생각이 들었다. 천수각을 관람실로 사용하고 있었는데, 윗부분의 일본의 100대 성을 찍어놓은 사진이 재미있었다.

시간에 쫓기어 모두 돌아보지 못하고 바로 출발하여 온천을 갔다. 이곳은 프리패스처럼 마패를 사면 3곳을 돌아볼 수 있었는데, 엄찬호 선생님과 신동규 선생님, 나, 경호만 3곳을 다 들어가 봤다. 몸만 담그고 나왔는데도 물이 좋은지 피부가 좋아지는 것 같았다. 온천을 나와 손교수님이 추천하신, 유후인의 노노카 펜션으로 갔다. 주인 내외분과 이훈희 선생님께서 너무 친절하게 맞아 주셨고, 식사와 맥주가 너무나 맛있었다.

다음날, 유후인에서 출발할 때 안 좋은 소식이 있었다. 쿠니히로의 할아버지가 돌아가셨다는 이야기를 듣고, 쿠니는 벳부 역에서 집으로 가게 된 것이다. 쿠니를 위로하고, 조금 무거운 마음을 안고 大分시 역사자료관으로 갔다. 이곳은 大友씨의 세력지였는데, 국분사라는 절의 전시를 중심으로 하고 있었다. 이곳 관람을 마치고, 심수관 선생님과의 약속을 위해 가고시마로 버스는 달려갔다. 식사 시간이 없어서 일본 도시락을 차 안에서 먹고, 손 교수님의 우리가 오늘 저녁에 갈 오키나와에 대한 특강을 들었다. 예전 유구 왕국에 대한 역사와, 해동제국기에 나오는 유구, 현재 오키나와로 된 이유 등의 인상적인 강의였다. 또한 좋은 교수가 되기 위한 방법 강의도 덧붙여 주셨는데, 총 5가지 방법이 있었다.

버스는 열심히 달려갔지만 비행기 시간과 맞추지 못해, 심수관 선생님은 만나 뵙지 못하고 바로 가고시마 공항으로 이동하였다. 이곳에서 민규형 내외는 동경으로, 우리 연구팀은 오키나와로 향하는 비행기에 탑승하였다.

비행기는 1시간 20분 정도를 날아가 나하 공항에 착륙하였다. 오키나와 토속음식점에서 저녁을 먹고, 호텔로 들어가 피곤한 몸을 침대에 눕

했다.

9일째이다. 오늘이 실질적인 답사의 마지막 날이다. 호텔에서 아침을 먹고 오키나와 공문서관으로 갔다. 학예관이신 쿠부라 선생님의 설명을 들었는데, 정말 열정적으로 자신의 일을 사랑하시는 분이었다. "박물관은 과거, 도서관은 현재, 공문서관은 미래"라는 말을 하셨는데, 이것이 핵심이라 하셨다. 공문서관을 나오니 비가 너무 많이 내리고 있어서 걱정이 되었는데, 슈리성을 볼 때까지 계속 쏟아져서 결국 온몸이 젖어버렸다. 슈리성 관람을 마치고 나오니 언제 비가 왔냐는 듯 갠 하늘을 보면서 우리는 괜한 원망밖에 할 수 없었다.

이후 오키나와 월드로 이동하였다. 이곳에서 오키나와 정식을 먹었는데, 오키나와의 음식은 일본 본토 음식과는 조금 다르게 우리나라 입맛에 꽤 잘 맞는 것 같았다. 식사 후 석회동굴인 옥천동에 들어갔다가 오키나와 특산품 구경, 전통 군무 구경을 하였다. 이곳에서는 유구 왕국이 중국에 사신을 보낼 때의 교역선을 복원 전시하고 있는 것이 인상적이었다. 오키나와 월드를 나와 평화 공원으로 향했다. 2차 세계대전 당시 미국과의 격전지였던 오키나와는 엄청난 사상자가 나왔는데, 이 사상자들을 위해 위령탑과 비석을 세워 놓았다. 여기에는 우리나라에서 징용당한 사람들의 이름도 나와 있었는데, 그 비석 앞에서 잠시 묵념을 하였다.

이후 국제거리에서 잠시 쇼핑과 구경을 하고, 오키나와의 요정에서 오키나와 특식과 궁중춤, 노래 등의 공연을 보았다. 공연이 꽤 재미있었는데, 하토하지마 라는 만선을 기대하며 추는 춤이 가장 재미있었다. 식사를 마치고 호텔 로비의 커피숍에서 맥주로 공식 일정을 마무리하고, 손 교수님이 들어가시자 마자 전부 이자카야로 모여 술을 먹었다. 나는 2시쯤에 들어왔지만, 마지막까지 남으신 4분은 4시 30분에 들어오셨다는 소리만 들었다.

10일째, 몸은 지쳤지만 마음은 아쉬웠다. 숙소를 출발하면서 손 교수

님의 정리 말씀이 있었는데, "끝은 또 다른 시작이다. 어제 일정이 늦어
진 사람들이 있음에도 모두 시간에 맞춰주어서 잘 되었다. 어제 고문서
관 기록연구사의 말처럼 박물관은 과거, 도서관은 현재, 고문서관은 미
래다. 500년 후의 신 해동제국기를 쓰자, 이것이 답사 여행의 시작이자
끝이다." 라고 하셨다. 이후 나하 공항에서 인천공항으로 오면서, 답사에
대한 이런 저런 생각이 많이 들었다.

우선, 삼포 답사 때도 느꼈었지만 프로페셔널과 함께 다니는 답사는
언제나 최고의 답사라는 것이다. 나는 아직 아마추어라 모든 것이 배울
것이었지만, 같이 다니는 여러 선생님들도 서로 교류를 하시면서 알아
가시는 모습이 정말 멋있었다.

두 번째로는, 열정이었다. 이번 답사를 하면서 자신의 일에 대한 열정
을 가진 분들을 많이 보게 되었는데, 그분들을 보면서 나도 저런 열정을
가지고 좀 더 열심히 해야 하겠다는 채찍질이 되었다.

세 번째는, 이런 외국 답사를 나왔을 때의 나의 외국어 실력에 대한
필요성이었다. 비록 이번에 간신히 3급에 합격하였지만 아직 많이 모자
랐고, 나 자신에 대하여 화도 많이 났는데, 이번 기회로 더 일본어 공부
를 해야 한다는 생각이 들었다.

마지막으로는, 이런 멋진 답사를 데려가 주신 손승철 교수님과 답사
내내 버스 특강을 해주신 여러 선생님들, 막내뻘인 저를 잘 챙겨 주신
대학원 선배님들에 대한 고마움이었다. 이런 좋은 답사를 나의 발전의
기회로 살려 내는 것이 이번 답사에서 가장 중요한 것이라 생각된다.

8) 해동제국기, 신숙주의 여정을 따라

장 경 호

　전날 저녁 9시에 부푼 기대로 춘천에 도착했다. 두 달 전부터 기대해
왔던 일본답사인지라 몸도 마음도 들떠 있었다. 추운 날씨에 나는 동아
리 방에서 몸을 녹이다가 대학원실로 가서 당초 예정시간보다 한 시간
빠른 2시 30분까지 기다렸다. 3시가 조금 지난 시간에 기차를 타고 교수
님이 "이제 우리 해동제국기 답사의 시작입니다."라고 하셨을 때 뭔가
벅차오르는 기분이 들었다. 저번 삼포답사때도 그렇지만, 학부 1학년에
불과한 내가 선생님들과 답사를 떠난다는 것은 항상 긴장되고 흥분되는
일이었기 때문이다. 중간에 휴게소를 두 차례 거치면서 8시가 조금 되지
않은 시간에 부산에 도착했다. 아침식사는 맛없는 우동이었다. 일본에
가서 더 맛있는 음식을 먹을 것을 기대하면서 애써 배고픔을 달랬다. 9
시 15분에 출국수속을 하고 9시 반부터 탑승하여 Sea Flower호에 탑승하
고 10시에 출발했다. 버스 안에서 설렌 까닭에 잠을 못잔 까닭이었을까.
3시간이 조금 넘는 시간이 걸려서 쓰시마섬에 도착했다. 아무것도 모르
는 내가 추천받은 책인 『대마도 역사를 따라 걷다』라는 책을 사전에 읽
어본 경험에 비추어 덕혜옹주비가 실제로 있는 것도 확인하고 싶었고,
성의 구조물, 사람들의 문화 풍습 등을 정확히 알고 싶었다. 2시 40분에
대마도현립역사민족사료관에 도착했다. 그런데 어디선가 낯익은 얼굴을
발견했다. 특이한 외모, 가죽잠바, 서툰 한국말, 15년 전에 뵙던 대마도
아저씨가 틀림없었다. 어렸을 때에 갔던 대마도라 잘 기억이 나지는 않

지만, 특히 인상이 남는 여행이었던지라 부분적으로 기억이 나는 부분이 있었는데 대마도 아저씨의 얼굴이 그중 하나였다. 대마도 아저씨와 사먹었던 돈까스가 특히 기억에 남는다. 여기서 한국과 대마도의 관계를 보고 한반도의 문화와 북구적인 문화를 설명들었고, 종가문서 사료는 약 7만여 점이나 있다고 한다. 버스를 타면서 대마도 아저씨(다치바나상)에게 이런 저런 설명을 들었다. 우리는 3시 40분정도에 쿠로세관음당에 도착했다. 이곳에 고려시대 불상이 있었는데, 보지 못하고 아쉽게 돌아가려던 찰나에 현지 아주머니가 친절하게도 열어주셔서 직접 확인할 수 있었다. 밖에서 봤던 불상 사진과 안에서 봤던 불상 사진에 차이가 있어서 때가 묻은 것인가 생각했었는데, 알고 보니 사진을 찍을때 받은 빛의 효과라고 했다. 다음에는 카시로로 간 후에 바로 오사키로 갔다. 오사키에는 수직왜인의 후손집안이 있었는데 그곳은 수리 중이었다. 카미자카전망대에서 아소만의 경관을 한눈에 볼 수가 있었다. 저녁식사는 가이세키라고 하여 일본정식이었다. 숙소에서 일본 전통의상을 입고 이흥권선생님, 쿠니히로 형과 같이 사진을 찍었다. 근처에 있는 편의점에 가서 먹고 싶은 것을 잔뜩 샀다. 이날 온천을 해서 그런지 잠은 편하게 잘 잤다. 일본의 온천이라 해서 딱히 특이한 것은 없는 것 같다.

다음 날 졸린 눈을 비비며 일어나서 아침식사를 먹었다. 된장국, 밥, 생선구이, 삶은 계란, 채소, 방울토마토 등 듣던대로 일본인 특유의 간단한 아침식사였다. 숙소는 쿠코인이라는 곳이었다. 어제 먹었던 고급음식들도 배출해달라고 아우성을 부리기 시작했다. 출발할 때 고령의 대마도 역사전문가(89세)분과의 동행했다. 소선월(고후나바시)이라는 곳에 도착했다. 후나쿠시라는 말은 배를 끌어오는 장소를 뜻한다고 한다. 저만치에 바다가 있고 저만치에 약간의 물이 있었음 배를 끌어온다는 후나쿠시라는 말이 과연 맞는듯 했다. 불교가 맨 처음 들어온 곳이 아닐까 하는 추측이 든다. 오사케를 연결해주는 일종의 운하 구실을 한다고 들었다.

이날 일찍 일어나서 답사하는데 힘들기 시작했다. 버스를 타고 조금 더 가다가 화다도미신사 도착했다. 바다의 뱀이라고 하는 이곳은 일본 전토에도 분포하는데 대마도에 4곳 가고시마에 한곳이 있다고 한다. 신사내부에는 뱀처럼 생긴 나무가 있었다. 야스쿠니 신사를 상상했었는데 약간 틀렸다. 와타즈미는 해신이라고 하는데 옛날 그대로의 모습을 가지고 있다고도 한다. 어제 봤던 오사케, 그리고 우리나라가 멀리 보였다. 수로가 있고 세종때 대마도 정벌당시에 왜인이 길을 알려주어서 정벌했다고 한다. 바다라는 말은 우미라는 말도 있지만 '카이 와다'라는 말도 있다고 한다. 에보시다케 전망대에서 설명을 들었는데 이곳은 나카사키에도 일곱 개의 성이 있고 이는 모두 리아스식해안이라고 한다. 160년 전 러시아함대와 미국함대가 올 때도 이런 곳이라고 했다. 산에 올라가는데 힘들고 추웠다. 대마시역사민속자료관에 도착했다. 과연 조선과의 유래가 깊다는 것을 알 수 있는 곳이었다. 쓰시마는 나와 여러 선생님들이 오랜 시간 강독했던 해동제국기에 가장 많은 호가 있다고 쓰여져 있다. 중국에 오래된 사서 위지동이전에 나오는 용어가 있는데, 1세기부터 2세기 사이 우리나라의 김해유물과도 매우 유사하다고도 한다. 일본 야요이시대 평양박물관의 유물이 많은 것으로 보아 북쪽과의 교류가 추측되기도 한다고 본다. 그리고 야요이시대는 우리나라의 삼한시대에 해당되는데 요시다불상이라고 하는 것이 있었으며 원통사에 있는 종은 한국의 종인데 조선초기로 추측한다. 14~15세기에 대장경이 들어오는데 배불정책의 실시배경으로 일본에 대장정이 들어오게 되는데, 대마도의 종부인 소우씨가 죽은 그 해 가을 사다모리가 종과 경문을 요청했는데 그것이 아닐까 하는 추측이 있다고 한다. 카부라(가면)은 신을 받들기 위한 것이고 죠몬 즉 신석기 시대에는 빗살무늬유형이 있었는데 마제석기 간석기 유형이 있다. 사슴의 뿔로 만든 소리 나는 물건이 있는데 해설해 주는 분께서 특히 강조 하신 부분이다. 대륙계 사슴이 우는 소리로 끌어 들어서 사냥을 한 것인데, 한국에 없는 것이라 대마도에서는 중요하게 생각한다고 한다. 또 돌에 대한 설명도 덧붙이셨다. 흑요석은 화산에서 만드는데 석기시대에 사용하고 바다에서 물고기 사냥에 사용한다고 한다. 한국 남부지역 강원도 오산지역에서 출토되고 백두산 흑요석도 난다. 구석기에서 신석기 사이에 나는 이 흑요석은 백두산에서 대마도로 거쳐온 것인가 아니면 일본 본토에서 건너온 것인가에 대해 학자들의 의견이 분분하다고 한다. 고대 한반도와 9주에는 가라츠→이키→대마도→김해를 거쳐서 오게 된다. 기원전 5세기에서 6세기에는 카라츠에서 벼농사를 시작했는데 후쿠오카지역이 넓기 때문에 주로 지었다고 한다.

한국에 온돌이 있는데 일본은 온돌이 없는 건 다들 잘 아는 사실이다. 그 이유는 첫 번째 지붕을 보고 알 수 있고, 두 번째가 타카이와 벽의 턱면이 특이하고, 세 번째는 신과의 연관성이 있어서 일본에서는 장판바닥을 쓴다고 한다. 한국의 주거는 따뜻한 것을 목적으로 하는 것에 반해 대마도는 여름에 시원하게 보내는 것을 목적으로 한다. 야요이시대의 토기들은 한국과 비슷한 것들이 많이 발견되고 야요이 토기의 카타치가 있다. 이 토기는 김해의 토기와 매우 유사하다. 하지만 토질이 틀려 형태가 같다고 한다면 의문을 하나 가져볼 수 있겠다. 예를 들어 김해지역에도 왜인들이 살고 있을까? 고려청자가 있긴 했지만 고려와 대마도의 교역은 거의 전무하다고 한다. 백제 멸망시기에 도래인들이 취락을 만들기는 했으나 2,3대후 사라졌다고 한다. 삼국기 열전 12세기에도 이름이 변한다. 내물왕때 사절단으로 파견되었는데, 왕자는 가짜인형이 발각되어 참살당하고 자신도 죽었다고 한다. 내가 삼국유사를 봤을 때는 박제상은 죽고 왕자는 무사히 도망갔다고 하는데 조금 의아했다. 조금 버스를 더 탄후에 사스나에 도착했다. 사스나는 404여 호가 있는데 고중세 시기에 쓰시마로 가기 위한 거점이라고 한다. 1940년 만해도 정기항로가 있었으나 조선 독립후에 사라졌다. 근대이후 부산까지 가는 항로를 부활해달라고 했으나 받아들여지지 않았다고 한다. 전에 삼포답사 갔을 때 각기 왜관이 있었던것처럼 여기에도 있었다. 조선 후 초량왜관 가신 제도 왜관관수 등... 이곳에서는 국내 통화가 가능해서 집에 전화를 할 수 있었다. 조선역관순난비에 도착했다. 에도에서 도쿄로 이어지는 통신사 역관사 150~200년비 부산에서 우리나라사람 108명과 안내인 4명이 항해 중에 풍랑을 만나 몰살 당했다고 한다. 이들은 오후라에 안치되었다고 한다. 조난비 명단은 조선에서 역관사명단을 파악하는 문서를 발견하여 명단을 파악했다. 돔에는 항공자위대가 있었고 산에는 해상자위대가 있었다. 아지로를 거쳐 갔다. 버스 이동 중에 대만여경은 쓰시마에 한개가 존재하는데 민속자료실에 옮겨놨다고 대마도 아저씨가 설명해주셨다. 통신사비에 도착했다. 15세기에 소오 씨라고 하나 건물이 있던 곳은 바로 이 지역. 불상은 일본의 불상이 등이 숙여있는 반면, 고려불상은 곧게 뻗어있다 종씨의 시신은 태우고 비석을 세운다고 한다. 이즈하라 만송원이라는 절이 있다고 한다. 조금 있다 갈 곳이다. 만즈키라는 곳에 거침. 1900년대 러일전쟁과 관련이 되어있음 운하로 되있다. 빨간 다리 큰배 오오쿠나 시다리 바닥에서 끌어다 옮긴다고 한다. 소오가의성 육상자위대 최익현선생비 통신사마츠리를 모두 본 후에 종씨성의 유적지에 왔다. 통신사의 행렬이 길어서 배부터 줄을 선다고 한다. 이 시대 한국→대마도 기록이 많다고 한다. 만송원에 갔는데 입장료가 꽤나 비쌌다. 대마도주들의 묘 300계단위에 묘가 있고, 청동향로 촛대 꽃병들을 보아 그 기록을 알 수 있다고 설명해주셨다. 비운의 삶을 살다간 대마도주와 고종의 딸 덕혜옹주의 비도 있었다. 이것은 책에 본 내용과 같았다.

오늘은 정말 바쁘게 달렸던 하루였다. 저녁식사는 구운 회를 먹었는데 제목이 잘 기억이 안 난다. 그리고 일본 '마마'의 공연이 있었는데, 재미가 하나도 없었지만 웃으면서 봤다. 접시춤을 추고 옛날에 들었던 대마도 아저씨의 노래 '만남'을 또 듣고 (여기서 나의 추측을 확신했다)

숙소로 이동했다. 못내 아쉬워서 마트로 가서 무언가를 사가지고 와서 먹었다.

다음날 아침 조금 늦게 일어났다. 정락이 형이랑 경하 형은 내가 깨워 드렸는데, 너무 늦게 일어나서 씻지도 않은 채로 부스스하게 뛰어나오셨다. 어제와 비슷하게 생선과 된장국이 주를 이룬 반찬이었다. 어제보다는 맛있었다. 경건한 마음으로 위정척사의 대표적 인물 중의 하나인 최익현 선생비로 향했다. 한국에서 대표적으로 알려져 있는 인물이긴 하지만, 일본에서는 그다지 알려지지 않은 인물이라고 한다. 그래서 그런지 몰라도, 묘 주위는 전부 시골이었고 우리나라에서 존경받는 인물이라고는 전혀 알아볼 수 없을 정도로 보존 구역없이 방치해놨다. 안타까운 일이다. 한국인 손님은 받지 않습니다. 라고 써놓은 가게도 있었다. 정말 주위 동네가 마음에 안 들었다. 바로 배에 승선해서 이키섬으로 갈 준비를 하는데 대마도 아저씨와 이별을 할 시간이 왔다. 내내 몇 번이나 아는 척을 일본어로 할 궁리를 해봤는데, 도저히 기회를 잡지 못했다. 나중에 지금의 어린나이가 아닌 나도 한 분야를 전공하는 학자로써 대마도에 왔을 때 다시 한 번 뵙고 싶다.

비너스페리호를 타고 대마도를 떠나 이키로 향했다. 우리 여행 답사는 크게 대마도, 이키섬 후쿠오카, 나카사키, 오키나와섬으로 나뉘는데 그중 벌써 대마도 답사를 전부 마친 셈이다. 이키섬에서는 바로 버스를 타고 여관에 들린 후에 온천으로 갔다. 여기서 산 소주가 아직까지 뚜껑만 딴 채로 집안 냉장고에 있다. 아는 사람에게 일부로 사왔다고 넉살좋게 하나 줄 생각이다. 온천욕을 하고 먹는 카스테라 맛은 정말 일품이었다. 그리고 저녁에는 오랜만에 고기 맛을 봤다. 식사 중에도 교수님과 선생님들은 내일 답사일정에 앞서 이키섬 학자분과 이야기를 하고 계셨다. 이날 밤에는 '고딩과 사랑'이라는 주제로 이야기를 했다. 허심탄회하게 말씀하시는 선생님들과 선배들의 분위기가 좋았다. 술을 많이 마신

탓인지 잠이 솔솔 잘 왔다.

　다음날 일어나자마자 온천욕을 하고 이키섬을 답사할 준비를 했다. 온천을 하고 어제 종일 쉰 덕인지, 몸이 날아갈 것 같았다. 점심은 소고기 계란덮밥인데 무지하게 짜서 먹을 엄두도 나지 않았다. 이키의 여러 박물관을 다니면서 본 것 중에 이키섬인들이 한국인을 제대로 알지 못하고 서양인처럼 인형을 만들었던 것이 인상적이었다. 이키섬 학자분이 말씀하신 가장 인상 깊었던 말씀은 "나는 편견을 가지고 한일관계를 연구하지 않습니다. 최대한 객관적으로 역사를 볼 것이며, 정년을 몇 년 앞두고 있는데, 그 후에도 나는 어김없이 객관적으로 역사를 연구하는 데에 힘쓸 것입니다."라는 것이었다. 모든 일정을 끝내고 바로 후쿠오카로 가기 위한 배에 탑승했다. 배의 이름은 비너스호였다. 스모를 보다가 어느새 한참 잔후에 일어나니까 벌써 도착했다. 도착하자마자 느낀 분위기는 '스바라시'였다. 우리나라로 치면 강남쯤 되는 지역에의 화려한 네온사인, 우리나라에서는 느낄 수 없는 이국적인 모습, 아 이게 정말 진정한 일본의 모습이구나 생각하면서 감탄을 금하지 못했다. 여러 택시에 나눠타서 호텔에 도착해서 보니 호텔 또한 대단했다. 나는 우리나라 특급호텔도 롯데호텔 밖에 가 본적이 없었던 지라 감탄의 연속이었다. 여기서 손 교수님 아들내외분이 참석하셨다. 오키나와로 가기 전까지 여행을 함께 하신다고 한다. 짐정리를 간단하게 하고 나서 저녁식사가 있는 곳으로 향했다. 서빙하는 일본여자들이 너무 예뻐서 눈이 즐거웠다. 음식도 맛있는 회와 튀김요리와 전골이 나왔다. 일본 구주 산업대학의 교수님과 대학원 선생님, 그리고 서일본신문사에서 일하시는 높은 분들이 오셔서 긴장하고 있던 찰나에, 엄 선생님이 잔을 따라드리라고 하셔서 한잔씩 드렸다. 그 전에도 좀 알딸딸했었는데, 연거푸 일본소주 4잔을 먹으니 머리가 핑핑 돌았다(구주 산업대학 교수님 →대학원 2분→서일본신문사 분). 나는 술을 먹으면 주체할 수 없는 성격이라 형들과 또 맥주를 먹고 잤다. 역시 다음날은 속이 정말 안 좋았다. 이홍권 선생님도 속이 안 좋으신지 계속 표정이 안 좋으셨다. 일어나자마자 버스를 타고 구주대학으로 이동했다. 구주대학에 한국 연구센터도 있었고 세미나 형식에 대해서도 간략하게나마 들을 수 있었다. 능숙하게 한국어를 구사하는 일본어 교수님들을 보면서 나도 한번쯤은 이런 일본의 대학에 와서 '객관적'인 학문을 구사하시는 분들과 공부를 하면 얼마나 좋을까 하는 생각을 하면서 대학에서 나왔다. 대학을 나와서 바로 서일본신문사로 가서 신문을 만드는 방법에 대해서 잠깐 보고 점심식사로 소고기를 먹었다. 푸짐한 삼겹살을 더 좋아하는 나에게는 찔끔찔끔 나오는 소고기는 성격에 맞지 않았다. 그래서 그런지 몰라도 조금 있다가 가는 나고야성을 가는 내내 배가 고팠다.

　나고야성은 성이 참 컸다. 성 높이에 따라 혼마루 니노마루 이런식으로 나뉜다고 유 교수님이 설명해주셨다. 높은 곳에서 조망하는 풍경이 인상적이었다. 그곳에 있던 사람 중에는 한국인도 있었는데 그중에 한분이 나고야성 내부에 대해서 자세한 설명을 해주셨다. 과연 일본의 주요 성이라고 불릴만한 크기의 성이였으며, 울산왜성 때 봤었던 것과 흡사하나 이곳은 보존상태도 좋았고, 크기도 거의 몇 배는 되는 것 같았다. 해가 뉘엿뉘엿 넘어갈 무렵에 일정을 마치고 다시 후쿠오카로 돌아갔다. 돌아가는 길에 신동규 선생님이 잠깐 일본사에 대해서 설명을 해주셨으나, 졸아서 듣지 못했다. 도착한 후에 서점에 갔다가, 몇몇 팀을 나누어서 각자 저녁을 먹기로 했다. 나랑 지연선배, 홍권선생님, 정락이형, 쿠니 이렇게 움직였는데, 나는 라면집에 혼자 들어가게 되어서 일본어로 된 종이를 받고 잘못 체크해서 국물에 면발만 있는 라면을 먹게 되었다. 참 억울했다. 여기서 나와서 오락실을 갔다가, 호텔로 들어갔다. 여기서 느낀 건데 일본은 빠찡꼬(일명 도박장)가 참 활성화되어 있는 곳인 것 같다. 어딜가나 볼 수가 있었다. 숙소에 들어갔다가 다시 나와서 포장마차에서 10만 원어치 술을 먹고 잤다.

　다음날 아침은 뷔페였는데 속이 안 좋아서 별로 먹지 못했다. 이동 도중에 이미숙 선생님의 구주 도자기에 대한 강의가 잠깐 있었는데, 인상적인 부분이 많았다. 구주 도자기 박물관에 들러서 도자기에 대한 것을 봤다. 데지마 상관 즉 옛날 네덜란드상인들이 왔던 곳에 갔다. 시설도 잘되어 있었고 동영상 등을 마련해서 보기에도 좋았다. 특히 영상을 한국어로 통역한 버전을 이어폰으로 들을 수 있어서 네덜란드인이 어떻게 어떤 방법으로 일본과 교류했는가에 대해 명확히 알 수 있었다. 그리고 2차세계대전 당시에 투하됐던 원자폭탄에 대한 기념관이 있다고 하여 그곳에 가서 자세한 것들을 봤는데, 선생님들의 별다른 해설이 없어서 인상 깊게 보이지는 않았다. 구주 도자기 박물관, 원자폭탄기념관을 들리고 점심으로 짬뽕을 먹었다. 역시나 짰다. 이삼평 도자기관에서 도공을 생각하면서 답사를 했다. 산꼭대기에 있어서 올라가는데 꽤나 애를 먹었다. 이날 저녁은 일본 현지 공무원분들과 식사를 같이 했는데, 술안주에 밥을 먹으려니 밥이 제대로 들어가지가 않았다.

　다음날 아침은 맛있는 뷔페였다. 8시까지라고 했는데 버스를 탄 후에 편히 자려는 나의 생각은 빗나갔다. 버스를 타는 게 아니라 곧바로 다른 곳으로 이동을 하라는 선생님들의 지시가 있었다. 덧치월에 도착하고 보니 네덜란드 인들이 벽을 넘어 보지 못하게 한 곳이라고 한다. 히라도성이 보인다. 그 위에 영주가 거처하는 곳이 있다고 한다. 박물관에 들렀다가 장기 여행을 가기 시작한다. 잠을 푹 자다가 신동규 선생님의 특강에 눈을 떴다. 신동규 선생님의 특강의 내용은 대략 이렇다. 대 막부가 무너지고 메이지유신 구마모토 가고시마에 대해이 막부체제의 동요과정은 17C후반이다. 16C말 은의 산출량이 높아지면서 재정이 약화되고 이자도 제대로 받을 수가 없었으며 설상가상으로 18C에화산이 터졌다고 한다. 이에 따른 경제개혁 3가지를 내세웠는데 돈의 가치를 늘림으로써 재

정극복을 하려는 노력은 실패로 돌아갔고 그다음의 외교문제 역시 무미
됐다. 미국에서 일본으로 오는 포경산업이 특히 중요한데, 석유개발전
고래의 기능을 사용하기 위해 일본 표류민 7명 1872년부터 해당영주가
대포를 쏴서 쫓아버리자, 막부의 이러한 것에 대해 반목세력이 일어난
다. 땔감과 물을 줘서 돌려 보낼 것이지 왜 군이 그렇게 까지 할 필요가
있는가에 대한 불만의 표시였다. 이때부터 이미 막부의 권력은 약화됐다
고 봐야한다고 한다. 1893년에 페리 미국 제독이 개국을 요청했으나 받
아들여지지 않자 오키나와에 머물고 있었다. 1894년 돌아가서 다시 오
자 개항을 했고 한다. 막부는 대외문제에 대해 독단적이었으나 자문을
구하게 되는 것으로 이전에 누렸던 권력보다 더 약해지는 것으로 파악된
다. 개국이 되자마자 일본에서는 내부적인 문제와 혼란한 시기가 결부되
었다. 14대 장군의 계승문제에 대해 대립을 하였고 낭기파 vs 히로츠사
파에 대한 대립이 발생하였다고 한다, 도막파 즉 막부를 쓰러뜨리기 위
한 운동은 ① 공무합체운동 ② 동합 도막 반막부 운동으로 전개되어나
갔다. 이 명치유신은 3친구가 합세를 했는데, 이중의 한명인 이와쿠라
토모미는 자기의 이름을 딴 이와쿠리사절단을 보내어 서양의 모든 문물
을 중심으로 보고 대구 보리톤 키나 보루토리가 따라갔다. 총리 이토 히
로부미도 따라갔다. 사이고 다카후라에게 모든 정치체제를 그대로 유지
하라고 했으니 바꾸기 시작했다. 이때부터 정한론이 대두되는데 이것은
실행이 되지 않았다. 사이고는 조선의 조정을 욕되게 하면 그들이 나를
죽일테니 그때 구실로 치라고 했으나 받아들여지지 않았다. 이때는 토지
개혁도 활발하게 일어났는데 단위면적당 세금을 매기는 것이 아니라 면
적당 단가를 매겨서 (지조개정이라고 한다.) 현금으로 세금을 받는 제정
적 토대이다. 부국강병을 위하여 징병제를 택하였고, 비스마르크의 법을
따르기도 하였다고 한다! 만주사변이후 태평양전쟁까지를 15년 전쟁이
라고 학술적으로는 설명을 한다. 짧은 시간 신동규 선생님의 핵심을 찌

르는 강의를 들어서 그런지 다음 학기에 들게 되는 일본사는 정말 기대가 된다.

점심식사(초밥과 우동)는 정말 맛있었다. 두시에 출발하여 쿠마모토 성에 도착하였다. 쿠마모토 성 도착해서 혼마루, 천수각 등의 개념을 다시 떠올리기 시작했다. 고니시, 도쿠가와 이에야스, 가토 기요마사 이들은 천수각을 지으면서 감정을 표현했다고 한다. 성에고니시의 메이지 신정부와 반막부정부의 싸움이 있었다. 전국시대의 특징은 성이 난공불락이라는것이다(해자가 깊다). 우물 120여 개 은행성이라고도 부른다. 3시에 출발해서 계속 자다가 일어나 보니 온천이었다. 이곳을 한 시간 만에 능력껏 돌 수 있는 사람은 돌라고 하셨다. 나와 신동규선생님 엄찬호선생님 정락이 형만이 3개를 다 돌았다. 옷 입고 벗고 입고 벗고 2번째 온천에서 닭대가리가 나를 쪼았다. 온천을 출발해서 늦은 밤 식사와 노노카 팬션의 주인아저씨, 아줌마 미남미녀 커플분들의 환대에 정말 감사히 밥을 먹었다. 특히 그 와인 맛은 잊을 수가 없었다!

다음날 뜨거운 물이 나오지 않아서, 찬물에 샤워를 하고 있었는데 내 영원한 룸메이트인 쿠니히로의 표정이 좋지 않았다. 할아버지가 돌아가셨다는 것이었다. 그래서 쿠니는 배를 타고 고향인 오카야마로 돌아갔다. 이제 놀 사람이 없으니 눈앞이 캄캄했다. 아침에 박물관을 가서 향토유적을 본 후 심수관기념관을 보러 가려 했으나 거리가 너무 멀어서 포기하고 바로 항공편으로 오키나와로 이동했다. 나는 해동제국기를 학습하기 전까지는 유구국 즉 오키나와가 예전부터 일본의 영토에 속하는 것으로 알고 있었다. 오키나와에서 맥주에 튀김과 회, 메밀국수(소바)를 먹었다. 물론 꼬치집에서 술을 두 번째로 더 마시긴 했다.

다음날 아침에 오키나와의 본격적인 여정을 시작했다. 아침에 일어나서 오키나와박물관에 갔다. 그곳에 설명하신 학예사분이 참 열정적이셨다. 이곳에서는 오키나와의 전 풍토와 지리를 알 수 있는 시스템적인 설계가 완벽하게 되어있어서 선생님들이 깜짝 놀라셨다. 예를 들어 지금 80세의 노인이 당시 유년기에 있었던 곳이 지금은 어떠한 곳인지 바로 알아볼수 있다고 한다. 그 외에 일본 본토에서 받아온 여러 방대한 서적들 하며, 오키나와가 왜 유구국으로 하나의 독립국가를 형성했었는지 알 만 했다. 비가 오다가 말다가를 반복한지라 수리성을 견학하는데 계속 애를 먹었다. 수리성 내부는 중국 영화에서 볼 수 있었던 여러 가지 화려한 장식들이 가득했다. 양말에 구멍이 났는데, 자꾸 양말 신고 들어가라고 하는 곳이 많아서 참 난감했다. 수리성 내부를 모두 답사한 후에 점심식사를 했는데, 점심은 커다란 바가지 안에 튀김과 고기 몇 종류 밥이 있는 벤토 형식이었다. 식사 후에 오키나와월드를 관광하는 형식으로 들어갔다. 먼저 동굴을 지나서, 도자기 만드는 곳에 대한 간단한 설명을 들은 후에 재미있는 공연을 봤다. 도중에 맥주집을 들렀는데, "참새가 방앗간을 지날수가 있나" 하는 교수님의 재치있는 말에 웃음이 나왔다. 그리고 이 재미있는 공연은 너무나도 재미있어서 공연 내내 잠을 자다가 일본사람 어깨로 목이 움직여서 망신을 당했다. 오키나와 월드를 간 후에 유구국에 관한 자료가 있는 박물관을 다시 한번 답사 한 후에(이곳에는 특히 오키나와 전쟁에 관한 이야기들이 많이 수록되어 있었다) 한국인 위령탑으로 가서 고국을 위해 죽어간 이들을 위한 묵념을 했다. 기타 자유시간을 갖게 되어서 신 선생님의 안내아래에 경하 형과 나와 정락이 형은 커피를 먹고 돌아다녔다. 마지막 날 저녁인지라 오키나와 정식을 맛있게 먹고 춤도 구경했는데, 솔직히 재미없었다. 즐거워하는 다른 사람들을 보고 억지로 즐거워하려니 참으로 고통스러웠다. 마지막날 밤 광란의 밤을 걱정했지만, 다행히도 교수님이 일찍 들어가신 탓에 술을 적게 먹었다. 다른 선생님들은 4시 반까지 술을 드셨다고 하는데, 참 대단하신 것 같다. 다음날 약간 늦게 일어나서 인천공항발로 돌아왔다.

내가 이 답사에서 느낀 바는 간략하게 3가지다.

우선 첫 번째로 일본어 공부의 필요성이었다.

집 떠나면 고생이라고, 고생은 하지 않았지만, 내가 이곳에 혼자 왔었으면 어떻게 되었을까 하는 걱정이 들었다. 앞에서 언급한 라면 가게에서의 일이나, 여러 일본 공무원들 앞에서 일본어로 자기 소개를 제대로 못한 것, 계절학기 일본어 백 교수님이 말씀하신 외워야 써먹는다는 말을 간과한 내가 한심스러웠다. 일본학과로의 복수전공을 계획하고 앞으로 일본어 공부에 정진해야겠다.

두 번째로 주제넘지만 학문에 대한 깊이였다.

역시 앞에서 언급한 이키의 학자분은 편견없이 역사를 공부하고 정년 후에도 해야할 것이 많다고 하셨다. 오키나와에서의 경험도 잊을 수 없다. 역시 학문의 깊이는 끝이 없는 것을 깨달았으며, 어린 나로써는 받아들여할 부분이 아닐 수가 없었다.

세 번째로 나 자신의 변화이다.

해동제국기 장소의 지리가 변하듯 내 자신도 상당히 변화했다. 15년 만에 만나 뵙는 대마도 아저씨를 봤을 때는 그저 맛있는 걸 많이 주고 나를 귀여워 해주는 아저씨라고 생각했다. 다시는 보지 못할 사람이라고 생각했다. 그런데 내가 역사를 전공하고 이제는 공부하는 입장에서 바라보는 분이다. 답사와는 관계없는 말이지만 근 1년간 나는 손 교수님 밑에서 많이 변화해 왔다. 신입생 선발시에 간신히 추가합격을 했던 내가 이제는 전체 남자 순위 중에 3순위로 들어가게 되었다. 뿐만 아니라 나는 내 자신이 계획해서 공부할 수 있었고 답사 계획도 이번에는 나름대로 세웠다. 타임머신이 있어서 다시 1월 10일로 돌아가서 답사를 한다면 조금 더 잘 할 수 있겠지만, 나는 이 답사 일정에 느낀 점 을 내손으로 다시 한번 작성하면서 그때의 시간을 되돌려 보고자 한 노력을 담아 뿌듯하다.

9) 해동제국기의 고지도를 따라 일본을 조사하다

-해동제국기 역사의 현장에서 만난 일본인-

심 보 경

1. 해동제국기 일본답사가 시작되다
- 대마도, 그리고 橘厚志

해동제국기 일본답사가 시작되었다. 해동제국기 고지도를 따라 500여
년 전 조선통신사의 루트대로 우리 연구팀의 여정이 시작되었다. 허리
통증 때문에 3일 간 입원실 신세까지 지게 되었지만, 몇 달 전부터 계획
했던 이번 답사의 매력이 의사의 만류에도 나를 떠나게 하였다. 이른 새
벽 우리팀은 춘천에서 부산을 향해 출발하였다. 모두가 잠든 이 새벽,
부산을 향해 출발하는 우리는 이번 답사에서 무엇을 느끼고 무엇을 얻을
수 있을까.

1월 13일 토요일 오전 10시, 부산국제여객터미널에서 대마도행 씨플
라워호(sea flower)에 몸을 실었다. 지금까지 일본 여행은 당연히 비행기
로만 가능하다고 생각했었다. 갑판위로 나갈 수 없어 조금은 아쉽지만
배를 타고 가는 이 여행이 무척 흥미롭고 신선하다. 망망대해다. 오륙도
를 지나 조금씩 뱃머리는 일본을 향해 나아가고 있다. 드디어 대마도 嚴
原港(이즈하라항)에 도착했다. 그리고 일본 대마도 입국심사. 섬나라 사
람들의 성격을 그대로 닮은 것인가. 많은 인파에 비해 상대적으로 적은

수의 입국심사대, 좁은 계단과 통로, 1시간 넘게 걸린 늦어진 입국심사
에 다들 조금씩 피곤하고 짜증스러워하고 있었다.

나카사키현 대마역사민속자료관에서 우리팀의 대마도 답사를 안내해
주실 橘厚志(다찌바나, 太洋技硏株式會社 對馬營業所 所長 59세) 선생님
을 만났다. 가죽잠바에 청바지 차림, 전직 嚴原 副院長을 지냈으며 현재
건설회사 소장을 역임하고 있는 그는 59세의 나이가 무색하게 무척이나
역동적이고 적극적인 사람이다. 대마역사민속자료관에서 대마도에 대해
개관한 후 橘厚志 씨의 안내에 따라 우리팀은 해동제국기 고지도를 따
라 黑瀨(仇老世浦 쿠로세), 加志(可時浦 카시), 土寄(頭知洞浦 즈치요리),
小船越(訓羅串 고후나바시), 佐須(沙愁浦 사스) 지역을 조사하였다.

나는 다지바나 선생님께 해동제국기 고지도에 적힌 일본 지명의 정확
한 발음과 현재 이 지역이 대마도의 어느 지역에 해당하는지를 여쭈어
보았다. 그러나 그는 자신은 잘 모르겠다며 내일 대마도 현지조사를 안
내해 주실 나카도메 선생님께서는 아실 것이라고 하였다. 그리고 차로
이동하는 내내, 그는 즐거운 마음으로 우리 해동제국기 연구팀을 위해
대마도의 역사와 문화, 顎浦(와니우라), 石屋(이시야네), 豆酘(쯔쯔), 黑瀨
(쿠로세) 등과 같은 대마도 지명을 유쾌하게 설명하며 대마도 답사의 이
해를 도왔다. 늦은 저녁, 우리 연구팀은 일본 대마도의 한 음식점에서
일본정식 가이세끼 요리와 정종 시라타케(白嶽)를 마시며, 대마도 문화
에 조금씩 적응해 가고 있었다.

2. 대마도의 역사를 듣다
- 대마도 향토사 연구가 永留久惠

오늘은 上對馬 지역을 답사하는 날이다. 이튿날 대마도 답사의 현지

안내인은 89세의 향토사 연구가 永留久惠(나카도메) 선생님이시다. 그에게서는 전형적인 일본인 학자의 분위기가 물씬 풍긴다. 89세의 고령답지 않게 밝은 눈과 귀, 건강한 체력을 가진 그 분에게서 우리팀은 대마도 지역의 역사와 문화를 이해해 갔다.

나카도메 선생님은 우리 일행을 豊玉町의 和多都美(와다쓰미) 신사로 안내했다. 和多都美 神社, 일본의 다른 신사에 비해 鳥居(토리이, 신사 입구의 표시문)가 바닷물에 세워진 것이 인상적이다. 한일 지명 관계 문헌을 읽으면서 '和多'는 한국어 '바다'를 借用한 것이라는 사실을 그저 이해하기 급급했는데, 이렇게 和多都美 神社를 방문하여 나카도메 선생님의 설명과 함께 현장에서 직접 체험을 하고 나니 일본지명에 표기된 '和多'가 왜 한국어 '바다'와 관련이 있는지 선명하게 인식되었다.

일본의 [和多(wada)]계 지명은 '해운'과 '어업'에 종사하는 신라계 도왜인들이 현해탄을 건너 대마도에 정착하여 살면서 한국어 '海(patər)'을 자신들이 살고 있는 지명에 명명한 것이다. 그리고 한국어 '바다'가 음운변화하여 일본 지명에서 [wada(和多, 和田, 渡), fata(波多, 波陀, 秦)]로 차용되었다. 현재 바다와 관계한 곳에 和多系 神社가 존재하며, 일본 인명 중 [wada(和多, 和田, 渡)], [fata(波多, 波陀, 秦)]씨는 고대 한국과의 관계에서 유래한 것이다.

和多都美 神社를 살펴 본 뒤, 연구팀은 鳥帽子岳展望臺(에보시다케전망대)에 올라 아소만(淺芽灣)의 절경과 대마도의 동서남북을 조망하였다. 그리고 峰町歷史民俗資料館으로 향하였다. 嚴原(이즈하라)는 현재 대마도의 중심지이지만 과거에는 峰(미네)가 대마도의 중심지였다고 한다. 나카도메 선생님은 미네역사민속자료관에서 대마도의 역사, 한일 관계사 그리고 그 교류의 현장에서 양국 간에 주고 받은 문화재에 대하여 나지막한 음성으로 말씀하셨다. 円通社에 소장되어 있는 銅造藥師如來坐像, 銅造如來立像, 高麗靑瓷, 李朝白磁, 청동검, 円通社梵鐘은 모두 한

국에서 전래된 것이지만, '鹿笛'만은 대마도의 유일한 유물이라고 힘주어 말하는 아흔의 향토사가의 모습에서, 한국의 귀중한 문화재가 왜 이렇게 대마도역사자료관에 소장되고 있는지에 대해 의구심이 들었다.

미네역사민속자료관은 초겨울 날씨에도 불구하고 난방시설이 전혀 가동되고 있지 않았다. 발끝을 스미는 한기 때문인지 일행은 따뜻한 아랫목과 뜨끈한 국물을 그리워하며 점심식사를 위해 미네의 한 음식점으로 향하였다. 오늘의 점심식사는 '오꼬노미야끼'이다. 백화점에서 가끔 먹어 보던 이 음식을 일본 본토에서 그 맛 그대로를 즐길 수 있어 무척 기대되었다.

미네역사민속자료관에서 추위에 떨었던지라 모두들 뜨거운 국물이 생각났다. 그러나 음식점에서 내놓은 물은 얼음을 동동 띄운 차가운 얼음물이다. 조금 의아했다. 한겨울에 얼음물이라니. 일본인들은 높은 습도와 무더위로 고생하는지라 한겨울에도 얼음물을 마신다고 한다. 아흔의 나카도메 선생님도 얼음물을 마신다. 한국인들은 이가 시려 얼음물을 전혀 마시지 못할 터인데 그는 그 물은 시원하게 마시고 있다. 이것이 한국과 일본의 문화 차이인가. 그때 우리팀 중 누군가가 된장국을 한 그릇 더 달라고 했다. 그랬더니 150엔이란다. 이것이 한국과 일본의 또하나의 문화 차이인가.

점심식사 후 우리를 태운 버스는 上對馬町 한국전망대로 향하였다. 대마도 최북단의 한국전망대는 한국에서 49.5km 떨어진 곳에 위치하고 있어 날씨가 좋은 날에는 부산을 볼 수 있는 곳이다. 그리고 부산이 내려다보이는 이곳에 조선역관사 위령비가 서 있다. 이 위령비는 1703년 부산에서 대마도로 출항한 108명의 역관사 일행이 기상이변으로 전원 사망하여 이들의 넋을 달래기 위해 세운 위령비이다. 조선통신사의 루트대로 일본 지역을 조사하고 있는 우리 해동제국기 연구팀, 우리는 이 위령비 앞에서 이 영혼들의 안식과 우리 연구팀의 무사한 답사를 기리며 잠시 묵념을 했다.

출렁이는 바다 저 건너 멀리 희미하게 부산이 보인다. 한국을 가장 가깝게 볼 수 있어 일기가 좋으면 가끔씩 한국으로 핸드폰도 터진다고 한다. 그때 여기저기서 한국에 있는 가족을 향해 핸드폰으로 전화를 하는 일행을 볼 수 있었다. 나도 반가운 마음에 한국에 있는 가족에게 로밍이 안 된 핸드폰으로 안부전화를 했다. 과연 대마도, 이 땅은 일본의 섬인가, 한국의 섬인가.

그리고 박제상 순국비, お船江, 万關橋(만제키바시, 일본 해군의 군함 출입을 위해 만든 인공 운하), 佐須奈(사스나, 沙愁那浦), 網代(아지로, 安而老浦), 大浦(오오무라, 吾溫浦), 円通社, 万松院을 둘러본 후 이즈하라로 돌아왔다. 대마도의 마지막 밤, 기모노를 입은 마마상의 친절한 접대와 일본 전통춤 공연을 보며 石燒(이시야키)에 대마도 소주 '야마네꼬'를 마시며 저녁 만찬을 즐겼다. 그리고 다지바나 선생님이 부르는 우리나라 노래 만남, 마마상이 우리에게 가르쳐 추는 일본춤을 배우며 우리는 그렇게 대마도의 밤을 보내고 있었다. 500년 전 조선통신사들도 이렇게 대마도의 밤을 보내지 않았을까. 한국인과 일본인 모두의 입가에는 미소가 번지고 있었다.

3. 해동제국기의 壹岐島로 가다
- 壹岐鄕土史料館館長 市山等

대마도 답사를 끝내고 우리팀은 비너스호를 타고 壹岐島에 도착했다. 이키섬 데아이노무라 호텔 앞에 펼쳐진 전망이 기분을 좋게 한다. 호텔에 짐을 풀고 난 뒤 우리 일행은 2일 간 강행군한 대마도 답사의 피로를 풀기 위해 오후 시간을 壹岐 湯本溫泉에서 보냈다. 그리고 저녁 시간 대마도보다 한층 여유럽고 풍요로운 이키섬의 분위기를 즐기며 샤브샤브와 이키 소주 한 잔으로 그렇게 우리 일행은 이키섬에 정착했다.

아침 9시 壹岐鄕土史料館에 도착한 우리는 이키섬 답사를 위해 壹岐鄕土史料館館長 市山等(이찌야마 히도시) 씨를 만났다. 市山等 씨는 큰 키에 지적인 인상을 풍기는 전형적인 일본인의 모습이다. 그는 지역지리를 전공했는데 山口麻太郎(야마구찌시타로, 일기향토사료관 초대 관장)이 죽자 관장직을 맡게 되었다고 한다. 그리고 현재『고사기』를 공부하고 있으며 한국과 일본과의 교류관계에 관심이 있으며 雨森芳洲(아메모리호슈, 일본의 조선국 담당 외교관, 교린수지 저자)를 존경한다고 하였다.

壹岐鄕土史料館은 외형과 내부 모두 조화롭게 잘 정리되어 있었다. 壹岐島는 남북 17km, 동서 15km이며, 이 섬의 가장 높은 곳은 해발 213m로 섬 전체가 평형하며 거북이가 헤엄치는 모양이다. 市山等 씨는 일기향토자료사료관에 전시된 일기도의 역사를 하나하나 설명해 가며 우리팀의 이해를 도왔다. 그리고 市山等 씨가 건네준 지도, 해동제국기의 壹岐島. 이 지도는 일기도 지형도 위에 해동제국기에 기록된 고지명과 현재지명이 잘 정리되어 있었다. 우리 해동제국기 연구팀을 위해 일기도 현지인이 자신이 살고있는 지역의 고지명과 현재지명을 치밀하게 조사하여 선물한 것이다. 참 고마운 일이다. 자신의 일에 프로의식을 갖는 치밀한 일본인의 성향을 볼 수 있는 순간이었다.

壹岐鄕土史料館에서 이키섬을 조망을 한 뒤 우리는 차를 타고 壹岐島 지역을 둘러 보았다. 本居浦(모도이우라, 毛都伊浦),『해동제국기』에는 100호가 있었다고 기록되어 있는데 현재는 135여 호가 살고 있다고 한다. 이 마을 근처에 고노우라항이 있어 교통과 무역이 활발하게 됨에 따라 本居浦는 교통과 어업의 중심 마을이 되었으며, 사람들이 많이 살게 됨에 따라 바다를 매립하여 마을의 규모가 더 커졌다고 한다.

市山等 씨의 안내를 받으며 이키섬 '다케노쯔지 전망대'(217m)에 올라 壹岐島 전체를 조망하였다. 이곳에서는 맑은 날에는 북쪽으로는 대마

도, 남쪽으로는 구주의 하카다가 보인다고 한다. '다케노쯔지 전망대'에
서 내려온 우리는 이키섬의 중심부에 해당하는 國分(고쿠부, 古仇音夫
鄕)을 돌아보았다. 이키섬의 중심부를 나타내는 배꼽돌과 턱걸이돌 악어
터, 재미있는 발상이다. 그리고 조선통신사의 임시숙소가 있었던 勝本浦
(風本浦, 카쓰모토우라), 4몽고군 격전지이며 고려 지명 高麗橋가 남아
있는 新城(信昭于里, 신조), 해동제국기에는 40호이지만 현재는 번성하
여 700호가 살고 있는 印通寺浦(因都溫而浦, 인도지노우라) 등을 답사하
였다. 하루종일 내리는 비도 해동제국기 연구에 대한 열정을 식힐 수는
없었다.

　일본식 규동(돈부리)과 야사이이따메(야채정식)로 맛있게 점심식사를
한 후 湯岳(유타케, 唯多只鄕)에서 '이키 · 하루노쯔지' 유적을 살펴 보
았다. '이키 · 하루노쯔지' 유적은 아시베정과 이사다정의 언덕에 위치한
대규모 환호취락지이다. 이곳은 야요이 시대의 유물이 다수 발견된 지역
으로 하루노쯔지 전시관 앞의 넓은 평야에 '매장문화 박물관'을 건립할
예정이라고 한다.

　그리고 우리 일행을 실은 버스는 안국사로 향했다. 안국사에는 고려
와 조선에서 도난당한 불경과 종, 고려대장경이 전시되어 있었다. 우리
의 귀중한 보물이 버젓이 일본의 자그마한 섬 일기도의 한 전시관에 전
시되고 있었다. 참담한 역사의 현장이다. 부슬부슬 내리는 비, 말없이 묵
묵히 서 있는 천년의 고목만이 이 참혹한 역사의 현장을 지키고 있다.
안국사를 방문한 뒤 우리 연구팀은 후쿠오카 하카다로 가기 위해 고노우
라항에서 비너스호를 기다렸다.

　신숙주의 해동제국기에 표시된 지명을 찾아 500년 전 그 위치를 비정
하는 우리 연구팀, 일기도 현장에서 그 역사를 생생하게 설명하고 있는
市山等 씨, 그의 도움으로 우리 연구의 실마리는 조금씩 풀려가고 있었다.

4. 해동제국기의 琉球國을 가다
- 沖繩縣公文書館 久部良和子

1월 20일 일요일, 우리 일행은 沖繩(오키나와) 那覇 공항에 도착했다. 오키나와는 450년 琉球國 왕조의 땅이다. 나하 공항에 도착하기 전까지 만 하더라도 나는 그저 오키나와를 노인들이 많은 장수의 나라, 조그마 한 어촌 마을로 생각했다. 그러나 나하 공항에 도착하자 오키나와에 대 한 작은 어촌 마을의 이미지는 사라졌다. 우리는 늦은 저녁 식사를 위해 오키나와의 전통 음식점에 들렀다. 이국적인 음악과 오키나와 민속의상 을 입은 이들의 서빙을 받으며 오키나와 전통주 구로젠을 마시며 우리는 서서히 오키나와 문화에 젖어가고 있었다.

아침 식사를 끝내고 우리팀은 沖繩縣公文書館에 도착했다. 공문서관 입구에는 琉球王朝 國王의 도장이 날인된 종이가 전시되어 있었다. 琉球 國王의 도장이 강렬한 인상으로 다가온다. 색다른 느낌이다. 우리는 오 키나와현의 역사와 공문서관에 대한 설명을 듣기 위해 沖繩縣 文化振興 會 기록관리사 久部良和子 씨의 안내를 받았다.

"박물관은 과거, 도서관은 현재, 고문서관에서는 미래를 볼 수 있다. 과거의 역사를 연구하면 미래가 보이므로 기록과 기록의 보존이 중요하 다. 사람은 죽더라도 자료는 살아남아야 한다"고 역설하는 久部良和子 씨. 자그마한 체구에 50대 일본인 아줌마의 외모와는 달리, 그녀에게서 오키나와인의 민족성과 자부심, 자신의 직업에 대한 강한 프로의식을 느 낄 수 있었다. 또한 그녀는 자신의 미국 유학시절을 얘기하면서 아시아 가 미국의 지배를 받고 있는 사실에 대하여, 미국 문화는 잘 알고 있으 면서 인근의 아시아의 문화에 대해서는 관심이 없는 현실에 대하여 "why"라고 힘주어 말하였다. 우리 일행은 짧은 시간이었지만 久部良和

子의 설명을 통하여 역사 인식과 자료 보존에 대한 강한 자극을 받았다.

 "역사 자료를 보지 않으면 생각하는 힘이 없다", "전쟁에 대한 기록 사진이 미국인이 찍은 것과 오키나와인이 찍은 것이 다르며, 똑같은 장면을 찍더라도 관점에 다라 사진을 달라질 수 있다. 이것을 생각하며 사진자료를 감상하라"같은 사실이라도 관점에 따라 다르다는 사실을 보여주기 위해 그녀는 미국에서 찍은 <米國立公文書館藏 米海兵隊寫眞資料>와 오키나와에서 찍은 <琉球政府關係寫眞資料>를 비교하며 설명하였다. 그녀의 야무지고 당찬 목소리가 귀를 울린다. 그녀는 오늘 이국의 우리 해동제국기팀을 위해 역사인식에 대한 해박하고 감동적인 강연을 하고 있었다.

 지명 연구를 하고 있는 나는 오키나와현 공문서관에서 귀중한 자료를 발견하였다. <空中寫眞用 컴퓨터>. 이것은 미군이 가장 좋은 땅에 미군기지를 만들기 위한 목적으로 항공에서 오키나와현의 지형과 지세, 목표물을 찍은 후 지도화하여 컴퓨터에 기록한 것이다. 하지만 현재는 이 컴퓨터와 DB자료는 주민들의 생활을 위해 요긴하게 쓰이고 있다고 한다. 이 컴퓨터에서는 오키나와현의 지세도, 토지이용도, 지형도를 1:1,000, 1:2,500, 1:5,000, 1:10,000, 1:25,000의 비율로 볼 수 있으며, 각각의 지역에 대한 세밀한 지명, 지형도, 목표물이 표시되어 있었다. 또한 사진영상자료는 미국국립공문서정비번호, 촬영연월일, 촬영범위, 매수가 정확하게 기재되어 있어 자료로서의 가치는 더욱 탁월했다.

 오키나와현 공문서관에서 오키나와인의 정체성과 역사인식에 대하여 久部良和子 씨로부터 진한 감동을 받은 후 우리팀은 琉球國 왕조의 궁궐인 首里城으로 향했다. 차창 밖으로는 열대우림기후답게 세차게 비가 내리쳤다. 이렇게 쏟아지는 폭우도 우리의 역사에 대한 관심과 해동제국기 연구에 대한 열정을 흘려보내지는 못하리라.

 수리성이다. 450년 유구왕조가 있던 곳. 붉은색 건물이 어찌보면 중국,

어찌 보면 동남아시아를 연상케한다. 오키나와는 지리적으로 2000km 반경에 타이완, 동남아시아, 한국이 있다. 그래서 옛날부터 이 지역은 무역의 중심지였다. 여러 나라의 문화가 공존하는 이러한 지리적 환경이 도시의 문화에도 반영되어 있는 듯하다. 일본과는 전혀 다른 분위기의 琉球王朝 오키나와. 그들은 잃어버린 왕조 琉球國을 강렬히 원하고 있었다.

5. 해동제국기 일본답사 이제 막을 내리다. 다시 한국으로

오키나와 나하 공항이다. 9박 10일 간의 일정이 모두 끝났다. 조선통신사의 여정대로 출발한 우리의 이번 답사. 춘천에서 부산으로, 부산에서 배를 타고 현해탄을 건너 대마도로, 그리고 일기도, 구주, 오키나와까지. 숨가쁘게 달려왔던 해동제국기의 일본답사가 이제 막을 내리고 있다.

한국을 향해 날아가고 있는 이 비행기 안에서 나는 9박 10일 간의 여정을 다시 생각해 본다. 나의 의지와는 관계없이 계속 나에게 보이지 않는 끈을 연결해 가는 연구테마 地名. 그동안 문헌상으로 비교·분석하던 한일지명비교연구는 나에게는 부담과 갈증의 대상이었다. 그러나 이번 <해동제국기 역사·언어·지리의 종합적 연구> 프로젝트를 수행하며 현장을 방문하면서, 수수께끼로 남아 있던 문제들이 조금씩 풀려가고 있었다. 공항에서 "끝은 또다른 시작"이라고 힘주어 말씀하시던 손승철 교수님 말씀처럼, 이번 해동제국기 연구팀의 이 여정은 언어를 연구하는 나에게 '韓日地名比較研究'에 대한 새로운 시작과 과제를 안겨 준다. 그리고 지명을 연구하는 학자로서, 한국과 일본의 역사·문화 교류의 현장에서 한국인이 일본 대륙에 전해준 언어의 실체를 밝히고 싶은 의지가 생겨난다.

10) 『해동제국기』 일본답사 감상문

정 지 연

9박 10일의 여정이 끝났다. 『해동제국기』 프로젝트가 시작되면서부터 기대해 온 답사였던 만큼 무엇 하나 빠뜨림 없이 느끼고 생각하는 시간이었으면 싶었다. 꿈인듯 싶을 만큼 짧게만 느껴지는 답사여정을 정리하려고 하니 머리가 복잡하다. 몇 백 년 전, 적어도 몇 달, 길면 근 일 년에 걸친 일본 여정길을 걸었을 우리 선조들의 감상은 오죽했을까 싶어진다. 그 많고 많은 사연들을 구구절절히 풀어낼 길이 막막하였을 법도 한데, 현재 남아있는 사행록만해도 100여 권이 넘는다고 하니 또 한 번 감탄이 나온다. 그때에도 분명 지금의 나와 같이 어떠한 키워드를 풀어낼 것인가 하는 고민에 빠졌을 그들의 모습이 오버랩되면서, 신 해동제국기의 장이 열린다.

답사 첫째날, 1월 13일 새벽 3시, 순조롭게 부산행 버스를 탔다. 약간은 어색한 분위기에서 다들 피곤에 못 이겼는지 잠을 청했다. 뜨거운 히터 열기에 몇 번쯤 깼을까. 다행스럽게도 시간에 맞춰 부산항에 도착했다. 시간이 이른지라 라면과 우동으로 대략 아침을 해결하고 출국수속을 마친 뒤 대마도 이즈하라 항으로 출발하였다. 답사의 묘미는 현장을 뛴다는 데 있을 것이다. 늘 책 속에만 존재하였던 지명들이 내 발아래 닿는다는 생각에 벅차오르는 가슴을 억누를 수 없었다. 2시간 쯤 갔을까, 대마도 이즈하라 항에 도착하였다. 입국수속을 받으며 외국에 나왔다는 느낌을 실감할 수 있었다. 특히, 비자를 받느라 여러 우여곡절 끝에 함께 오게 된 중국인 유학생 이홍권씨는 역시나 입국수속에서도 시간이 오래 걸렸다. 내 나라 내 땅이 아닌 곳을 간다는 게 말처럼 쉬운 일이 아님을 확인하는 순간이다. 대마도에서 가장 먼저 간 곳은 대마역사민속사료관이다. 2박 3일 여정인 대마도 조사일정 동안 함께 동행하실 다치바나 선생님을 만났다. 한일 교류의 산증인이라고 할 만큼 대마도에서 한국 관련 기념비를 세우는데 가장 큰 공헌을 하고 계시는 분이다. 하고 계신 일에 대한 자부심이 한국어 실력만큼 굉장하셨다. 대마도 구석구석을 둘러볼 수 있었던 건 모두 선생님의 노련한 안내와 설명이 있었기에 가능하지 않았을까. 대마역사민속사료관에는 몇 해 전에 국사편찬위원회에서 공부했던 종가문서를 소장하고 있다고 한다. 아쉽게도 그 모습을 직접 볼 수는 없었지만, 다녀왔다는 점에 만족할 수밖에.

답사 이튿째. 일이 생기신 다치바나 선생님을 대신하여 나와 주신 89세 고령이신 나가도메 선생님을 만났다. 이분 역시 다치바나 선생님 못지않게 한일교류에 힘쓰고 계신 향토사학자이시다. 고령의 나이에도 불구하고 이곳저곳 하나라도 더 말씀해 주고자 하시는 모습에서 대마도에 대한 애향심을 느낄 수 있었다. 鳥帽子岳 전망대에 오르시는 모습은 결코 89세로 볼 수 없을 정도였다. 전망대에서 대마도 전경을 둘러볼 수 있었는데, 전망대 이름처럼 모자를 엎어놓은 듯한 산봉우리들로 가득하였고, 어디를 봐도 평지는 찾아볼 수 없었다. 이렇게 와서 보니 알 수 있었다. 왜 대마도인들이 왜구가 될 수밖에 없었는지를. 척박한 자연환경 속에서 혈기 넘치는 젊은이들이 수평선 넘어 보이는 육지로 가고자 하는 욕구를 억누를 수 없었을 것이다. 용납할 수 없는 잔혹한 행위를 하였지만, 이러한 자연환경에서라면 그럴 수밖에 없지 않았을까 일정부분 이해가 되기도 한다.

답사 삼일째. 평온한 기분으로 이키섬이 바라보이는 바다를 배경삼아 아침식사를 했다. 모든 멤버들이 서로 친숙해진듯하다. 이키로 가는 일정으로 빠듯하게 오전 답사를 마치고, 마지막 대마도 답사지인 수선사로 향했다. 츠쯔에서 이즈하라로 이동하는 약 40여 분의 시간동안 『해동제국기』프로젝트 버스대학이 열렸다. 첫 번째 강의는 엄찬호 선생님께서 연암 최익현을 필두로 한 을사의병에 대해 설명해 주셨다. 강의를 듣고 나니, 대마도에서의 마지막 답사지로 수선사를 선정해 두신 뜻을 어슴푸레 느낄 수 있었다. 다치바나 선생님이 나가도메 선생님, 정영호, 황수영 박사님과 함께 수선사에 최익현 추모비를 세우셨는데, 그때 당시의 상황에 대해서 설명을 해 주셨고, 일본에서는 최익현이라는 인물이 유명하지 않은데 이는 한일 양국의 역사교육이 다르기 때문이라는 점을 지적하셨다. 또한 앞으로는 서로를 잘 알고 이해할 수 있도록 역사교육이 바뀌어야 할 것이라는 말씀도 덧붙이셨다. 서로의 사정을 알고 나면 이해하지 못할 부분이 어디 있을까만 그것이 말처럼 쉽지 않다는 것을 우리는 역사를 통해 잘 알고 있다. 하지만 이렇게 작지만 소중한 인연이 거듭되어 간다면 그 간극은 좁아질 수 있지 않을까. 100여 년 전 나라의 앞일을 걱정하면서 먼 이국땅에서 순절하신 최익현 선생을 비롯한 선조들을 위해 묵념을 한 뒤, 대마도의 답사를 정리하였다.

답사 사일째. 지난 밤, 소중히 간직해왔던 마음속 이야기들로 꽃피운 시간들이 꿈결 같이 느껴진다. 그 영향 때문인지 대마도와 같이 바다위의 섬인데도 분위기가 완연히 다르다. 좀더 포근하고 아늑하달까. 지도 상으로 작은 섬으로만 생각하고 있었는데, 생각보다는 넓게 느껴지는 건 대마도보다 좀 더 평지가 많기 때문인 듯싶다. 이키 지역은 이키향토관의 관장님이신 이치하마 선생님께서 함께 동행하시면서 설명해주셨다. 이치하마 선생님께서 미리 준비해 주신 이키섬의 지도를 나눠주셨는데,

지도에 해동제국기에 나오는 지명의 위치를 명확하게 표기해 두셨고, 옛
날 지명과 현재 지명에 대한 정리까지 되어 있었다. 묵직히 남아있던 과
제가 한 번에 해결되어 날아가는 듯 했다. 그 분의 노고와 마음 씀씀이
에 깊은 감사를 드린다. 이키 답사가 끝날 무렵 한림대학교 국문과 교수
님이신 심보경 교수님의 두 번째 버스대학 강의가 개설되었다. 국어사에
있어서의 시대구분에 대해 간략하게 설명해 주셨고, 우리가 연구하고 있
는 해동제국기에 나타난 일본 지명, 인명 표기는 한국 한자를 음차한 것
이라고 설명해 주셨다. 아직까지 한일 표기법이 명확하게 밝혀지지 않은
실정인지라, 이번 해동제국기 프로젝트를 통한 일본 지명, 인명 표기 연
구는 15세기 한일표기법 연구에 새로운 지평을 열어가지 않을까 하는
기대감이 생긴다. 버스대학 강의를 끝으로 이키에서의 여정을 마쳤다.
다음 일정을 위해 구주 후쿠오카의 대항구 하카다로 출발하였다. 해동제
국기 시대에 국제 무역항으로 번성하였던 하카다. 개인적으로 이번 답사
지 중에서 가장 기대를 가지고 있던 곳이다. 그러나 흩뿌려지는 빗속에
서 하카다 항에 도착했다는 것을 실감하는 일은 쉽지 않았고, 이후 구주
대학교 사에키 선생님과 대학원생, 서일본신문사의 시마구라 실장님과
의 저녁 만찬을 위해 바쁘게 숙소로 떠나야만 했다. 숙소에서는 구주 3
박 4일간의 여정을 함께 할 손민규, 조희정 부부가 우릴 맞이해 주었다.
한국이 아닌 일본에서 두 사람을 만나니 반가운 마음이 배가 되었다. 즐
거운 저녁만찬 후, 사에키 선생님들과 맥주집에서 담소를 나눴고, 숙소
로 들어가는 길에 맛있는 야다이 음식도 먹었다. 그렇게 구주에서의 일
정이 시작되고 있었다.

　답사 오일째. 구주대학교에서 사에키 교수님을 만났다. 지난밤과는
또 다른 분위기다. 연구실 현황에 대한 여러 가지 설명을 해주셨는데 수
업진행방식이라던가 연구실의 분위기는 우리 대학원 수업과 대학원실과

별반 다르지 않았다. 앞으로 한일관계사를 연구할 때 적어도 1년 동안은 이곳에서 유학생활을 해야만 할 것이라는 손승철 교수님 말씀에 사에키 교수님도 적극 지원해 주시겠다고 환대의 말씀을 해 주셨다. 유학생활이라... 사에키 교수님을 모델로 사진을 찍고 옆 건물에 있는 한국학연구센터로 갔다. 마츠바라 선생님으로부터 한국연구센터에서 하고 있는 중점 사안에 대한 설명을 들었다. 주로 식민지 시대를 연구하고 있는 곳으로 일본 유일의 한국학연구센터라고 한다. 식민지 시대의 한국관련 자료를 해외로까지 범위를 확대하여 수집하고 있으며, 그와 더불어 식민지 시대를 경험한 일본인들의 한국 경험담에 대한 구술 채집도 하고 있다고 한다. 우리가 해야 할 일을 그들이 대신하고 있다는 생각이 드는 바람에 조바심이 나기도 했다. 구주대학교 탐방은 이것으로 마쳤지만, 앞으로 해야 할 일들을 각성하면서 무거운 발걸음을 떼었다.

후쿠오카 시립박물관 견학을 마치고, 나고야성으로 가는 도중 세 번째 버스대학이 개설되었다. 유재춘 교수님께서 일본 성곽사를 간단히 요약해 주셨고, 한국성곽과의 비교 설명을 덧붙여 주셨다. 우리나라 성곽과는 달리 단곽 성곽이 없는 일본 성곽은 지난 번 삼포답사때 서생포 왜성을 통해 몸소 체험한 바가 있어 설명해 주시는 내용을 쉽게 이해할 수 있었다. 일본식 성곽축성이 뛰어난 점을 알고 있었지만 전투과정에서 병력운용이 일본과는 달랐기 때문에 일본식으로 성곽을 축성하지 않았다고 한다. 같은 기능을 갖고 있는 성곽도 나라마다 다른 양상을 갖추고 있는 것이다. 나고야성박물관을 먼저 들렀는데, 그곳에서 눈이 번쩍 뜨이게 만든 것은 다름아닌 조선과 일본국왕의 국서였다. 하얀 바탕에 정갈하게 쓰여있는 조선국서와는 달리 금색과 녹색이 어우러진 종이 위에 쓰여진 일본국왕의 국서는 탁 보기에도 달라도 너무 다르다라는 생각이 들었다. 이것이 바로 한국과 일본의 정서를 대표하여 나타낸다는 손승철 교수님 말씀에 모두들 고개를 끄덕였다. 또 한번 눈이 번쩍 뜨인 것은 해동제국기에 나타난 구주지역 통교자들을 지도상에 표기해 둔 판넬을 확인하고서였다. 일본의 연구축적에 또 한 번 놀랄 따름이다. 내가 해나가야 할 연구에 대한 고민과 각성이 이어진다.

나고야성 탐방을 마치고 후쿠오카의 큰 서점으로 가는 도중, 네 번째 버스대학이 시작되었다. 신동규 선생님께서 무가사회에 대한 개괄적 설명을 하셨다. 일본이 무가사회가 되었던 사회적 배경에서 시작하여 명치유신까지의 일본사를 총망라해 주셨다. 선생님의 강의를 비롯하여 일본에 대한 여러 책들을 읽어봤지만, 결국은 이렇게 일본에 오고서야 일본을 알 수 있게 되었다. 아니, 좀 더 일본을 알아야만 한다는 생각이 더욱 절실해진다. 일본을 모르고서야 어찌 관계사를 연구할 수 있을까. 한 쪽으로만 치우친 시각에서 시작되는 왜곡의 역사라는 엄청난 범죄를 저지를 뻔했다. 이제야 일본이 일본으로 다가온다.

답사 육일째. 구주도자박물관으로 가는 여정에서 또 버스대학이 개설되었다. 협력팀으로 참석하신 이미숙 선생님의 도자기에 대한 강의였다. 도자기의 구분법과 더불어 임진왜란 당시 끌려온 도공들에 대한 연구 성과도 언급해 주셨다. 조선왕조실록에 나타나 있는 교역품목 중에서도 수많은 종류의 도자기들을 발견할 수 있다. 그만큼 도자기는 각광받는 대상이었던 것이다. 실록에 기재되어 있는 도자기에 대한 연구도 괜찮은 연구테마가 아닐까 하는 생각이 든다. 아리타 지역에서 백토를 발견한 공적으로 아리타 자기의 시조가 된 이삼평의 기념비도 둘러보고, 나가사키 원폭기념관으로 가는 도중 또 한 번의 버스대학이 열렸다. 신동규 선생님의 일본 근세에 대한 강의였다. 서양에서 일본으로 오는 첫 관문인 히라도에는 영국, 포르투갈, 네델란드 상인들이 진출하였다가 쇄국령을 통해 남은 네델란드 상관은 데지마로 자리를 옮겨 교역을 지속하였고, 이를 통해 서양 문물이 일본에 유입되면서 일본 근대화의 계기가 되었다고 한다. 오후 첫 답사지였던 데지마 상관지는 원래 부채꼴 모양으로 바다위에 떠 있는 섬이었고 다리를 통해 육지와 연결되어 있었다고 한다. 현재도 계속 복원 중에 있는 데지마 상관을 둘러보면서 부산에 있는 왜관터를 떠올리게 되었다. 너무나 상반되는 모습이다.

답사 칠일째. 송포당 기념관, 구마모토 성을 둘러보고 뻐근한 몸을 풀기 위해 쿠로카와 온천으로 갔다. 세 곳을 다닐 수 있는 마패를 목에 걸고 삼삼오오 어수룩해지는 길을 걸었다. 조선왕조실록을 보면 일본 통교자들이 조선에 와서 온천욕을 즐겼다는 기사들이 자주 나온다. 병을 치유하기 위해 온천을 이용하였던 것이다. 예나 지금이나 온천욕은 몸에도 피부에도 좋은가보다. 관절이 좋지 않은 은영이가 주먹이 쥐어진다며 과감히 신혼여행을 온천지로 올 것을 확신하는 모습을 통해 알 수 있었다. 일주일의 여정으로 피곤한 몸을 온천욕으로 깨끗이 날리고, 녹녹해진 마음은 유후인의 노노카 펜션 주인부부의 따스함으로 채워졌다. 더불어 우리와 끈질긴 인연을 과시하기 위해 일본에서까지 만남을 가질 수 있었던 경동대학교의 이윤희 교수님의 유쾌한 웃음소리는 계속되는 답사에 활력을 불어넣어 주셨다.

답사 팔일째. 뱃부시내로 들어서는 순간, 아득히 밀려들어오는 유황냄새가 어느 결에 콧속에서 진동을 한다. 눈에 보이는 곳곳마다 온천김이 피어오르는 광경이 앞서 본 'これより地獄めぐり' 라는 팻말을 실감케한다. 해동제국기 시대, 일본에서 조선으로 들여온 품목들 중에 화약원료로 사용되었던 유황이 많았다. 이 유황은 땅에서 채취하는 것이 아니라, 볏집으로 된 지붕에 온천김이 올라와 굳으면 유황이 되는 전통 채취 방법을 사용하였다고 한다. 하나의 교역품목으로만 생각해 오던 나에게 뱃부시내의 모습은 신선한 충격이었다. 오이타 역사자료관을 둘러

보고, 심수관 기념비가 있는 가고시마로 직행하였다. 다음 목적지인 오키나와로 가는 비행기 시간이 촉박해져서 마애석불로 유명하다고 하는 우스키는 다음 기회로 미룰 수밖에. 가는 도중에 마지막 버스 대학이 개설되었다. 손승철 교수님께서 유구에 대한 개괄적 설명과 더불어 유구와 조선과의 관계를 말씀해 주셨다. 중국의 책봉을 받은 국가간의 교린관계가 조선과 유구 사이에서도 이루어지고 있었고, 유구에서 조선으로 26번의 사절을 보내고 조선 또한 유구로 4번의 사절단을 파견하였다. 이처럼 직접적인 교류를 가졌던 두 나라는 일본의 하카다 상인이 상권을 장악하면서 그들을 통한 중개무역이 이루어졌고, 중국 북경에서의 간접 교류를 할 수밖에 없었다. 동남아시아산 수우각이나 후추가 두 나라간의 주요 교역품이었다. 시간에 쫓기어 나는 듯 버스가 달려갔지만, 결국 가고시마까지 60㎞ 남은 지점에서 가던 길을 멈추고 공항으로 버스를 돌렸다. 모두들 아쉬움을 접고 마지막 답사코스인 오키나와행 비행기에 몸을 실었다. 구주 일정을 모두 함께 소화해주었던 손민규, 조희정 부부는 여기에서 작별을 하고 동경으로 향했다. 춘천에서 만날 날을 기약하며…

답사 구일째. 오키나와 공문서관에서 구후라 선생님의 설명을 들었다. 모두들 그 분의 오키나와를 향한 열정과 사랑에 감탄사를 연발하였다. '박물관은 과거, 도서관은 현재, 공문서관은 미래'라고 하셨던 말씀이 뇌리에 박힌다. 작년 가을부터 기록관리학 공부를 시작한 나로써도 귀가 번쩍 뜨이는 말이었다. 오키나와와 연관되어 있는 기록들을 모두 수집하고 있는 공문서관은 크게 네 개의 테마로 구분되었다. 1879년 이후의 오키나와현 문서, 미군정 시절인 1945~1972년간의 유구정책문서, 미국측 자료인 미국의 유구통치관계자료, 개인수집물인 지역자료가 그것이다. 검색실도 구비되어 있었지만, 해외에서는 검색이 불가능하고 원문을 볼 수 없다는 단점이 있었다. 기록이란 활용되기 위해 존재해야만 하는데,

아직까지는 그런 단계에 미치지 못하고 있는 점이 못내 아쉬웠다. 비가 오는 관계로 공문서 사료관은 보지 못하고, 기록관리사의 모범적 모델이 되어주신 쿠부라 선생님께 인사를 드리며 수리성으로 떠났다. 수리성은 세계문화유산으로 책정된 곳으로 유구왕국의 찬란했던 역사를 재현하고 있었다. 중국과 한국, 일본 본토의 성과 조금씩 닮아있는 수리성의 모습을 여름 한나절의 소나비와 같이 내리는 비로 인해 마음껏 둘러보는데는 한계가 있었다. 그러한 아쉬움을 알았는지 오키나와 월드를 비롯한 이후 일정에서는 비가 그쳐주었다. 오키나와 국제거리에서의 자유시간을 즐기며 9박 10일 여정의 공식 답사를 성공리에 마무리하였다.

답사 십일째. 여유롭게 짐들을 꾸리고 한국—인천행 버스에 몸을 실었다. 인연을 소중히 하겠다는 가이드의 인사와 끝은 또 다른 시작임을 강조해 주신 손승철 교수님의 말씀을 끝으로 해동제국기 답사가 막을 내렸다.

꿈만 같은 10일이었다. 일본에서 만났던 사람들의 모습이 스쳐가고, 웃고 즐기며 먹었던 다양한 음식들이 눈앞에 선하다. 열흘 간 다녀본 수많은 유적지들이 지도위에 그려진다. 내가 보고 느끼고 생각할 수 있었던 이 모든 것들이 몇 백년 전 선조들이 겪었던, 그리고 해동제국기 속에 녹아있는 형태는 다르지만 본질은 같은 그 무엇임엔 틀림없을 것이다. 말로 설명할 수 없는 이 기운을 남은 프로젝트 기간 동안 결집시켜 좋은 연구 성과로 거듭날 수 있기를 희망해본다.

11) 『해동제국기』 일본답사를 다녀와서

윤 경 하

2007년 1월 13일 새벽 3시, 우리 『해동제국기』 일본답사팀은 춘천을 출발하여 신해동제국기를 위하여 춘천에서 출발했다. 출발전날부터 전국에 유행하던 감기에 걸린 나는 답사를 포기할 정도로 증세가 심하여 서울에서 춘천으로 떠나기 전, 급히 병원에 다녀왔지만 이번 답사가 심히 걱정되었다. 하지만 부산행 버스에 오르는 순간, 알 수 없는 긴장감과 일본 여행에 대한 설렘으로 내 마음은 잠시나마 감기에 대한 부담을 잊기에 충분했다. 이번 일본답사는 손승철 교수님과 유재춘 교수님을 비롯한 많은 선생님들과 동행하는 학술답사였기에 대학원 석사 과정 중 1학기만 마친 나는 매우 어린 축에 속했다. 그래서 이번 답사에서 내가 맡은 것은 답사동안 비디오카메라 촬영과 2일 동안의 답사 기록을 맡게 되었다. 일본답사를 하는 동안 내 가방보다는 카메라 가방을 계속 들고 다니며 촬영을 하였다. 과거에 신숙주가 붓으로 기록한 것과 달리 2007년 신해동제국기는 최신의 비디오카메라로 기록을 하는 등, 수백 년의 세월이 지난 후 떠나는 '신해동제국기'는 신숙주의 『해동제국기』와 출발부터 다른 모습을 보였다고 말하고 싶다. 부산으로 떠나는 버스 안에서의 교수님 말씀처럼 시간과 공간을 초월하여 2007년 우리는 1471년 신숙주의 『해동제국기』로의 역사여행은 드디어 시작되었다. E.H. Carr는 역사란 과거와 현재사이의 끊임없는 대화라고 말했다. 신숙주는 춘천에서 출발하지 않았겠지만, 우리 2007년 신해동제국기 팀은 모두들 조선시대에 살았던 신숙주가 되어 출발했다.

버스는 새벽을 뚫고 달려 아침에 부산에 도착했다. 출국수속을 마치고 부산에서 대마도를 향하는 여객선 Sea Flower호를 탑승하면서 드디어 신해동제국기 팀은 드디어 일본으로 출발했다. 조선시대 신숙주와 조선통신사 등 외교사절이 지금 이 길로 갔을 것이라는 생각도 해보고 큰 파도에 배가 흔들리는데 조선시대 때의 여정은 쉽지 않았을 것이라는 생각도 하면서 설레는 마음을 감출 수 없었다. 2시간이 조금 넘었을까 대마도 이즈하라에 도착했다. 대마도에 도착한 첫 느낌은 일본답게 집과 풍경이 아기자기하고 마치 우리나라의 한적한 시골처럼 평온해 보였다. 대마도는 조선시대 조일양국의 교류의 중심지로서 조선통신사와 해동제국기와 관련해서 많은 기록이 남아있는 곳으로 대마도에서는 조선통신사와 관련한 지역축제가 이뤄질 정도로 조선과 많은 연관이 있었다. 대마도에서 처음으로 간 곳은 역사민속자료관이었다. 앞으로 일본답사에서 계속 나타나는 부분이지만 자료관이나 박물관에서 사진촬영을 금하고 있다는 사실이었다. 우리나라에서는 플래쉬만 터뜨리지 않으면 사진촬영을 허용하고 있는 것과 달리 아예 사진촬영 자체를 금하고 있었다. 역사민속자료관에는 조선과 대마도와의 관계를 알 수 있는 대마도 종가문서 72,000여 점을 소장하고 있는 곳으로 설명하러 나온 학예관은 조선과 대마도와의 관계를 중점적으로 설명했다. 이후 답사팀은 해동제국기에 나온 여러 포구를 돌기 시작했다. 쿠로세의 관음당을 보고 카시를 거쳐 오사키에서 수리 중이던 수직왜인의 집을 보고 다시 이즈하라로 도착하였다. 석양이 지는 해발 385m의 가미자카 전망대에 올라 아소만의 멋진 경관을 보고 일본답사 1일차의 공식적인 답사를 모두 마쳤다. 이즈하라 시내에 있는 식당에서 일본정식과 데워먹는 정종, 대마도의 지역소주인 야마네코소주를 먹고 숙소로 이동했다. 숙소에 짐을 내려놓고 숙소 근처에 있는 온천에 가서 하루의 피로를 풀고 다시 숙소에 돌아와 일본

답사 첫날을 마무리 했다.

일본전통 다다미방에서 하루를 보내고 일본답사 2일차의 날이 밝았다. 아침은 일본인들이 간단히 먹는 아침식사를 하고 연세가 89살이시라는 유명한 대마도의 향토사학자와 동행하며 2일차 답사를 시작했다. 어제 답사한 곳이 下對馬 위주였다면 오늘은 上對馬 위주의 답사였다. 처음으로 간 곳은 고후나코시라는 배를 끌어오는 곳이었다. 통나무로 배를 끌어오는 곳이라고 하는데 불교가 맨 처음 들어온 곳이 아닐까하는 추측하는 오사케를 이어주는 일종의 운하라고 했다. 다시 출발하여 도착한 곳은 和多都美 신사였다. 뱀의 신사라고 하는 긴 나무뿌리가 인상적이었고 예전 그대로의 모습을 유지하고 있다고 했다. 다음으로 도착한 곳은 에보시다케 전망대였다. 아소만이 한눈에 보이는 아름다운 경치를 자랑하는 곳이었다. 또한 이곳에선 한국휴대폰이 터지는 곳이기도 하여 다른 한국관광객들이 전화를 하는 등 이국에서의 전화통화하느라 정신이 없어보였다. 미네역사자료관에 들러 관람을 하는데, 전시물이나 기타 여러 가지가 우리나라의 박물관과 다르지 않았는데, 이는 선사시대부터 우리나라와 많은 교류가 있었기 때문에 이렇게 느끼지 않나 싶다. 점심을 먹고 이동을 하면서 우리나라의 작은 하천처럼 흐르던 물이 모두 바닷물이라는 사실에 다시금 놀랐다. 아무리 섬이라고 하지만 이렇게 바닷물이 섬 안 전체로 흐르고 있을 줄은 몰랐다. 다음으로 이동한 곳은 朴堤上 순국비였다. 신라는 백제를 견제하기 위해 고구려와 왜에 왕자를 보내 군사원조를 요청하였으나 고구려와 왜는 이들 왕자를 인질로 삼아 정치적으로 이용하였다. 朴堤上으로 하여금 고구려와 왜에서 두 왕자를 구출하는데 성공하였으나, 왜에서 朴堤上은 붙잡혀 왜왕이 신하를 삼기위해 온갖 협박과 회유에도 충절을 지키다 결국 불에 태워지는 참형을 받아 죽었다. 이를 기리는 순국비로서 정말 시공을 초월한 역사 속으로의 여행이라는 것이 실감나는 순간이었다. 사스나를 거쳐 한국전망대에 도착하였다. 대마의 최북단으로 우리나라와 가까워 우리나라 핸드폰이 터지는 곳으로 가족들에게 전화를 했더니 무척이나 놀라워했다. 이곳에는 역관사 일행이 대마도를 향해 출항했다가 항구를 목전에 두고 조난을 당하여 전원이 사망하는 사고를 당해 1991년 위령비를 세웠다. 대마도의 관광객의 대다수는 한국 사람인듯 참으로 많은 한국인들이 가는 곳마다 있었다. 이곳에서도 전화를 하는 많은 한국관광객들을 볼 수 있었다. 해동제국기에 나오는 많은 포구들을 거쳐 圓通寺에서 책에서만 봤던 조선종을 실제로 볼 수 있었다. 일본백작과 강제로 결혼했던 덕혜옹주의 결혼기념비인 이왕조종가결혼봉축기념비를 둘러보고 대마도주의 사당이자 도쿠가와 장군의 위패가 있는 만송원으로 이동하였다. 어마어마하게 큰 삼나무가 울창한 이곳은 날이 어두워지고 일본의 요상한 전통음악이 흘러나와 빨리 이곳을 나오고 싶을 정도로 등골이 오싹했다. 이것으로 공식적인 2일차 답사를 모두 마치고 식당으로 들어갔다. 이날의 저녁은 대마도의 전통음식으로 돌을 데워 생선이나 조개 등 해산물을 구워먹는 요리였다. 또 대마도의 특산품으로 고구마전분으로 만든 우동같은 음식을 먹고 숙소에 돌아와 짐을 풀고 잠을 청했다.

일본답사 3일차의 아침이 밝았다. 이번 일본답사 동안 처음이자 마지막으로 늦게 일어나는 바람에 정신없이 하루를 시작했다. 여몽연합군이 상륙했던 지점을 돌아보고 대마도의 전통가옥이라는 지붕을 돌로 쌓은 집을 둘러보았다. 이날부터 시작한 버스대학 강의의 첫 번째로 엄찬호 선생님의 항일의병에 관한 강의가 있었다. 타쿠즈다마 신사를 둘러보고 간단히 점심식사를 마친 뒤 항일의병장 최익현 순국비에서 묵념을 하고 설명을 들은 뒤 이키섬으로 떠날 준비를 하였다. 배로 한 시간 남짓 지났을까 이키섬에 도착하였다. 이키섬은 산으로 이루어진 대마도와 달리 평평하고 대마도보다 풍요로워 보였다. 숙소에서 짐을 푼 뒤 온천으로 이동해 피로를 풀었다. 다시 숙소로 돌아와 푸짐한 저녁을 먹고 일본답사에 참여한 모든 인원들이 방에 모여 우리의 영원한 테마 사랑에 대해 서로를 지목하여 첫사랑에 대한 이야기를 나누는 정다운 시간을 보내면서 3일차는 저물어갔다.

4일차의 아침이 밝았다. 비가 추적추적 내리고 있었다. 아침식사를 마치고 손 교수님의 이키섬에 대한 설명을 들으며 이키 향토관에 도착했다. 향토관장 이치하마 선생님은 우리에게 했던 첫마디로 편견을 가지고 우리를 바라보지 않겠다는 의미심장한 말로 설명을 시작했다. 이키섬의 선사시대로부터 최근에 이르기까지의 유물들을 전시해두고 있는 향토관은 작은 이키섬에도 규모있는 전시관이 있다는 사실에 놀라움을 감출 수 없었다. 작은 시골에도 이런 전시관이 있다는 사실 많이 부러웠다. 사실 우리나라의 이렇게 작은 시골 동네에는 이렇게 규모있는 전시관은 커녕 작은 전시관도 없는 것이 사실이기 때문이었다.

향토관을 나와 해동제국기에 나오는 포구들을 둘러보고 이키섬에서 제일 높은 213m의 전망대에 올라 이키섬을 둘러보았다. 이키섬의 정중앙에 있는 배꼽돌과 악어턱(기대 쉬는 턱걸이 돌)을 보고 임진왜란 때 조선침략을 위해 도요토미히데요시가 쌓은 카자하야성을 둘러보았다 이곳은 나고야성과 축성시기가 같으며 외국에서 들어오는 모든 선박을 감시하는 곳이었다. 조선통신사의 배가 들어왔다는 카츠모토우라를 둘러보고 고라이바츠라는 고려의 지명이 남아있는 몽골침입시 격전장을 둘러보고 점심식사를 하였다. 이날의 점심은 이흥권 선생님이 개인적으로 사셨는데 음식은 일본서민들의 음식 돈부리로 약간 짜긴 했지만 맛있게 먹었다.

점심식사 후 일본 야요이시대 유물들이 다수 발견되어 있다는 하루노쯔지 전시관을 둘러보았다. 정말 감탄과 부러움이 한번에 느껴졌다. 이런 작은 곳에 하루노쯔지 전시관 외에도 계속해서 발굴되는 유물들을 매장문화 박물관을 건립해 전시할 예정이라 하니 역시 일본은 대단하다고 느껴졌다. 다시 버스에 올라 고려대장경이 있다는 안국사에 도착하였다. 국가의 안국을 기원하며 일본전국에 60여 개의 안국사를 지었다는 하는데, 불경이나 종을 고려와 조선에서 들여왔다고 했다. 하지만 상당수는 도난물품으로 이키섬을 설명했던 향토관장 이치하마 선생님은 안국사에 대한 아무런 설명도 없이 안국사의 1,000년 이상 수령의 삼나무만이 이곳의 역사를 알 것이라며 설명을 하지 않았다.

후쿠오카 하카다항으로 이동하기 위해 고노우라 항구로 가는 동안 심보경 교수님의 국어사에 있어서의 시대구분에 대한 버스대학강의를 들었다. 고노우라 항구에서 Venus호를 타고 1시간을 달려 드디어 후쿠오카 하카다항에 도착했다. 비가 추적추적 내리는 가운데 하카다항에서 택시를 타고 숙소에 도착하여 짐을 풀고 우리를 마중하러 나오신 구주대학의 사에키 교수님과 서일본신문사 관계자와 손교수님의 아들 민규씨 내외분과 함께 저녁식사 장소로 이동하였다. 일본회와 하카다소주를 먹고 숙소로 돌아와 4일차를 마무리 지었다.

5일차의 아침, 어제까지 내리던 비는 그치고 흐린 하늘이었다. 처음으로 이동한 곳은 구주대학 일본학과였다. 우리나라로 보면 한국사학과인 이곳을 둘러보았다. 일본에 하나밖에 없다는 한국연구센터를 둘러보고 유창한 한국말을 구사하시던 한국연구센터장이라는 교수님의 말씀을 듣고 다시 차량에 탑승하여 서일본신문사에 도착하였다. 지역신문사로서 100만 부에 가까운 매수를 자랑한다는 서일본신문사에서 신문의 제작과정과 신문사 소개를 듣고 점심식사를 했다. 일본에 와서 처음으로 구워 먹는 고기를 먹고 후쿠오카 박물관으로 이동하였다. 일본에 있는 박물관들은 그 규모가 대체적으로 크고 전시도 훌륭했다. 또한 현대적이었으며 자세히 전시해두고 있었고, 자원봉사자들의 활동이 인상적이었다. 이곳에서도 역시 플래쉬 안 터뜨리고 사진을 찍는데, 바로 사진촬영하지 말라고 제지당했다. 후쿠오카 박물관에서 특별전시까지 다 보고 나와 나고야성으로 이동하였다. 나고야성은 임진왜란시 조선침략의 집결지로서 원래 2천여 명 밖에 살지 않는 이곳에 임진왜란 당시에 30만 명이나 살았다고 한다. 나고야성 박물관에는 안내하시는 한국분이 있어서 편하게 설명을 들으며 관람을 했다. 예전 교수님께 수업을 들은 것들이 많아 이해가 쉽게 되었다. 밖으로 나와 나고야성으로 올라가는데, 아직은 발굴 중 인듯 성터만이 남아있었다. 성터가 꽤나 대규모인 것으로 보아 복원된다면 대단할 것 같았다. 맑은 날엔 대마도까지 보인다니 왜 이곳에 조선침략을 위해 성을 쌓았는지 이해가 되었다.

다시 숙소로 돌아오는 길에 1층부터 4층까지의 대규모의 서점을 들러 책들을 보는데, 우리나라와는 달리 책값이 굉장히 비쌌다. 서점을 둘러보고 난 후 일본답사 중 처음으로 자유시간을 주셨다. 일인당 삼천 엔씩 주시고는 저녁을 먹고 들어오라고 하셨는데, 나는 은영이 누나와 가이드셨던 김혜란 씨와 함께 포장마차에 들러 맛있는 꼬치와 라면에 정종을 곁들여 먹었다. 가이드분과 함께 했더니 먹는 것도 맛있는 것을 먹을 수 있었고, 통역도 잘 되고, 일본의 보통사람들과 함께 포장마차 안에서 즐거운 시간을 보내며 5일차가 저물어갔다.

6일차의 아침, 우리는 버스를 타고 대도시 후쿠오카를 떠나며 버스에서 이미숙 선생님의 도자기에 대한 버스강의가 있었다. 구주도자문화관에 들러 일본도자기의 발전과 역사를 전시관을 통해 둘러보았다. 한국의 영향과 중국의 영향을 받은 일본의 도자기는 지금 일본만의 독특한 특징을 나타내며 세계 속에 그 이름을 떨치고 있다. 다시 버스를 타고 화려하고 세련된 일본의 도자기의 신이자 조상인 이삼평의 기념비석인 도조 이삼평비에 도착했다. 임진왜란 때 일본으로 끌려가 일본에 맞는 흙을 찾아 도자기를 구웠다는 도조 이삼평비를 보고 참으로 굉장하다는 생각을 하며, 한편으로는 우리 역사의 슬픈 단면을 느낄 수 있었다. 다시 버스를 타고 나가사키에 도착했다. 나가사키는 일본에 외래 문물이 들어온 곳이자 2차 세계대전당시 원자폭탄이 떨어진 곳이기도 하다. 나가사키 원폭자료관에 들러 원폭의 피해와 당시 상황 등을 볼 수 있었다. 자료관에 들어가자마자 들리던 똑딱똑딱 시계소리는 당시의 긴장감을 느끼기에 충분했으며, 자료를 둘러보는 일본인들의 얼굴에서 진지함이 묻어나는 것을 볼 수 있었다. 하지만 그것이 평화에 대한 열망인지 아님 과거에 대한 반성인지 아님 그 무엇인지는 알 수 없었다. 평화공원에 들러 단체사진을 찍고 점심으로 일본식 짬뽕을 먹었다. 고춧가루가 들어가지 않은 일본식 짬뽕은 그런대로 맛은 괜찮았으며, 나가사키의 명물이라는 카스테라도 맛볼 수 있었다. 다시 버스를 타고 우리나라의 왜관과 유사한 네덜란드 상관터인 데지마에 도착했다. 버스강의로 신동규 선생님의 설명을 듣고 난 뒤 둘러본 네덜란드 상관 터인 데지마는 아주 복원이 잘되어 있어 다시금 부러움을 느꼈다. 어쩌면 이렇게 복원이 잘 되어 있는지 너무나도 부러웠고, 이곳을 설명하는 자원봉사 할아버지의 열정 속에서 많은 것을 느꼈다. 이날 답사의 마지막으로 나가사키 역사문화박물관에 들렀는데, 그 규모도 컸지만 현대적으로 잘 전시해둔 전시물과 컴퓨터를 활용한 전시 안내 등 일본의 박물관을 갈 때마다 느끼는 것이지만 일본의 박물관을 볼 때마다 부러웠다. 숙소인 히라도에 도착하여 온천을 하고 히라도의 공무원을 비롯한 일본 손님들과 저녁을 함께하며 많은 대화를 나누면서 일본답사 6일차는 저물어갔다.

7일째 아침이 밝았다. 아침식사 후 송포역사박물관을 관람하였다. 어제 나가사키 역사박물관과 마찬가지로 외국과의 교류가 전시에서 중점적이었다. 다시 버스를 타고 한참을 달려 일본의 3대성의 하나인 구마모토 성에 도착했다. 도착한 순간, 엄청난 규모에 놀라움을 감출 수 없었다. 예전에 일본 TV로, 책으로만 봤던, 구마모토 성을 보는 순간 나도 모르게 탄성이 흘러나왔다. 전형적인 일본성인 구마모토 성은 각 층마다 전시를 해놓고 있어 관람객들의 이해를 돕고 있었다. 환율 때문인지는 몰라도 이곳에서도 많은 한국인 관광객을 볼 수 있었으며 구마모토 성을 돌아보는 내내 놀라움과 감탄을 할 수 밖에 없었다. 다시 버스를 타고 한참을 달려 활화산인 아소산을 지나가게 되었다. 화산지대인 이곳은 나무는 없고 억새가 무성히 자라있었다. 가이드의 말에 따르면 이곳은 화산지대라 나무가 없고 억새가 무성하고 화산에 의해서 검은 흙이 있으며, 우리나라의 대관령과 같이 목축업이 행해지고 있다고 했다. 우리의 숙소인 노노카펜션에 도착하기 앞서 일본의 자연온천 마을을 경험할 수 있는 기회가 생겼다. 굉장히 유명한 이곳 온천은 일본의 젊은 여성들이 가고 싶어하는 온천이라고 한다. 이상한 마패 같은 것을 하나씩 주고는 아무 곳이나 온천 세군데 돌아볼 수 있다고 했다. 노천탕부터 이상한 동굴온천까지 일본 온천의 경험을 할 수 있었는데, 이번 일본답사에서 일본의 역사문화부터 음식, 온천까지 참 다양한 것을 경험할 수 있었다. 온천을 마치고 다시 버스를 타고 우리의 숙소인 노노카펜션에 도착했다. 이미 저녁이 다되어 도착해서 짐부터 풀고 저녁식사를 하였다. 손 교수님의 친구분이시라는 펜션 주인분은 참으로 편안하고 멋지시고 장난끼가 많으신 분이었다. 그리고 몇 번 뵈었던 반가운 이윤희 교수님이 오셔서 오랜만에 한국김치를 먹을 수 있었고, 우리 모두 이상한 가발모자를 쓰고 자기소개를 하며 즐거운 저녁식사를 하고 숙소에 들어가 일본답사 7일째가 저물어 갔다.

8일째 아침, 정성스럽게 준비하신 아침식사를 하고 오이타 박물관으로 향했다. 박물관으로 가는 도중 전통의 방식으로 유황을 모으는 것을 볼 수 있었다. 조선에서도 화약을 제조하기 위해 유황을 수입했다고 하는데, 이렇게 유황의 연기가 올라오는 곳에서도 살고 있는 일본인들이 정말 대단해보였다. 일본인들도 지옥이라고 부른다는데, 이런 곳에서도 사람이 살고 있다니 교수님의 말씀대로 왜 일본인들이 신사를 많이 짓고 믿는지 이해가 되었다. 오이타 박물관에 도착하여 전시관을 둘러보고는 오키나와에 가기 위해 가고시마로 향했다. 그런데 예상보다 가고시마에 가는 시간이 오래 걸리는 바람에 8일째에 예정되어 있던 답사코스는 모두 취소되고 겨우 가고시마에 도착할 수 있었다. 예상을 넘는 시간 때문에 보지 못한 답사코스가 아쉽기도 했지만, 버스 안에서 교수님이 말씀하신 것들로 충분히 만족할 수 있었다. 대다수가 대학원생 이상으로 조직되어 있는 이번 답사팀에게 교수님께서는 자신의 전공분야에 대한 전문성과 열정, 그리고 강의하는 테크닉 등에 대해 많은 말씀을 해주셨다. 교수님이 말씀하신 것들을 내 가슴에 머리에 담고 명심하였다. 가고시마 공항에서 오키나와행 비행기를 타고 드디어 오키나와에 도착했다. 아열대 기후인 오키나와는 우리나라의 초여름과 같은 따뜻한 날씨를 보이고 있었다. 공항에서 대기 중인 버스에다 짐을 싣고 식당으로 이동해 저녁을 먹고 숙소에 들어가 짐을 풀었다. 그리곤 교수님 주최로 꼬치구이 집에서 야간학습(?)을 마지막으로 8일째가 저물었다.

9일째 아침, 오키나와엔 비가 오다말다가 한다. 아침식사를 마친 후 버스를 타고 오키나와 공문서관에 들렀다. 오키나와의 공문서관은 사료로 쓰일 수 있는 각종 문서를 수집하고 정리하여 보관하는 곳으로 그 규모역시 대단했다. 잘 정리되어 있는 각종 자료와 전시물을 통해서 너무나도 잘 갖추어져 있고 정리되어 있는 일본의 박물관이나 전시관이 너무나 부러워서 우리들이 더욱더 노력해야 함을 느낄 수 있었다. 공문서관을 설명하던 학예관 선생님의 열정적인 설명과 잘 갖춰진 자료관의 자료를 통해 오키나와의 독립에 대한 의지와 정체성 확립에 대한 의지를 알 수 있었다. 특히 학예관의 설명 중「박물관은 과거, 도서관은 현재, 공문서관은 미래」라는 말은 그들의 확고한 의지를 단적으로 보여줬다. 공문서관을 나오면서 폭우가 내리기 시작했다. 아열대 기후여서 인지 엄청나게 내리던 폭우는 다음 답사지인 수리성을 돌아보는 내내 계속되었다. 옷과 신발이 모두 젖었고 답사에 열중할 수 없을 정도로 비가 엄청나게 내리더니 수리성을 거의 다 돌아볼 때 쯤 비는 그쳤다. 수리성을 돌아보고 난 뒤 오키나와의 모든 것이 있다는 오키나와 월드로 이동하였다. 오키나와 월드에서 간단히 점심식사를 하고 옥천동 동굴과 오키나와 지역의 특색을 보여주는 각종 상점과 전시관을 둘러보고 마지막으로 전통공연까지 보았다. 오키나와는 대만과 가까운 지리적인 위치 때문인지 한국관광객은 물론 중국관광객도 많이 볼 수 있었다. 1609년 일본에 복속된 후 메이지유신 때 완전하게 왕조가 사라지게 되는 불행했던 역사와 2차 세계대전 이후 미군정의 경험으로 인해 일본인보다 오키나와인으로 불리고 싶어한다는 독립과 정체성을 찾는 그들은 역사적 경험에 따른 외지인에 대한 거부감으로 불친절하여 재정자립이 10%밖에 안 되는 이유를 알 수 있었다. 아열대 기후의 이국적인 모습과 오키나와만의 특징적인 모습을 느낄 수 있는 소중한 기회였다.

다시 버스를 타고 2차 세계대전 당시 강제징용으로 끌려가 1만 명 이상의 한국인 피해자를 위로하기 위해 세운 한국인 위령탑에 도착하여 묵념을 하였다. 머나먼 이국에서 일본을 위해 싸우다 죽은 한 많은 한국인 피해자를 위해 나도 진심으로 묵념을 하였다. 한국인 위령탑 옆에 위치한 오키나와 평화기념자료관을 둘러보고 2차 세계대전 당시 처참한 모습을 전시를 통해 느낄 수 있었다. 공원 안에는 피해자의 이름을 적은 비석들이 있었는데 한국인 피해자의 이름을 적은 비석을 둘러보고 민간인의 막대한 피해를 부르는 전쟁은 다시는 일어나지 않아야 된다는 사실을 한일양국정부 모두가 느꼈으면 하는 생각이 들었다.

마지막으로 오키나와 국제거리에서 한 시간 정도의 자유시간이 주어졌다. 전통적인 시장과 백화점 등이 있는 오키나와 국제거리에서 커피를 마시고, 파레트 쇼핑센타에 들러 구경하였다. 그리곤 저녁으로 요정에서 오키나와 전통음식과 궁중춤을 비롯한 오키나와 전통춤과 노래를 들으며 일본에서의 마지막 저녁을 마치고 숙소로 돌아가 맥주 한잔씩 하면서 일본답사의 마지막을 보냈다. 개별적으로 꼬치구이 집에서 선생님들과 많은 대화를 나누며 많이 배우고 느끼면서 일본답사의 마지막 밤을 보냈다.

　일본답사의 마지막 날, 10시 30분 출발이었기에 처음이자 마지막으로 늦잠이 허용되었다. 짐을 다 챙기고, 오키나와 공항에서 인천으로 돌아오는 동안 많은 생각을 하였다. 10일 동안의 일본답사에서 느낀 것들을 생각해보았다. 일본에 도착하자마자 느꼈던 언어의 장벽을 통해 일본어 공부에 대한 필요성을 다시금 절감하면서 전공에 대한 이런저런 고민들로 인해 일본 여행 내내 편치 않았던 내 마음과 앞으로의 공부에 대한 확신과 열의를 다시금 느낄 수 있었다. 여행 가기 전 교수님이 적지 않은 비용이지만 그 돈보다 더 많은 것을 느낄 수 있을 것이란 말씀에 200%이상 동의하며 내 대학원 생활에서 엄청나게 중요한 전환점이 되었음은 물론이고, 함께하신 교수님 이하 모든 선생님들께 감사드리며 한국에 돌아왔다.

12) 『해동제국기』연구조사 답사후기

이 미 숙

답사목적: 「『海東諸國記』의 역사·지리에 대한 종합적연구」 과제수행을
위한 일본답사

답사기간: 2007.1.13(토)~1.22(월) 9박10일

답사지역: 쓰시마(對馬島), 이키, 큐슈(후쿠오카, 카라츠, 히라도, 아리따,
나가사키, 구마모토), 오키나와(나하)

1. 전체적인 답사의 느낌

여행을 떠나기 전에는 답사일정도 조금 긴 편이고, 출발하는 날부터
새벽 3시에 움직여야 하는 강행군이어서 돌아오는 날까지 저의 체력이
버티어 줄 수 있을지 내심 걱정이었습니다. 그러나 여행이 너무 즐겁고
행복해서 지금도 눈을 감고 있으면 일본 어딘가에 있는 것만 같고, 눈을
뜨면 답사팀의 얼굴이 보이는 듯합니다. 이렇듯 즐겁고 보람찬 여행이기
위해서는 단장님을 비롯한 모든 회원들이 뒤에서 맡은바 소임에 충실해
주었기 때문이라고 생각하며 다시 한번 진심으로 감사드립니다.

많이 배우고, 잘 먹고, 잘 자고 잘 씻고 다닌 여행이었습니다.

또한 이렇듯 좋은 선생님들과 같이 同生同死팀의 일원이라는 게 가슴
벅차도록 행복했습니다.

좋은 여행은 머리를 맑게 해주고,

좋은 답사는 머리를 꽉차게 해줍니다.

2. 개인적인 고민

그동안 임진왜란 당시 피납된 조선도공에 대해서 연구하면서 처음 부딪친 벽은 별반 남아있는 자료가 없다는 것과 대략 끌려간 도공이 70여 명이라고 하는데, 그들 도공 중 이름이 나와있는 도공이 많지 않음이었습니다. 어렵게 확보한 20여 명의 도공이 일본에 정착한 곳을 분석해보니 대략 6곳으로 나눌 수 있었습니다(하기, 가라츠, 아리따, 다카도리, 아가노, 사쓰마, 유구 등). 일본지도에 각 지역과 도공의 이름을 표시해 놓고 보니 생각보다 조선도공의 분포지역이 광범위하였습니다. 몇 곳만 선별해서 연구해야 하는데 그 기준점을 찾지 못해서 고민하던 중이었고, 어디서부터 시작해야 할지 막막해 하면서 이번 답사팀에 합류하게 되었습니다.

답사의 목적은 다르지만, 현장에 가면 또 다른 무엇인가가 떠오르지 않을까 기대하면서…

이번 답사기간 중 방문할 수 있었던 도자기와 관련된 곳은 아리따지역이었지만, 큐슈지역을 전체적으로 둘러보고 나니 여러 가지 생각으로 복잡했던 머릿속이 어느 정도 정리되는 듯합니다. 나름대로 정리해 본 결과 큐슈지역을 중심으로 조선도공의 영향이 있는 지역 중에서 나가사키 항이나 가고시마항처럼 항구도시의 도자기를 연구하면 되겠다는 생각을 했습니다.

아리따지역의 예를 보면, 임진왜란 당시 충청도 계룡산의 금강부근에서 일본장군 나메지마 나오시게에게 잡혀온 李參平이란 도공이 아리따지역에서 백토광산을 발견하고 조선의 도자기 기술로 아리따지역 有田燒의 시조가 됩니다. 그러나 이번에 현장에 와서 보니 아리따지역의 도자기가 발달할 수 있었던 또 다른 까닭은 지리적으로 나가사키 항을 끼고 있는 도시라는 사실입니다.

중국은 송나라때부터 도자기가 중요한 수출품목이었으며, 도자기 기술의 유출 때문에 송나라 도공의 해외여행은 많은 규제가 따랐는데, 임진왜란시 중국은 명청교체기의 어수선한 시기였고 따라서 명나라가 유럽으로 수출하던 도자기 수출물량에 문제가 생기자 유럽은 일본으로 눈을 돌려 나가사키항을 통하여 일본과 교역을 하게 됩니다. 도자기산업의 발달은 수요와 공급, 시장경제와 맥을 같이 하기 때문에 나가사키나 가고시마처럼 항구도시이면서, 조선도공의 영향이 있는 지역을 연구하면 동아시아 문화의 흐름을 도자기를 통하여 알아볼 수 있지 않을까 생각합니다.

3. 잊지못할 추억

- 전망대에서 바라본 쓰시마의 풍경(춘천하면 떠오르는 풍경이 무엇일까 고민)
- 원통사 뒷산의 대나무숲, 그리고 그 앞의 부도.
- 나고야성 박물관의 임진왜란 당시 도공의 분포지도와 글자 한 자도 흔들리지 않게 찍으라던 손 교수님의 명령, 그리고 가슴속에서 밀려오던 스승에 대한 신뢰와 감동의 물결.
- 1995년 여름에 다녀간 구마모토성을 10여 년 후 겨울에 다시 왔을 때의 감동
- 버스대학 신동규 선생님의 일본외교사 강의(도요토미가 1592년 임진왜란을 일으키기 위해 인귀령(히토가에리레이)을 철회했던 설명을 들으며 아직도 해야할 공부가 많음을 느낌)
- 쿠로카와 온천의 추억(동굴천과 足泉)
- 14일(일) 저녁만찬시(SHIMAMOTO) 전원이 접시춤 추던 일
- 손교수님께서 시도 때도 없이 시키시는 1분스피치(나이먹으면 지갑

은 열고 입은 닫으라는데 틈만 나면 자꾸만 입이 근질근질해지는 느낌)

 - 매일매일 잘 먹고 잘 썼었던 일(온천후 식사시간에 앞에 앉은 김강
일선생님 왈 살이 너무 부드러워서 내 다리가 아닌 것 같다던 말씀, 동
감!!)

4. 남기고싶은 어록

- 동생동사팀 구호 : 언제나 처음처럼
　　　　　　　　　처음처럼 영원히
- 신동규 선생님 강의 중 : 종달새가 울지 않으면, 오다노부나가는 죽
　　　　　　　　　　인다, 도요토미는 팬다, 도쿠가와는 먹이
　　　　　　　　　　를 준다(리더들의 특징과 앞으로 나는 어
　　　　　　　　　　떻게 살아야 하는가 고민)
- 오키나와공문서관 쿠부라선생님 말씀 : 박물관은 과거, 도서관은 현
　　　　　　　　　　　　　　　　재, 공문서관은 미래다.
　　　　　　　　　　　　　　　　아무것도 할 수 없는 상황
　　　　　　　　　　　　　　　　이지만 오키나와의 아이덴
　　　　　　　　　　　　　　　　티티를 위해 할 수 있는 것
　　　　　　　　　　　　　　　　은 기록관리이다.

13) 신숙주 저서 『해동제국기』로의 여행을 마치고

박 미 현

『해동제국기』는 1470년 조선왕조의 최고의 외교관이었던 신숙주 (1417~1475)가 쓴 책으로 조선시대 일본 대외관계의 외교 지침서였다. 일본에 대한 지식정보를 풍부하게 담고 있는 『해동제국기』 연구단 협력 팀의 일원으로 2007년 1월 13일부터 22일까지 10일간 고문서 속에 글 자로 남아있는 역사의 현장인 쓰시마, 이키, 큐슈, 오키나와 일원을 직접 답사하며 한일관계사의 진정성을 조명하고 신숙주가 남기려했던 메시지 를 찾으려 했다. 특히 전문분야 강사들이 강의한 버스대학은 이번 답사 와 관련된 역사 전모를 이해하기에 아주 유용했다. 강원도와 관련지을 수 있는 것으로 원주 출신 횡성 조씨 조엄의 고구마 전래, 양구의 국토 정중앙과 관련된 이키섬의 배꼽돌 등이 있었다. 답사지 현장에서의 소회 를 일정순으로 정리했다.

제1~3일차(1월 13~15일, 쓰시마)

쓰시마는 조선과 일본 관계에 있어서 절대적인 역할을 한 창구로 『해 동제국기』에는 항구와 포구 등 각 마을의 인구 규모와 특징, 조선과의 관계에 대해 상세하고도 일목요연하게 정리해놓고 있다. 조선과의 관계 가 보이는 쿠로세, 쯔치요리, 카시, 사수, 이즈하라 등의 마을을 직접 찾 았다. 쿠로세 마을이 인상적이었는데, 신숙주 서술 당시에 비해 오히려 인구가 급격히 줄어 매우 오지 어촌을 보는 듯 했으나 조선시대의 불상 이 보존된 모습 등에서 서술 당시의 조선과 활발한 교류 및 활동상을

그려볼 수 있었다. 대단위 논, 밭농사가 어려운 주변 여건과 어항이 발달
될 수 있는 천혜의 조건을 생생하게 눈으로 확인하면서 바다를 통해 대
부분의 삶을 의지할 수밖에 없는 상황을 실감나게 파악할 수 있었다. 왜
구의 진원지였던 마을과 왜구로 활동한 인물의 후손 집을 짧은 시간 답
사하는 동안 왜구의 진면목과 관련된 또 다른 문서나 그림 등을 찾아낼
수 있을 가능성도 갖게 됐다. 조선통신사와 관련된 유적, 덕혜옹주 기념
비, 면암 순국비 등은 화해와 갈등이 빚어낸 역사적인 결과가 명암으로
뚜렷하게 교차하는 한일관계사 현장이었다.

제4일차(1월 16일, 이키)

일본 본토와 쓰시마 사이에 자리 잡고 있는 이키는 비교적 풍부한 논,
밭농사 지대를 간직하고 있고 어항도 발달돼 선사시대부터 사람들이 몰
려들어 살면서 다양한 문물이 교차한 역사적 현장으로 다가왔다. 일본
천주교인의 40%가 살고 있으며 천주교 성지를 갖고 있고, 영국 상관터
유적지 등을 답사하면서 문명 교류사의 현장이 당시 수도가 아닌 작은
섬이었다는 점이 인상 깊게 다가왔다.

제5일차(1월 17일, 후쿠오카)

큐슈대학의 연구소와 사학과 방문은 일본에서의 한국사 연구의 현장
을 몸으로 느낄 수 있었다. 특히 근대사 연구에 있어서 일본 내에 축적
된 연구물과 자료 등을 알뜰하게 활용해야겠다는 의욕을 들게 했다. 나
고야성 등 임진왜란과 관련된 일본의 인물들과 관련된 유적지를 답사함
으로써 임진왜란 발발과 진행 배경에 대해 보다 상세하게 알게 됐으며
객관적인 시야를 확보할 수 있는 계기가 됐다.

제6~7일차(1월 18~19일, 나가사키)

데지마 상관은 근대 한일관계사의 전개를 이해하는 데 있어서 큰 열

쇠를 제공한 곳으로 무척 인상 깊었다. 새로운 문명을 받아들이는 과정에서의 문명 충돌에 대한 대처 방안에 대해 당시 상황을 실감나게 재구성할 수 있는 계기가 됐으며 이 문제에 대한 심층적인 연구는 한국의 근대사를 이해할 수 있을 뿐 아니라 향후 역사에서도 충분하게 유용하겠다는 생각이 들었다. 이삼평비와 큐슈도자문화관 답사는 조선과 일본 도자의 연결 고리를 이해할 수 있는 계기가 됐다. 원폭기념관이 역사를 반성하지 않는 일본정부와 일본인에게 어떤 존재 의미로 남아있을지 궁금증을 유발케했다.

제8일차(1월 20일, 가고시마)

오이타박물관은 조선과 일본의 관계사를 이해하는 데 있어서 일본 어느 지역보다 큐슈가 갖는 비중이 크다는 점을 깨닫게 했다.

제9~10일차(1월 21~22일, 오키나와)

오키나와 기록사료관은 역사 보존과 연구의 중요성을 새삼 되돌아보게 했으며 열정적인 기록관리사의 설명은 역사 연구자의 태도가 어때야 하는 지를 보여줬다. 이 기록사료관은 일본 본토문화의 수입과 미군부대 설치 등으로 점차 오키나와의 고유성이 사라지고 잃어가고 있는 오키나와의 정체성을 지켜나가기 위한 일환으로 설립됐다. 미국 등지를 비롯 각국에 소장된 각종 자료를 체계적으로 정리하고 전문가와 주민에게 활용되고, 연구를 통해 지역의 미래를 어떻게 열어갈른지 뚜렷한 비전을 보여줬다. 수리성에서 본 독특한 건축문화와 의상, 의례, 음악 등에서 오키나와 문화의 독자성을 볼 수 있었으며 한국인위령탑, 마부니언덕 등은 비극의 한국 근대사가 동아시아 곳곳에 깊숙한 상처로 남아있음이 뼈저리게 다가왔다.

14) 『해동제국기』의 역사·지리에 대한
종합적 연구를 위한 일본 답사를 마치고

황 은 영

언제나 그렇듯 답사는 설렘이다. 학부 때부터 지금까지 한번도 몸이 편한 답사는 없었지만, 이번 답사는 9박 10일. 편하게 쉬기만 하더라도 긴 일정이었다.

몇 달 전부터 예정되어 좀처럼 오지 않을 것 같던 2007년 1월이 찾아오고 드디어 오리엔테이션 일정이 메일로 보내져 왔다. '이제 정말 가는구나'라는 단순한 생각을 하며 오리엔테이션에서 받아들은 답사자료집은 집행진의 노고가 여실히 보여지는 한권의 책이었다. 이것은 여행일정은 물론이고 사료, 지도, 사진까지 수록된 종합적인 자료집이었다. 목차만 얼른 훑어보아도 우리의 일정이 얼마나 빡빡할지 짐작되었다.

어쩌면 내가 '『海東諸國紀』의 역사·지리에 대한 종합적 연구'를 위한 일원이 아니라 협력팀으로 참가한 경우여서 마음의 준비가 부족한 탓도 있었겠지만 말이다. 마침 답사자료집의 맨 첫 페이지에는 보한재 신숙주의 영정을 봉안하고 있는 묵정영당의 사진이 수록되어 있어 잠시나마 눈을 감고 안전한 답사길이 되도록 빌었다.

드디어 하루 전. 첫 번째 기항지인 대마도로 향하는 배를 타기 위해 우리는 부산으로 향해야했다. 마침 새벽 4시로 잡혀있던 출발 일정이 새벽 3시로 조정되면서 2시 30분까지 탑승장소로 나오게 되었다. 여러분들이 만일의 사태(늦잠)에 대비하기 위해 아예 학교에서 밤을 지새웠다.

나도 한 시간여 눈을 붙이고 학교로 나왔다. 그런데 1분이라도 시간을 어기면 그냥 출발한다고 하신 단장 손승철 교수님의 단호한 말씀에도 불구하고 2시 58분이 되어도 도착하지 않은 두 사람이 있었으니 바로 유 교수님 부녀였다. 그러나 정각 3시에 무사히 도착하였고, 우리 답사 일행은 모두 부산행 롯데 관광버스에 몸을 실었다. 내심 '이거 출발전부터 이렇게 힘들어서 어쩌지'란 생각이 절로 들어서 첫째도 컨디션 조절! 둘째도 컨디션 조절을 생각하며 잠속으로 빠져들었다.

잠결에 부산인 걸 확인하고, 앞을 보니 부산여객터미널의 정확한 길을 찾아 기사님과 이야기를 나누시는 손 교수님이 보였다. 제자들은 다 뻗어있는데 제일 고령이신 교수님은 다음 일정을 위해 우리보다 한발 앞서 나가 계셨다.

터미널에서 교수님이 그토록 입이 마르게 자랑하신 가이드 김혜란 씨를 만났다. 배표도 받고 우동과 라면으로 아침 요기도 하면서 배 시간을 기다렸다. 처음 타보는 국제여객선이라 짐짓 기대도 했었는데, 바다는 배안에서 가만히 바라만 봐야했다. 드디어 이즈하라항! 일본땅을 밟았다. 춘천에서 부산까지 5시간도 넘게 버스타고 왔는데 부산에서 일본 대마도까지는 그 반도 안 되는 시간으로 도착했다. 책으로 보고 TV로 봐도 역시 내가 직접 느껴야 제 맛. 정말 가까운 거리다.

이제 첫 번째 답사지. 현립 대마역사민속자료관. 이곳은 종가자료를 보관하기 위해 세워진 곳이라고 한다. 전시된 자료는 일부일 뿐이고 자료실에 더 많은 문서들이 보관되어 있다고 했다. 우리나라에서는 50년된 자료의 보관도 힘든데 이곳에는 아주 오래전부터 문서의 보존에 대한 생각이 있었던 같다. 나의 관심은 역시 그림. '초량왜관도' 앞에서 다시 한번 이번 답사에 참여하게 된 것을 감사해 하며 그곳을 나왔다. 이어 고려문과 조선통신사지비 앞에서 찰칵. 이곳에서 귀여운 다찌바나 선생님을 처음 만났다. 사실 첫인상은 청바지에 검은 가죽 점퍼를 입으서서 무뚝뚝해 보였다. 하지만 저녁시간에 술한잔을 더 하지 못해 아쉬워하시는 모습이 너무 귀여우셔서 정이 갔다.

다음으로 간 곳은 쿠로세. 이곳에서 오랜 시간을 기다리다 돌아가려는 찰나에 관리하는 분이 드디어 집으로 돌아와 통일신라시대 불상을 보게 되었다. 두 기의 불상 모두 화마에 기대가 분리되어 모양이 틀어져있었다. 이곳에서 안전한 답사를 다시 한 번 기원하고 일어섰다.

이제 카시. 지금부터 시작되었다. 멀~미~~~! 앞뒤로만 왔다갔다 하는 바이킹은 수십 번도 탈수 있지만 꼬불꼬불한 길은 정말 사절하고 싶었다. 포구를 답사하기 위해 리아스식해안을 온전히 느껴야하는 수난의 2박 3일은 이렇게 시작되었다. 대마도는 안 그래도 복잡한 일정이었는데 길까지 꼬불꼬불하니 영 제정신을 차릴 수 없었다. 우리 뱃길을 이용하던 통신사 사절단도 멀미에 시달리셨을텐데…

다음으로 들른 곳은 오사키. 이곳에서는 역사스페셜에서 보았던 수직왜인, 소다의 후손이 살고 있다는 집도 볼 수 있었다. 비록 대대적인 집수리를 하는 바람에 안까지 들어가 보지 못했지만 역사 속에 나도 한켠 흔적을 남긴 것 같아 이상한 기분이 들었다.

자료집에서 보던 지명들에 서서히 하나 둘 내 발을 디딘다. 다음은 카미자카전망대. 아소만을 바라보니 험한 산과 바다(리아스식해안)뿐이었다. 내가 대마도인이었고 이곳이 아닌 더 넓은 세상이 있는 걸 알았다면 나도 조선으로의 도항을 꿈꿨을 것이다.

둘째날이 밝았다. 첫째날은 하대마도를 중심으로 했다면 오늘은 상대마도를 중심으로 답사했다. 둘째날 우리에게 대마도를 설명해 주신 분은 89세의 아카노메 선생님이다. 먼저 들른 곳은 소선월. 배를 끌어다 넘기는 장소라고 한다. 바다와 바다사이의 육지를 건너기 위해 통나무를 배 아래에 깔아서 옮겼다고 한다. 물이 닿는 곳으로 걸어가니 그곳은 해변이 아니라 호수변이라는 생각이 들어 잠시 소양호 생각이 났다. 그때 김강일 선생님이 질문하셨다. "교수님 저기가 바다지요?" 전혀 예상치 못한 질문에 교수님도 웃으시며 "그럼 저게 바다지, 강이야?" 하시는 바람에 우리 모두 한바탕 웃었는데 더 재미난 건 굳이 바닷물임을 확인하러 해변으로 간 김강일 선생님이었다.

그곳을 나와 소다 자손의 집이라는 오자키 소다의 집도 보고 예전 소선월의 지형 설명도 들었다. 그 다음으로 향한 곳은 와타즈미 신사였다. 도리가 바다속에서 시작되는 그 신사는 뱀 전설로도 유명하다고 하는데 일본에서 본 수십여 곳의 신사중에서 가장 기억에 남는 곳이다.

다음은 에보시다케산 전망대로 향했다. 많은 계단을 오른 끝에 사방을 전망할 수 있었는데 오사키와 한국의 거제도가 보였다. 아카노메 선생님께서 이종무가 대마도 정벌을 할 수 있었던 것은 이 복잡한 해안을 잘 아는 일본인 안내인 때문이었다는 얘기를 해주셨다. 그 안내인은 후에 수직왜인이 되었고 후손들도 별탈없이 잘 지낸다고 한다.

이렇게 여러 곳을 답사했는데 시간은 아직 10시 35분. 미네역사자료관에서 또 다른 답사가 시작되었다. 이곳에서도 아카노메 선생님의 설명을 들었는데, 어떠한 자그마한 것도 좋은 해석을 통해 대마도와 일본의 역사의 독자성을 높이고자 노력하셨다. 조그만한 자료관이었지만 자연, 민속, 고고, 역사 자료들이 잘 보관되어 있었고, 실습·체험 공간도 자그마하게 마련되어 있었다.

다음으로 향한 곳은 사스나 포구이다. 이 포구는 통신사가 도착하는 첫 포구이면서 해동제국기에 나오는 82개의 포구 중 가장 많은 인구(500호)가 사는 곳이었다고 한다. 통신사 사절단이 일본에 처음 발을 디딘 곳! 너무 짧은 만남이었지만 은영이도 왔어요~~

다음은 오오우라 포구! 이 포구는 안쪽으로 쑥 들어가 있는 형세여서 태풍에도 배가 안전했다고 한다. 하지만 지금은 서있기도 힘들게 거센 바람이 불었다.

　오후 1시 50분 한국전망소에 도착했다. 이곳에 오는 도중 손교수님께서 열심히 설명하시는데 버스 맨 뒤에서 들리는 목소리 "어~ 들려?, 여기 대마도야. 전화가 되네." 김강일 선생님이셨다. 이어지는 교수님의 말씀 "전화기 가지고 왜 장난쳐, 여기 안 터져." 그런데 정말 전화는 터졌고 우리 모두 휴대전화를 들고 안테나 숫자를 세었다. 나도 부산을 바라보면서 통화를 하니 이곳이 일본인지 한국인지 하는 생각이 들었다. 이곳에는 조선국역관사의 위령비가 세워져 있었는데, 잠시나마 묵념을 하면서 그 분들의 원혼이 편안하기를 기도드렸다.

　다음은 박제상 순국비. 현재 우리나라 사람과 일본 사람이 옛 선조들과의 인연을 기리기 위해 만나 공덕비를 세워 이렇게 공부하는 우리와 대마도를 관광하는 국민들에게 역사를 인식시켜주니 이 일은 참으로 소중하다는 생각을 했다. 이후에도 이분들의 노력으로 세워진 여러 비석들을 만나면서 그분들의 발자취를 느꼈다.

　통신사이예공덕비와 원통사. 이예 선생은 울산에서 충숙공이예국제심포지엄을 개최했을 때 만났던 분이라 더욱 반가웠다. 원통사는 1408년 대마도 7대 번주 소오사다시게(宗貞茂)가 지은 저택으로 이곳에 안치된 범종은 팔괘와 비로자나불로 장식되어 있어 조선의 특징을 많이 담고 있다.

　다음은 소오씨 가문의 무덤을 지나 금석성으로 향했다. 길 왼쪽에 육상자위대의 기지가 있었는데, 그곳이 예전 도주의 성이 있던 곳이라고 한다. 그런데 조선통신사행렬이 채 바다에서 나오지도 못한 채 도주의 성에 이르게 되자 현재의 성으로 위치를 옮겼다고 하니, 조선통신사의 위세를 알 만하다. 비록 버스 안에서였지만 잠시나마 조선통신사가 되어 들뜬 마음으로 거리를 지났다.

　그러나 그런 마음도 잠시, 덕혜옹주 결혼봉축기념비가 기다리고 있었다. 비록 2001년에 복원된 것이기는 하지만 우리나라의 아픈 과거는 충분히 느껴졌다.

이제 만송원, 벌써 해는 뉘엿뉘엿하고 높은 계단을 올라 아름드리 향나무를 바라보며 올라선 그곳에 대마도주들의 무덤이 있었다. 이곳에서 임진왜란 이전과 이후의 부도 모양 변화에 대한 손교수님의 설명을 들었다. 과연 그러했다.

이제 저녁식사 시간 넓적하고 두꺼운 돌에 구워먹은 해물맛도 좋았지만 접시춤이 기억에 남는다. 이홍권 학우는 마마의 양해를 구해 접시를 챙겨왔는데, 앞으로 많은 무대를 기대해본다.

늦은 시간까지 우리의 두 번째 일정을 함께 해주신 아카노메 선생님은 끝인사로 무려 20분간 강의하셨는데, 13일(어제) 88세 생일을 지나고도 그렇게 건강하게 열정적인 모습을 보여주셨기 때문에 앞으로도 건강하시길 빌며 하루를 마감했다.

셋째날 시작부터 좋다. 이키섬을 바라보며 벌겋게 올라오는 일출을 볼 수 있었다. 다급한 마음에 소원도 빌어보았다. 첫 번째 행선지는 눈에 익은 호텔 空港Inn. 손승철 단장님께서 휴대전화 충전기를 놓고 오셨단다. 멋쩍어 하시며 단장님께서 하신 말씀. '이렇게 하면 안된다는 본보기를 보여주려 했다' 참으로 인간적인 모습이다. 호호. 오후나에를 왼쪽 차창으로 바라보며 여몽연합군 3만여 명이 상륙했던 지점에 도착했다. 때마침 불어온 태풍으로 원정은 실패했고, 우리가 도착했을 때도 때마침 비가 내려 그런 분위기를 조금이나마 느껴보았다.

다음은 石屋根. 참 인상적인 돌지붕집이었다. 창고로 사용되었다고 하는데 강원도의 너와집 같기도 하고, 지금도 사용중인 건물인지라 생동감이 있어 보였다. 이 집을 본 이후로는 모든 돌 부재에 눈이 갔다. 어느덧 시간이 흘러 이키섬으로 출발할 시간이 다가왔다. 단장님께서 다음 일정을 위해 豆酘寺 유적지 답사 시간을 조절하시려고 했는데 다찌바나 선생님은 이상하게도 꼭 가기를 원했다. 버스가 들어갈 수 없는 좁은 길

을 한참 들어가 赤米神田을 둘러보고 多久頭魂神社의 범종 소리도 들
었다.

버스에 탑승한 후 최익현선생순국비에 도착하기 전 첫 번째 버스대학
(강사:엄찬호 선생님)이 시작되었고 다음은 최익현선생순국비(수선사)로
향했다. 가까운 곳에 내가 가고 싶은 서산사와 이정암이 있었지만 일정
이 늦어진 관계로 다시 오시라 다짐한 후 최익현 선생 순국비로 향했다.
적국의 땅에서 순국하시어 비만이라도 남아있는 것이 감사할 일이지만
그래도 더 대접을 해드렸으면 하는 아쉬움이 남았다. 그나마도 이곳이
중장비를 이용할 수 없는 골목길안에 위치해 있어 건장한 보디빌더들이
비석을 옮겼다고 하니 그 정성도 감사할 일이다. 이제 서둘러 점심을 먹
고 다시 이즈하라 항으로 향했다. 이키섬이여 기다려라~~

대마도를 벗어나며 생각했다. 이제 멀미약은 안먹어도 되려나. 그러
나 이키의 아시베항에서 숙소로 향하는 차안에서 이 길도 보통길이 아니
라는 것을 짐작했다. 다시 울렁거렸으니까. 그런데 창밖 풍경은 대마도
와 너무도 달랐다. 일단 넓직한 땅도 보였고, 유채꽃, 논도 보여서 이곳
사람들은 살만하겠다라는 생각이 들었다. 이래서 백문이 불여일견이라
했던가. 숙소에 도착한 후 방에서 바라본 바다는 와아~~ 낮은 탄식을
자아냈다. 아름다웠다. 이제 우리를 기다리는 건 따뜻한 온천욕. 멀미의
여운을 말끔히 씻고 내일 답사도 알차게 하리라 다짐했다.

손교수님을 시작으로 모두 첫사랑을 고백?한 이날 밤은 특별했다.

넷째날은 이키향토관의 이치하마 선생님이 우리의 일정을 함께해 주
셨다. 현대식 건물의 향토관은 다른 문화기관과 함께 건물을 사용하고
있었는데, 이키의 전시대 역사를 보여주고 있었다. 특히 고대가 아니라
맘모스까지 전시해 놓아 이키섬의 역사가 오래되었음을 보여주고 있는
게 인상적이었다.

이어 모도이포, 전망대(다케노츠지)에 다다랐다. 비가 와서 잘 보이진

않았지만 맑은 날엔 대마도와 하카다가 보인다고했다.

그리고 이키의 정중앙 배꼽돌에 왔다. 갑자기 양구가 생각이 났는데, 역시 도민일보의 박미현 선생님은 우리의 기대를 저버리지 않고 쏟아지는 빗속에서 우산을 받치고 여러 포즈를 취했다.

국분유적지를 지나 도요토미 히데요시가 쌓은 카자하야 성에서 카츠모토 항구를 전망하였는데, 이곳은 통신사가 이즈하라항을 출항한 후 들어왔던 항이라고 했다. 이리야마 선생님은 이키섬 사람들은 통신사로부터 학문을 배우기보다는 보기 힘든 구경으로 여겼을 것이라고 했다. 특히 1763년 사행때는 기상문제로 20일을 이키섬에서 머물렀고 그때의 터가 남아있다고 한다. 당시 이키는 히라도의 송포당에서 관리했다고 하니 이틀뒤 가게될 송포당기념관에 이와 관련된 자료들이 보관되어 있다니 더욱 기대가 커졌다.

참 이날 점심은 일본 비자를 어렵게 받으신 홍권 오빠가 한턱내셨다. 잘 먹었어요. 다음은 후로노츠지 전시관. 야요이 시대의 유적이라고 하는데 향토관장님의 설명을 들으니 10년후에 이곳에 오면 매장문화박물관을 비롯해 대형 유적 공원이 완성되어 있을 것 같았다. 이어서는 임진왜란 출정시 만들어진 건물이면서 조선통신사 임시숙소였던 신모궁. 출입문만이 당시의 것으로 '사로승구도권'에도 그려져 있다.

두 번째 버스대학은 심보경 선생님의 국어사에 대한 강의였다. 역시 어느 분야나 시대구분은 중요한 키워드가 된다.

이제 고노우라 항에서 하카다로 향했다. 자동으로 문이 열리는 일본 택시를 타고 센트럴 호텔에서 민규 씨, 희정 씨를 만났다. 저녁식사는 큐슈대학의 사에키 교수님을 비롯하여 서일본신문사의 시마무라 선생님과 함께 저녁식사를 했다. 빨간 고래회가 이키 향토관에서 본 고래 사냥 도구를 떠올리게 했다.

이제 내가 기록을 맡은 오일째날. 일정표에서 봤지만 살인적인 기록이 나를 기다리고 있었다. 게다가 버스대학도 두 번. 파스 투혼을 벌이며 기록해나간 황은영! 장하다.

먼저 들른 곳은 큐슈대학의 한국학연구센터. 마쯔바라 선생님이 계시지 않고, 연락을 담당했던 이태환 선생님의 불확실한 대답에 화가 나신 단장님은 먼저 조선사 연구실로 향하셨다. 우리를 기다리시는 사에키 교수님은 차근 차근 설명을 해나가셨다. 단연코 연구실의 역사와 많은 자료를 자랑하셨는데 역사학 연구코스 중에서 이슬람사가 따로 구분되는 것이 좀 의아했다. 옛날 자료는 이곳이 더 많겠지만 컴퓨터라던가 데이터베이스, 학습 매체 등은 우리 강원대학교가 더 앞서있는 것 같았다. 학생들의 졸업 후 진로도 우리와 별반 다르지 않게 전공분야쪽으로는 힘든 것 같았다. 다시 한번 생각이 들지만 여러 분야와 접목한 연구가 반드시 필요한 것이다.

다시 한국연구센터로 향했다. 역시 마쯔바라 선생님은 계시지 않았고, 우리는 자유롭게 이곳 저곳을 견학했다. 이윽고 선생님이 도착하셨고 그간의 활동과 현재 관심분야, 그리고 앞으로 나아가고 싶은 방향에 대해 유창한 한국어로 이야기해 주셨다. 자부심이 대단하셨는데, 4년이라는 시간이 흘렀을 뿐인데, 한국연구센터라기 보다는 식민지연구센터라는 느낌을 받았다. 게다가 동아시아뿐만 아니라 환태평양을 넘어서는 여러 지역의 대학과 교류하고 있었는데, 역사는 연구하는 것도 중요하지만 알리는 것은 더욱 중요하다는 점에서 우리도 해방전후사를 더 분발해서 연구할 필요가 있다라는 생각이 들었다.

이제는 서일본신문사로 이동하여 참으로 의욕적이신 시마구라 실장님을 만났다. 신문사의 활동, 신문설명, 발간서적, 그리고 신문편집과정, 자신의 관심 연구분야까지 일사천리로 진행되었다. 일본은 지방자치가 안정되어 있다고 하더니 지방 신문에 그에 발맞춰 안정적이었다. 발간부수는 90만 부에 조·석간을 모두 발간한다고 했다.

더욱 관심이 가는 것은 시마구라 실장님이 조선통신사를 연구한다는 점이다. 신문사에서 마련하는 특강에서 조선통신사를 주제로 강의도 하시고 큐슈지역과 조선과의 관계에 대한 연구모임에 참여한다고 하니 그 열정을 짐작해볼 만하다.

점심식사는 갈비정식이었는데, 개인별로 고기가 나왔고 각자 자신의 고기를 구워 먹었다. 참 적응되지 않는 식사방법이었다.

다음은 후쿠오카시립박물관. 전시실은 대륙(중국, 조선)과의 관련성을 중심으로 꾸며져 있었는데, 사진을 찍지 못하게 따라다니며 감시하는 통에 화가 났다. 그래서 내용도 쓰기 싫지만 배에 물건이며 낙타를 적재한 단면을 현물로 전시한 것은 마음에 들었다.

드디어 기다리고 기다리던 나고야성으로 가기전에 세 번째 버스대학은 유재춘 교수님이 일본성곽사에 대한 간단한 요약과 한국 성곽과 비교해서 강의해 주셨다.

먼저 나고야성박물관으로 들어갔다. 이곳은 후쿠오카시립박물관과 너무도 달랐다. 사가현 일한교류센터를 두고 한일간 교류에 힘쓰고, 국제교류센터에 한국인 직원을 2명 고용하고 있었으며, 임진왜란에 대해서도 일본의 '침략'이라는 용어를 쓰고 있다고 했다.

병주고 약주는 것인지 사진도 자유롭게 찍고, 도록과 규슈지역 지도도 받았다. 전시실에는 이순신 장군의 영정도 있었고, 특히 1811년의 조선과 일본측의 국서가 함께 전시되어 있었는데, 흰 종이에 깨알 같은 종이로 쓴 우리 국서와 달리 일본국서는 금색으로 치장된 화려한 종이에 큰 글씨로 쓰여 있었다. 단장님은 이러한 것에서도 차이가 느껴진다는 설명을 해주셨다.

박물관을 나와 성에 올랐다. 혼마루에 오르니 성문과 성벽에 대한 유교수님의 설명이 이해되었다. 게다가 당시에 내진설계까지 하다니... 병풍에서 보았던 대로 성벽과 건물이 있었다면 정말 대단한 요새였을 거라는 생각이 든다.

돌아오는 버스에서 네 번째 버스대학(강사:신동규 선생님)이 열렸다. 일본사에 대해서 좀 더 많은 공부를 하리라 다짐하며 강의를 들었다.

참 이날부터 내가 간식담당으로 임명되었다. 나의 활약을 기대하시라. 생각보다 시간이 많이 걸려 서점에 들른 후 조별로 야다이 체험 겸 점심식사를 했다. 나는 일본의 근세 화가들에 대한 책을 구입했다. 야다이에서는 유명하다는 라면과 말린 가자미 지느러미를 먹었는데, 부담스러운 사장님의 표정이 생각난다.

여섯째날. 오늘의 키워드는 도자기, 원자폭탄, 데지마. 다섯 번째 버스대학 이미숙 선생님의 도자기 강의를 들으며 큐슈도자박물관에 도착했다.

답사 후 느낀 생각은 세심한 아름다움이다. 소비자의 생각에 맞춘 마케팅이 현재의 일본 도자기가 있기까지 큰 역할을 했다. 이곳 박물관의 화장실은 관람객을 감동시켰다. 휴지통, 세면기, 손잡이 등 가능한 것은 모두 도자기로 꾸며져 있었다. 도자기의 활용성을 다시금 느껴보는 시간이었다.

다음은 이삼평기념비, 오래된 철길을 건너 꼬불꼬불 산길을 올라 그곳에서 이삼평기념비 만나 묵념과 단체사진을 찍으며 그 분을 기렸다.

다시 버스 안. 다섯 번째 버스대학(강사:신동규 선생님)이 열렸다. 일본 근세에 대한 강의였다. 아무리 짧은 강의라지만 일목요연하게 짧은 시간에 완벽히 준비하시는 모습을 보고 후배로서 감동받았다. 이 강의가 없었다면 데지마에 대한 답사는 30%의 성과밖에 누리지 못했을 것이다. 신동규선생님 감사합니다.

이제 나가사키 원폭기념관에 도착했다. 그곳은 원폭의 참담한 피해를 최대한 고스란히 있는대로 보여주기 위한 전시가 되어 있었다. 60년이 지난 지금 이곳엔 그 흔적조차 없었다. 전쟁은 누구를 위한 것인가 다시금 생각하였다. 평화공원으로 자리를 옮겨 평화공원으로 이동했다. 평화의 동상과 같은 포즈를 취하며 찰칵 단체사진도 찍었다. 점심은 나가사키 짬뽕. 그런데 하얀색이었다.

다음은 데지마. 네덜란드 상관이 있던 자리이다. 시에서 땅을 사들여 이곳을 복원하고 있는데, 60%정도 복원했다고 한다. 외관뿐 아니라 내부시설까지도 신경쓴 모습을 보고 현대의 문화재라는 생각을 해보았다.

데지마를 뒤로 하고 나가사키 역사문화박물관을 들러 히라도로 출발했다. 버스안에서 모두 간단한 샤워 후 유가타로 갈아입고 단체사진을 촬영하기로 했는데, 이게 웬일, 우리를 기다리는 분들이 계셨으니 그곳에서 공무원과 시의원 등 손승철 단장님의 친구분이 소개해주신 여러분이 우리를 맞이해주었다. 모두 속옷에 유가타 차림이어서 인사하느라 앉았다 일어나면 엄청난 각선미들이 노출되는 일들이 벌어졌다. 그 와중에 어려운 손님과 인사하고 얘기나누고 노래부르고 박수를 치다보니 기운이 쭉 빠졌다. 그래도 현지 분들과 얘기를 나눈 소중한 시간이었다.

일곱째날. 점점 시간이 빨리 흐른다. 덧치월에 도착했다. 나는 별 생각없이 바라보는데 어제 데지마에서부터 신동규선생님이 심상치않다. 날개를 달으셨는지 날아다니신다. 어제 노천탕에서 본 히라도 성을 뒤로하고 사진도 찍고 송포당기념관으로 향했다. 이키섬에서 이야기 들었던 그 곳. 몰래 몰래 사진을 찍으면서 우리나라의 대표적 종가 녹우당을 생각해 보았다. 지금부터는 엄청난 버스 여행이 우리를 기다리고 있다. 하지만 지나고 보니 우리는 기다리는 것은 자연속의 온천을 자랑하는 쿠로가와 온천과 유휴인의 노노카팬션이니까 이런 지루함은 아무것도 아니었다.

이러한 시간속에서 우리 신동규 선생님은 여섯 번째 버스대학을 여셨다. 근대 막부가 무너지고 메이지유신 이후 개항에 이르기까지 정말 방대한 내용이었다. 일본사에 대해 공부하자!

두시가 조금 넘어 구마모토성에 도착했다. 성에서는 유교수님에게도 날개가 달렸다. 여기에서 번쩍, 저기에서 번쩍하신다. 이 성은 가토 기요시마가 이주일간 울산성에 갇혔던 경험을 바탕으로 천연의 요새와도 같게 공을 들여 쌓은 성이라고 한다. 덕분에 우물도 100개가 넘는다고 하니, 울산성에서 엄청 고생을 했나보다. 들어가면서 본 해자는 비록 물은 없었지만 그 깊이와 넓이가 굉장했다. 날렵하게 곡선을 이루는 성벽. 그리고 날 놀라게 한 것은 성안으로 들어갈 수 있도록 해놓은 것과 그 안에서도 전시가 이루어지고 있다는 점이었다. 많은 생각을 하며 다시 차에 올라 졸다보니 멋진 풍경이 펼쳐져 있었다. 그곳은 화산이 만들어낸 아소산줄기. 여기저기서 햐얀 증기가 올라오고, 억새가 펼쳐진 그 곳. 역시나 멀미가 났지만 놓칠 수 없는 진풍경이었다.

자 이제 쿠로가와 온천 조그마한 마을로 들어가는 기분이었다. 나무로 된 동그란 판에 온천 도장을 찍으며 온천을 했는데, 단연 철성분이 함유된 동굴탕이 최고였다.

다시 한 시간을 달려 이윤희 교수님이 버스에 탑승하시어 우리를 안내해 주시고 노노카 팬션에 도착했다. 두 분 모두 몇 년전 춘천에서 뵈었을 때보다 주름이 늘었지만 행복해 보이셨다. 이날의 행복한 만찬과 가발쓰고한 1분 스피치, 추웠지만 아름다웠던 잠자리(10개가 넘는 스텐드를 끄는 것도 재미있었다)도 모두 그립다. 두 분 건강하시고, 행복하시며, 돈도 많이 버세요. 이윤희 교수님도 정말 감사드립니다.

여덟째날 아침. 융성한 아침식사를 마치고 큰 길로 짐을 옮긴 후 단체사진도 찍고 버스에 탑승, 이제 출발이다. 그런데 야단났다. 엄 선생님이 맨 뒷자리에서 외치셨다. "유 선생님하고 준현이가 없어요! STOP." 첫날 출발시간인 새벽 3시에 정확히 도착해서 우릴 긴장시킨 두 분이 사라진 것이다. 모두 잘 해결되어 짧은 시간 안에 일은 해결되었지만 두 분은 단체사진 속에 없다.

버스가 벳부로 들어섰다. 갑자기 많은 움집이 보였는데, 글쎄 여기서 유황이 나온단다. 유황은 땅에서 캐는 것인줄만 알았는데 온천김이 올라와 움집 지붕에 닿아 굳으면 그게 유황이란다. 참 세상에는 알아야할 것이 너무도 많다.

벳부역에서 쿠니와 헤어졌다. 할아버지가 돌아가셨다는 소식을 전해 들은 쿠니에게 우리 모두 위로의 말을 전하며 배웅했다. 쿠니 오키나와 가면 많이 보고 싶을 거예요.

다음으로 들른 곳은 大分역사자료관. 버스가 길을 잘못들어 좁은 길을 지나오느라 고생했지만 역시 들른 보람이 있었다. 20년 전에 설립된 이곳은 국분사라는 절을 1/10로 축소한 모형을 전시하고 있었고 깨끗한 전시시설을 유지하고 있었다. 그리고 어린이를 위한 여러 체험 코너는 그 동안 방문했던 기관들중에서 가장 잘 우수했다.

다음 행선지는 우스키. 이곳은 마애석불로 유명한 곳이지만 거리가 멀고 14대 심수관 선생님과의 약속이 늦어지면 안 되었기 때문에 바로 가고시마로 향했다.

이제 마지막 버스대학. 여섯 번째 시간 손 교수님의 오키나와에 대한 강의가 시작되었다. 강의에서 들은 유구의 역사를 정리해보면, 1879년 오키나와 현이 성립되었는데, 그 이전에는 유구왕국이었다.조선과의 관계는 1389년 유구국왕 찰도가 사신을 보내어 온 것에서 시작되었다. 유구는 중국 책봉을 받아 국가로 인정되었기 때문에 조선과 유구는 교린관계를 지속해 갔다. 1609년 일본 사쓰마 현에 복속되었는데, 막부에서는 중국과 관계를 갖지 못했기 때문에 유구왕국을 존속시킴으로써 중국와의 관계 창구로 사용하였다. 당시 일본은 대외국과의 4개 창구가 있었는데, 북해도, 대마도, 나가사키, 유구가 그곳이다.

1879년 명치유신 이후 류큐를 완전히 없애고 오키나와현이 되었다가 1945년 8월 15일 일본의 항복 이후 오키나와는 이후 57년간 미국의 관할하에 있었다.

해동제국기 시대의 유구에 관련된 사료는 조선측의 조선왕조실록과 유구측의 역대보안이 기초사료이다. 1609년 이전까지 유구에서 조선으로 사절을 보낸 횟수는 26번이며, 조선에서 유구로 사절을 보낸 횟수는 4번이다. 이를 통해서 유구가 조선과의 교류를 원했음을 알 수 있다. 해동제국기가 쓰여질 무렵에는 직접 교류하였지만, 이후 하카다에서 상권을 장악하면서 중개무역이 이루어졌다. 1609년 사쓰마에 복속된 이후 중국 북경을 통한 간접 교류가 있었다. 주로 동남아시아산 물품인 水牛角, 후추가 교역물이었다.

다음날 오키나와 답사를 위해 꼭 필요한 강의였다. 이어서 교수방법에 대한 미니 특강도 있었는데, 얼마전 강릉에서 있었던 교사직무연수에서 많은 교사들의 호응을 이끌어내신 손 교수님의 강의가 생각났다.

4시간이면 도착한다던 가고시마 시내까지 아직 한 시간도 넘게 남았고, 그 곳에서 40분을 들어가야 14대 심수관 선생을 만날 수 있는데, 오키나와행 비행기 이륙시간이 다가오니 야단났다. 결국 버스는 가고시마 공항으로 향했다.

큐슈 일정을 함께 한 민규 씨, 희정 씨 부부와 작별할 시간이다. 희정 씨와는 방을 같이 쓰진 않았지만 목욕도 같이하고 성격도 좋아 금방 친해지게 되었다. 춘천오면 소식전하겠다는 인사를 전하며 아쉬운 작별을 했다.

오키나와 나하 공항에 도착해서 저녁식사 후 미야코 호텔로 왔다. 이 호텔에서 이틀을 잔다고 한다. 짐 안 싸도 된다. 룰루~~

아홉째날. 사실 이제 남은 일정은 하루뿐이다. 아쉬움이 남는다. 오늘도 굳은 의지로 답사에 임했다. 도착한 곳은 오키나와의 고문서관, 어제 버스대학에서 들었지만 오키나와는 역사가 참 복잡하고 아프다. 그러한 이야기가 고문서관에 펼쳐져 있었다. 그리고 설명해주시던 기록관리사님 또한 대단한 자부심과 의지로 그곳에서 근무하고 계셨다. '이날의 키워드는 박물관은 과거, 도서관은 현재, 고문서관은 미래다. 나는 이곳에서 미래를 위해 일한다.' 게다가 이분은 여성이었다. 평생 이분을 뇌리에서 잊지 말아야겠다.

미군이 지도를 만들기위해 1944년 찍어놓은 항공사진을 웹상에서 데이터베이스화 하여 찾아볼 수 있게 해놓고 이것을 일반 열람 가능하게 해 놓은 점이 놀라웠다.

오키나와현립박물관은 리모델링을 위해 휴관중이었다. 다음에 또 오키나와에 오라는 뜻으로 알고 이제 수리성, 자꾸만 수리 수리 마수리가 생각난다.

비가 내리다가 이제는 쏟아졌다. 우산을 써도 무릎아래는 다 젖어버렸다. 운동화도 양말도. 그런데 여기 저기 왜 자꾸 신발을 벗으라고 하는지... 그런데 웬걸 성을 나오자 비가 그쳐버렸다.

이제 오키나와의 모든 것이 있는 오키나와 월드. 玉泉洞 동굴도 관람하고 아이스크림도 먹고 오키나와 전통군무 공연을 관람했다. 에너지가 느껴지는 공연이었다.

다음으로 들른 곳은 평화공원. 전쟁이 있었던 곳에는 꼭 평화공원이 있다. 이곳에는 우리나라 강제징용 피해자도 1만 명이 넘게 잠들어 계셨다. 한국인 위령탑 앞에서 묵념을 하고 오키나와현 평화기원자료관을 견학했다.

저녁시간까지는 국제거리에서 자유시간을 가졌다. 짐이 될까봐 그동안 사지 않았던 선물들을 사면서 이곳저곳을 구경했다. 그런데 시간이 되어도 나타나지 않는 사람이 있었으니, 김강일 선생님이다. 십분후 두 손 가득 기념품을 들고 나타나신 선생님. 대단하십니다.

이제 마지막 만찬 시간이 되었다. 어마어마한 가격의 이 요리를 먹으며 3가지 유구전통춤을 관람했다. 만선을 기대하며 추었다는 춤(노를 들고)이 가장 인상적이었다.

다시 숙소로 돌아와 오늘의 여청을 정리하며 호텔 커피숍에서 간단히 맥주한잔씩하며 공식일정은 마무리되었다.

이제 열흘째날. 출발시간이 넉넉했기에 모두들 쉬고 있는데 우리의 단장님은 새로 사신 컴퓨터를 키고 일정 및 도민일보에 보도될 기사를 정리하고 계셨다. 역시 단장님이십니다.

숙소를 출발해 공항으로 가는 버스 안에서 가이드님의 마지막인사를 들으니 정말 10일이 눈앞에서 스쳐갔다. 손 교수님께서 마무리 인사를 통해 끝은 또 다른 시작이라고 말씀을 남기셨다.

이렇게 한국에 돌아와 컴퓨터 앞에서 그간 찍었던 사진과 메모를 보며 지도를 펼쳐 놓으니 다시 시작되는 느낌이다.

나에게 있어 이번 답사의 키워드는 해동제국기, 조선통신사, 박물관, 지도, 강의, 그리고 선생님과 친구, 후배였다. 그리고 혜란언니.

이렇게 저에게 답사의 기회를 주시고 좋은 소식을 안겨주신 단장님께 감사드리고 모두 건강히 돌아와서 너무 기쁩니다.

사랑합니다. 여러분!

15) 일본여행기

유 준 현

1월13일. 드디어 그 날이 왔다. 나는 아침 일찍 일어나 준비를 하여 버스를 타고 부산으로 이동하였다. 난생 처음으로 부산에 가는 것이었는데 거기에 배를 타고 국경을 넘어 일본의 대마도로 간다니 마음이 설레이어 조금이라도 빨리 가고 싶었다. 그렇게 기대와 호기심에 찬 마음으로 10시경에 대마도로 출발하여 4시간 후 대마도의 중심 '이즈하라'에 도착하였다.

나의 상상속의 대마도는 독도처럼 작은 바위섬이었는데 직접 가보니 섬이라는 기분이 들지 않을 정도로 컸다. 그리고 사람들도 많이 살고 있었고 학교까지 있었다. 우리는 그 곳에서 우리를 안내해 주실 '다치바나' 선생님을 뵙고 이틀 동안 대마도의 곳곳을 돌아다녔다.

대마도에 머물며 다닌 곳 중에서 가장 기억에 남는 것은 '에보시타케 전망대'와 둘째 날 저녁을 먹은 '志まもと'라는 음식점이다. '에보시다케 전망대'는 산의 정상에 있는 곳으로 이곳에서는 시원하게 아소만 일대의 멋진 풍경을 볼 수 있었다. 물론 올라가는 길은 힘이 들었지만 올라가서 주변의 리아스식 해안과 넓게 펼쳐진 파란 바다를 보면 올라올 때의 고단함을 잊을 수 있을 정도였다. 이렇게 조용하고 아름다운 섬이 왜구의 소굴이라고 하다니 믿어지지 않을 정도였다. 그리고 돌에 해물을 구워먹는 대마도의 향토요리를 먹은 음식점이 참 기억에 남는다. 이런 음식이 이국적이어서 그런 것도 있지만 그 곳에서 주인아주머니의 전통

춤을 볼 수 있었기 때문이다. 주인아주머니는 손님을 위해 전통춤을 직접 공연해 주었고, 이른바 '접시춤'이라는 것을 음악에 맞춰 모두 다함께 배워가며 해보았는데 무척 재미있는 춤이었다. 작은 접시를 손에 끼고 쨍쨍 소리를 내며 춤추던 기억이 지금도 생생하다. ─(그 후에 한국에 돌아와서 우연히 대마도를 소개하는 TV프로그램에서 그 음식점 아주머니를 다시 볼 수 있었다. TV에 까지 나온 곳을 내가 가봤다니 뭔가 우쭐해지는 마음이 들었다)─

이렇게 대마도에서의 이틀을 보내고 우리는 다음 목적지인 '이키섬'을 거쳐 16일 저녁 드디어 일본 본토, 후쿠오카의 하카다항에 도착 하였다. 후쿠오카는 일본의 8대 도시 중 하나인 만큼 번화한 곳이었다. 우리는 이 후쿠오카를 시작으로 큐슈의 히라토, 나가사키, 구마모토, 오이타, 가고시마를 갔다. 큐슈의 거의 모든 지방을 가 본 셈인데 그중에서 가장 기억나는 것이 몇 가지 있다.

먼저 후쿠오카에서 둘째 날 저녁 후쿠오카의 번화한 곳을 돌아다닌 것이다. 역시 여행에서 빼놓을 수 없는 것은 시내구경이다. 그 곳에서 '디즈니스토어'라는 귀여운 캐릭터 물건들을 파는 곳에 가고 ─(사실 이번 여행을 가기 전에 꼭 가보겠다고 목표한 곳 중에 하나인 곳이었다)─ 여러 유명 백화점에도 갔다. 그리고 밤에는 호텔 근처 포장마차에서 일본의 길거리 음식을 맛 볼 수 있었다.

다음으로 인상 깊었던 곳은 아리타의 큐슈도자박물관이다. 이곳에는 여러 가지의 도자기들이 있었는데 그중에서 도자기로 만들어진 대형 시계와 화장실이 기억에 남는다. 대형 시계는 특정한 시간이 되면 시계의 숫자가 써진 부분이 반으로 갈라지면서 안에서 도자기인형들이 나와서 춤을 추는 모양이었는데 신기하기만 했다. 그리고 임진왜란 때 일본으로 끌려간 도공 이삼평의 기념비도 보았다. ─(후에 국사시간에 이삼평 기념비에 대한 내용이 국사책에 사진과 함께 있었는데 나는 이때 친구에게 여기 갔다 왔다고 자랑했다)—

그 다음으로 기억나는 곳은 나가사키이다. 이곳은 1945년 태평양 전쟁 때 원자폭탄이 투하된 곳으로 그 당시 투하된 지점의 500m 떨어진 곳의 건물까지 무너질 정도의 큰 폭발력을 가진 폭탄이었다. 이 폭탄투하로 나가사키는 막대한 인명·재산 피해를 입었는데 상세한 것들을 '나가사키 원폭자료관'에서 볼 수 있었다. 그곳에는 투하된 폭탄에 대한 것, 당시의 상황을 알 수 있는 사진 자료들이 있었는데 그건 내가 지금껏 본 장면 가운데 가장 끔찍한 것들이었다. 그것들을 보면서 어떠한 이유에서든지 원자폭탄이 이 지구상에서 다시는 사용되어서는 안 된다고 생각했다.

마지막으로 기억에 남는 곳은 '유후인'이라는 곳이다. 이곳에서 그동안 체험할 수 없었던 새로운 형식의 온천을 즐길 수 있었고, 최고의 잠자리인 '노노카펜션'에서 홍겹고 잊지 못할 밤을 보냈다. 그런데 지금 생각해서 조금 아쉬운 것은 일본어를 그저 히라가나, 가타카나 겨우 읽을 정도의 수준이었던 내가 '노노카펜션'에 묵었던 사람들이 쓰는 기록장에 나름대로 뭔가를 기록하고 싶어서 가이드 언니가 가르쳐준 멋지다는 뜻의 'すばらしい'를 쓰려고 했는데 깜빡하고 'すばらし'로 써 놓고 당당히 나의 이름을 적어놓고 온 것이다. 혹시 다음에 가게 되어 그때까지도 그 펜션이 남아 있다면 'い'를 덧붙여 써야겠다.

이렇게 5일 동안의 큐슈여행이 끝나고 우리는 20일 저녁 가고시마 공항을 출발하여 오키나와의 나하공항에 도착하였다. 오키나와는 이전에 류큐왕국이었는데 19세기 후반에 이르러 오키나와 현이 된 곳이다. 물론 2차대전 막바지 일본을 공격하는 연합군에 의해 엄청난 전쟁을 겪고 일시적으로 미국에 점령된 곳이었지만 다시 일본에 반환되었다.

오키나와 사람들은 일본 본토인들과는 생김새부터가 약간 달랐다. 또 이곳은 일본에서 가장 남쪽에 있는 곳인 만큼 날씨가 한국으로 따지면

한 겨울인데도 반바지를 입을 수 있을 정도로 따뜻했다. 많은 곳을 돌아 다녔지만 '수리성', '오키나와월드', '오키나와국제거리'가 가장 기억에 남는다. 특히 '오키나와국제거리'는 구경할 것들이 정말 많았다. 재래시장에는 오키나와의 특성을 알려주는 많은 물건이 있었다. 그중에 '시사'라는 오키나와 수호신이 그려진 물건들이 많았다, 역시 어느 나라 건 그 나라를 잘 알려면 시장에 가보는 것도 매우 중요한 것 같다.

이틀 동안의 오키나와 여행을 마치고 우리는 22일 인천공항에 도착했다. 이번 여행을 통해 나는 많은 것들을 배웠다. 그 중 가장 나에게 큰 영향을 준 것은 '아는 만큼 보인다'라는 것이다. 내가 함께 했던 여행의 테마는 '해동제국기를 따라서'였다. 그러나 처음에는 '해동제국기'가 조선시대에 신숙주라고 하는 우리 조상님이 저술한 책인지도 알지 못했을 정도로 무지한 나였기에 사실 내가 갔던 많은 문화재들을 잘 이해 할 수 없었다. 그래서 외국에 왔다는 것 외에는 큰 흥미가 없었고 어떤 때는 괜히 따라왔나 하는 생각까지 들 정도였다. 하지만 '아는 만큼 보인다'라는 사실과 함께 깨달은 것은 '보면 보인다'는 것이다. 즉 여행의 소중함을 깨달은 것이다. 예를 들어 나는 지금 '해동제국기'가 무엇인지 누가 썼는지 친구들에게 설명해 줄 수 있게 되었다. 또한 오키나와의 역사에 대해서도 설명해 줄 수 있게 되었다. 이처럼 내가 전혀 관심·흥미가 없어도 여행을 통해서 배우고 직접 느낄 수 있다는 것이 내가 깨달은 여행의 소중함이다. 이런 점에서 이번 여행은 나에게 큰 도움이 되었고 큰 경험이 되었다. 다음에 이런 기회가 온다면 나는 주저 없이 따라 나설 생각이다.

다음은 내가 지은 이번 해동제국기 답사팀원들의 예명이다. 내가 지은 예명에 모두들 즐거워했던 추억을 떠올리면서, 다시 한 번 이번 답사를 기억하고 싶다.

해동제국기 답사단 예명

작명 : 유준현

손승철 : 손승 철철 넘치는 패기

유재춘 : 유재 춘자, 유재 춘곤증

이미숙 : 이미 숙제중

박미현 : 박미 현재 개선할 점에 대해서 건배

심보경 : 심보 경사났네

김강일 : 김강 일조 조장 이상무

엄찬호 : 엄찬 호리호리

황은영 : 황은 영계가 되고 싶어

정지연 : 정지 연한고기, 정지 연날리기, 정지 연중무휴

김혜란 : 김혜 란(난)공불락

신동규 : 신동 규슈, 신동 규칙위반

윤경하 : 윤경 하늘하늘, 윤경 하얀 마음 백구 친구 누렁이

김정락 : 김정 낙하산

이홍권 : 이홍 곤니찌와

장경호 : 장경 호감남일까?

쿠니히로 : 쿠니히 로(노)약자, 쿠니히 로보캅

유준현 : 유준 현지인

손승철 孫承喆

1952년 경기도 광주 출생
성균관대학교 사학과 동 대학원 졸업(문학박사), 일본 東京大學·北海道大學 연구교수,
한일관계사학회 회장
(현) 강원대학교 사학과 교수, 한일역사공동연구위원회 위원
E-mail : son404@kangwon.ac.kr

● 著 書
『朝鮮時代 韓日關係史研究』(지성의 샘, 1994), 『近世朝鮮의 韓日關係研究』(국학자료원,
1999), 『近世の朝鮮と日本』-交隣關係の虛と實-(日本, 明石書店, 1998),
『近世韓日關係史』(편저, 강원대학교출판부, 1987), 『강좌 한일관계사』(공저, 현음사, 1994),
『독도와 대마도』(공저, 지성의 샘, 1995), 『한국과 일본』-왜곡과 콤플렉스의 역사-(공저,
자작나무, 1998), 『한일양국의 상호인식』(공저, 국학자료원, 1998)

● 譯 書
『근세한일외교비사』(강원대학교출판부, 1988), 『근세한일관계사연구』(이론과 실천, 1991),
『한일관계사의 재조명』(이론과 실천, 1993)

● 資料集
『朝鮮·琉球關係史料集成』(국사편찬위원회, 1997)
『韓日關係史料集成』(전32권, 경인문화사, 2004)

『海東諸國紀』의 세계   값 20,000원

2008년 10월 13일 초판 인쇄
2008년 10월 20일 초판 발행

엮   자 : 손 승 철
발 행 인 : 한 정 희
발 행 처 : 경인문화사
편   집 : 문 영 주
          서울특별시 마포구 마포동 324 - 3
          전화 : 718 - 4831~2, 팩스 : 703 - 9711
          이메일 : kyunginp@chol.com
          홈페이지 : 한국학서적.kr / www.kyunginp.co.kr
등록번호 : 제10 - 18호(1973. 11. 8)

ISBN : 978-89-499-0586-0 93910
ⓒ 2008, Kyung-in Publishing Co, Printed in Korea
* 파본 및 훼손된 책은 교환해 드립니다.